2015 中国跨境电商发展年鉴

CHINA CROSS BORDER E-COMMERCE DEVELOPMENT YEARBOOK

中国跨境电商发展年鉴编委会◎编著

中国海关出版社
China Customs Press

图书在版编目（CIP）数据

中国跨境电商发展年鉴. 2015/中国跨境电商发展年鉴编委会编著.
—北京：中国海关出版社，2016.5
ISBN 978－7－5175－0131－2

Ⅰ.①中…　Ⅱ.①跨…　Ⅲ.①电子商务—中国—年鉴　Ⅳ.①F724.6-54

中国版本图书馆 CIP 数据核字（2016）第 088964 号

中国跨境电商发展年鉴（2015）

ZHONGGUO KUAJING DIANSHANG FAZHAN NIANJIAN（2015）

作　　者：中国跨境电商发展年鉴编委会	
总 策 划：王　桦	
策　　划：沈楚铃　谭　宁	
责任编辑：史　娜	
出版发行：中国海关出版社	
社　　址：北京市朝阳区东四环南路甲 1 号	邮政编码：100023
网　　址：www.hgcbs.com.cn	
编 辑 部：01065194242-7535（电话）	01065194231（传真）
发 行 部：01065194221/4238/4246（电话）	01065194233（传真）
社办书店：01065195616（电话）	01065195127（传真）
http://store.hgbookvip.com（网址）	
印　　刷：北京新华印刷有限公司	经　　销：新华书店
开　　本：787mm×1092mm　1/16	
印　　张：30	字　　数：610 千字
版　　次：2016 年 5 月第 1 版	
印　　次：2016 年 7 月第 3 次印刷	
书　　号：ISBN 978－7－5175－0131－2	
定　　价：280.00 元	

《中国跨境电商发展年鉴（2015）》
编委会

《中国跨境电商发展年鉴（2015）》编委会

《中国跨境电商发展年鉴（2015）》
协编单位

中国银行股份有限公司

支付宝（中国）网络技术有限公司

北京三未信安科技发展有限公司

河南省进口物资公共保税中心集团有限公司

解放路(上海)信息技术有限公司

深圳市钱海网络技术有限公司

中国银行
——为跨境电商插上互联网金融的翅膀

“中银跨境e商通”是中国银行在把握“互联网＋跨境”的政策机遇期，充分发挥跨境金融服务优势，为跨境电子商务提供金融服务综合解决方案。该产品可为跨境海淘的个人消费者提供便捷的网上支付服务；为跨境电商进口企业和第三方支付公司提供在线人民币支付、跨境资金分账与清算、国际收支申报、反洗钱等方面一揽子服务；实时向相关部门传输资金支付和国内个人消费者信息，实现企业便捷通关，有效解决跨境电子商务的监管需求。

中国银行以跨境电商为切入点，全面发掘企业的金融服务需求，始终致力于为境内外企业提供跨境业务撮合。2015年11月中，中国银行在中国广州发布跨境电商金融服务方案，并举行与第一家电商平台的合作启动仪式；11月底，在新西兰组织进行跨境电商业务交流会，为境内外企业发掘跨境电商业务机遇；2016年3月底，在英国伦敦联合成功举办“中英跨境电子商务白皮书发布会”，2016年4月，在中国福州举办了“中银跨境e商通产品推介会”。中国银行致力于为中国企业走向全球的跨境电商市场搭建桥梁，配套提供支付、跨境资金清算、外汇、融资等金融服务。

今年，中国银行还将继续发挥其国际化的优势，拓展澳门、马来西亚等国家和地区的跨境电商业务，为中国消费者引入品类丰富的海外优质商品，为跨境电子商务提供便捷、贴心的金融服务综合解决方案。未来，中国银行将以跨境为场景，全面服务国家“一带一路”和“走出去”战略，提供完善、优质、精准的金融服务支持！

银联电子支付跨境支付业务介绍

为顺应“一带一路”战略，银联电子支付（以下简称 ChinaPay）把跨境支付业务作为公司国际化发展策略的重要支柱，发扬自身的行业内先发优势，利用已获得的跨境外币和跨境人民币业务双项试点许可的政策支持，结合多年的跨境业务运营经验，凭借全面的银行渠道与支付产品覆盖，面向国内各区域市场及全球市场，协同银联体系内部机构，利用商业银行资源，实现跨境外币和跨境人民币业务“双轨”推进，成为专业的境内外支付提供商，为广大境内外企业、个人提供安全、便捷、高效的支付服务。当前业务经营范围不仅有跨境 B2B、跨境 B2C、跨境汇款、外卡收单等，所涵盖的行业涉及到外贸、零售、航空、教育等，还可为各行业客户提供跨境支付、跨境分账、快速通关、资金归集等多维度服务。

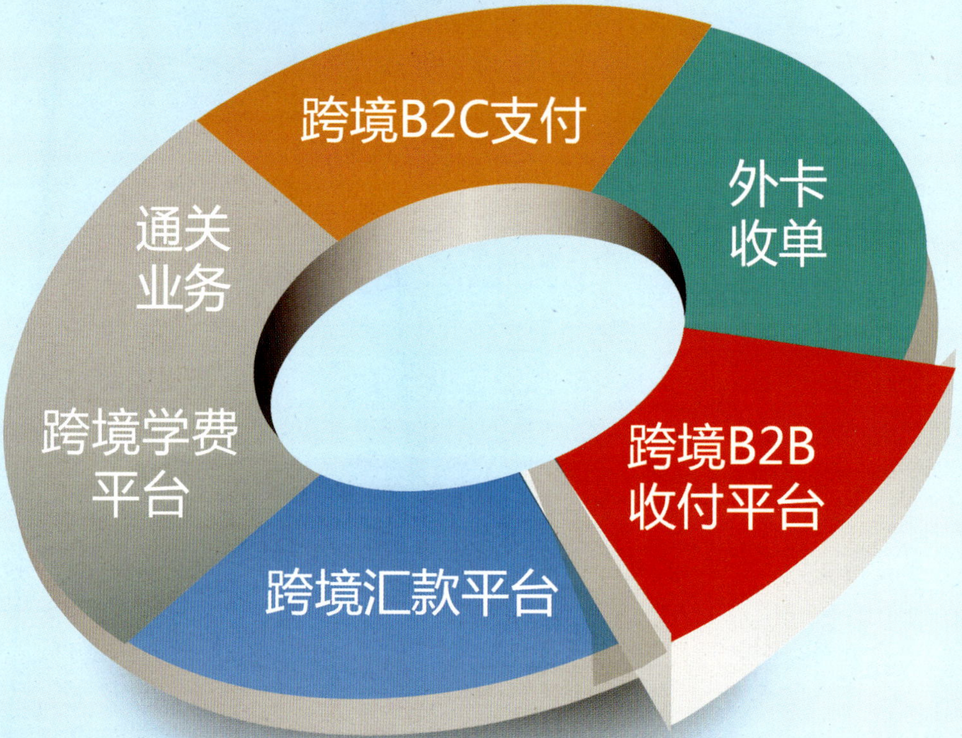

一. ChinaPay“速通关”产品

1. 产品介绍

“速通关”是 ChinaPay 电子支付产品。为顺应广大跨境电商的快速通关需求，ChinaPay 在相关政策允许范围内，利用自身在互联网及移动支付领域的专业优势，推出“速通关”电子支付通关解决方案。

ChinaPay 通过与电子口岸及电商合作，实现在线支付的同时，进行支付信息上送，协助相关机构比对信息，从而完成商品迅速通关。2016 年 4 月 8 日税改新政出台，ChinaPay 积极配合广州相关机构及各地电子口岸系统切换，保证信息上送不受影响。当前使用“速通关”产品的商户开展的业务主要包括保税进口和直邮业务。

保税进口业务为跨境电商先备货在保税区内，产生订单后，商品通关进入中国购买人手中。此举大大缩短商品从海外运到中国的物流时间，同时也为购买者节省了运费。直邮业务为商品仍在海外，产生订单时商品自海外仓库发往中国。虽然物流时间相对加长，但可够挑选的品类却大大增加。以上两种业务都具备快速通关的特点，被中国海淘消费者一直诟病的通关时间不可控、物流时间长等问题在这里可以得到很好地解决。

2.ChinaPay“速通关”优势

(1) 接入模式：商户可以通过 PC 端、移动端、POS 端等多种渠道接入。其中 POS 端业务主要应用于保税区实体店。

(2) 对接情况：

伴随交易规模扩大，且各地在品类上各有不同扶持政策，对于广大电商而言，分仓是一种趋势。以 ChinaPay 与多家电子口岸合作为基础，电商通过与 ChinaPay 一点接入，可实现支付信息分别上送至对应电子口岸。

(3) 支付通道：银联通道，支持无卡互联网支付、移动支付及网银支付，全银行覆盖。即使银联持卡人使用区域性银行、地区农商行等银行卡，也能足不出户海购全球，形成良好用户支付体验。

(4)“速通关”业务将人民币 / 外币跨境业务与该项业务相结合，为广大电商提供电子通关、跨境支付及清结算在内的整体支付解决方案。

二、ChinaPay 税费电子支付系统产品

1. 产品介绍

该产品是为进出口企业提供缴纳进出口关税、反倾销税、反补贴税、进口环节代征税、缓税利息、滞纳金、保证金和滞报金等税款的平台。产品是由业务系统、中国电子口岸系统、商业银行业务系统和 ChinaPay 税费电子支付系统等四部分组成的进出口环节税费缴纳的信息化系统。外贸企业线上登陆平台，选择需要支付的税单，即可线上完成税单支付请求。

2. 产品搭建

2015 年 8 月 28 日，相关机构宣布引进 3 家第三方支付公司，上海银联电子支付有限公司获批为新选定的第三方支付公司之一。

经过几个月的系统搭建，ChinaPay 与相关各方系统联调，平台最终成功上线，同时开始了市场拓展。

2016 年 4 月，银联电子支付（ChinaPay）的税费电子支付系统上正式完成了首笔税单的支付，总共金额近一百万元，此次的成功交易充分证实了银关通系统的稳定性。作为新增的与商户成功签约并完成税单支付的企业，ChinaPay 银关通系统得到了一致认可与好评。

3. 产品优势

(1) 强大的客服团队：针对外贸企业、各个口岸、各家银行分别建立客服专员，保证问题及时解决，确保外贸企业通关效率。

(2) 外贸企业手续费缴纳方便快捷：外贸企业可在线上进行平台技术服务费充值，信息流实时更新，保障企业使用流畅度。

(3) 增值服务：结合 ChinaPay 自身的人民币 / 外币跨境的产品，为外贸企业的资金流转提供安全快速的通道。

支付宝™ ALIPAY

支付宝（中国）网络技术有限公司（www.alipay.com）成立于2004年，是国内技术成熟的第三方支付平台，已经与超过200家金融机构达成合作，为千万小微商户提供支付服务。在覆盖绝大部分线上消费场景的同时，支付宝也正通过多种场景的拓展，激活传统商业。通过互联网方式的营销、大数据服务等，助力包括餐饮、超市、便利店、出租车、医院、公共服务等的升级。在海外市场，支付宝推出了跨境支付、退税等多项服务，业务范围已覆盖包括港澳台、日韩、东南亚、英国、美国等四十几个国家和地区。随着场景拓展和产品创新，支付宝已发展成为融合了支付、生活服务、政务服务、社交、理财、保险、公益等多个场景与行业的开放性平台。支付宝也得到了更多用户的喜爱，目前已拥有实名用户数4.5亿。

2007年8月，支付宝获批成为可以开展跨境支付业务的第三方支付公司。目前受理支付宝的海外商户已达数千家，国内支付宝用户可以非常便利地购买海外商品和享受海外服务。2014年起，根据相关要求“支付企业应按照规定通过电子商务通关服务平台适时向电子商务通关管理平台传送支付数据”，支付宝积极响应号召，先后和杭州、广州、宁波、深圳、郑州、重庆、天津、上海等试点全部完成对接，系统传输真实、准确的支付信息，方便核实交易的真实性。2016年4月，支付宝又率先接入统一版信息化系统，按照公告（2016）26号的要求，通过统一版跨境电子商务通关服务平台如实传输支付信息，为统一监管进一步提供便利。

随着海淘业务的蓬勃发展，支付宝将按照相关要求，切实履行义务，为跨境电商行业和跨境支付行业的发展和规范贡献自己的力量。

支付宝（中国）网络技术有限公司

跨境电商安全解决方案

方案概述

>> Solution Overview

随着跨境电商应用的大力发展与普及，其信息安全问题也日益突出。跨境电商应用操作端、电商公共服务平台、通关服务平台及相关参与方，交易单据包括支付单、运单、报关单等。如何实现各参与方的身份认证，各类交易单据的安全交互，已成为制约该应用快速发展的瓶颈。

三未信安针对跨境电商应用具体的安全需求，推出了支持虚拟化、高性能的密码机、签名验签服务器、云密码服务平台、密钥管理系统等产品，最终形成完整的行业信息安全解决方案。目前，该方案已广泛应用于相关行业各应用系统，包括跨境电商、“单一窗口”等项目。

在跨境电商项目中，方案实现了跨境电商操作流程各参与方的身份安全认证，同时保证了支付单、运单、报关单等单据在交互过程中的机密性、完整性、防抵赖等特性。

该方案同时支持传统应用部署环境及虚拟化应用部署环境。

方案部署

>> System Diagram

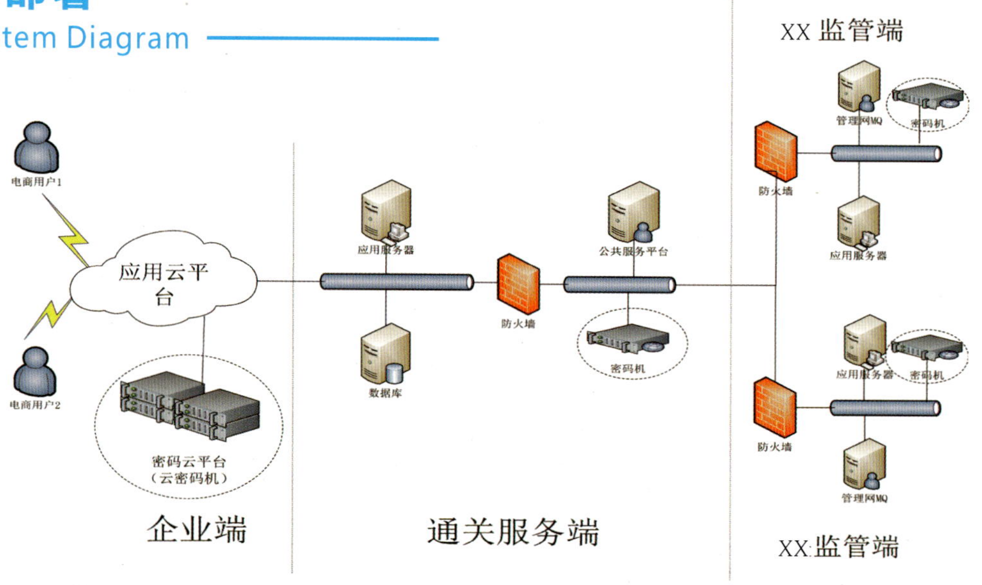

方案特点
>> Program Features

- 支持对电商端、电商公共服务平台、通关服务平台及相关参与方的安全认证，保证其身份的合法性，完全满足跨境电商平台（统一版）的信息安全需求。
- 支持对支付单、运单、报关单等单据的数字签名及加密，保证了单据的机密性、完整性、真实性、防抵赖等特性。
- 支持将传统密码设备转变成支持云端部署的云密码设备，满足虚拟化应用。
- 按需规划密码设备，减少采购及管理成本，同时满足电子口岸安全系统的要求。

行业用户
>> Industry Users

- 东方口岸、东方物通、东方支付及各地口岸……

跨境电商项目用户
>> Users of Cross border electricity suppliers Project

- 综合保税区及保税区
- 电商用户

  支付宝、京东、聚美优品、唯品会、重庆易极付、蜜淘网、小红书、沃尔玛、达令心潮……
- 物流公司

  圆通速递、韵达快递、顺丰速运、安达信、申通快递……

地址：北京市朝阳区北苑路170号3号楼凯旋中心26层

官网：www.sansec.com.cn

河南省进口物资公共保税中心集团有限公司（简称集团）地处郑州经开区航海东路第九大街，是河南保税物流中心的运营主体。2002年，由河南省三资企业物资保税中心改制，2008年，河南国有资产经营管理有限公司受让安彩51%国有股份，香港高鹏集团49%法人变更，2013年郑州经开投资发展有限公司受让51%国有股权。2015年，集团拥有子公司16家，在北京、上海、广州、深圳等地设立办事处，在欧洲、俄罗斯、美国、韩国、澳大利亚等国家和地区设立分支机构；拥有包括多名海外留学从业背景、全球一流公司高管从业履历、丰富国际物流运营经验的中高端运营管理团队和一线员工700余人；资产由改制时的0.25亿元增至11亿元，主营业务收入超过5亿元。

河南保税集团自2012年8月承接跨境电子商务试点（郑州E贸易）以来，不断开拓创新，拥有自主知识产权的保税备货模式（1210海关代码）复制推广全国，成为目前跨境电子商务模式。

2015年11月27日，郑州E贸易顺利通过国家验收，河南保税集团成为综试区建设的重要支撑单位。

河南保税集团占地55万平方米，已完成投资15亿元，建成保税仓库40万平方米、一般仓储5万平方米、堆场10万平方米、展厅3.3万平方米；正面吊、叉车、堆机等各类机械设备齐全，办公区2万平方米；拥有国内跨境电子商务领域的“1+9”智能园区查验分拣系统。

河南保税集团秉持创新、坚持理念，将持续发力周边3.51平方公里的综合试验区核心功能区，持续在信息平台建设、监管方式探索、商业模式创新、行政审批改革、配套设施完善、园区生态打造、交易规模放量等方面引领中国跨境电子商务的风向标，成为务实推进“网上丝绸之路”的光辉典范。

解放路（上海）信息技术有限公司

解放路（上海）信息技术有限公司成立于2014年10月，目前项目投资5000万人民币，是一家新兴的互联网信息技术公司。

中国好东西网及好东西（国际）是由解放路（上海）信息技术有限公司创立的跨境电商综合服务平台。平台以跨境电商进出口两个方向，商品分销、SAAS软件、 通关物流仓储、金融服务四大板块，以及OKB、IOK、TMS、 OMS、WMS、Drop shipping六大管理系统贯穿整个跨境电商产业链，从而形成服务生态闭环，最终实现跨境电商的大数据、大物流、大金融的全方位服务体系。

平台以自身为基石搭建一座全球互联网贸易的桥梁，促进商品在各国间的便捷流传。

中国好东西网平台新闻发布会

解放路一周年庆

2015年1月26日跨境电商高峰论坛

2015年1月16日接待参观者

2015年解放路年会合影

CEO简介

张志锋，1979年出生于湖北武汉，1999年毕业于中南政法学院经济法专业，后投身于企业法律顾问行业，主要负责投融资项目。2011年加盟Focalprice，历任法律顾问、融资顾问、执行董事等职，主要负责政府公共关系、法律事务、投融资事务、运营咨询等相关工作。

2010年触电跨境电商，凭借其卓越的工作表现，崭露头角，先后参与了多个跨境电商试点城市的跨境电商项目，积累了丰富的从业经验。2014年，厚积薄发相继成立解放路（上海）信息技术有限公司、深圳市解放路网络科技有限公司。2014年7月开始筹备中国好东西网（跨境电商综合服务平台）并于2015年5月正式上线，同年8月好东西国际平台也正式上线。现任解放路（上海）信息技术有限公司董事长，深圳市解放路网络科技有限公司CEO，以及深圳市跨境电商协会副会长和深圳市电子商务协会副会长。他被同行们戏称为“张解放”！

跨境电商解放者
—张志锋

公司地址：上海市嘉定区兴邦路755号2幢3层C区3158室

深圳市南山区高新南七道虚拟大学园R2-B二楼A室

联系电话：0755-26947612

绿地鲸选·全球购

APP下载　　微信公众号

精选全球 保税直达

绿地集团旗下跨境电商平台

国内跨境消费呈高速增长之势，上海全面启动跨境电商综合试验区建设，在“市场+政策”双重利好之下，绿地顺势进军跨境电商领域，为“大消费”板块加码，充分利用绿地综合性优势，创立包括贸易、B2C业务、B2B业务、分销平台业务、金融业务在内的跨境电商全产业链模式，打造绿地鲸选·全球购品牌。

“进军跨境电商业务，是今年绿地‘大消费’板块计划中的重要布局。”2016年3月，绿地控股集团宣布启动跨境电商业务，并与上海市青浦区政府签署合作协议，投建绿地青浦跨境贸易基地。专注于跨境电商进口供应链集成；打通流通渠道，通过不断做强“绿地直采”，提高绿地进口商品自营业务的发展能级和销售规模。

绿地鲸选·全球购以B2B业务为重点，同时在B2C业务领域将“绿地全球商品优选”微信端、绿地鲸选APP做为线上移动端渠道切入点、在全国布局跨境电商体验店，打造020跨境商品销售和服务平台。在跨境电商全产业链模式下，平台年销售规模将突破20亿元以上。

南沙跨境商品直购体验中心
风信子

Rea-pal 融寶

天津融宝支付网络有限公司

天津融宝支付网络有限公司，是天津民营企业，天津荣程祥泰投资控股集团有限公司的全资子公司，冠名天津男篮CBA联赛，注册资金3亿元人民币。于2012年获得人民银行颁发的《支付业务许可证》，经营业务类型涵盖互联网支付和移动电话支付，经营区域覆盖全国。

2015年8月，天津融宝支付网络有限公司作为第三方支付公司参与全国税费电子支付系统建设。天津融宝支付网络有限公司为进一步提高全国税费电子化支付率，响应无纸化发展趋势，保障税收及时入国库、足额入国库、安全入国库，并更好地适应我国金融支付清算系统规范化发展的新形势，满足《非金融机构支付服务管理办法》的相关要求。2016年1月，天津融宝支付网络有限公司与中信银行、平安银行正式签约，共同开展面向全球的人民币跨境支付业务合作，重点拓展跨境旅游、教育、网购行业。

一直以来，天津融宝支付网络有限公司致力于成为无论在PC端还是移动端行业领先的企业清、结、算解决方案专家。

天津融宝支付网络有限公司冠名天津男篮 CBA 联赛

互联网金融支付安全联盟成员单位

荣获 2012 年金融行业第三方支付平台创新企业奖

e万家（ewj.com）是华润万家旗下的官方购物网站，是华润万家实体业务与数字化相结合的网络平台，通过强化节点和建立连接，把华润万家的供应链能力更高效地带给顾客。

e万家网站于2014年下半年筹备上线，成立之初，是一个以快消品为主的专业零售网上超市。2014年底，e万家抓住跨境电商的政策机遇，启动了跨境电商业务，并逐步发展成为主营业务。目前已有来自韩国、日本、美国、澳大利亚等多个国家的千余个品种，形成以“美妆个护”、“母婴呵护”、“海外美食”和“营养保健”等六大品类。

e万家秉承可靠、便利、体贴的核心价值，于2015年6月19日正式上线后，不断优化产品结构，已探索出四类产品：enjoy深圳、跨境购、政企阳光采购、跨境体验店（ewj shop）及跨境体验区（ewj zone）。

展望未来，e万家会持续为顾客提供海外直采的优质商品和可靠、体贴、便利的服务，致力于成为数字化的生活管家。

宁波是我国跨境电商发展的先行区和示范区。早在2012年，宁波就成为全国获批跨境电商服务五个试点城市之一，通过先行先试、改革创新、推动跨境电商快速发展，成功抢占全国跨境电商的发展高地。据统计，2015年，全市共实现跨境电商交易额81.95亿元人民币，其中进口额29.28亿元人民币，出口额52.67亿元人民币。

2016年1月12日，国务院下发《关于同意在天津等12个城市设立跨境电商综合试验区的批复》（国函〔2016〕17号），正式批复宁波等12个城市为第二批跨境电商综合试验区，标志着宁波跨境电商将迈入一个崭新的发展阶段。宁波将以综试区建设为重大使命，以扩大开放和改革创新为动力，以外贸产业转型提质为核心，努力把宁波建成国内跨境电商监管服务创新示范区、跨境电商仓储物流集散示范区。

编辑说明

一、《中国跨境电商发展年鉴（2015）》是由海关总署相关司局、跨境电商试点城市、中国海关出版社联合编撰的一部具有史料性、资料性、权威性的实用工具书。旨在翔实记载我国跨境电商发展情况，重点收录我国跨境电商政策及试点城市配套文件，客观提供海关及地方统计数据，突出宣传创新、规范、典型跨境电商企业，为各级政府部门、行业协会、企事业单位和社会各界了解中国跨境电商发展发展、获取资料信息、实施科学决策、进行咨询研究提供全面、系统、详实的依据。本年鉴自2016年起，每年出版一卷，以出版年份标序。

二、本年鉴采用分类编辑法，力求结构合理、类别分明、层次有序。内容包括“跨境电商综述篇”、“各试点城市发展篇”、“典型案例展示篇”。其中“各试点城市发展篇”逐个记载了上海、杭州、宁波、郑州、重庆、广州、深圳、福州、平潭、天津10个试点城市的发展历程、配套文件、企业名录、统计数据、大事记。由于各试点城市的发展状况不尽相同，故年鉴“各试点城市发展篇”中的构架有时会略有不同。

三、本年鉴引用的各类数据和资料，未标明时间的，均截至2015年12月31日。“跨境电商综述篇”所用的数据，由中国国际电子商务中心、对外经济贸易大学专家提供。各试点城市的跨境电商进出口统计数据、分地区消费分布统计数据等，主要由试点城市的地方口岸办公室、海关、商务局等部门提供。由于数据来源有差别，故有些试点城市所列统计数据的项目内容有所不同。“典型案例展示篇”中的内容，由相应试点城市提供。

四、本年鉴所列10个试点城市，依照获批跨境贸易试点的先后顺序进行编排。对同时获批的城市，本年鉴再按照行政区划分顺序进行编排。

五、本年鉴在编撰过程中，得到了海关总署相关司局及上海电子口岸建设联席会议办公室、中国（杭州）跨境电子商务综合试验区建设工作领导小组办公室、宁波市人民政府口岸与打私办公室、郑州市人民政府口岸办公室、重庆市人民政府口岸管理办公室、广州市商务委员会、深圳市经济贸易和信息化委员会、天津电子口岸办公室、福州市商务局、平潭综合实验区管委会的领导和相关人员的关心和支持，在此表示衷心感谢！

六、由于编辑水平和经验有限，加之本年鉴为第一年编辑出版，因此在资料收集、内容编排等方面还有待进一步提高，敬请广大读者批评指正，以使来年的年鉴工作更上一个新台阶。

《中国跨境电商发展年鉴（2015）》编辑部

2016 年 5 月

目录

跨境电商综述篇

各试点城市发展篇

典型案例展示篇

天津地区案例

跨境电商综述篇

跨境电商发展现状

近年来，随着经济全球化和互联网的普及，跨境电商作为一种新型交易方式蓬勃发展，已成为助推我国外贸增长的重要力量，引起了社会各界的广泛关注。大力支持跨境电商发展，用“互联网+外贸”实现优进优出，发挥制造大国优势，扩大国内消费升级，打造新的经济增长点，有利于加快实施共建“一带一路”等国家战略。中央和国务院领导也高度重视，对支持跨境电商发展多次作出批示和指示。

一、跨境电商的交易规模

2015 年，我国跨境电商交易额约 4.56 万亿元人民币，同比增长 21.7%，其中出口约 3.99 万亿元人民币，同比增长 21.9%；进口约 5731 亿元人民币，同比增长 20.3%（如图 1-1 所示）。

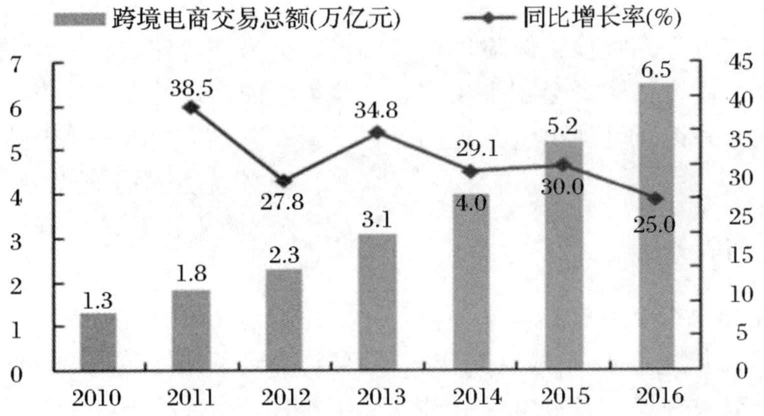

图 1-1 跨境电商交易额

可见，2015 年我国跨境电商交易规模继续保持了良好的增速，随着“十三五”规划建议提出“建立便利跨境电商等新型贸易方式的体制”，“一带一路”、“互联网+”战略的深入实施，和地方政府对于跨境电商的扶持，未来几年跨境电商的总体交易规模也将会有新的突破。

二、跨境电商的生态系统

跨境电商的发展依赖于平台的发展，越来越多的传统企业开始通过跨境电商实现产品和服务的“走出去”。跨境电商平台的发展呈现多样化、生态化的特点，经历了从最初的信息交换平台到在线交易平台，再到交易后的外贸综合服务平台。

通过跨境电商发展初期的信息交换平台，中小企业能与海外企业建立沟通渠道，获得国外的交易信息和机会，进而有机会将产品卖到海外市场。随后在线交易平台的崛起，标志着跨境电商市场发展到了新的阶段，特别是实现了网上支付和网上交付的环节，让在线国际贸易成为现实。外贸综合服务平台就是将业务流程整合在一个平台，为进出口企业提供贸易需要的服务，如为清关、退税、物流、收款、支付、保险、融资等外贸流程服务。外贸综合服务平台只提供服务，并不参与买卖双方的交易达成。

目前，中国的跨境电商整个完整生态系统已经逐渐形成，涵盖了物流、信息流、资金流多个方面。随着跨境电商的不断发展，软件公司、代运营公司、在线支付、物流公司等配套企业都开始围绕跨境电商企业进行集聚，服务内容涵盖网店装修、图片翻译描述、网站运营、营销、物流、退换货、金融服务、质检、保险等内容。可见，整个行业生态体系会越来越健全，分工更清晰，并逐渐呈现出生态化的特征。

三、跨境电商服务试点

海关总署从2012年2月开始，牵头会同8个部委开展跨境电商服务试点工作，按照“遵循电子商务规律，发挥电子商务全程数据留痕、可追溯的特性，创新理念和方法，改革通关监管模式，支持和促进跨境电商健康、快速、有序发展”的工作思路，在跨境电商零售进出口方面进行了有益尝试，积极探索适应跨境电商发展的政策措施，归纳提出了“一般出口”、“特殊区域出口”、“直购进口”和“网购保税进口”4种新型海关通关监管模式。针对电商企业最关注的跨境电商零售出口商品不能退税、结汇的问题，提出了“清单核放、汇总申报”管理措施。

各部委积极采取措施，推动跨境电商工作，支持地方开展相关试点，指导下属单位参与地方政府开展的相关试点工作。国家发展改革委牵头组织开展国家电子商务示范城市试点建设工作，组织国家电子商务政策性试点工作，与海关总署共同组织开展跨境电商服务试点项目；财政部、税务总局联合下发了跨境电商零售出口退、免税政策；商务部推动电子商务示范基地建设，牵头制定跨境电商零售出口有关政策，组织专题调研，研究制定促进跨境电商发展的指导意见；人民银行、外汇局积极支持跨境电商发展，鼓励银行机构和支付机构为跨境电商提供支付服务，明确企业可根据原有规定办理收付汇；工商总局推动网络经营者电子标识和电子商务可信交易环境建设；质检总局下发了支持跨境电商出口的检验检疫具体措施。

在总结试点经验基础上，2013年8月，国务院办公厅转发了商务部等部委《关于实施支持跨境电商零售出口有关政策的意见》（国办发〔2013〕89号），有条件的地区均可开展跨境电商零售出口业务，受到了地方政府和企业的欢迎；2015年6月，国务院下发了《关于促进跨境电商健康快速发展的指导意见》（国办发〔2015〕46号），要求加快建立适应跨境电商特点的政策体系和监管体系，促进我国跨境电商健康快速发展。海关总署下发了贯彻落实国办文件的具体措施，发布2014年第56号公告明确跨境电商进出境货物、物品有关监管事宜，增列2种新型跨境电商监管方式（9610和1210）；建立跨境电商企业备案管理制度；完善跨境电商统计工作的相关制度；开发跨境电商出口统一版通关系统，于2014年7月1日上线运行，现已有13个地方海关实现系统部署应用。2015 年 5 月对跨境电商监管实行“全年（365 天）无休日、货到海关监管场所 24 小时内办结海关手续”的作业时间和通关时限要求，进一步支持跨境电商发展。

跨境电商试点城市的开展，为当地外贸企业提供了更多政策支持，有力带动了当地经济的发展。同时，将试点城市的先进经验进行推广共享，尤其落实在单一窗口的建设，以及金融、物流、信用、风险监控等体系的建设上。通过试点城市的开展，能够探索出符合当前跨境电商发展现状的道路，从而增强我国外贸的整体竞争力。

据统计，截至 2016 年 2 月，出口方面，已有 23 个城市先后开展零售出口业务，验放清单约 2.37 亿份，出口金额约 150.59 亿元；进口方面，上海等跨境电商服务试点城市验放清单 1.45 亿票，进口金额约 226.12 亿元，进口征税 4.57 亿元。

其中，2015 年 1~12 月份，出口方面，验放清单约 1.84 亿份，出口金额约 118.7 亿元，分别较 2014 年同期增长 4、4.9 倍；进口方面，试点城市验放清单 1.15 亿票，进口金额约 176 亿元，分别较 2014 年同期增长 27 倍、16 倍。

截至目前，全国海关已经注册登记跨境电商企业 14699 家，其中电子商务企业 9944 家、电子商务交易平台企业 1742 家、支付企业 2217 家、物流企业 1910 家。

四、跨境电商综合试验区试点和推广

根据 2015 年 3 月《国务院关于同意设立中国（杭州）跨境电商综合试验区的批复》（国函〔2015〕44 号），商务部等有关部门积极推进“中国（杭州）跨境电商综合试验区”建设，探索出“六体系、两平台”的经验模式。

2016 年 1 月，国务院同意在天津等 12 个城市扩大设立跨境电商综合试验区，积极推动跨境电商健康发展。为尽快研究建立与跨境电商发展相适应的海关监管模式，4 月 27 日，海关总署在认真总结借鉴中国（杭州）跨境电商综合试验区经验做法的基础上，研究制定了“推行全程通关无纸化”、“有效管控风险”、“创新退换货流程”、“允许批量转关”、“实行简化申报、清单核放、汇总统计”等 10 项跨境综试区可复制可推广的海关制度措施，积极创新，促进通关便利化，确保扩大试点工作顺利实施。

五、制定跨境电商零售进口税收政策

为贯彻落实国务院有关会议精神，规范跨境电商管理，按照有利于拉动国内消费、公平竞争、促进发展和加强进口税收管理的原则，2016 年 3 月 24 日，财政部会同海关总署、税务总局联合出台了跨境电商零售进口税收政策，于 4 月 8 日执行；4 月 7 日和 4 月 15 日，财政部等 11 个部委联合签发了两批跨境电商零售进口商品清单，进一步促进跨境电商的健康发展。

六、跨境电商海外仓建设

跨境电商向海外延伸，为解决小包物流成本高、配送时间长的问题，开始加速建设海外仓。目前，中国已经有许多大型出口跨境电商企业在国外建立了海外仓，并且每个海外仓的面积均为 3 万~5 万平方米，而进口跨境电商通常建立 2000~3000 平方米的海外仓。

跨境电商海外仓建设迎来政策发展红

利期。李克强总理在主持国务院工作会议时强调，要促进跨境电商健康快速发展，用“互联网+外贸”实现优进优出，鼓励跨境电商零售出口企业通过海外仓、体验店等拓展营销渠道，培育自有品牌和自建平台。2015年商务部发布的《“互联网+流通”行动计划》提出，运用市场化机制，推动建设100个电子商务海外仓。同时，还提出鼓励电子商务企业“走出去”建立海外营销渠道，创立自有品牌，多渠道、多方式建立海外仓储设施等，提升电商企业全球化经营能力。2015年6月国务院出台的《关于促进跨境电商健康快速发展的指导意见》指出：支持跨境电商零售出口企业加强与境外企业合作，通过规范的“海外仓”、体验店和配送网店等模式，融入境外零售体系，逐步实现经营规范化、管理专业化、物流生产集约化和监管科学化。

海外建仓可以帮助出口企业抢占市场，提升中国企业的竞争实力，增加流通性；对于进口跨境电商而言，海外仓可提升企业的供应链效率，降低进货门槛，为中国消费者提供更丰富的商品。但跨境电商大规模兴建海外仓存在空置危险，海外仓建设需根据跨境电商自身规模、特点、需要等多重因素考虑来搭建。

跨境电商发展的主要特点

一、跨境电商促进贸易的普惠化，带来普惠贸易

跨境电商的发展为中小企业和消费者迎来普惠贸易时代，个人消费者、企业和更多在传统贸易中的弱势群体都可以参与到国际贸易中来，获得更优质的资源、服务和多种多样的渠道，国际市场信息更加透明，贸易流程也更加方便。

相对于传统国际贸易的大批量商品交易，跨境电商的订单往往是小批量但频率较高，能够满足消费者即时性的采购需求。传统的外贸批量订单被碎片化订单所取代，能更好提供个性化、差异化的定制服务，让中小企业获得更多的市场份额和发展空间。

二、跨境电商第三方平台引领全球市场生态体系形成

跨境电商中第三方平台的作用开始凸显，平台可以利用具有强大的资源整合优势为买卖双方提供信息、交易、金融、物流等服务。通过利用第三方平台，跨境电商企业可以提高效率，降低运营成本。尤其受限于资金短缺、经验不足的中小企业对于平台的依附性会更大，平台也有助于其开拓海外新渠道。

在中国跨境电商发展过程中，逐步形成了以网上黄页模式，在线交易模式，以及外贸综合服务平台模式等成熟的商业模式相关的跨境电商市场生态体系。以阿里巴巴跨境电商平台为例，围绕跨境电商第三方平台，交易前后数据的融合，已经建

立了有效的信用机制和信用体系。

三、跨境电商模式创新和监管不断深化

跨境电商的模式创新也处在不断深化的过程，从在线交易平台到打造外贸综合服务平台，跨境电商的商业模式从单一功能到多功能的整合，目前跨境电商平台已经可以提供报关、检验、退税、运输全方位服务。

跨境电商的发展，从网上个人消费品交易到深入传统贸易流程创新，从跨境B2C到跨境B2B，从跨境电商个人物品行邮到一般贸易方式的创新，这些给政府监管带来了一定的挑战。从保税备货的试点城市到“48新政”的实施，体现了政府监管改革也在不断探索。

2015年，为了进一步探索政府和政策和监管方式如何能够适应跨境电商的发展，中国国务院批准并把杭州设为中国跨境电商综合试验区；2016年把跨境电商综合试验区扩充到了其他12座城市。

跨境电商发展趋势

一、跨境电商总体规模会不断扩大

网络和信息技术发展促进了经济全球化，市场广度和深度发展日新月异，中国市场创新发展在国际市场上的影响在不断扩大。不管是进口还是出口，无论是走出去还是引进来，跨境电商已经成为当前普遍认可的一种新的途径和方法。

对于中国而言，互联网和移动互联网的进一步发展，网购群体的不断扩大，中小企业和个人也能够更好参与国际贸易，也能够享受来自世界各地的优质商品和服务，在未来，跨境电商的交易规模将会逐渐增加。

二、跨境电商进口业务比重将提升

跨境电商进口大规模的增长始于2011年。跨境电商进口的增长主要是来自于互联网的跨境商品信息和商业市场机会，消费者可以通过跨境电商平台找到中国市场买不到的物美价廉的海外产品并可以下单，通过邮寄方式进口；另一个原因是中国消费者海外消费的回流，也就是在中国市场出现了很多进口跨境电商的平台和网上商店，让中国消费者买到受欢迎的海外消费品，并能通过跨境物流服务收到这些产品。

在政府出台多项促进跨境电商进口的政策背后，电商界巨头，如阿里巴巴和京东等纷纷进军这一领域，同时一些细分领域的创业公司也异军突起，比如小红书、洋码头等。2014年跨境进口电商交易额较2013年增长超过1500亿元，增速达到65.67%，2015年的增速也达到了45.43%。在跨境电商交易额中，进口的比例虽小，但增速极快，甚至超过出口。可以预见随着跨境电商进口政策的稳定，进口零售的市场也将逐渐扩大，跨境电商进口在近5年内将持续中高速增长（如图1-2所示）。

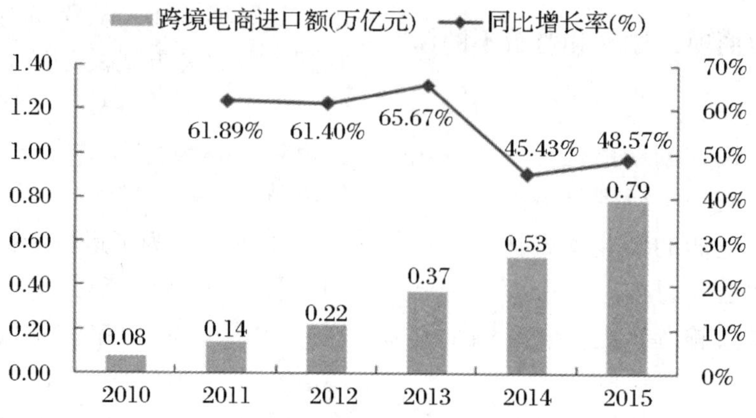

图 1-2　跨境电商的进口额

三、跨境电商移动化和社交化趋势更加明显

移动互联网的发展让跨境电商开始走向移动化，利用移动终端的便捷、灵巧的特点既能实时满足消费者的需求，又能够节省大量的时间和成本。同时，社交化也是一种非常重要的趋势，通过打造专业社区为消费者提供产品交流分享的平台，能够迅速提高知名度，也成为电商企业打造流量入口的一种非常重要的途径。

四、跨境电商企业的全球供应链不断优化

面对跨境电商市场的激烈竞争，一些从事跨境进口业务企业也开始优化自身的全球供应链，加强与国外品牌供应商长期合作，掌握一定的采购议价能力，降低产品成本。同时，通过海外直邮、保税备货等多种方式来为消费者提供更多的选择。

五、跨境电商规则体系逐渐形成

跨境电商在逐步发展过程中也在朝着规范化、制度化的方向发展，政府通过不断完善监管政策，实现监管流程优化，打造区别于传统国际贸易的跨境电商的金融财税政策、物流服务、交易纠纷处理机制，以更加规范化的标准来实现跨境电商的便利化和高效率。同时，一些网络安全、跨境数据流动、个人信息隐私保护、跨境消费者权益保护等与跨境电商相关的规则体系也在逐渐形成。

跨境电商目前存在的问题和发展建议

一、跨境电商存在的问题

（一）政策不明朗，监管问题仍然存在

对于跨境电商来说，与传统国际贸易相比，涉及到的管理和监督等问题会有所不同，目前出台的文件中，如何协调、如何配套还较为笼统，还需要进一步细化和规范，完整有效的监管体系还没有建立。市场的迅速扩张，给监管带来了很大的压力，消费者权益维护渠道有待完善，跨境网络交易的知识产权问题也未明确。跨境电商依然存在通关效率低、物流成本高、支付风险和退税等问题：

1. 高频率的订单，对监管部门提出了新的挑战。

2. 在跨境电商务过程中，人民币由于不能自由兑换，因此不能作为结算货币进行支付。办理相关的跨境电商支付业务缺乏系统的管理办法及实施细则。

（二）跨境电商物流设施不完善

跨境物流很多都依靠空运，这无疑增加了物流成本。跨境物流的发展存在一定滞后性，基础设施的不完善满足不了爆发式增长的交易需求，制约了跨境电商的发展。同时，目前还没有完全建立起完善的产品溯源和问责机制，在运输过程中容易出现产品破损、丢失的现象，给消费者带来经济损失。

（三）跨境电商产业园有待规范

2015 年跨境电商产业园不断新建，但是如何去运营一个跨境电商产业园并没有一个确定的答案，要防止打着建设跨境电商产业园的名义去处理过剩商业地产或套取政府资金的情况发生。一个跨境电商产业园的价值不能简单地用销售额和卖家数量来衡量，而是要把跨境电商产业园建设成为一个集平台、货源、仓储、物流为一体的跨境电商聚集生态群落。最终的目的就是要降低园区卖家的运营成本和交易成本，形成价值洼地，产生聚集效应，培育造血功能，产生规模效应。只有这样，才能充分发挥园区在地方经济当中的孵化器，催化剂和助力器的作用。

（四）跨境电商人才缺乏

跨境电商属于交叉性学科，既有国际贸易的特点，也有电子商务的特点。兼具国际贸易和电子商务特征的跨境电商企业对人才的综合性需求较强。单一的专业可能无法满足企业对人才的需求，企业更多希望跨境电商人才类型为复合型人才。业界越来越多的企业在发出这样的声音：招不到合适的跨境电商人才。目前的应届毕业生存在解决实际问题能力不强，专业知识不扎实，知识面窄，视野不够宽等问题。根据阿里调查数据显示，跨境电商人才存在很大的缺口，超过 80%的被调查企业认为跨境电商人才缺乏。在跨境电商人才的培养方面，需要与时俱进，不能与企

业脱节，要增强学生的实践能力和创新能力，拓宽学生的眼界。

二、跨境电商的发展建议

（一）加强“单一窗口”建设

“单一窗口”对于促进贸易便利化，提高通关效率具有重要的作用。要提高进一步支持“单一窗口”建设，简化企业申报办理流程，建成比较高效、透明的服务机制，针对传统行业提供更多的外贸便利。

（二）建立跨境电商平台自律机制

跨境电商企业良莠不齐，监管不到位、存在滞后性，这就给某些不良商家提供了“钻空子”的机会，这就需要建立跨境电商平台行业自律机制，推动平台发展。企业在自身发展过程中，会面临很多实际问题，行业自律可以使业界形成良性的监督体系。同时，跨境电商的商业模式仍然面临许多实际问题，需要相应的新的商业规则，推动其更好的发展。

（三）加强国际沟通合作

跨境电商的发展离不开国际合作与支持，面对跨境电商出现的关税、知识产权出现的问题，需要与各国进行沟通解决。通过不断学习国外相对比较成熟的经验，吸收借鉴，同时不断促进跨境电商新规则的制定，提高中国在国际市场上的话语权。

（四）推动立法，做到有法可

尽快出台《电子商务法》，明确规范跨境电商经营责任主体、交易与服务安全、数据信息保护、消费者权益、知识产权保护等内容，研究制定跨境电商行业特点相适应的政策和制度，促进跨境电商健康发展。

跨境电商国家政策

2015 年，跨境电商的快速发展得到了政府大力支持并陆续出台了各种政策，给跨境电商的发展带来了新的政策支撑，也使得跨境电商的发展更加规范，建立适应新贸易方式的信息监管平台和服务平台。

一、国务院发布指导意见促进跨境电商发展

2015 年 5 月，国务院出台《关于大力发展电子商务加快培育经济新动力的意见》，在通关效率、风险监控方面提出了指导意见，另外还出台了《关于加快培育外贸竞争新优势的若干意见》，其中鼓励电子商务企业建立规范化“海外仓”模式融入境外零售体系。

2015 年 6 月，国务院发布了《关于促进跨境电商健康快速发展的指导意见》，是新形势下促进跨境电商快速发展的指导性文件，其中共给出了十二条意见：一、支持国内企业更好地利用电子商务开展对外贸易；二、鼓励有实力的企业做大做强；三、优化配套的海关监管措施；四、完善检验检疫监管政策措施；五、明确规范进出口税收政策；六、完善电子商务支付结算管理；七、提供积极财政金融支持；八、建设综合服务体系；九、规范跨境电商经营活动；十、充分发挥行业组织作用；十一、加强多边国际合作；十二、加强组织实施。该意见要求各级人民政府根据自己地区的实际情况，落实发展计划，使得各地都能够在跨境电商的发展方面拥有了正确的指导和强有力的支持。

二、自贸协定进一步推进跨境电商发展

2015年6月1日，中国与韩国两国政府正式签署《中华人民共和国政府和大韩民国政府自由贸易协定》。中韩自贸协定是东北亚地区第一个自由贸易区，可以促进区域经济一体化和产业链的全面融合。中韩自贸协定签署，意味着中韩自贸推进取得突破性进展。这将给中韩间的海运、贸易等领域注入强大活力，目前，中韩双边贸易规模已经达到3000亿美元，中韩自贸区的建立将会极大刺激双边贸易。中韩自贸区建成之后，消费者可以通过正常渠道直接购买无需代购。自贸协定在给个人代购带来打击的同时也给跨境电商企业带来了新的机遇。

2015年6月17日，中国与澳大利亚正式签署了《中华人民共和国政府和澳大利亚政府自由贸易协定》。在中澳全面实施自贸协定、不断深化经贸合作、积极推进经济结构调整的大背景下，中澳企业在服务贸易和电子商务等领域合作前景广阔。

中韩、中澳自贸协定的签订，加速了中外经济融合和区域经济发展，跨境电商可以借此开拓更多市场，丰富产品品类，降低成本。

各试点城市发展篇

上海地区

2012年5月，国家发展改革委员会联合8部委发布了《关于组织开展国家电子商务示范城市电子商务试点专项的通知》（发改办高技〔2012〕1137号），其中由海关总署牵头组织开展“跨境电商服务试点”项目（以下简称“跨境试点”）。跨境试点重点支持电子口岸建设跨境电商综合服务平台，配合支持监管部门政策创新，解决以快件或邮件方式通关的跨境电商中存在的难以快速通关、规范结汇及退税等问题。

经公开申报和评审，上海成为全国首批跨境试点城市之一，东方电子支付有限公司（以下简称“东方支付”）成为上海跨境试点平台承建单位。上海市政府相关部门、监管机构及上海电子口岸全力推动“上海跨境电商公共服务平台”（以下简称“跨境电商公共服务平台”）的规划、建设、运营工作，为上海培育发展具有国际竞争力的跨境电商龙头企业、形成万商云集的跨境电商产业生态圈、打造全球跨境电商产业新高地提供基础支撑。

发展历程

一、上海跨境电商发展目标及取得的成果

（一）试点的目标

近年，尤其是2008年金融危机以来，我国跨境电商出口获得前所未有的高速发展，据统计，我国出口电子商务交易额年均增长率达到100%以上。根据海关数据统计，上海海关进出口总额约占全国海关进出口总额的40%以上，而由于上海地区国际贸易和信息化水平相对其他地区更为发达，因此上海跨境电商进出口总额比例很高，同时鉴于上海地区较高的消费能力与进口需求，根据业内专家估计，上海进口电子商务总额（含长三角从上海海关入关的数据）在全国进口电子商务总额占比较大。

因此在上海跨境电商如此巨大的体量基础上，本次试点工作带来巨大的经济和社会效益。

1. 通过本次试点工作，有助于提高快件渠道的货物通关效率，缩短物流配送周期；进一步改善上海跨境电商货物的通关便利化环境，提高跨境贸易竞争力；提升国际贸易效率，使出口商品可以更加方便、快捷的参与国际竞争；从而扩大进口，促进国际贸易发展。

2. 目前，经营外贸出口的跨境电商企业正在爆发式增长。据初步统计，目前我国经营外贸电子商务的网站大约有5000家，上海地区约有2000家。通过本次试点工作，在现有国家法律法规框架下，为外贸电子商务企业在降低物流成本、提高通关速度、方便出口结汇和出口退税、享受国家税收政策等方面提供了条件，有利于外贸电子商务企业的健康发展。

3. 通过本次试点工作，倡导“阳光纳税”，有助于解决现有网购、邮购和海外代购中伪报或瞒报入境商品种类与价格及偷逃税款等问题，从而加强税收征管，促进行业的健康、规范化发展。

（二）试点的成果

上海跨境试点工作取得预期成效，以上海跨境公共服务平台为核心的上海整体跨境电子商务产业生态圈基本形成。

1. 公共平台功能日益完善

2013年12月28日，公共平台正式运行，“直购进口”和“保税进口”功能正式运营；2015年7月6日，“一般出口”功能实现实货测试，并积极探索“保税出口”等功能模式。目前，公共平台已实现与海关和检验检疫机构的系统对接，为跨境电商、物流、支付等主体提供企业与商品备案、电子通关、行邮税征缴等公共服务，并陆续开发了个人支付、个人购付汇、企业收结汇等跨境支付服务功能。2015年11月24日，试点项目顺利通过国家发改委和海关总署的联合验收。

2. 注重集聚与培育龙头跨境电商试点企业

2014年9月，在经过近一年的商品导购和提供公共平台对接服务的基础上，跨

境通公司开始向交易平台转型，并于2015年1月23日正式推出跨境通商城（www.kjt.com）。目前，日均订单量突破10000单。同时，信投公司全力推进与泰国正大集团、中国移动、中信集团、日本伊藤忠商社的战略合作框架协议落地，目前各方已就合资设立“见见面”公司主要交易安排达成一致。同时，亚马逊、天猫国际、京东国际、苏宁等龙头电商纷纷入驻。

3. 产业支撑功能和企业集聚效应逐步发挥

公共服务平台与银联在线、支付宝、财付通（微信支付）等国内8家顶尖支付企业达成对接协议，并正式上线。在跨境物流方面，公共服务平台与UPS、FEDEX、上海邮政、顺丰、圆通等十几家国内外知名物流企业实现系统对接；同时，试点结合中国（上海）自由贸易试验区契机，成为首批落地项目，试点在机场综保区、外高桥、洋山保税港区等开展业务，并复制到松江出口加工区、嘉定、普陀、青浦等其他特殊监管区域。试点工作对自贸区跨境电子商务产业集聚的支撑作用也逐步显现。截至目前，已有亚马逊等400余家试点企业在自贸区设立新运营实体。

（三）发展的愿景

本次试点工作是上海建设国际贸易中心、提升贸易便利化的重要抓手与突破口。通过本次试点的三大政策法规突破，将对《上海建设国际贸易中心“十二五”规划》中的“加强进出口服务平台建设”、“进一步研究贸易便利化政策”、“进一步强化政府公共服务职能”、“聚集高能级、有活力的贸易主体”、“营造上海国际一流水平商贸环境”和“构造上海全球贸易网络枢纽节点”等具有重大意义；对落实《上海市电子商务发展“十二五”规划》、《上海创建“国家电子商务示范城市”实施方案》具有重要作用；由于上海外贸电商体量庞大，所遇政策法规问题具有普遍性，本次试点也将对我国其他省市乃至国家层面的跨境电商政策制定具有标志性的参考价值及普遍性的示范与推广作用。

二、上海积极培育跨境电商产业发展环境

（一）建立专门工作机制，制定跨境电商发展政策

2015年6月，上海市政府办公厅发布《上海市政府办公厅关于成立上海市跨境电商工作领导小组的通知》。根据通知内容，其组成成员如下：上海市副市长出任组长，上海市政府副秘书长出任副组长，上海市发改委、商务委、财政局、税务局、口岸办、海关、自贸区管委会等13个部门的有关负责人出任领导小组成员。随后，上海市政府2015年7月20日印发《关于促进本市跨境电子商务发展的若干意见》，提出了包括设立跨境电商示范园区等12条意见，指出到2020年，本市跨境电商交易额占全市进出口总量的比重稳步提高，跨境电商发展水平居全国前列。

（二）上海相关监管部门对具体政策给予明确指导

2014年4月22日，上海海关发布《关于开展跨境电商进口业务的公告》（2014年第13号公告），提出企业和商品备案、数据申报、现场查验等具体操作流程；2015年6月15日，上海国检发布

《上海出入境检验检疫局跨境电子商务检验检疫管理办法》（2015 年第 6 号公告），对跨境电子商务进境商品实施负面清单管理。政策创新成果明显。

本次试点工作政策主要包括两个方面，一是出口方面对符合资质的电子商务企业以跨境和邮件方法通过的货物给予“清单方式核销，后继集中申报”的优惠政策，将海关总署对普通货物的“集中申报”政策延伸到以邮件和快件通关的电子商务货物，同时以电商企业内部交易数据作为生成清单的主要数据项，达到无纸化通关的目标，打通后续的收汇与结汇。二是进口方面，将全国海关税费电子支付系统应用范围拓展到行邮税支付，服务对象由企业扩展到个人，促进电子商务进口商品的阳光纳税。

（三）新政策应用效果明显

一是以制度创新改革为前提释放通关潜能。为避免线下物流速度成为影响跨境电子商务快速发展的短板，上海海关自 2015 年 2 月起正式上线跨境电子商务进口物品担保验放模式，目前已全部实现进口环节行邮税电子计征和自动验放功能，涉税订单通关时间从 24 小时缩短为 1 秒，标志上海跨境贸易通关步入“秒速”时代，大幅提升消费者的购物体验。上海检验检疫局建立跨境电子商务负面清单，大幅优化跨境商品的备案效率。

二是以政策区域拓展为基础覆盖更多企业。将直邮进口模式覆盖至虹桥机场海关，将网购保税进口模式从自贸区拓展至松江出口加工区、嘉定出口加工区、普陀西北物流园区等更多符合条件的海关特殊监管区域，为企业入驻、消费者网购提供多元化选择，打造公平、公正、开放的商业环境。

三是以监管服务并重为原则完善监管回路。充分利用上海海关跨境电子商务通关管理系统的后台数据开展事后风险分析，通过启动负面清单关键字商品备案审核机制加快备案速度，以年度购买金额、购买数量、收货地址等关键词为参数筛选高风险消费者名单，公共服务平台在前道对明显超量购买的用户账号予以暂停；同时，积极探索退货模式监管流程，构建商品退入区内或退出境外的信息流和物流通道。

四是以知名企业入驻为契机彰显集聚效应。充分发挥前期美国亚马逊入驻试点进口直购业务的辐射效应，不定期组织服务平台和电商企业等相关方就通关问题召开多方会议，加强政策宣传，简化备案流程，建立关企合作机制，以点带面，进一步激发企业参与试点工作的积极性。

（四）具体模式介绍

1. 直邮出口模式

跨境电商直邮出口模式，是指跨境电商出口企业通过跨境电商交易平台或直营网站向海外买家出售商品，确定订单后，将商品通过邮件、快件等方式运输出境并配送至买家（如图 2-1 所示）。

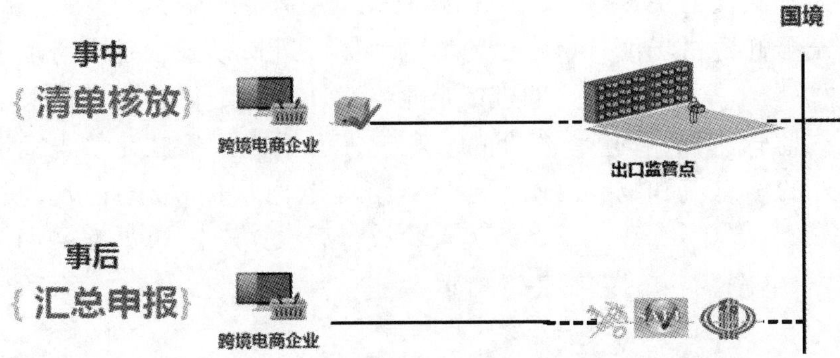

图 2-1　跨境电商直邮出口模式图

目前，在上海开展直邮出口模式主要监管政策与便利化措施包括：

（1）简化跨境电商企业备案流程。

（2）在通关环节，实施“清单核放、汇总申报”便利化措施。口岸监管部门依据“订单、物流、支付”清单信息进行查验后放行，跨境电商可以定期对清单进行汇总申报获得出口报关单。

（3）设立跨境电商出口监管点，提供专门现场监管服务。

（4）检验检疫机构实施基于风险分析的质量安全监督抽查机制，通过采信第三方检验检测结果，进行产品质量安全的合格评定；对于一般工业制成品实施事后监管。

2. 直邮进口模式

跨境电商直邮进口模式，是指跨境电商进口企业通过跨境电商交易平台或直营网站向国内买家出售商品，确定订单后，将包裹通过邮件、快件等方式办理海关清关手续，并派送至国内买家（如图 2-2 所示）。

图 2-2　跨境电商直邮进口模式图

目前，在上海开展直邮进口模式主要监管政策与便利化措施包括：

（1）简化企业备案流程，境外企业可与境内企业签订合作协议，实现一次备案。

（2）通过启动负面清单关键字商品备案审核机制加快备案速度。

（3）在检验检疫环节的商品准入实施负面清单管理。

（4）直邮进口商品按照个人物品行邮税管理规定缴纳进境税收，跨境电商企业采用保证金方式，线上快速缴税。

（5）以政策区域拓展为基础覆盖更多企业，将直邮进口模式覆盖至虹桥机场海关。

（6）积极探索退货模式监管流程，构建商品退入区内或退出境外的信息流和物流通道。

3. 保税进口模式

跨境电商保税进口模式，是指跨境电商进口企业将境外商品批量备货至海关监管下的保税仓库，国内买家在跨境电商网站下单后，跨境电商从保税仓打包发货，经海关查验放行后派送至国内买家（如图2-3所示）。

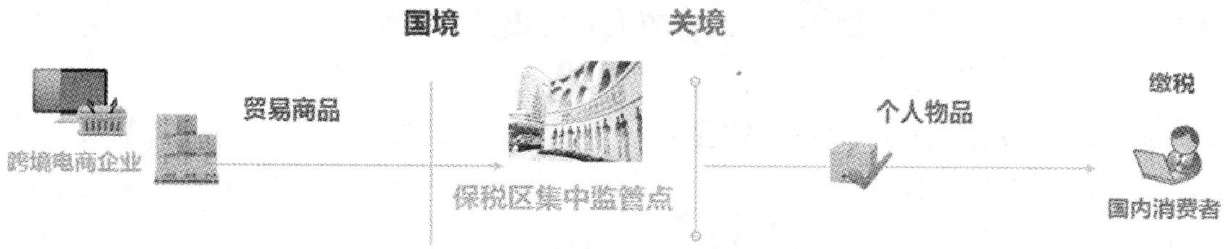

图 2-3　跨境电商保税进口模式图

目前，在上海开展保税进口模式主要监管政策与便利化措施包括：

（1）将网购保税进口模式从自贸区拓展至松江出口加工区、嘉定出口加工区、普陀西北物流园区等更多符合条件的海关特殊监管区域，为企业入驻、消费者网购提供多元化选择，打造公平、公正、开放的商业环境。

（2）对于网购保税进口商品，检验检疫机构实施以风险分析为基础的质量安全监管，依据相应产品国家标准的安全卫生项目进行监测。

（3）对于网购保税进口商品，检验检疫机构在其出区前实施商品抽批货证核查。符合规定的，向监管场所发送运营企业放行指令，监管场所运营企业凭检验检疫指令放行。

三、上海以跨境电商公共服务平台建设为基础，完善跨境试点配套建设，打造跨境电商发展环境

（一）以建设跨境电商“单一窗口”为目标

上海跨境电商公共服务平台依托上海电子口岸平台，建立海关、检验检疫、国税、外管、工商等政府管理部门数据交换和互联互通的信息共享平台，实现政府管理部门之间“信息互换、监管互认、执法互助”，为跨境电商企业、支付机构、物流企业等市场主体提供“一点接入”政府监管部门的综合服务，实现“一次申报、一次查验、一次放行”，实现全程无纸化通关，降低跨境电商通关成本，提高通关效率。建立跨境电子商务大数据中心，实现跨境电子商务数据的交换汇聚，建立健全跨境电子商务统计监测体系，完善跨境电子商务统计方法，为政府监管和企业经

营提供决策咨询服务。完善风险防控功能，构建多维度、高效率的风险防控措施，为政府实时监管、精准监管、分类监管提供有效的技术支撑、决策辅助和服务保障。持续完善和提升口岸监管与公共服务水平，推动上海市跨境电商不断向前发展（如图2–4所示）。

图 2–4　上海跨境电商公共服务平台定位图

（二）不断完善跨境电商公共服务平台功能

跨境电商企业、支付机构、物流企业等市场主体按照海关、检验检疫、税务、外汇等监管部门要求，通过公共平台进行企业、商品等备案（即“准入备案”）；完成备案后，跨境电商企业、支付机构、物流企业等在正常开展跨境电商业务的同时，向上海跨境电商公共服务平台申报交易订单、支付、物流等信息（即“信息申报”）并完成相关税费缴纳工作；上海跨境电商公共服务平台向监管部门提供三单信息，监管部门进行三流信息比对审核（即“三流合一”），验证无误后对跨境电商包裹实施快速验放（即“清单核放”）；跨境电商或相关企业依据“清单核放”数据进行汇总申报，海关提供汇总报关单（即“汇总申报”）；跨境电商或相关企业凭报关单进行退税、售结汇等工作。

目前，跨境电商公共服务平台为跨境电商市场主体提供以下五类公共服务：

一是准入服务。支持市场主体按照海关、检验检疫等监管部门要求进行企业与商品备案。

二是通关服务。支持市场主体按照海关、检验检疫等监管部门的要求进行交易、支付、物流等信息的申报，并反馈相关审核信息。

三是外汇服务。为外汇管理部门和消费者、商户、银行等市场主体开展在线购付汇和收结汇业务提供交易真实性验证服务。

四是税务服务。为消费者提供税收网上缴付，为跨境电商企业提供电子化退税申报等服务，并反馈审核结果等相关信息。

五是其他服务。为相关政府部门提供统计监测、决策咨询等服务，并配合上海及国家部门建设跨境电商诚信体系。

（三）不断提升跨境电商公共服务平台服务能力

跨境电商公共服务平台在2015年的“双十一”期间经受住了来自各方（包括天猫、跨境通等大型电商及大型物流公司）的压力和数据冲击，如平台在11日和12日两天无间断地成功处理天猫60万单保税跨境货物的申报及50多万单的订单申报。据统计，实际“双十一”期间即使处于高峰，天猫的报文并发量不到100笔/秒,高峰时只使用了10兆的带宽。经过真实环境的检验，证明平台可承受再大于3倍体量的天猫订单，是一个可靠、稳定、安全的平台。

“双十一”期间的实际业务处理，充分检验了跨境项目的整体承载能力和实际效果，可以说是该项目实际承建完成之后的具有重要意义的大练兵，并没有发生业务操作、应对、监控等层面的阻滞、故障等情况，实际应对效果表现良好。

四、试点工作取得较为突出的社会效益与经济效益

上海试点以境外电商企业、境内电商代购平台、境内电商龙头企业和传统进口贸易商为参与主体，通过解决上述主体在跨境电商零售进口业务中的痛点等方式转化存量和挖掘增量，吸引境外电商企业本土落地、规范转化境内电商平台代购转运业务，并鼓励境内电商龙头企业拓展跨境业务，上海试点的链接功能进一步彰显，同时对国内其他同类平台的示范效应也较为突出。

目前，试点工作的示范作用逐渐呈现，众多电商企业链接进入。例如，截止到2015年12月份，已有400余家电商企业通过公共服务平台开展进口模式业务，其中较知名的有一号店、亚马逊、天猫国际、跨境通等电商。此外，还有众多新成立的电商公司不断链接进入。例如，中外运空运发展股份有限公司作为主营航空物流方面的优质企业，通过成立了中外运电子商务公司，并联合了四家台湾本地企业打造“沪台通”的电商贸易渠道，进而接入到跨境电商公共服务平台上，充分享受平台所提供的便利化措施。还有一个比较突出的例子是上港集团，作为洋山海运船舶大佬，亦作为跨境电商公共服务平台的资深用户，受惠于公共服务平台提供的进口服务模式等一系列便利化措施，通过搭建“上港商城”跨境电商网站的形式成立电商公司，最终接入到公共服务平台上，自2015年11月初开业以来表现出强劲的发展势头。

跨境电商公共服务平台实现了与上海13家国际快递公司的数据交换，具体包括联邦快递（中国）有限公司上海分公司、顺丰速运集团（上海）速运有限公司、联合包裹物流（上海）有限公司、天地国际运输代理（中国）有限公司上海分公司、DHL空运服务（上海）有限公司、北京明邦运通国际运输服务有限公司上海分公司、上海义达国际物流有限公司、上海捷利货运有限公司、上海威盛报关有限公司、中外运泓丰（上海）国际物流有限公司、上海东航快递有限公司、上海鸿硕国际货运代理有限公司、上海翼速国际物流有限公

司；数据申报流程已经畅通。

跨境电商公共服务平台先后与多家物流公司实现了数据交换，具有国际货物承运资格的物流公司表现出了与公共平台合作的意愿。一些知名国际物流公司，如UPS、OCS、上海义达国际物流有限公司（以下简称义达）、上海捷利货运有限公司（捷利）等国际物流承运商，在开展跨境贸易物流业务的同时，纷纷邀请其传统贸易的合作客户来上海开展跨境贸易。例如，义达邀请了其客户上海尧赫进出口有限公司（其电商网站名：豌豆公主）加入到了公共平台中；UPS通过与公共平台进行数据交换，在享受到该平台带来的便利性服务之后，有意将其重要客户——韩国知名电商interpark及美国著名珠宝商bluenile引入到跨境平台上。公共平台通过与各大知名国际物流公司的数据交换等形式的合作，其客户也纷纷成为或将成为公共平台的潜在服务客户，平台便利性的示范作用得到凸显。

出口方面，当前上海跨境电子商务一般出口模式中，上海海关为主要参与单位，其正在大力推动跨境电商通关流程的监管制度与实施细则的建立与完善：主要依据《关于跨境电商进出境货物、物品有关监管事宜》（海关总署2014年第56号公告），以海关新型监管方式代码“9610”，即“跨境电商”方式，在快件通道，实现跨境电商出口业务的“清单核放，汇总申报”功能。该模式包括相关信息系统与实体监管场所。信息系统层面包括上海跨境电商服务平台和上海海关跨境电商通关管理系统，实体层面设立跨境电子商务出口专门监管场所。

五、问题和建议

（一）监管依据问题

目前，对跨境电商交易商品的监管规则沿用了《海关法》和海关总署2010年第43号公告的“个人自用、合理数量”、“每次限值1000元人民币”等标准。而《关于调整进出境个人邮递物品管理措施有关事宜》（海关总署2010年第43号公告）中的主体——个人邮递物品制度，是在商品匮乏的计划经济时期为照顾惠及侨眷而建立的；跨境网购个人物品不同于传统意义上的个人邮递物品属性，而公告中的1000元验放标准更是沿用1994年的规定，完全脱离了经济生活发展实际。此外，目前监管依据大部分是以公告、内部通知、操作规程等形式下发，法律层次及透明度都较低。建议相关部委尽快梳理目前跨境电商涉及的法律法规，对已明显不符社会发展现状的法律法规予以修改或废止。

（二）目前跨境电商出口模式接受度不高

1. 国内跨境出口电商企业尚处于发展初期。一是国内跨境电商经营主体不规范，单店的金额规模较小。以国内最大的跨境电商平台速卖通为例，90%卖家为个人销售行为，如夫妻店等，此类卖家没有基本的企业资质，很难纳入到目前试点的服务范围。目前，试点对跨境电商企业有一定的资质要求，如具备一般进出口权，有对应的海关10位编码等。即使具备企业资质的成规模卖家，在采购时也多以市场采购为主，没有进项增值税发票，难以享受试点的通关、结汇、退税政策。二是跨境电商企业经营产品结构单一，品牌意识不强。很多商品并无品牌，有些甚至违反知识产品保护。

2. 跨境物流配送并不存在明显的合规问题，跨境物流成本占跨境出口电商企业营业额的30%以上，目前跨境电商多选择邮政小包进行配送。根据多方调研，跨境电商更希望试点项目可以带来较低的物流价格。

3. 跨境支付企业对接困难，结汇有一定的市场解决办法。跨境电商出口消费群体遍及200多个国家和地区，普遍使用国外的知名支付工具，如贝宝，Visa等。按照试点要求与跨境支付企业直接对接，获取其核心支付信息在短期内难以实现。

配套文件

中国（上海）自由贸易试验区管理办法

（上海市人民政府令第7号）

《中国（上海）自由贸易试验区管理办法》已经2013年9月22日市政府第24次常务会议通过，现予公布，自2013年10月1日起施行。

市长杨雄

2013年9月29日

第一章　总　则

第一条（目的和依据）

为了推进中国（上海）自由贸易试验区建设，根据《全国人民代表大会常务委员会关于授权国务院在中国（上海）自由贸易试验区暂时调整有关法律规定的行政审批的决定》、《中国（上海）自由贸易试验区总体方案》和有关法律、法规，制定本办法。

第二条（适用范围）

本办法适用于经国务院批准设立的中国（上海）自由贸易试验区（以下简称“自贸试验区”）。自贸试验区涵盖上海外高桥保税区、上海外高桥保税物流园区、洋山保税港区和上海浦东机场综合保税区，总面积28.78平方千米。

第三条（区域功能）

自贸试验区推进服务业扩大开放和投资管理体制改革，推动贸易转型升级，深化金融领域开放，创新监管服务模式，探索建立与国际投资和贸易规则体系相适应的行政管理体系，培育国际化、法治化的营商环境，发挥示范带动、服务全国的积极作用。

第二章　管理机构

第四条（管理机构）

本市成立中国（上海）自由贸易试验区管理委员会（以下简称“管委会”）。

管委会为市政府派出机构，具体落实自贸试验区改革任务，统筹管理和协调自贸试验区有关行政事务。

市有关部门和浦东新区等区县政府应当加强协作，支持管委会的各项工作。

第五条（机构职责）

管委会依照本办法履行以下职责：

（一）负责推进落实自贸试验区各项改革试点任务，研究提出并组织实施自贸试验区发展规划和政策措施，制定自贸试验区有关行政管理制度。

（二）负责自贸试验区内投资、贸易、金融服务、规划国土、建设、绿化市容、环境保护、劳动人事、食品药品监管、知识产权、文化、卫生、统计等方面的行政管理工作。

（三）领导工商、质监、税务、公安等部门在自贸试验区内的行政管理工作；协调海关、检验检疫、海事、金融等部门在自贸试验区内的行政管理工作。

（四）承担安全审查、反垄断审查相关工作。

（五）负责自贸试验区内综合执法工作，组织开展自贸试验区内城市管理、文化等领域行政执法。

（六）负责自贸试验区内综合服务工作，为自贸试验区内企业和相关机构提供指导、咨询和服务。

（七）负责自贸试验区内信息化建设工作，组织建立自贸试验区监管信息共享机制和平台，及时发布公共信息。

（八）统筹指导自贸试验区内产业布局和开发建设活动，协调推进自贸试验区内重大投资项目建设。

（九）市政府赋予的其他职责。

原由上海外高桥保税区管理委员会、洋山保税港区管理委员会、上海综合保税区管理委员会分别负责的有关行政事务，统一由管委会承担。

第六条（综合执法）

管委会综合执法机构依法履行以下职责：

（一）集中行使城市管理领域、文化领域的行政处罚权，以及与行政处罚权有关的行政强制措施权和行政检查权。

（二）集中行使原由本市规划国土、建设、住房保障房屋管理、环境保护、民防、人力资源社会保障、知识产权、食品药品监管、统计部门依据法律、法规和规章行使的行政处罚权，以及与行政处罚权有关的行政强制措施权和行政检查权。

（三）市政府决定由管委会综合执法机构行使的其他行政处罚权。

第七条（集中服务场所）

管委会应当依据自贸试验区的区域布局和企业需求，设立集中办理行政服务和管理事项的场所。

第八条（驻区机构）

海关、检验检疫、海事、工商、质监、税务、公安等部门设立自贸试验区办事机构，依法履行自贸试验区有关监管和行政管理职责。

第九条（其他行政事务）

市有关部门和浦东新区政府按照各自职责，承担自贸试验区其他行政事务。

第三章　投资管理

第十条（服务业扩大开放）

自贸试验区根据《中国（上海）自由贸易试验区总体方案》，在金融服务、航运服务、商贸服务、专业服务、文化服务和社会服务等领域扩大开放，暂停或者取消投资者资质要求、股比限制、经营范围限制等准入限制措施。

自贸试验区根据先行先试推进情况以及产业发展需要，不断探索扩大开放的领域、试点内容及相应的制度创新措施。

第十一条（负面清单管理模式）

自贸试验区实行外商投资准入前国民待遇，实施外商投资准入特别管理措施（负面清单）管理模式。

对外商投资准入特别管理措施（负面清单）之外的领域，按照内外资一致的原则，将外商投资项目由核准制改为备案制，但国务院规定对国内投资项目保留核准的除外；将外商投资企业合同章程审批改为备案管理。

自贸试验区外商投资准入特别管理措施（负面清单），由市政府公布。外商投资项目和外商投资企业备案办法，由市政府制定。

第十二条（境外投资备案制）

自贸试验区内企业到境外投资开办企业，实行以备案制为主的管理方式，对境外投资一般项目实行备案制。

境外投资开办企业和境外投资项目备案办法，由市政府制定。

第十三条（注册资本认缴登记制）

自贸试验区实行注册资本认缴登记制，公司股东（发起人）对其认缴出资额、出资方式、出资期限等自主约定并记载于公司章程，但法律、行政法规对特定企业注册资本登记另有规定的除外。

公司股东（发起人）对缴纳出资情况的真实性、合法性负责，并以其认缴的出资额或者认购的股份为限对公司承担责任。

第十四条（营业执照与经营许可）

自贸试验区内取得营业执照的企业即可从事一般生产经营活动；从事需要许可的生产经营活动的，可以在取得营业执照后，向主管部门申请办理。

法律、行政法规规定设立企业必须报经批准的，应当在申请办理营业执照前依法办理批准手续。

第四章　贸易发展和便利化

第十五条（贸易转型升级）

自贸试验区积极发展总部经济，鼓励跨国公司在自贸试验区内设立亚太地区总部，建立整合贸易、物流、结算等功能的营运中心。

自贸试验区推动国际贸易、仓储物流、加工制造等基础业务转型升级，发展离岸贸易、国际贸易结算、国际大宗商品交易、融资租赁、期货保税交割、跨境电子商务等新型贸易业务。

鼓励自贸试验区内企业统筹开展国际国内贸易，实现内外贸一体化发展。

第十六条（航运枢纽功能）

自贸试验区发挥与外高桥港、洋山深水港、浦东空港枢纽的联动作用，加强与自贸试验区外航运产业集聚区的协同发展。

自贸试验区发展航运金融、国际船舶运输、国际船舶管理、国际船员管理、国际航运经纪等产业，发展航运运价指数衍生品交易业务。自贸试验区发展航空货邮国际中转，加大航线、航权开放力度。

自贸试验区实行具有竞争力的国际船舶登记政策，建立高效率的船籍登记制度。自贸试验区内企业可以将“中国洋山港”作为船籍港进行船舶登记，从事国际航运业务。

第十七条（进出境监管制度创新）

对自贸试验区和境外之间进出货物，允许自贸试验区内企业凭进口舱单信息将货物先行提运入区，再办理进境备案手续。对自贸试验区和境内区外之间进出货物，实行智能化卡口、电子信息联网管理模式，完善清单比对、账册管理、卡口实货核注的监管制度。

允许自贸试验区内企业在货物出区前自行选择时间申请检验。

自贸试验区推进货物状态分类监管模式。对自贸试验区内的保税仓储、加工等货物，按照保税货物状态监管；对通过自贸试验区口岸进出口或国际中转的货物，按照口岸货物状态监管；对进入自贸试验区内特定的国内贸易货物，按照非保税货物状态监管。

第十八条（进出境监管服务便利化）

自贸试验区推进新型业务监管创新试点，建立与服务贸易、离岸贸易和新型贸易业务发展需求相适应的监管模式。

自贸试验区积极发展国际中转、集拼和分拨业务。推行"一次申报、一次查验、一次放行"模式。

简化自贸试验区内货物流转手续，按照"集中申报、自行运输"的方式，推进自贸试验区内企业间货物流转。

鼓励设立进出口商品检验鉴定机构。建立对第三方检验鉴定机构检测结果的采信机制。

第五章 金融创新与风险防范

第十九条（金融创新）

在自贸试验区开展金融领域制度创新、先行先试，建立自贸试验区金融改革创新与上海国际金融中心建设的联动机制。

第二十条（资本项目可兑换）

在自贸试验区实行资本项目可兑换，在风险可控的前提下，通过分账核算方式，创新业务和管理模式。

第二十一条（利率市场化）

在自贸试验区培育与实体经济发展相适应的金融机构自主定价机制，逐步推进利率市场化改革。

第二十二条（人民币跨境使用）

自贸试验区内机构跨境人民币结算业务与前置核准环节脱钩。自贸试验区内企业可以根据自身经营需要，开展跨境人民币创新业务，实现人民币跨境使用便利化。

第二十三条（外汇管理）

建立与自贸试验区发展需求相适应的外汇管理体制，推进贸易投资便利化。

第二十四条（金融主体发展）

根据自贸试验区需要，经国家金融管理部门批准，允许不同层级、不同功能、不同类型的金融机构进入自贸试验区，允许金融市场在自贸试验区内建立面向国际的交易平台，提供多层次、全方位的金融服务。

第二十五条（风险防范）

本市加强与国家金融管理部门的协调，配合国家金融管理部门在自贸试验区建立与金融业务发展相适应的监管和风险防范机制。

第六章 综合管理和服务

第二十六条（优化管理）

自贸试验区按照国际化、法治化的要求，建立高效便捷的管理和服务模式，促进投资和贸易便利化。

第二十七条（管理信息公开）

管委会和有关部门在履职过程中制作或者获取的政策内容、管理规定、办事程序及规则等信息应当公开、透明，方便企业查询。

自贸试验区有关政策措施、制度规范在制定和调整过程中，应当主动征求自贸试验区内企业意见。

第二十八条（一口受理机制）

自贸试验区工商部门会同税务、质监等部门和管委会建立外商投资项目核准（备案）以及企业设立（变更）“一表申报、一口受理”工作机制。工商部门统一接收申请人提交的申请材料，统一向申请人送达有关文书。

管委会建立自贸试验区内企业境外投资备案“一表申报、一口受理”工作机制，统一接收申请人提交的申请材料，统一向申请人送达有关文书。

第二十九条（完善监管）

管委会和有关部门应当按照自贸试验区改革需求，实行以事中、事后监管为主的动态监管，优化管理流程和管理制度。

自贸试验区执法检查情况，应当依法及时公开。涉及食品药品安全、公共卫生、环境保护、安全生产的，还应当公开处理进展情况，并发布必要的警示、预防建议等信息。

第三十条（安全审查和反垄断审查）

自贸试验区建立安全审查和反垄断审查的相关工作机制。

投资项目或者企业属于安全审查、反垄断审查范围的，管委会应当及时提请开展安全审查、反垄断审查。

第三十一条（知识产权保护）

加强自贸试验区知识产权保护，鼓励和支持专业机构提供知识产权调解、维权援助等服务。

管委会负责自贸试验区内专利纠纷的行政调解和处理。

第三十二条（企业年度报告公示）

实行自贸试验区内企业年度报告公示制度。自贸试验区内企业应当向工商部门报送年度报告。年度报告应当向社会公示，涉及商业秘密内容的除外。企业对年度报告的真实性、合法性负责。

自贸试验区内企业年度报告公示办法另行制定。

第三十三条（信用信息制度）

建立自贸试验区内企业信用信息记录、公开、共享和使用制度，推行守信激励和失信惩戒联动机制。

第三十四条（监管信息共享）

管委会组织建立自贸试验区监管信息共享机制和平台，实现海关、检验检疫、海事、金融、发展改革、商务、工商、质监、财政、税务、环境保护、安全生产监管、港口航运等部门监管信息的互通、交换和共享，为优化管理流程、提供高效便捷服务、加强事中事后监管提供支撑。

第三十五条（综合性评估）

本市在自贸试验区建立行业信息跟踪、监管和归集的综合性评估机制。

市发展改革部门会同市有关部门和管委会建立工作机制，开展行业整体、行业企业试点实施情况和风险防范的综合性评估，提出有关评估报告，推进完善扩大开放领域、试点内容和制度创新措施。

第三十六条（行政复议和诉讼）

当事人对管委会或者有关部门的具体行政行为不服的，可以依照《中华人民共和国行政复议法》或者《中华人民共和国行政诉讼法》的规定，申请行政复议或者提起行政诉讼。

第三十七条（商事纠纷解决）

自贸试验区内企业发生商事纠纷的，可以向人民法院起诉，也可以按照约定，申请仲裁或者商事调解。

支持本市仲裁机构依据法律、法规和国际惯例，完善仲裁规则，提高自贸试验区商事纠纷仲裁专业水平和国际化程度。

支持各类商事纠纷专业调解机构依照国际惯例，采取多种形式，解决自贸试验区商事纠纷。

第七章　附　则

第三十八条（附件）

管委会承担的行政审批事项、具体管理事务和管委会综合执法机构集中行使的行政处罚权，由本办法附件予以明确。

第三十九条（施行日期）

本办法自 2013 年 10 月 1 日起施行。

附件

一、管委会承担的行政审批事项

（一）投资管理部门委托的企业投资项目的核准。

（二）商务管理部门委托的外商投资企业设立和变更审批，境外投资开办企业审批。

（三）规划管理部门委托的建设项目选址意见书、核定规划条件、建设用地规划许可证、建设工程规划设计方案、建设工程规划许可证的审批，建设工程竣工规划验收。

（四）除新增建设用地外，土地管理部门委托的国有土地使用权划拨、出让等建设项目用地预审。

（五）建设管理部门委托的建设项目报建许可，建设项目初步设计审批，建设工程施工许可，占用城市道路人行道设置各类设施许可，临时占路及公路用地许可，桥梁安全保护区域内施工许可，掘路许可，道路用地范围内埋设管线和管线穿越、跨越道路审批，增设改建平面交叉道口许可，超限运输车辆行驶许可，外商投资企业首次申请建设工程设计和建筑业企业资质许可。

（六）绿化市容管理部门委托的建设项目配套绿化方案审批及竣工验收、临时使用绿地许可（含公共绿地），迁移、砍伐树木（古树名木除外）许可，调整公共绿地内部布局、服务设施设置许可，户外广告设施设置或者宣传品、标语的张贴、悬挂许可，户外非广告设施设置审批，配套建设的环境卫生设施规划、设计方案的审批和竣工验收。

（七）环境保护管理部门委托的建设项目环境影响评价、试生产、竣工验收的审批，建筑工地夜间施工审批，污染物处理设施闲置、拆除的审批。

（八）民防管理部门委托的结建民防工程审批和施工图审查，民防工程建设费的收取和减免审核，民防工程竣工验收，民防工程的拆除审批。

（九）科技管理部门委托的高新技术企业认定初审。

（十）人力资源社会保障管理部门委托的企业实行其他工作时间审批，外国人来沪的就业审批，台港澳人员来沪就业审批，定居国外中国人在沪就业核准，外国专家来沪工作许可，办理《上海市居住证》B 证。

（十一）水务管理部门委托的临时停止供水或者降低水压审批，排水许可证核发。

（十二）知识产权管理部门委托的专利代理机构申报初审和专利广告出证，境外图书出版合同登记，复制境外音像制品著作权授权合同登记，进口图书在沪印制备案。

（十三）文化管理部门委托的演出经纪机构在自贸试验区内举办演出活动的审批。

（十四）卫生计生管理部门委托的建设项目预防性卫生审查。

（十五）食品药品监管部门委托的药品零售企业开办、变更许可，餐饮服务许可，互联网药品交易企业审批。

二、管委会承担的具体管理事务

（一）编制区域内控制性详细规划、土地出让计划及各专项规划并按法定程序报批，审批区域内产业用地控制性详细规划指标的调整，负责区域内土地利用监管等。

（二）建设工程招标投标备案，设计文件审查，建设工程规划开工放样验收，基础建设（正负零零）及结构封顶备案，建设项目规划参数调整（包括小于2.0容积率，绿化率，建筑密度，建筑高度，工业、仓储、研发用地相互转换、拆分及合并），建设工程质量安全监督检查、竣工备案、建设工程档案验收等建设工程管理工作。

（三）建筑垃圾和工程渣土处置申报管理，生活垃圾分类及处置申报管理，绿化专业工程安全质量监督申报、现场监督管理，绿地范围控制线划定及调整。

（四）民防建设工程安全质量监督申报、监督检查管理，民防工程的维护管理和安全使用管理的监督检查，地下空间安全使用管理的综合协调。

（五）编制区域规划环评及其跟踪评价，并按规定程序报批；组织区域环境、污染源的监测和监督管理，负责污染事故应急处理。

（六）安全生产监督检查。

（七）演出经纪机构、文化娱乐场所和游戏游艺设备生产企业的日常监管。

（八）食品、药品、医疗器械、保健食品和化妆品生产经营活动的日常监管。

（九）统计管理、协调和监督检查。

三、管委会综合执法机构集中行使的行政处罚权

（一）《上海市城市管理相对集中行政处罚权暂行办法》、《上海市人民政府关于扩大浦东新区城市管理领域相对集中行政处罚权范围的决定》和《上海市文化领域相对集中行政处罚权办法》规定的行政处罚权。

（二）规划国土管理部门依据法律、法规和规章，对规划和土地方面的违法行为行使的行政处罚权。

（三）建设管理部门依据法律、法规和规章，对建设方面的违法行为行使的行政处罚权。

（四）住房保障房屋管理部门依据法律、法规和规章，对住房保障和房屋方面的违法行为行使的行政处罚权。

（五）环境保护管理部门依据法律、法规和规章，对环境保护方面的违法行为行使的行政处罚权。

（六）民防管理部门依据法律、法规

和规章，对民防和地下空间使用方面的违法行为行使的行政处罚权。

（七）人力资源社会保障管理部门依据法律、法规和规章，对劳动保障方面的违法行为行使的行政处罚权。

（八）知识产权管理部门依据法律、法规和规章，对著作权、专利权方面的违法行为行使的行政处罚权。

（九）食品药品监管部门依据法律、法规和规章，对食品、药品、医疗器械、保健食品和化妆品监管方面的违法行为行使的行政处罚权。

（十）统计管理部门依据法律、法规和规章，对统计方面的违法行为行使的行政处罚权。

中国（上海）自由贸易试验区条例

（上海市人民代表大会常务委员会公告第 14 号）

《中国（上海）自由贸易试验区条例》已由上海市第十四届人民代表大会常务委员会第十四次会议于 2014 年 7 月 25 日通过，现予公布，自 2014 年 8 月 1 日起施行。

上海市人民代表大会常务委员会
2014 年 7 月 25 日

第一章 总 则

第一条 为推进和保障中国（上海）自由贸易试验区建设，充分发挥其推进改革和提高开放型经济水平“试验田”的作用，根据《全国人民代表大会常务委员会关于授权国务院在中国（上海）自由贸易试验区暂时调整有关法律规定的行政审批的决定》、国务院批准的《中国（上海）自由贸易试验区总体方案》（以下简称“《总体方案》”）、《国务院关于在中国（上海）自由贸易试验区内暂时调整有关行政法规和国务院文件规定的行政审批或者准入特别管理措施的决定》和其他有关法律、行政法规，制定本条例。

第二条 本条例适用于经国务院批准设立的中国（上海）自由贸易试验区（以下简称“自贸试验区”）。

第三条 推进自贸试验区建设应当围绕国家战略要求和上海国际金融中心、国际贸易中心、国际航运中心、国际经济中心建设，按照先行先试、风险可控、分步推进、逐步完善的原则，将扩大开放与体制改革相结合，将培育功能与政策创新相结合，加快转变政府职能，建立与国际投资、贸易通行规则相衔接的基本制度体系和监管模式，培育国际化、市场化、法治化的营商环境，建设具有国际水准的投资贸易便利、监管高效便捷、法治环境规范的自由贸易试验区。

第四条 本市推进自贸试验区建设应当聚焦制度创新的重点领域和关键环节，充分运用现行法律制度和政策资源，改革妨碍制度创新的体制、机制，不断激发制度创新的主动性、积极性，营造自主改革、积极进取的良好氛围。

第五条 充分激发市场主体活力，法律、法规、规章未禁止的事项，鼓励公民、法人和其他组织在自贸试验区积极开展改革创新活动。

第二章 管理体制

第六条 按照深化行政体制改革的要求，坚持简政放权、放管结合，积极推行告知承诺制等制度，在自贸试验区建立事权划分科学、管理高效统一、运行公开透明的行政管理体制。

第七条 市人民政府在国务院领导和国家有关部门指导、支持下，根据《总体方案》明确的目标定位和先行先试任务，组织实施改革试点工作，依法制定与自贸试验区建设、管理有关的规章和政策措施。

本市建立自贸试验区建设协调机制，推进改革试点工作，组织有关部门制定、落实阶段性目标和各项措施。

第八条 中国（上海）自由贸易试验区管理委员会（以下简称“管委会”）为市人民政府派出机构，具体落实自贸试验区改革试点任务，统筹管理和协调自贸试验区有关行政事务，依照本条例履行下列职责：

（一）负责组织实施自贸试验区发展规划和政策措施，制定有关行政管理制度。

（二）负责自贸试验区内投资、贸易、金融服务、规划国土、建设、交通、绿化市容、环境保护、人力资源、知识产权、统计、房屋、民防、水务、市政等有关行政管理工作。

（三）领导工商、质监、税务、公安等部门在区内的行政管理工作；协调金融、海关、检验检疫、海事、边检等部门在区内的行政管理工作。

（四）组织实施自贸试验区信用管理和监管信息共享工作，依法履行国家安全审查、反垄断审查有关职责。

（五）统筹指导区内产业布局和开发建设活动，协调推进重大投资项目建设。

（六）发布公共信息，为企业和相关机构提供指导、咨询和服务。

（七）履行市人民政府赋予的其他职责。

市人民政府在自贸试验区建立综合审批、相对集中行政处罚的体制和机制，由管委会集中行使本市有关行政审批权和行政处罚权。管委会实施行政审批和行政处罚的具体事项，由市人民政府确定并公布。

第九条 海关、检验检疫、海事、边检、工商、质监、税务、公安等部门设立自贸试验区工作机构（以下统称“驻区机构”），依法履行有关行政管理职责。

市人民政府其他有关部门和浦东新区人民政府（以下统称“有关部门”）按照各自职责，支持管委会的各项工作，承担自贸试验区其他行政事务。

第十条 管委会应当与驻区机构、有关部门建立合作协调和联动执法工作机制，提高执法效率和管理水平。

第十一条 管委会、驻区机构应当公布依法行使的行政审批权、行政处罚权和相关行政权力的清单及运行流程。发生调整的，应当及时更新。

第三章 投资开放

第十二条 自贸试验区在金融服务、

航运服务、商贸服务、专业服务、文化服务、社会服务和一般制造业等领域扩大开放，暂停、取消或者放宽投资者资质要求、外资股比限制、经营范围限制等准入特别管理措施。

第十三条 自贸试验区内国家规定对外商投资实施的准入特别管理措施，由市人民政府发布负面清单予以列明，并根据发展实际适时调整。

自贸试验区实行外商投资准入前国民待遇加负面清单管理模式。负面清单之外的领域，按照内外资一致的原则，外商投资项目实行备案制，国务院规定对国内投资项目保留核准的除外；外商投资企业设立和变更实行备案管理。负面清单之内的领域，外商投资项目实行核准制，国务院规定对外商投资项目实行备案的除外；外商投资企业设立和变更实行审批管理。

外商投资项目和外商投资企业的备案办法，由市人民政府制定。

第十四条 自贸试验区推进企业注册登记制度便利化，依法实行注册资本认缴登记制。

工商行政管理部门组织建立外商投资项目核准（备案）、企业设立和变更审批（备案）等行政事务的企业准入“单一窗口”工作机制，统一接收申请材料，统一送达有关文书。投资者在自贸试验区设立外商投资企业，可以自主约定经营期限，法律、行政法规另有规定的除外。

在自贸试验区内登记设立的企业（以下简称“区内企业”）可以到区外再投资或者开展业务，有专项规定要求办理相关手续的，按照规定办理。

第十五条 区内企业取得营业执照后，即可从事一般生产经营活动；从事需要审批的生产经营活动的，可以在取得营业执照后，向有关部门申请办理。

从事法律、行政法规或者国务院决定规定需要前置审批的生产经营活动的，应当在申请办理营业执照前，依法办理批准手续。

第十六条 自贸试验区内投资者可以开展多种形式的境外投资。境外投资一般项目实行备案管理，境外投资开办企业实行以备案制为主的管理，由管委会统一接收申请材料，并统一送达有关文书。

境外投资项目和境外投资开办企业的备案办法，由市人民政府制定。

第十七条 区内企业解散、被宣告破产的，应当依法清算并办理注销登记等手续。

依法实行注册资本认缴制的区内企业，股东以认缴的出资额或者认购的股份为限对企业债务承担责任。

第四章　贸易便利

第十八条 自贸试验区与境外之间的管理为“一线”管理，自贸试验区与境内区外之间的管理为“二线”管理，按照“一线放开、二线安全高效管住、区内流转自由”的原则，在自贸试验区建立与国际贸易等业务发展需求相适应的监管模式。

第十九条 按照通关便利、安全高效的要求，在自贸试验区开展海关监管制度创新，促进新型贸易业态发展。

海关在自贸试验区建立货物状态分类监管制度，实行电子围网管理，推行通关无纸化、低风险快速放行。

境外进入区内的货物，可以凭进口舱单先行入区，分步办理进境申报手续。口岸出口货物实行先报关、后进港。

对区内和境内区外之间进出的货物，实行进出境备案清单比对、企业账册管理、电子信息联网等监管制度。

区内保税存储货物不设存储期限。简化区内货物流转流程，允许分送集报、自行运输；实现区内与其他海关特殊监管区域之间货物的高效便捷流转。

第二十条 按照进境检疫、适当放宽进出口检验，方便进出、严密防范质量安全风险的原则，在自贸试验区开展检验检疫监管制度创新。

检验检疫部门在自贸试验区运用信息化手段，建立出入境质量安全和疫病疫情风险管理机制，实施无纸化申报、签证、放行，实现风险信息的收集、分析、通报和运用，提供出入境货物检验检疫信息查询服务。

境外进入区内的货物属于检疫范围的，应当接受入境检疫；除重点敏感货物外，其他货物免于检验。

区内货物出区依企业申请，实行预检验制度，一次集中检验，分批核销放行。进出自贸试验区的保税展示商品免于检验。

区内企业之间仓储物流货物，免于检验检疫。

在自贸试验区建立有利于第三方检验鉴定机构发展和规范的管理制度，检验检疫部门按照国际通行规则，采信第三方检测结果。

第二十一条 自贸试验区建立国际贸易“单一窗口”，形成区内跨部门的贸易、运输、加工、仓储等业务的综合管理服务平台，实现部门之间信息互换、监管互认、执法互助。

企业可以通过“单一窗口”一次性递交各管理部门要求的标准化电子信息，处理结果通过“单一窗口”反馈。

第二十二条 自贸试验区实行内外贸一体化发展，鼓励区内企业统筹开展国际贸易和国内贸易，培育贸易新型业态和功能，形成以技术、品牌、质量、服务为核心的竞争优势。

自贸试验区支持国际贸易、仓储物流、加工制造等基础业务转型升级和服务贸易发展。鼓励离岸贸易、国际大宗商品交易、融资租赁、期货保税交割、跨境电子商务等新型贸易发展，推动生物医药研发、软件和信息服务、数据处理等外包业务发展。

鼓励跨国公司在区内设立总部，建立整合贸易、物流、结算等功能的营运中心。

第二十三条 自贸试验区加强与海港、空港枢纽的联动，加强与区外航运产业集聚区协同发展，探索形成具有国际竞争力的航运发展制度和运作模式。

自贸试验区支持国际中转、集拼、分拨业务以及集装箱转运业务和航空货邮国际中转业务发展。符合条件的航运企业可以在国内沿海港口与上海港之间从事外贸进出口集装箱沿海捎带业务。

完善航运服务发展环境，在自贸试验区发展航运金融、国际船舶运输、国际船舶管理、国际船员服务和国际航运经纪等产业，发展航运运价指数衍生品交易业务，集聚航运服务功能性机构。

在自贸试验区实行以“中国洋山港”为船籍港的国际船舶登记制度，建立高效率的船舶登记流程。

第二十四条 自贸试验区简化区内企

业外籍员工就业许可审批手续，放宽签证、居留许可有效期限，提供入境、出境和居留的便利。

对接受区内企业邀请开展商务贸易的外籍人员，出入境管理部门应当按照规定给予过境免签和临时入境便利。

对区内企业因业务需要多次出国、出境的中国籍员工，出入境管理部门应当提供办理出国出境证件的便利。

第五章 金融服务

第二十五条 在风险可控的前提下，在自贸试验区内创造条件稳步进行人民币资本项目可兑换、金融市场利率市场化、人民币跨境使用和外汇管理改革等方面的先行先试。

鼓励金融要素市场、金融机构根据国家规定，进行自贸试验区金融产品、业务、服务和风险管理等方面的创新。本市有关部门应当为自贸试验区金融创新提供支持和便利。

本市建立国家金融管理部门驻沪机构、市金融服务部门和管委会参加的自贸试验区金融工作协调机制。

第二十六条 自贸试验区建立有利于风险管理的自由贸易账户体系，实现分账核算管理。区内居民可以按照规定开立居民自由贸易账户；非居民可以在区内银行开立非居民自由贸易账户，按照准入前国民待遇原则享受相关金融服务；上海地区金融机构可以通过设立分账核算单元，提供自由贸易账户相关金融服务。

自由贸易账户之间以及自由贸易账户与境外账户、境内区外的非居民机构账户之间的资金，可以自由划转。自由贸易账户可以按照规定，办理跨境融资、担保等业务。居民自由贸易账户与境内区外的银行结算账户资金流动，视同跨境业务管理。同一非金融机构主体的居民自由贸易账户与其他银行结算账户之间，可以按照规定，办理资金划转。

第二十七条 自贸试验区跨境资金流动按照金融宏观审慎原则实施管理。简化自贸试验区跨境直接投资汇兑手续，自贸试验区跨境直接投资与前置核准脱钩，直接向银行办理所涉及的跨境收付、汇兑业务。各类区内主体可以按照规定开展相关的跨境投融资汇兑业务。

区内个人可以按照规定，办理经常项下跨境人民币收付业务，开展包括证券投资在内的各类跨境投资。区内个体工商户可以根据业务需要，向其境外经营主体提供跨境贷款。

区内金融机构和企业可以按照规定，进入证券和期货交易场所进行投资和交易。区内企业的境外母公司可以按照规定，在境内资本市场发行人民币债券。区内企业可以按照规定，开展境外证券投资以及衍生品投资业务。

区内企业、非银行金融机构以及其他经济组织可以按照规定，从境外融入本外币资金，在区内或者境外开展风险对冲管理。

第二十八条 根据中国人民银行有关规定，国家出台的各项鼓励和支持扩大人民币跨境使用的政策措施，均适用于自贸试验区。

简化自贸试验区经常项下以及直接投资项下人民币跨境使用。区内金融机构和企业可以从境外借入人民币资金。区内企业可以根据自身经营需要，开展跨境双向人民币资金池以及经常项下跨境人民币集中收付业务。上海地区银行业金融机构可以与符合条件的支付机构合作，提供跨境电子商务的人民币结算服务。

第二十九条 在自贸试验区推进利率市场化体系建设，完善自由贸易账户本外币资金利率市场化定价监测机制，区内符合条件的金融机构可以优先发行大额可转让存单，放开区内外币存款利率上限。

第三十条 建立与自贸试验区发展需求相适应的外汇管理体制。简化经常项目单证审核、直接投资项下外汇登记手续。放宽对外债权债务管理。改进跨国公司总部外汇资金集中运营管理、外币资金池以及国际贸易结算中心外汇管理。完善结售汇管理，便利开展大宗商品衍生品的柜台交易。

第三十一条 根据自贸试验区需要，经金融管理部门批准，支持不同层级、不同功能、不同类型、不同所有制的金融机构进入自贸试验区；引导和鼓励民间资本投资区内金融业；支持自贸试验区互联网金融发展；支持在区内建立面向国际的金融交易以及服务平台，提供登记、托管、交易和清算等服务；支持在区内建立完善信托登记平台，探索信托受益权流转机制。

第三十二条 本市配合金融管理部门完善金融风险监测和评估，建立与自贸试验区金融业务发展相适应的风险防范机制。

开展自贸试验区业务的上海地区金融机构和特定非金融机构应当按照规定，向金融管理部门报送相关信息，履行反洗钱、反恐怖融资和反逃税等义务，配合金融管理部门关注跨境异常资金流动，落实金融消费者和投资者保护责任。

第六章 税收管理

第三十三条 自贸试验区按照国家规定，实施促进投资和贸易的有关税收政策；其所属的上海外高桥保税区、上海外高桥保税物流园区、洋山保税港区和上海浦东机场综合保税区执行相应的海关特殊监管区域的税收政策。

遵循税制改革方向和国际惯例，积极研究完善不导致利润转移、税基侵蚀的适应境外股权投资和离岸业务发展的税收政策。

第三十四条 税务部门应当在自贸试验区建立便捷的税务服务体系，实施税务专业化集中审批，逐步取消前置核查，推行先审批后核查、核查审批分离的工作方式；推行网上办税，提供在线纳税咨询、涉税事项办理情况查询等服务，逐步实现跨区域税务通办。

第三十五条 税务部门应当在自贸试验区开展税收征管现代化试点，提高税收效率，营造有利于企业发展、公平竞争的税收环境。

税务部门应当运用税收信息系统和自贸试验区监管信息共享平台进行税收风险监测，提高税收管理水平。

第七章 综合监管

第三十六条 在自贸试验区创新行政管理方式，推进政府管理由注重事先审批转为注重事中事后监管，提高监管参与度，推动形成行政监管、行业自律、社会监督、公众参与的综合监管体系。

第三十七条 自贸试验区建立涉及外资的国家安全审查工作机制。对属于国家安全审查范围的外商投资，投资者应当申请进行国家安全审查；有关管理部门、行业协会、同业企业以及上下游企业可以提出国家安全审查建议。

当事人应当配合国家安全审查工作，提供必要的材料和信息，接受有关询问。

第三十八条 自贸试验区建立反垄断工作机制。

涉及区内企业的经营者集中，达到国务院规定的申报标准的，经营者应当事先申报，未申报的不得实施集中。对垄断协议、滥用市场支配地位以及滥用行政权力排除、限制竞争等行为，依法开展调查和执法。

第三十九条 管委会、驻区机构和有关部门应当记录企业及其有关责任人员的信用相关信息，并按照公共信用信息目录向市公共信用信息服务平台自贸试验区子平台归集。

管委会、驻区机构和有关部门可以在市场准入、货物通关、政府采购以及招投标等工作中，查询相对人的信用记录，使用信用产品，并对信用良好的企业和个人实施便利措施，对失信企业和个人实施约束和惩戒。

自贸试验区鼓励信用服务机构利用各方面信用信息开发信用产品，为行政监管、市场交易等提供信用服务；鼓励企业和个人使用信用产品和服务。

第四十条 自贸试验区实行企业年度报告公示制度和企业经营异常名录制度。

区内企业应当按照规定，报送企业年度报告，并对年度报告信息的真实性、合法性负责。企业年度报告按照规定向社会公示，涉及国家秘密、商业秘密和个人隐私的内容除外。

工商行政管理部门对区内企业报送年度报告的情况开展监督检查。发现企业未按照规定履行年度报告公示义务等情况的，应当载入企业经营异常名录，并向社会公示。

公民、法人和其他组织可以查阅企业年度报告和经营异常名录等公示信息，工商行政管理等部门应当提供查询便利。

企业年度报告公示和企业经营异常名录管理办法，由市工商行政管理部门制定。

第四十一条 在自贸试验区建设统一的监管信息共享平台，促进监管信息的归集、交换和共享。管委会、驻区机构和有关部门应当及时主动提供信息，参与信息交换和共享。

管委会、驻区机构和有关部门应当依托监管信息共享平台，整合监管资源，推动全程动态监管，提高联合监管和协同服务的效能。

监管信息归集、交换、共享的办法，由管委会组织驻区机构和有关部门制定。

第四十二条 鼓励律师事务所、会计师事务所、税务师事务所、知识产权服务机构、报关报检机构、检验检测机构、认证机构、船舶和船员代理机构、公证机构、司法鉴定机构、信用服务机构等专业机构在自贸试验区开展业务。

管委会、驻区机构和有关部门应当通过制度安排，将区内适合专业机构办理的事项，交由专业机构承担，或者引入竞争机制，通过购买服务等方式，引导和培育专业机构发展。

第四十三条 自贸试验区建立企业和相关组织代表等组成的社会参与机制，引导企业和相关组织等表达利益诉求、参与试点政策评估和市场监督。

支持行业协会、商会等参与自贸试验区建设，推动行业协会、商会等制定行业管理标准和行业公约，加强行业自律。

区内企业从事经营活动，应当遵守社会公德、商业道德，接受社会公众的监督。

第四十四条 在自贸试验区推进电子政务建设，在行政管理领域推广电子签名和具有法律效力的电子公文，实行电子文件归档和电子档案管理。电子档案与纸质档案具有同等法律效力。

第四十五条 本市建立自贸试验区综合性评估机制。市发展改革部门应当会同管委会和有关部门，自行或者委托第三方开展监管制度创新、行业整体、行业企业试点政策实施情况和风险防范等方面的评估，为推进完善扩大开放领域、改革试点任务和制度创新措施提供政策建议。

第八章 法治环境

第四十六条 坚持运用法治思维、法治方式在自贸试验区开展各项改革创新，为自贸试验区建设营造良好的法治环境。

国家规定的自贸试验区投资、贸易、金融、税收等改革试点措施发生调整，或者国家规定其他区域改革试点措施可适用于自贸试验区的，按照相关规定执行。

本市地方性法规不适应自贸试验区发展的，市人民政府可以提请市人大及其常委会就其在自贸试验区的适用作出相应规定；本市规章不适应自贸试验区发展的，管委会可以提请市人民政府就其在自贸试验区的适用作出相应规定。

第四十七条 自贸试验区内各类市场主体的平等地位和发展权利，受法律保护。区内各类市场主体在监管、税收和政府采购等方面享有公平待遇。

第四十八条 自贸试验区内投资者合法拥有的企业、股权、知识产权、利润以及其他财产和商业利益，受法律保护。

第四十九条 自贸试验区内劳动者平等就业、选择职业、取得劳动报酬、休息休假、获得劳动安全卫生保护、接受职业技能培训、享受社会保险和福利、参与企业民主管理等权利，受法律保护。

在自贸试验区推行企业和劳动者集体协商机制，推动双方就劳动报酬、劳动安全卫生等有关事项进行平等协商。发挥工会在维护职工权益、促进劳动关系和谐稳定方面的作用。

在自贸试验区健全公正、公开、高效、便民的劳动保障监察和劳动争议处理机制，保护劳动者和用人单位双方的合法权益。

第五十条 加强自贸试验区环境保护工作，探索开展环境影响评价分类管理，提高环境保护管理水平和效率。

鼓励区内企业申请国际通行的环境和能源管理体系标准认证，采用先进生产工艺和技术，节约能源，减少污染物和温室气体排放。

第五十一条 加强自贸试验区知识产权保护工作，完善行政保护与司法保护衔接机制。

本市有关部门应当和国家有关部门加强协作，实行知识产权进出境保护和境内保护的协同管理和执法配合，探索建立自贸试验区知识产权统一管理和执法的体制、机制。

完善自贸试验区知识产权纠纷多元解决机制，鼓励行业协会和调解、仲裁、知识产权中介服务等机构在协调解决知识产权纠纷中发挥作用。

第五十二条 本市制定有关自贸试验区的地方性法规、政府规章、规范性文件，应当主动公开草案内容，征求社会公众、相关行业组织和企业等方面的意见；通过并公布后，应当对社会各方意见的处理情况作出说明；在公布和实施之间，应当预留合理期限，作为实施准备期。但因紧急情况等原因需要立即制定和施行的除外。

本市制定的有关自贸试验区的地方性法规、政府规章、规范性文件，应当在通过后及时公开，并予以解读和说明。

第五十三条 公民、法人和其他组织对管委会制定的规范性文件有异议的，可以提请市人民政府进行审查。审查规则由市人民政府制定。

第五十四条 本市建立自贸试验区信息发布机制，通过新闻发布会、信息通报例会或者书面发布等形式，及时发布自贸试验区相关信息。

管委会应当收集国家和本市关于自贸试验区的法律、法规、规章、政策、办事程序等信息，在中国（上海）自由贸易试验区门户网站上公布，方便各方面查询。

第五十五条 自贸试验区实行相对集中行政复议权制度。

公民、法人或者其他组织不服管委会、市人民政府工作部门及其驻区机构、浦东新区人民政府在自贸试验区内作出的具体行政行为，可以向市人民政府申请行政复议；不服浦东新区人民政府工作部门在自贸试验区内作出的具体行政行为，可以向浦东新区人民政府申请行政复议。重大、复杂、疑难的行政复议案件，应当由行政复议委员会审议。

第五十六条 依法在自贸试验区设立司法机构，公正高效地保障中外当事人合法权益。

本市依法设立的仲裁机构应当依据法律、法规并借鉴国际商事仲裁惯例，适应自贸试验区特点完善仲裁规则，提高商事纠纷仲裁的国际化程度，并基于当事人的自主选择，提供独立、公正、专业、高效的仲裁服务。

本市设立的行业协会、商会以及商事纠纷专业调解机构等可以参与自贸试验区商事纠纷调解，发挥争议解决作用。

第九章 附 则

第五十七条 本条例自 2014 年 8 月 1 日起施行。1996 年 12 月 19 日上海市第十届人民代表大会常务委员会第三十二次会议审议通过的《上海外高桥保税区条例》同时废止。

上海市人民政府办公厅关于成立上海市跨境电商工作领导小组的通知

（沪府办〔2015〕58号）

各区、县人民政府，市政府有关委、办、局：

经市政府研究，决定成立上海市跨境电商工作领导小组（以下简称“领导小组”），其组成人员如下：

组　长：周波　副市长

副组长：陈寅　市政府副秘书长

成　员：

顾洪辉　市发展改革委副主任

申卫华　市商务委副主任

王　岚　市财政局副局长

龚祖英　市地税局副局长

杜贵根　市工商局总经济师

周　群　市食品药品监管局总工程师

肖永培　市统计局总统计师

武　伟　市口岸办副巡视员

王　杰　上海海关副关长

李　晋　上海出入境检验检疫局副局长

俞　强　人民银行上海总部外汇管理部副主任

简大年　中国（上海）自由贸易试验区管委会副主任

刘亚东　市电子口岸办主任

领导小组办公室设在市发展改革委，办公室主任由顾洪辉同志兼任，副主任由申卫华同志兼任。

今后，领导小组组成人员职务如有变动，由其所在单位接任领导自然替补。

上海市人民政府办公厅

2015年6月3日

上海市人民政府办公厅印发《关于促进本市跨境电子商务发展的若干意见》的通知

（沪府办〔2015〕32号）

各区、县人民政府，市政府各委、办、局：

经市政府同意，现将《关于促进本市跨境电子商务发展的若干意见》印发给你们，请认真按照执行。

上海市人民政府办公厅

2015年7月20日

关于促进本市跨境电子商务发展的若干意见

为贯彻《国务院办公厅关于促进跨境电子商务健康快速发展的指导意见》（国办发〔2015〕46号），进一步做好跨境电子商务服务试点工作，创新跨境电子商务（以下简称“跨境电商”）发展的体制机制，结合本市实际，现提出促进本市跨境电子商务发展若干意见如下：

一、指导思想

紧紧围绕国家创新驱动发展战略、上海“四个中心”和科技创新中心建设目标，承接国家“一带一路”和长江经济带发展战略，充分发挥中国（上海）自由贸易试验区（以下简称“自贸试验区”）的创新改革优势和上海口岸优势，按照“先行先试、突出重点、逐步完善”的原则，坚持“开放就有活力，放开就是支持”，大力推进跨境电商制度创新、管理创新和服务创新，引导本市跨境电商产业向规模化、标准化、集群化、规范化方向发展。

二、总体目标

着力培育跨境电商完整产业链，形成第三方平台和自营平台同步推进，境内外电商共同参与，进出口并重、多种模式并存、线上线下有序结合的跨境电商发展格局。积极推进跨境电商政策体系和监管体系创新，构建高效、便捷、安全的跨境电商管理模式。加快完善跨境电商业务支撑体系，有效引导社会资源，形成有利于跨境电商发展的生态环境。到2020年，本市跨境电商交易额占全市进出口总量的比重稳步提高，跨境电商发展水平居全国前列。

三、主要任务

（一）集聚跨境电商经营主体

引进和培育一批国内外有影响力的跨境电商示范企业。支持国内企业更好地利用电子商务开展对外贸易，鼓励传统制造和商贸流通企业利用跨境电商平台开拓国际市场，培育一批拥有自主品牌的跨境电商企业。支持跨境电商零售出口企业通过规范的“海外仓”、体验店和配送网点等模式，融入境外零售体系。鼓励外贸综合服务企业和第三方专业服务企业为跨境电商提供通关、物流、仓储、融资等服务。鼓励现有电商平台和企业拓展跨境电商业务功能，鼓励国内企业与境外电子商务企业强强联合。

（二）完善跨境电商公共服务平台

依托本市电子口岸，把跨境电商公共服务平台建设成为“单一窗口”平台，为进出口电商和支付、物流、仓储等企业提供数据交换服务，为海关、检验检疫、税务、外管等部门提供信息共享平台，实现“一次申报、一次查验、一次放行”，提高口岸监管便利化程度。简化企业申报办理流程，建立公平、开放、透明、高效的对接服务机制。

（三）发展跨境电商物流体系

支持国内外物流、快递企业提供跨境电商物流服务。加强航空、海运、铁路等多种运输方式对跨境电商业务的运能保障。支持企业建立全球物流供应链和境外物流服务体系。

依托自贸试验区、海关特殊监管区域等，完善跨境电商仓储物流中心和集中监管场所布局，由海关、检验检疫等部门共同研究制定集中监管场所的认定标准和操作模式，引导和鼓励有条件的企业进驻相关区域开展业务。

（四）设立跨境电商示范园区

优化跨境电商产业布局，依托自贸试验区、海关特殊监管区域、国家级高新区和电商产业园区等，创建各具特色的跨境电商示范园区。支持园区出台有关企业入驻、人才集聚、融资便利等方面的扶持政策，建设区域线下服务平台，鼓励园区建设贸易、仓储、配送、售后等综合服务体系，吸引跨境电商企业入驻，形成集聚和示范效应。

（五）鼓励跨境电商业态创新

促进传统商贸流通企业转型，支持保税商品展示叠加保税进口等跨境电商与传统零售相结合的业态创新。鼓励有条件的企业开设跨境电商线下体验店，形成线上线下跨境购物渠道的相互补充。支持通过邮路、快递实现的跨境零售业务，提升信息化水平，完善信息共享机制，积极创造条件，解决其通关、支付、结汇、仓储和售后服务等问题。鼓励服务业企业通过互联网平台提供跨境专业服务，率先开展服务贸易跨境电商试点。

（六）优化配套的海关监管措施

完善现有直邮进口和保税进口监管办法，探索建立“集货模式”监管制度。实现进口环节行邮税电子计征，实施海关行邮税担保实时验放模式，提升跨境电商涉税订单通关效率。创新商品备案自动审核模式，实现低风险商品 7×24 小时实时备案，进一步提升跨境电商业务信息化水平。

完善跨境电商出口监管办法，对出口商品采取“清单核放、汇总申报”方式办理通关手续，并简化商品归类方式。贯彻落实海关总署关于“实现全年无休日，24 小时内办结海关手续”的通关时限要求。

推动邮路逐步纳入跨境电商服务试点，研究制定邮路进出口监管试点方案。

（七）完善检验检疫监管政策措施

对本市跨境电商进口检验检疫实施负面清单管理制度，强化事中事后监管。简化企业和商品备案要求。对进口商品实行“集中申报、核查放行”。对通过国际快递和邮路进境的商品，统一按照快件和邮寄物相关检验检疫监管办法管理。对保税进口商品，实施以风险分析为基础的质量安全监管，依据相应产品国家标准的安全卫生项目进行监测。

对出境商品以检疫监管为主，一般工业制成品出口不再进行法检。建立基于风险分析的质量安全监督抽查机制。加大第三方采信力度，监督有资质的第三方检测机构实施检验检测，进行产品质量安全的合格评定。

（八）提升跨境支付与收结汇服务

支持银行和跨境第三方支付机构为跨境电商业务提供高效便捷的支付服务，支持企业办理跨境贸易人民币结算或正常收结汇。推动银行、支付机构加快产品创新，改进跨境支付服务，提高跨境支付效率。支持符合条件的支付机构开设境外人民币及外币备用金账户。对邮路渠道直接寄送出口商品的中小经营主体，可通过有资质的第三方支付机构办理收结汇。对通过海关集中监管、清单核放、汇总申报的经营主体，凭海关电子报关信息办理货物出口收结汇业务。进一步扩大支付机构跨境外汇支付业务的范围与交易金额，在确保交易真实性的前提下，逐步将试点扩展至所有货物贸易与服务贸易。

（九）创新支持跨境电商税收机制

落实跨境电商零售出口货物退免税政策。适用跨境电商退（免）税、免税政策的电子商务出口企业，可依据海关电子报关信息和相关凭证，按规定申请办理退（免）税和免税。探索实施跨境电商出口退税无纸化管理。在简化商品归类方式的基础上，研究跨境电商出口商品实行综合退税率政策。创新研究有利跨境电商持续健康发展的税收机制。

（十）加大财税金融支持力度

利用本市战略性新兴产业、外贸发展、对外投资合作、服务业引导等专项资金，支持跨境公共服务平台建设、跨境电商专业人才培训、开拓国际市场、建设国际营销网络、建设海外仓等项目。重点支持跨境电商示范企业发展和跨境电商示范园区建设。从事跨境电商业务的企业，经认定为高新技术企业的，依法享受高新技术企业相关优惠政策，小微企业依法享受税收优惠政策。

建立适应跨境电商发展的多元化、多渠道投融资机制，支持和引导银行业金融机构对跨境电商企业开展供应链金融、商业保理服务，在风险可控的前提下，加强与电商平台业务合作，根据跨境电商业务特点和要求，开展线上融资方式及担保方式创新，鼓励基于诚信的无抵押贷款方式推广。为跨境电商提供适合的信用保险服务。引导和推动各类创业创投资金支持跨境电商初创企业，鼓励支持有条件的跨境电商企业上市。

（十一）加强创新研究和人才建设

深入研究符合跨境电子商务发展的法规政策体系和国际通用规则。鼓励相关企业、机构、院校合作成立跨境电商研究机构，为本市跨境电商工作创新提供理论研究和智力支持。促进跨境电商行业协会等社会中介组织建设，加强宣传和推广，通过建立行业诚信认证制度，规范市场主体行为，实现行业自律管理。通过扶持引导、业务对接、制定标准、评级评优等方式，提升行业创新水平，并推动国际间跨境电子商务行业合作。

培育和集聚跨境电商人才。鼓励企业、社会组织及教育机构合作办学。鼓励高等院校开设跨境电商专业课程，各类培训机构增加跨境电商技能培训项目。支持符合条件的跨境电商创业人才落户上海，支持院校和社会培训机构开展创业培训，使跨境电商成为创新驱动发展的重要引擎和大众创业、万众创新的重要渠道。

（十二）优化市场环境和统计监测

加强诚信体系建设，完善信用评估机制。加强产品质量监管，推进以机构代码和商品编码为基础的产品质量追溯体系建设。探索建立风险监测、网上抽查、源头追溯的产品质量监督机制，实现部门间、区域间信息共享和协同监管。

引导跨境电商主体规范经营行为，承担质量安全主体责任，营造公平竞争的市场环境。发挥消费者权益保护组织作用，指导企业建立完善售后服务体系，加强国际间解决消费纠纷的双边和多边合作。加大执法监管，加大知识产权保护力度，坚决打击跨境电子商务中出现的各种违法侵权行为。

完善外贸统计方式，通过公共服务平台，对接各监管部门系统，将跨境电商经营主体、贸易量、商品信息、结汇、退税等纳入统计，单列跨境电商贸易统计专项。

四、工作要求

各部门要以创新精神和务实态度，围绕解决影响跨境电商发展的瓶颈难题和制约因素，抓紧制订可操作管用、能落实落地的实施细则和配套政策。

市跨境电商工作领导小组要积极发挥跨部门统筹协调作用，坚持问题导向，制定工作要点；积极推进落实，及时总结评估；不断优化体制机制和法制环境，促进本市跨境电商健康快速发展。

上海海关关于开展跨境电商进口业务的公告

（沪关公告〔2014〕第13号）

根据《中华人民共和国海关法》，现就开展跨境电商进口业务相关事宜公告如下：

一、参与跨境电商企业（以下简称“电商企业”）、第三方支付企业（以下简称“支付企业”）、物流企业、经海关注册登记的中国（上海）自由贸易试验区（以下简称“试验区”）内仓储企业（以下简称“仓储企业”）应当提前通过上海市跨境电商服务试点平台（以下简称“服务平台”）向海关进行企业电子信息备案。备案材料包括：

（一）境内企业备案表；

（二）企业法人营业执照、税务登记证、组织机构代码证；

（三）企业法人代表身份证明；

（四）银行开户证明；

（五）境外电商与境内企业的关联合同或者相关证明材料；

（六）海关认为需要提交的其他材料。

开展网购保税进口业务的仓储企业还应当提交海关报关单位注册登记证书。

企业备案信息发生变化的，应当及时向海关办理备案变更手续。

二、电商企业应当提前向海关办理物品备案手续。开展直购进口业务的，向首次进口口岸的口岸海关办理；开展网购保税进口业务的，向试验区主管海关（以下简称“主管海关”）办理。备案信息包括商品名称、规格型号及商品编号等。

电商企业不得经营国家禁止和限制进境的物品，具体物品目录按照《中华人民共和国禁止和限制进境物品表》（海关总署令第43号）执行。

三、参与跨境电商的消费者订单生成并支付货款、物品税款等相关费用后，电商企业、支付企业、物流企业、仓储企业应当向服务平台提交物品交易数据、资金结算数据、物流数据。

四、开展直购进口业务，物流企业应当将物品运入物流企业在口岸设立的专用区域（以下简称“专用区域”）进行仓储、分拣等操作，并与普通货物分区放置，将物品贴上二维码标签后，向海关申报。

五、开展网购保税进口业务，仓储企业应当向主管海关办理进出试验区申报，货物、物品运输进出试验区应当通过卡口。

货物运输进试验区后，仓储企业通过中国（上海）自由贸易试验区海关监管信息化系统（以下简称“信息化系统”）核增电子账册。仓储企业将物品贴上二维码标签后，经海关集中监管点办理出试验区手续，通过信息化系统核减电子账册。

六、海关查验应当在专用区域或者海关集中监管点进行。

七、物流企业在收件时应当验视内件，确保单货相符。

八、电商企业、支付企业、物流企业、仓储企业存在下列情形之一的，暂停开展跨境电商业务：

（一）不符合业务开展条件的；

（二）发生走私或者进出口侵犯知识产权货物情事的；

（三）有其他违法行为，海关认为需要暂停的。

待重新符合业务开展条件或者经整改验收通过后，由海关根据实际情况确定是否恢复。

九、本公告所称上海市跨境电商服务试点平台，是指上海东方电子支付有限公司作为技术承办单位的服务平台，服务平台提供通关、税款网上征缴等基础性服务。电商企业通过该服务平台与上海海关跨境电商通关管理系统实现联网。除上述要求外，参与网购保税进口业务的仓储企业还应当与信息化系统联网。

本公告自公布之日起施行。

特此公告。

上海海关

2014 年 4 月 21 日

上海国检局关于支持自贸区进境食品保税展示业发展的若干意见

（上海出入境检验检疫局，2015 年 6 月 3 日）

为支持上海自贸区跨境电子商务线下食品展示平台及国家馆食品展示项目等新型业态发展需求，切实发挥检验检疫的职能作用，上海出入境检验检疫局（以下简称“上海国检局”）研究制定了进一步支持自贸区进境食品保税展示业发展的若干措施。

意见全文如下。

第一条 （总则）自贸区进境保税展示食品（以下简称保税展示食品）在展示

期间按照“一线放开、二线管住”与“严密防范质量安全风险和最大便利化的原则”进行检验检疫监管。

第二条 （定义）进境保税展示食品是指在特殊监管区内以保税方式进行展示的食品、食品添加剂和部分食用农产品（小麦、大麦、黑麦、玉米、大豆、水果、油菜子、马铃薯、木薯、稻谷、烟叶、活体动物除外）。

检验检疫法律法规禁止入境的食品不得进境进行保税展示。

第三条 （检验与检疫）保税展示食品免于检验，但不免除入境检疫。

第四条 （企业的主动说明）保税展示食品经营单位（以下简称经营单位）在展示前，可以向进境口岸检验检疫机构（以下简称检验检疫机构）就其食品“入境保税展示”的特性进行说明，并可以提交相应说明材料（说明材料的推荐性文本见附件），作为检验检疫机构评估相关产品为保税展示交易食品的依据。

检验检疫机构经对食品进行评估后，应当填写《自贸区进境保税展示食品风险评估表》。

第五条 （销售、使用）对需要销售的保税展示食品，检验检疫机构按商检法相关规定，在食品出区时进行检验，并签发相关检验检疫证明。

对于在展示前已经向检验检疫机构进行说明的，经营单位可以向检验检疫机构申请预检验。

经预检验合格的食品，进口检验检疫机构可以出具相关检验检疫证明，并在出区时进行分批核销。

第六条 （免办手续）经检验检疫机构判断为入境保税展示食品的，允许来自非疫区但未获得进口准入的食品在区内展览、展示，允许预包装食品免予加贴中文标签和抽样检验。

第七条 （合理损耗）对于在展示前已经向检验检疫机构进行说明的，经营单位可以申请检验检疫机构对其展示期间发生合理损耗进行确认。合理损耗包括如下情况：

（1）因演示、展示等造成灭失的；

（2）因展示造成包装破损，无法继续保存的；

（3）其他检验检疫机构认可的合理损耗情况。

第八条 （后续监管）检验检疫机构每季度不少于 1 次对已向检验检疫机构进行说明的经营单位开展监督管理，包括核查展示情况、出入库记录、展示场所等。

发现涉嫌违反检验检疫法律法规的，按相关法律规定处理。

第九条 （多次出区展示）对保税展示货物，检验检疫机构凭经营单位申请，实行登记管理，允许多次出区展示。登记的内容应当包括出区展示商品库存明细和存放地点实施登记管理等。

第十条 （风险监测）在风险评估的基础上，上海国检局可视情况制定保税展示食品监测工作方案并予以实施。

第十一条 （展示结束后处理）进境保税展示用食品在展示结束后需出境的，按照上海国检局相关规定执行。

超过保质期或经营单位主动放弃的保税展示食品可以由经营单位或其代理人向检验检疫机构申请作销毁处理，并接受检验检疫机构监督管理。

第十二条 （与展会的接口）对于在保税展示期间又参加展会的食品，按上海国检局展会相关规定执行。

第十三条 （化妆品参照适用）进境保税展示化妆品参照本意见执行。

第十四条 （实施日期）意见自2015年8月1日起实施。

附件

进境保税展示食品的说明材料清单（推荐性）

一、开展保税展示交易的说明性材料，如经营单位企业营业执照、展示形式、展示合同、委托协议等；

二、展示场所相关说明性材料：包括场所平面图，展位图等；

三、保税展示食品的展示管理措施：包括展示方式及展示计划，登记管理及追溯制度，进境动植物源性食品在展会期间废弃物的管理措施，展示结束后对剩余食品的处置计划等；

四、保税展示食品相关信息，说明食品符合中国检疫要求的说明性材料；

（一）“自贸区进境保税展示食品风险自评表”（推荐格式，如表2-1所示），“自贸区进境保税展示食品风险评估表”（如表2-2所示）；

（二）配料表中文翻译件；

（三）动植物源性食品还须提供产品加工工艺（注明热处理时间和温度等）；

五、经营单位落实食品安全主体责任，承担相关食品安全责任的声明；

六、经营单位认为需要向检验检疫机构说明的其他材料。

表2-1 自贸区进境保税展示食品自评表（推荐格式）

（进境保税展示食品经营单位用）

经营单位名称（盖章）：								
展示场所名称及地址：								
联系人：			联系电话：					
进境保税展示食品信息（品名较多的可随附清单）								
序号	品名	产品类型	HS编码	生产企业名称或对华注册号	启运国	原产国	包装类型	是否内销

表 2-2　自贸区进境保税展示食品风险评估表

（检验检疫机构用）

经营单位名称：			
展示场所名称及地址：			
联系人：		联系电话：	
评估项		评估结果（产品序号，可重复）	
禁止进境			
未获我国进口品种准入			
未完成国外加工企业对华注册			
允许进境保税展示			
信息不全，无法评估			
进境检验检疫机构意见 经办人员： 日期：		食品处风险评估意见（仅适用于动植物源性食品、婴幼儿食品） 经办人员： 日 期：	

上海出入境检验检疫局关于发布跨境电子商务检验检疫管理办法的公告

（上海出入境检验检疫局，2015 年 6 月 11 日）

为规范上海跨境电子商务检验检疫监督管理工作，促进跨境电子商务发展，上海出入境检验检疫局制定了《上海出入境检验检疫局跨境电子商务检验检疫管理办法》，现予以发布。

特此公告。

附件 1　跨境电商企业检验检疫备案表

附件 2　质量诚信经营承诺书

附件 3　电商物流集中监管场所检验检疫监管要求

上海检验检疫局

2015 年 6 月 11 日

上海出入境检验检疫局跨境电子商务检验检疫管理办法

第一章　总　则

第一条　为规范上海跨境电子商务检验检疫监督管理工作，促进跨境电子商务发展，制定本办法。

第二条　本办法所称的跨境电子商务，是指跨境电子商务经营企业（以下简称“电商企业”）将境外/境内商品通过互联网向国内/国外消费者零售并通过跨境物流运递的经营活动。

第三条 检验检疫机构对跨境电子商务实施企业备案、商品备案、检疫查验、商品核查、风险监测和监督管理。

第四条 检验检疫机构根据国家质检总局关于跨境电子商务相关文件要求实施负面清单管理制度。

第二章 企业和商品备案

第五条 在上海口岸从事跨境电子商务的电商企业、电商平台和电商物流集中监管场所的运营企业（以下简称“监管场所运营企业”）应当向上海检验检疫局备案。备案时应填写跨境电商企业备案表（附件1），并提供营业执照、商品质量安全管理制度和质量诚信经营承诺书（附件2）。

电商企业、电商平台为境外企业的，应委托境内企业办理备案手续，并提供质量安全主体责任授权书。

第六条 电商企业和第三方电子商务交易平台（以下简称“电商平台”）应依法履行产品质量安全主体责任，建立并有效运行质量安全审核、消费者权益保护、商品质量溯源和流向溯源、缺陷产品召回和报告等质量安全管理制度，配合检验检疫对跨境电子商务的管理。

第七条 对于网购保税进口模式，电商物流集中监管场所应符合检验检疫关于口岸仓储物流企业和检验检疫查验场站的安全卫生监管要求（附件3），建立并有效运行物流仓储安全管理和商品流向溯源管理等制度，配合检验检疫机构的查验监管工作。

第八条 跨境电子商务零售商品上架销售前，电商企业或其委托的电商平台应向检验检疫办理相关商品的备案手续。备案时应提供的信息包括：商品名称、品牌、HS编码、规格型号、原产国别、供应商名称等基本信息。

第九条 属于跨境电子商务负面清单内的产品，检验检疫机构不予受理备案。

第十条 电商企业应在相关电子商务网页明示所售商品质量安全相关信息和对消费者的必要告知事项。

第三章 申报和查验

第十一条 跨境电子商务零售商品实施全申报管理。商品进出境时，应依法办理申报、报检手续。

第十二条 网购保税进口商品进境后，监管场所运营企业应在其电子仓储管理系统中建立商品底账，并自行或委托代理企业办理跨境商品订单申报手续。

第十三条 对于网购保税进口商品，电商企业应提交商品交易电子数据（订单），支付平台应提交支付信息数据（支付单）；商品出区前，监管场所运营企业应提交电子申报数据（申报单）。以上相关电子数据应通过上海电子口岸平台向检验检疫提交。

第十四条 进出境货物属于卫生检疫或动植物检疫范围的，检验检疫机构依法实施检疫。应当实施检疫处理的，依法监督实施检疫处理。

第十五条 对于网购出口商品，检验检疫机构实施基于风险分析的质量安全监督抽查机制，通过采信第三方检验检测结果，进行产品质量安全的合格评定；对于一般工业制成品实施事后监管。

第十六条 对于网购保税进口商品，检验检疫机构实施以风险分析为基础的质量安全监管，依据相应产品国家标准的安全卫生项目进行监测。

第十七条 对于网购保税进口商品，检验检疫机构在其出区前实施商品抽批货证核查。符合规定的，向监管场所发运营企业送放行指令，监管场所运营企业凭检验检疫指令放行。核查内容包括电商零售商品的实物与登记申报信息是否一致、电商零售商品包装、生产批号、日期等信息是否完整等。

第四章 风险监测和监督管理

第十八条 检验检疫机构建立风险监测机制，对跨境电子商务实施商品质量安全风险监测、电商监测和市场监测。

商品质量安全风险监测是指对商品的安全、卫生、环保等方面存在的风险进行监测的活动。

电商监测是指对电商企业、电商平台的相关网页开展跟踪浏览和检视，审查其是否履行法定义务和质量诚信经营承诺。

市场监测是指对政府部门警示通报、媒体报道、国内外市场反应和消费者投诉举报信息等开展舆情监测。

第十九条 对于监测发现商品达不到质量安全要求的，检验检疫机构采取约谈、风险通报、通知整改、召回、退运或销毁等措施。

第二十条 电商企业或者电商平台违反检验检疫有关法律法规的，检验检疫机构依照相关法律法规的规定予以行政处罚。

第五章 附 则

第二十一条 本办法所称网购保税进口模式是指进口跨境电子商务商品整批入境集中存放于特殊监管区域内，然后通过互联网向国内消费者零售并以个人物品申报出区运递至消费者的经营活动。

第二十二条 检验检疫机构建设跨境电子商务信息化管理系统，实现跨境电子商务企业和产品备案、申报、查验、和风险监测工作的电子化管理。

第二十三条 通过国际快递或邮寄方式进境、收货人为个人消费者的商品，其申报、报检和检验检疫按国家关于进境快件和邮寄物相关检验检疫监管办法执行。

第二十四条 本办法自发布之日起实施。

附件 1

跨境电商企业检验检疫备案表（如表 2–3 所示）。

表 2–3 跨境电商企业检验检疫备案表

备案编号：

一、企业基本信息
企业名称：
法人：
注册地址：
经营地址：
经营范围：
联系人姓名：　　　　　　　　联系人手机：
类别：□电商公共平台　□电商企业　□电商物流集中监管场所运营企业
二、跨境电子商务经营贸易方式、主要产品类别
□直邮进口　□网购保税进口　□出口
主要产品类别：
三、跨境电商名称及网址
名称：
网址：
四、质量安全管理制度
1. 对电商平台/企业 □质量安全管理制度　□ 产品流向溯源管理制度 □产品召回和主动报告制度　□ 消费者权益保护制度 □（其他） 2. 对电商物流集中监管场所运营企业 □产品物流仓储安全管理制度　□ 产品流向溯源管理制度 □（其他） 备案企业（盖章） 备案日期：

附件 2

质量诚信经营承诺书

上海出入境检验检疫局：

本企业郑重承诺，在跨境电子商务经营活动中，本企业将严格遵守中国相关法律法规，诚实守信，履行产品质量安全主体责任，建立并有效运行质量安全管理制度，保障产品质量安全，保障消费者权益，接受和配合检验检疫部门对进口跨境电子商务的监督管理。

承诺企业：

签 署 人：

签署时间：

附件 3

电商物流集中监管场所
检验检疫监管要求

一、配备符合检验检疫监管需要的具有称重、X 光机、自动分拣以及能够实现 X 光机图像与进口申报数据进行比对等功能的检查设备。

二、具备内部管理系统，至少实现库存管理、产品追溯、进出库核销等功能。系统应与检验检疫系统联网，能按照检验检疫要求的格式实现相关电子数据的传送、交换。

三、仓储布局合理，并按货物的不同状态分区域存放，或通过信息化系统标识、桩脚卡等形式注明货物详细信息及状态，包括库存区、打包区、检验检疫出货查验区、已查验待放行区、不合格品区、退货或召回区等。

四、存储面积应当与储存种类、数量相适应；提供符合产品质量安全要求的适宜的储存条件，确保储存过程中产品品质不会下降。易受污染的货物应分开存放。

五、采用批次化管理方法对产品保质期进行控制，可采用系统保质期提示和先入先出的方法保证销售的产品在保质期内。

六、配备足量的视频监管设备，保证监管无死角，视频资料应保存 6 个月以上。

七、储存场所地面应保持整洁、防滑、坚固、清洁；墙壁、天花板应无毒、防水、防霉、不易脱落，照明设施应配备防爆保护装置；储存场所应保持通风、防潮，并配备有效的防虫、防鼠设施，如粘鼠板、鼠笼、驱鼠器、诱蝇灯等；

八、所经营业务范围涉及国家质检总局或上海检验检疫局有注册或备案要求的，须通过相关注册或备案审核，取得相应资质。

九、设立专门的检验检疫查验辅助岗和产品安全质量联络人岗，对相关人员做相应的培训。

十、经营食品化妆品的电商物流集中监管场所，还应符合以下要求：

（一）具有独立、相对封闭的库区，远离饲养场、兽医站、屠宰厂和水源等，并有围墙与其他建筑物分开，以厂区或库区为中心半径 1 公里范围内没有动物饲养场、工业污染源。

（二）建立包括卫生管理制度、动植物防疫制度、进出库管理制度、档案管理制度等的食品安全管理体系，并确保其管理体系持续有效运行。

（三）接触食品化妆品从业人员应当定期接受健康检查，并留存相关合格证明；

（四）存储场所内不得存放有毒有害物质或其他易腐、易燃物品，并与有毒、有害场所以及有毒有害污染源保持一定的距离；

（五）存储场所内食品、食品添加剂、化妆品和食用农产品应当相对隔离存放，防止串味及交叉污染风险；鲜冻肉类产品、水产品[注]应当有专区（库）存放；

（六）存储场所应当根据储存产品的实际需要配备温度、湿度监测及调节装置；并如实填写温湿度记录、卫生清洁记录、防疫清扫记录等。

存放冷藏冷冻食品的，应具备符合要求的冷藏或冷冻设施，并自动记录温度，冷冻库温度应当达到 -18℃ 以下，昼夜温差不超过 1℃，冷藏库房温度应当达到 4℃

以下；

（七）存储场所应当安装视频监控系统，并覆盖主要通道、工作区域及进出库区域，鲜冻肉类产品、水产品仓储企业视频监控应当覆盖全部储存区域。

（八）对检验检疫机构发现的不合格品、自查发现腐败变质、过保质期等不符合卫生要求的产品应单独存放在不合格品区，隔离存放、明显标示，并由专人管理，有效防止交叉污染；

（九）食品化妆品存储企业的档案记录应当符合以下要求：

1. 应当详细记录物流仓储信息，包括货物详细信息、理货信息、进出库信息等；

2. 接触食品化妆品从业人员应当定期接受健康检查，并留存相关合格证明；

3. 应当如实填写存放、展示场所温湿度记录、卫生清洁记录、防疫清扫记录等；

4. 不合格品应当及时处置、记录；

5. 应当保存视频监控记录。

以上记录除视频监控记录外都应当至少保存2年，视频监控记录应当至少保存6个月。

十一、符合检验检疫的其他相关规定。

十二、本文所指的食品化妆品包括食品、食品添加剂、化妆品和食用农产品。

本文所指“水产品[注]”，不包括干制、腌制、罐装、预包装等无需冷藏保存的水产品以及来（进）料加工复出口的水产品原料。

上海国检局关于深化检验检疫监管模式改革支持上海自贸试验区发展的意见

（上海出入境检验检疫局、上海自贸试验区管委会，2015年6月11日）

上海国检局按照国家质检总局及上海市有关文件精神，结合自贸区工作实际，出台深化检验检疫监管模式改革支持上海自贸区发展24条意见，具体内容如下：

一、进一步创新体制机制

改革货物监管模式，加快检验检疫业务流程再造，创新监管方式，进一步扩大分类监管范围，推进第三方检验结果采信制度建设。

1. 深化进出境货物监管模式改革。实施以“先检后放、通检通放、即检即放、少检多放、快检快放、空检海放、外检内放、他检我放、边检边放、不检就放”等“十检十放”为基础的分类监管模式，更好地服务外贸发展。结合风险管理和信用管理，推行“合格假定”理念，深化“企业是第一责任人”的意识，更好地发挥检验检疫职能作用；全面实施出口直放，产地检验检疫局负责质量安全把关，口岸不再查验或最大程度减少查验比例；在安全风险可控基础上，除高风险产品外，进一步扩大进口直通的区域、企业和产品。

2. 创新进口食品监管模式。创新监管

模式。在自贸区率先试点进口食品基于风险的预警布控、重点检验、验证抽查、风险监测相结合的分类监管模式，进一步提高通关便利。

优化管理方式。允许来自非疫区但未获检验检疫准入食品保税展示，并简化相关申报程序；将自贸区内食品存放、展示企业的监督管理由事前审核备案调整为事前承诺报备、事后加强监管新模式，有效落实企业主体责任；进一步优化进口食品样品监管程序，促进国际研发和科创中心建设。

推动市场服务。试点食品标签合格保证的市场化平台建设和社会中介服务体系构建工作，积极推进进口预包装食品标签检验监管模式调整工作。

3. 全面推广“快检快放”便捷化监管措施。扩大“快检快放”便捷化监管措施受惠生产企业范围和实施“快检快放”进口工业产品目录，强化“企业是产品质量安全第一责任人”的理念，对自贸区内生产企业进口的生产加工用零部件及原材料，在企业自行验收条件满足的基础上，积极引入第一方和第二方采信，切实减少口岸检验批次。

4. 深化第三方检验结果采信制度。扩大进出口工业产品第三方检验结果采信的产品范围，根据进出口商品风险预警情况，建立第三方采信项目动态调整机制。将试点商品范围扩展至进口机械加工设备及其零部件与部分进口医疗器械等产品中；启动木材等产品检验的第三方结果采信试点工作；在自贸区实施第三方检验结果被采信机构的企业信息公示制度。

5. 推进进境空箱查验便捷化监管措施。试点对空箱运输经营人的分级评定和港外备案堆场的准入考核，对符合条件并主动提出申请的企业给予减少抽检比例、允许港外查验等措施。

二、进一步简政放权

以深化行政审批制度改革为抓手，通过审批项目减量化、审批流程扁平化、审批场所集约化、审批办理智能化等举措，营造公平、高效、统一的口岸行政审批服务环境，实现简政放权、放管结合、优化服务的协同推进。支持检验检测认证机构建设，简化中转货物检验检疫手续。

6. 推进审批制度改革。缩减审批事项。落实国务院《关于取消和调整一批行政审批项目等事项的决定》要求，严格取消代理报检企业注册、快件运营企业从事报检业务注册、报检员注册，旧机电产品备案，出口商品注册登记等审批事项。同时，及时通过报检大厅公告栏、网站、微信、宣传刊物等媒体广泛宣传，做好内部人员岗位调整和业务培训，确保政策落实不打折扣。

减少审批层级。积极配合质检总局做好除负面清单以外的农产品和所有类别的食品进境检疫审批，实现审批的并联化和扁平化。

优化审批流程。推行承诺办结制度，缩短审批时间，通过延长审批有效期及调整审批模式、实行满意度测评等手段，切实实现便民、高效。

推进电子审批。推进行政许可信息化建设，依托行政审批系统功能改造，搭建集行政许可申请、受理、查询、告知等多功能于一体的统一界面平台，实现行政许可办理情况的可查可溯，方便企业及时了解办理进程。

7. 编制三个清单。制定公布自贸区内检验检疫机构权力清单，明确界定职权行使边界，及时清理不合理的行政权力。制定公布自贸区内检验检疫机构责任清单，落实责任主体，强化行政问责。完善自贸区内检验检疫负面清单，提升监管效能，建立与之相配套的事中事后监管制度；发布自贸区内检验检疫行政许可目录、办事指南、业务手册、监管手册及相应精编版，促进行政许可办理情况的公开，方便企业全面了解相关行政许可政策。

8. 支持检验检测认证机构建设。支持平台建设。支持浦东新区开展“公共检验检测服务平台示范区”创建工作，引导自贸区检验检测行业产业化聚集和集成发展，不断提升检验检测服务业的行业产值和服务效能。

推进认证改革。完善自贸区进出口商品检验鉴定机构行政许可和事中事后监管制度创新，缩减外商投资认证机构审批事项，推进外资认证机构审批制度改革。支持检验检测社会化改革，逐步开放外资认证认可、检验检测机构在自贸区设立分支机构并开展业务，鼓励在自贸区内设立进出口商品检验鉴定机构，并鼓励其获得强制性产品认证指定机构资质。取消外商投资认证机构申请扩大业务范围应当从业1年以上的限制；取消外商投资认证机构子公司扩大认证业务范围的审批，通过事中和事后监督措施实施监管。

9. 简化中转货物检验检疫手续。完善国际中转集拼检验检疫管理办法，推进简化中转动植物审批手续，制定中转检疫审批负面清单，提供便捷化中转动植检证书和原产地证书签发服务；进一步优化国际快件中转监管模式，支持快件企业提高国际中转集拼航线覆盖率，促进航空枢纽港建设；支持在自贸区（洋山）开展进境动物源性食品生产加工。

三、进一步提升贸易便利化水平

深化“一线放开、二线安全高效管住”贸易便利化改革，科学实施检验检疫分线监督管理，改革进区报检模式，打造国检作业全程无纸化，推行基于信用管理的差别化通关管理措施。

10. 推行“先进区、后报检”新模式。调整原有先报检后入区方式，对自贸区拟入境进区货物，允许区内企业向检验检疫机构申报后，按照指令至入境口岸提货后直接入区，并在规定时限内向驻区检验检疫机构办理入境货物报检、交单或查验，进一步优化一线验放流程。

11. 打造国检作业全程无纸化。深化申报制度改革，实施无纸化报检和无纸化放行，推动检验检疫证单签发电子化。制定《上海检验检疫随附单据无纸化文件技术标准》；研发和应用随附单据无纸化系统，实现企业以电子化的方式上传报检随附单证，局内报检单证电子化传输；完善申报和放行无纸化及流程再造，对自贸区内符合条件的企业实现申报、检验检疫、计收费、签证放行、归档等各环节的无纸化运作，实现检验检疫作业全程无纸化。

12. 加大信用等级差别化通关管理力度。根据企业诚信情况，推行分级分类管理，在自贸区增加检验检疫信用AA级企业数量，加强信用记录在检验检疫监管中的应用，加大对浦东地区质量诚信企业的扶持力度，对诚信级别高的企业实行绿色通道、快速放行等便利举措；探索在企业信用管理、分类管理等方面，参考或采纳第三方信用报告；支持建立以组织机构代码实名制为基础的企业质量信用档案，支持建立以物品编码管理为溯源手段的产品质量信用信息平台。

四、进一步服务产业发展

集中上海国检优势资源，聚焦重要产业，紧密结合上海自贸区发展实际，打造优质营商环境，支持邮轮、生物医药、跨境电子商务、会展、入境维修、文化产业、汽车平行进口及总部经济等产业发展，支持科创中心建设，支持示范区建设，支持检验检测认证机构发展，推动战略新兴产业和制造业健康发展，助力上海加快构建具有地方特色、富有核心竞争力的现代产业体系。

13. 支持邮轮/游艇业发展。支持邮轮港口建设。支持邮轮港口提高“公共卫生核心能力”水平，对邮轮口岸配套建设提前介入以提供技术支持。积极推荐邮轮港口创建“国际卫生港”，提升品牌建设。

优化邮轮通关环境。通过进出港“单一窗口”申报制度和邮轮物资供应电子化申报制度，提高邮轮通关效率。针对目的地航线邮轮旅游项目配套进、出境单次检验检疫监管措施，简化通关流程。通过允许船舶维修大型配件在邮轮维修码头“直靠直卸”、支持邮轮维修企业对部分旧配件进行无害化再利用等举措，支持邮轮维修产业发展。

保障旅客旅行健康和便利。通过对接世界卫生组织、美国、欧盟的邮轮卫生标准，制定上海港国际邮轮卫生检查实施规程，督促邮轮保持良好卫生状况，保障旅客健康安全。通过建立信息直报制度，开展随船检疫工作，同时对入境旅客降低携带物抽查比例，营造便捷的旅客进出境环境。

促进上海邮轮食品供应业态发展。针对“未获准入”的食品，以过境检疫模式进行监管，建设境外食品在上海港直供邮轮“快通道”。以“一般贸易”进口的供船食品，通过对接自贸区制度创新成果，给予企业最大便利。同时，按照国家质检总局质量安全示范区、质量诚信企业名录，支持中国制造、中国生产和中国种植（养殖）的各类产品参与邮轮产业发展。

14. 支持生物医药产业发展。推进并联审批。实施审批负面清单管理，通过构建互联网行政审批平台，对涉及不同行政审批的进境生物医药材料实施并联审批，实现一次申请完成多项审批，提高审批效率，缩减审批时间。

创新查验方式。在风险评估和企业诚信基础上，充分运用“非侵入、非干扰”式查验方式，大幅度降低查验比例，提高通关效率。推进属地化管理，对低风险的产品实施直通放行，减少查验成本。

实施分类管理。对进境生物医药材料进行科学风险评估，建立分类管理体系。放宽对血液、细胞、模式生物、组织切片、标准菌株、特异性培养基等风险较低的基础性原料的进境限制。简化科研用化学试剂管理程序。实施低风险生物医药材料免于核查输出国家或地区动植物检疫证书的措施。将植入式心脏起搏器、病员监护仪、彩色超声诊断仪等部分进口医疗器械纳入采信试点范围，采纳并信任使用第三方检验结果，便利医疗器械进口。对输入国家或地区无强制性注册登记要求的，一律取消相关注册登记，鼓励上海生物医药产品出口。

优化事后监管。对种类繁杂的进境生物医药材料按照监管要求实施大类归并，建立并公布类别监管规则，提高进境产品检验检疫措施透明度，简化监管流程。建立产品风险与企业诚信相结合的风险管理模式，将监管重心由货物转向企业诚信与产品风险相结合。

15. 支持会展业发展。完善监管方式。出台展会、展览检验检疫监督管理规定，完善进出境展览品的检验检疫监管模式，建立进出境展品检验检疫管理新制度，对进境展品实施口岸核放、场馆集中查验监管，进一步简化报检查验程序。

制定便利化举措。对进境展品实施口岸核放、场馆集中查验监管。对保税展示货物，实行登记管理，允许多次出区展示。涉及3C认证的展品免于办理强制性产品认证，完善展品合理损耗和留购监管方式。允许参展的预包装食品、化妆品等，凭展会组织方证明免予加贴中文标签和抽样检验。

16. 支持全球维修产业发展。对质量管理体系健全、符合条件的生产企业实施风险监测、信用管理，以周期性监督检查替代批次化的产品检验，全面助推产业发展效能；制定并发布《关于推进浦东新区维修/再制造用途入境机电产品质量安全管理工作的指导意见》，规范监管要求；对入境维修复出口、入境再制造旧机电产品免于实施装运前检验；对以保税、租赁等方式多次往返自贸区货物，实行登记核销管理。

17. 支持跨境电子商务发展。构建符合跨境电子商务发展的体制机制。顺应跨境电子商务健康快速发展的新态势新要求，按照加快发展与完善管理相结合、有效监管与便利进出相结合的原则，加快建立符合跨境电子商务发展要求的体制机制，出台上海口岸跨境电子商务管理办法，推出涵盖直邮进口、保税进口、出口等业务类型的、适合跨境电子商务行业特点的监管模式与便利化措施。

建立跨境电子商务清单管理制度。完善跨境电子商务入境物品管理，建立跨境电子商务产品负面清单制度，除负面清单内商品禁止以跨境电子商务形式入境外，全面支持跨境电子商务发展。

构建跨境电子商务风险监控体系和质量追溯体系。优化进口电商企业和产品的质量安全监管方式，实施线上监测、线下预警的安全管理和风险监测工作机制。制定重点商品和重点项目监管清单，通过现场查验、抽样检测和监督检查等，加强风险监控和预警。充分运用信息化手段，实现跨境电子商务商品“源头可溯、去向可查”。加强与质监部门的合作，建立“风险监测、网上抽查、源头追溯、属地查处”的质量监测机制。

创新跨境电子商务监管模式。明确电商经营主体的质量安全责任，实行全申报管理，建立责任追溯体系和先行赔付制度。对按国外个人订单出境的跨境电子商务出口商品，除必要的检疫处理外，不实施检验，对低风险商品审核放行，高风险商品逐步采信第三方检测结果合格放行。对出口跨境电子商务商品实行集中申报、集中办理放行手续，完善以检疫监管为主，基于风险分析的质量安全监督抽查机制。加大第三方检验鉴定结果采信力度，对一般工业制成品，以问题为导向，加强事后监管。对进口跨境电子商务商品实行集中申报、核查放行。对整批入境、集中存放、电商经营企业按订单向国内个人消费者销售的，实施以风险分析为基础的质量安全监管，依据相应产品国家标准的安全卫生项目进行监测，监督电商在尊重消费者个人选择权的同时，标示可能存在的质量安全问题和消费风险。加强事后监管，组织对质量安全问题的调查处理。

实施跨境电子商务备案管理。对跨境电子商务经营主体及跨境电子商务商品实施备案管理，落实跨境电子商务经营主体商品质量安全主体责任，推动规范跨境电子商务经营秩序，实现质量安全责任可追溯。

支持重点项目建设。促进上海跨境电子商务公共服务平台建设。推动跨境水果、生鲜等贸易电子商务发展，支持在自贸区设立进口水果、生鲜电商综合交易服务平台，推动洋山进境鲜活农产品展贸中心的建设。

18. 支持文化产业发展。出台针对文化艺术品管理办法，出台文化艺术品风险评估规定；针对文化产品特性及进境检疫特殊要求，制定配套的检验检疫监管举措；对上海自贸区内进口文化艺术品（限艺术品整体或部分属于CCC目录产品）给予无需办理CCC认证的特殊监管措施，凭艺术品证明文件直接受理报检；加快进境文化艺术品专项查验场站设立，制定发布《文化艺术品专项性查验场站考核细则》，指导企业按要求完成场站设施建设；依据国家质检总局授权，开展自贸区内进境展品和文化艺术品的检疫审批。

19. 支持汽车平行进口。积极参与推动自贸区平行进口汽车项目稳步运行；与自贸区管委会、市商务委等管理部门共同建立平行进口汽车会商机制；根据国家质检总局、认监委与国务院相关部委对平行进口汽车最新的政策要求，及时落实相关支持举措。

20. 支持总部经济（亚太运营商计划）发展。鼓励跨国企业在自贸区和浦东地区建立亚太运营总部以及具备贸易、物流、结算等功能的运营中心；推进浦东新区CCC免办审批后续监管制度改革，推广免办CCC诚信企业贸易便利化措施，享受“一次审批、多次放行、诚信监管”的便捷通关措施，支持浦东地区维修、研发、分拨中心的设立；研究制定自贸区大宗商品现货市场等新型贸易平台的检验监管和市场检测模式；支持重大项目建设，全面服务总部经济运营发展。

21. 支持科创中心建设。促进自贸区科研要素自由流动，出台针对科研用货物的一揽子政策措施，对科研用样品、设备实施通关便利化措施；形成企业需求定期调研机制，推出针对企业研发测试中涉及的进口设备与旧机电产品相关制度创新和优惠举措，进一步完善对用于研发样品或耗材的进出口化学试剂的风险分级管理制度；做好自贸试验区创新制度的标准化工作。

22. 支持出口质量安全示范区建设。完善金桥出口质量安全示范区各项制度建设，率先推出进口货物检验监管分类管理模式、培育质量安全示范企业等十项推动先进制造业发展的检验监管便利化措施。

五、进一步加快互联互通

实施互联网+国检战略，全面推进国检信息化建设，积极推进国际贸易“单一窗口”制度，进一步优化口岸监管执法流程和通关流程，加强多部门联动，推动长江经济带通关一体化。

23. 推进互联网+国检建设。构建三个平台。以内外网两大门户、基础运行环境和云计算体系、应用开发体系，数据交互体系、信息安全体系、运行维护体系五大基础体系为技术支撑，重点建设互联互通的业务平台、智能高效的政务平台和便捷易用的服务平台，实现网络全覆盖、应用互联互通、数据高度聚合、风险即时管控、管理协同联动。

加快重点项目建设。推进覆盖上海各分支局、办事处的联动指挥中心建设；支持上海电子口岸、亚太示范电子口岸和国际贸易“单一窗口”建设，推进自贸区检验检疫电子服务平台和数据交换平台建设，建立与自贸区公共信息平台的网络互联机制，推动自贸区检验检疫智能执法系统建设，提高检验检疫监控系统与自贸区各类新业态运行模式的兼容性；推进自贸区国检综合物流监控系统建设，加快货物在监管安全基础上实现区内自由流动和跨区流转；推进“即检即放”现场查验放行模式，全面推进国检“互联网+监管”战略。

24. 加强与各方面的协作配合。部门协同。密切与自贸区管委会的协作，积极配合管委会有关工作的落实，形成合力，创造良好工作环境；加强与质监、商务、工商、税务等部门的合作，在企业管理、质量控制、风险监测、产业发展等方面密切协作，相互支持，加快推进信息互换、监管互认、执法互助。

关检协同。推进与海关“三个一工程”，持续深化口岸关检“三个一”合作。与海关共同研究深化三个一合作新方案，重点研究减少重复查验、查验地点整合和操作协同配合等方面采取措施，降低查验成本。

区域协同。协同长三角和长江经济带直属国检局，实施区域集中审单一体化、企业信用管理一体化、物流监控一体化和货物监管一体化。

市商务委、市发展改革委印发《上海市跨境电子商务示范园区认定办法》

（上海市商务委员会、上海市发展和改革委员会，2015年12月4日）

为引导上海跨境电子商务产业向规模化、标准化、集群化、规范化方向发展，优化跨境电子商务产业布局，提高产业发展水平，经上海市跨境电商工作领导小组同意，市商务委、市发展和改革委员会于近日制定并印发了《上海市跨境电子商务示范园区认定办法》。

上海市跨境电子商务示范园区认定办法

第一章 总则

第一条 为引导上海跨境电子商务产业向规模化、标准化、集群化、规范化方向发展，协调推进认定上海市跨境电子商务示范园区，优化跨境电子商务产业布局，发挥示范园区引领作用，提高产业发展水平，根据《关于促进本市跨境电子商务发展的若干意见》要求，制定本办法。

第二条 根据园区功能不同，上海市跨境电子商务示范园区分为两种类型：一是特殊监管区，是指经海关和检验检疫部门批准开展跨境电子商务的海关特殊监管区；二是产业功能区，是指各种类型跨境电子商务企业集聚，具有集群效应的区域。

第二章 申报和认定

第三条 符合条件的运营主体、所在区（县）商务主管部门或所在特殊监管区域的管委会，可以作为上海市跨境电子示范园区申报主体。

第四条 申请上海市跨境电子商务示范园区须满足下列条件：

（一）规划科学合理。园区有中长期发展规划，功能定位准确、建设主体明确、业务方向合理。

（二）基础设施先进。具备与跨境电商业务相配套的基础设施。

（三）服务政策明确。具有明确的、促进跨境电商园区建设和入驻企业发展的扶持政策，设立“一门式”服务窗口，受理相关业务审批或接受各类咨询。

（四）监管单位完善。属于特殊监管区类型的园区应具备必要的监管条件，能够提供相应的公共服务，具有较强的物流、仓储、通关服务能力。

（五）产业集群明显。属于产业功能区类型的园区应当以促进跨境电子商务发展为主要目标，能集结龙头企业和上下游产业链，扶持其发展壮大。

第五条 申报主体须提交以下书面材料：

（一）园区中长期发展规划；

（二）园区发展跨境电子商务产业的情况报告（包括基本情况、运作机制、软硬件设施说明及入住企业情况等）；

（三）属于特殊监管区类型的园区还应提交海关、检验检疫等部门批准开展跨境电子商务业务的相关文件。

第六条 上海市跨境电子商务认定经以下流程：

（一）申报主体向市商务委和市发展和改革委员会递交申请；

（二）市商务委会同市发展和改革委员会研究讨论后联合批复。

第三章 管理

第七条 经认定的上海市跨境电子商务示范园区，符合《上海市外经贸发展专项资金管理办法》支持条件的，可享受相应支持。

市商务委、市发展和改革委员会将会同有关部门对示范园区工作给予指导和监督，并适时推广示范园区工作经验。

第八条 市商务委和市发展和改革委员会定期向市跨境电商工作领导小组报送示范园区相关工作情况。

第四章 附 则

第九条 本办法发布之日起 30 日后施行，有效期 2 年。

企业名录

截至2015年12月31日，在上海跨境电商综合服务平台上注册，并实际开展业务的企业（如表2-4所示）。

表2-4 上海跨境电商企业名录

序号	企业名称	企业类型
1	上海跨境通国际贸易有限公司	平台类
2	上海儒水投资管理有限公司	平台类
3	上海洋码头网络技术有限公司	商户类
4	爱碧丽生物科技（上海）有限公司—联邦应用基因股份有限公司	商户类
5	安堡罗（上海）仓储有限公司—Emborio Holdings Limited	商户类
6	安堡罗（上海）仓储有限公司—安堡罗实业（上海）有限公司	商户类
7	安久国际贸易（上海）有限公司—环成资讯股份有限公司	商户类
8	傲淘国际贸易（上海）有限公司—澳淘（澳大利亚）贸易有限公司	商户类
9	澳格（上海）国际贸易有限公司—澳格有限公司	商户类
10	澳猫（上海）商贸有限公司—澳猫有限公司	商户类
11	澳熠（上海）国际贸易有限公司—麦芒私人有限公司	商户类
12	百利买（上海）信息技术有限公司—好乐买香港贸易有限公司	商户类
13	保德科立思塔（上海）国际贸易有限公司—P&D Partners Co.，Ltd	商户类
14	舶乐蜜电子商务（上海）有限公司—Bolome Co.，Ltd	商户类
15	舶乐蜜电子商务（上海）有限公司—株式会社BOLOME	商户类
16	博士蛙（上海）企业发展有限公司—恒龙国际集团有限公司	商户类
17	卜蜂进出口贸易（上海）有限公司—伊藤忠商事株式会社	商户类
18	聪明购（上海）电子商务有限公司—聪明购（新加坡）私人控股有限公司	商户类
19	丹中联合（上海）贸易有限公司—Titan Trade Company Aps	商户类
20	道格（上海）投资管理有限公司—我是大美人全球购贸易有限公司	商户类
21	德菲医疗科技（上海）有限公司—国际技术实业公司	商户类
22	德唐电气设备（上海）有限公司—双利电线电缆有限公司	商户类
23	东登国际贸易（上海）有限公司—禹坤有限公司	商户类
24	东方航空物流有限公司—Eal Europe	商户类

表2-4 续1

序号	企业名称	企业类型
25	董晋国际贸易（上海）有限公司—董晋国际贸易有限公司	商户类
26	恩禄进出口贸易（上海）有限公司—恩禄进出口贸易（上海）有限公司	商户类
27	费戈铂实业（上海）有限公司—星滙物流有限公司	商户类
28	孚投（上海）实业有限公司—孚投汇亚集团电子商务（香港）有限公司	商户类
29	复贝（上海）贸易有限公司—愛而馬有限公司	商户类
30	复乾国际贸易（上海）有限公司—巨本（香港）有限公司	商户类
31	馥懿（上海）实业有限公司—华丽药业有限公司	商户类
32	古旺电子商务（上海）有限公司—玛印贸易有限公司	商户类
33	行吟信息科技（上海）有限公司—优通贸易香港有限公司	商户类
34	号百信息服务有限公司—韩瑞有限公司	商户类
35	禾壹道国际贸易（上海）有限公司—耀星企业集团有限公司	商户类
36	和绵国际贸易（上海）有限公司—零售企业资产有限公司	商户类
37	和馨生物科技（上海）有限公司—香港理和商业有限公司	商户类
38	花乃杜贸易（上海）有限公司—株式会社安比夏斯	商户类
39	吉瑞密斯生命科技（中国）有限公司—Gedeon Richter Rxmidas Joint Venture Co. Limited	商户类
40	佳纪国际贸易（上海）有限公司—佳纪国际贸易（上海）有限公司	商户类
41	佳敏文化传播（上海）有限公司—瑞敏国际有限公司	商户类
42	家乐福（上海）电子商务有限公司—Carrefour Asia Limited	商户类
43	嘉宏供应链管理（上海）有限公司—嘉宏电商企业有限公司	商户类
44	嘉益（上海）国际贸易有限公司—汇亚投资有限公司	商户类
45	建达蓝德计算机国际贸易（上海）有限公司—駿昇科技有限公司 Champion Star Technology Limited	商户类
46	江苏苏宁易购电子商务有限公司—Laox Co.，Ltd	商户类
47	江苏苏宁易购电子商务有限公司—吉年兴业有限公司	商户类
48	江苏苏宁易购电子商务有限公司—洋鑫国际物流有限公司	商户类
49	捷夫国际贸易（上海）有限公司—JLR 澳大利亚国际有限公司 Jaff International Trading（Shanghai）Co.，Ltd.	商户类
50	锦胜（上海）国际贸易有限公司—锦胜集团有限公司	商户类
51	近铁国际物流（中国）有限公司—Keiwa Trading Co.，Ltd	商户类
52	久通电子商务（上海）有限公司—通达有限公司	商户类
53	隽才国际贸易（上海）有限公司—Setaphil Pte. Ltd.	商户类

表2-4 续2

序号	企业名称	企业类型
54	康美泰世（上海）贸易有限公司—康美泰世（上海）贸易有限公司	商户类
55	柯蓝（上海）生物科技有限公司—柯蓝（上海）生物科技有限公司	商户类
56	酷琪屋（上海）商贸有限公司—酷琪屋国际（香港）有限公司	商户类
57	领志电子商务（上海）有限公司—Fuso International Co.，Limited	商户类
58	麦芽城国际贸易（上海）有限公司—麦芽名表（香港）有限公司	商户类
59	美生农业科技（上海）有限公司—香港瀚林投资有限公司	商户类
60	美智堂（上海）生物科技有限公司—美智堂（上海）生物科技有限公司	商户类
61	米纳利（上海）电子商务有限公司—米纳利有限公司	商户类
62	睦朋得投资控股（上海）有限公司—睦朋得野生蜂蜜有限责任公司	商户类
63	慕拓（上海）进出口有限公司—德国龙文有限公司	商户类
64	穆日拉（上海）国际贸易有限公司—株式会社德长	商户类
65	纽海电子商务（上海）有限公司—新岗岭有限公司	商户类
66	纽仕兰（上海）乳业有限公司—新西兰乳业有限公司 Milk Newzealand Dairy Limited	商户类
67	诺牙贸易（上海）有限公司—Loyal Noble Investment Limited	商户类
68	欧货易（上海）国际贸易有限公司—欧货易（上海）国际贸易有限公司	商户类
69	欧爵国际贸易（上海）有限公司—真橄榄国际集团控股有限公司	商户类
70	欧粒（上海）国际贸易有限公司—OLI 国际贸易公司	商户类
71	欧提递仓储（上海）有限公司—Orient Sunda Limited	商户类
72	欧迎国际贸易（上海）有限公司—智波有限公司	商户类
73	芃绯（上海）电子商务有限公司—K 陈 有限公司	商户类
74	渠润（上海）进出口有限公司—渠润（上海）进出口有限公司	商户类
75	容澜商贸（上海）有限公司—容澜有限公司	商户类
76	榕淑（上海）国际贸易有限公司—榕淑（香港）国际贸易有限公司	商户类
77	瑞格丝（上海）投资有限公司—极鲜网有限公司	商户类
78	森宏（上海）贸易有限公司—Sen Hong Biotech Ltd.	商户类
79	上海艾兰得投资控股有限公司—加利福尼亚生命科学实验室有限责任公司	商户类
80	上海艾兰得投资控股有限公司—珈蓝国际有限责任公司	商户类
81	上海艾兰得投资控股有限公司—美柏莱营养品公司	商户类
82	上海艾企帝电子商务有限公司—Htmall 株式会社	商户类
83	上海艾莎供应链管理有限公司—泛景香港贸易有限公司	商户类

表2-4 续3

序号	企业名称	企业类型
84	上海爱投投资发展有限公司—美国钻石河有限责任公司	商户类
85	上海爱壹盒商贸有限公司—生活匯有限公司	商户类
86	上海爱谊商贸有限公司—GLEX 株式会社	商户类
87	上海爱谊商贸有限公司—株式会社 Cleaveware	商户类
88	上海安均电子商务有限公司—美国安均电子商务有限公司	商户类
89	上海安谦信息技术有限公司—摩根国际购物股份有限公司	商户类
90	上海盎蔻进出口有限公司—生活哲学控股国际有限公司	商户类
91	上海傲松进出口有限公司—上海傲松进出口有限公司	商户类
92	上海奥忠投资管理有限公司—上海奥忠投资管理有限公司	商户类
93	上海澳贝电子商务有限公司—澳贝（香港）有限公司	商户类
94	上海澳集进出口有限公司—S. T. X International Pty Ltd	商户类
95	上海澳骏电子商务有限公司—H&Y Global Pty Ltd	商户类
96	上海澳启进出口贸易有限公司—澳大利亚澳品出口公司	商户类
97	上海澳跃帆贸易有限公司—Melcity Pty Ltd	商户类
98	上海白寿心医疗器械有限公司—瑞齐宁国际健康产业集团有限公司	商户类
99	上海阪京贸易有限公司—京品兴运株式会社	商户类
100	上海保振货物运输代理有限公司—上海保振货物运输代理有限公司	商户类
101	上海保正国际物流股份有限公司—保正国际贸易（香港）有限公司	商户类
102	上海本初经贸发展有限责任公司—元初国际（中国）有限公司	商户类
103	上海本道堂国际贸易有限公司—日本思想商务有限会社	商户类
104	上海缤瑞国际贸易有限公司—优本有限公司	商户类
105	上海帛谷电子商务有限公司—新丝路国际联运有限公司	商户类
106	上海铂琛投资有限公司—奥斯兰福有限公司	商户类
107	上海博瀚国际货运代理有限公司—39 艾迪斯有限公司	商户类
108	上海博瀚国际货运代理有限公司—Y. S. Japan Company Limited	商户类
109	上海博瀚国际货运代理有限公司—鸿孚国际（香港）有限公司	商户类
110	上海博瀚国际货运代理有限公司—乐天国际电子商务有限公司	商户类
111	上海博瀚国际货运代理有限公司—迈购国际贸易有限公司	商户类
112	上海博瀚国际货运代理有限公司—欧泰盛世企业股份有限公司	商户类
113	上海博瀚国际货运代理有限公司—日平线国际物流有限公司	商户类
114	上海博瀚国际货运代理有限公司—泰达有限公司	商户类

表2-4 续4

序号	企业名称	企业类型
115	上海博瀚国际货运代理有限公司—藤崎株式会社	商户类
116	上海博瀚国际货运代理有限公司—兆腾国际贸易投资有限公司	商户类
117	上海博瀚国际货运代理有限公司—株式会社三藏	商户类
118	上海博略德商贸有限公司—Bright Development Share Limited	商户类
119	上海朝莹电子商务有限公司—上海朝莹电子商务有限公司	商户类
120	上海辰双国际贸易有限公司—清青国际贸易公司	商户类
121	上海辰双国际贸易有限公司—双辰国际贸易有限公司	商户类
122	上海辰双国际贸易有限公司—有限公司普乐喜	商户类
123	上海辰双国际贸易有限公司—株式会社爱巴图	商户类
124	上海辰双国际贸易有限公司—株式会社爱林特艾斯	商户类
125	上海辰双国际贸易有限公司—株式会社爱新空	商户类
126	上海辰双国际贸易有限公司—株式会社谐碧彩	商户类
127	上海诚盈电子商务有限公司—诚盈企业香港有限责任公司	商户类
128	上海楚玥国际贸易有限公司—日本神华株式会社	商户类
129	上海醇一国际贸易有限公司—Golden Coast Gourmet, Inc.	商户类
130	上海大章国际贸易有限公司—曙光集团有限公司	商户类
131	上海大众交通商贸有限公司—香港大众交通商贸有限公司	商户类
132	上海黛莉妍贸易有限公司—上海黛莉妍贸易有限公司	商户类
133	上海淡泽投资有限公司—大科技控股有限公司	商户类
134	上海德代国际贸易有限公司—Fourscom International GmbH	商户类
135	上海德萠贸易有限公司—万事通商业控股有限公司	商户类
136	上海顶捷供应链管理有限公司—Excel Rank Company Limited	商户类
137	上海鼎隆国际物流有限公司—酸橘子（香港）有限公司	商户类
138	上海东番国际贸易有限公司—乐游宝岛股份有限公司	商户类
139	上海东方明珠国际贸易有限公司—Hio Global Shopping Co., Ltd	商户类
140	上海东方网电子商务有限公司—Hongkong Eastday Co., Limited	商户类
141	上海凡点国际贸易有限公司—Shanghai Fandian International Trading Company Limited	商户类
142	上海凡点国际贸易有限公司—上海凡点国际贸易有限公司	商户类
143	上海芳茵电子商务有限公司—香港金东实业有限公司	商户类
144	上海放肆购电子商务有限公司—品联国际有限公司	商户类

表2-4 续5

序号	企业名称	企业类型
145	上海飞境信息科技有限公司—海淘国际有限公司	商户类
146	上海菲速特电子商务有限公司—富士通商	商户类
147	上海斐婴宝电子商务有限公司—新西兰斐婴宝投资集团	商户类
148	上海翡臻实业有限公司—株式会社 Onefesta	商户类
149	上海枫旭商贸有限公司—香港悦家繁荣互动传媒有限公司 EverFlourish Interactive Media Co.， Limited	商户类
150	上海富蓓莱医疗咨询有限公司—上海富蓓莱医疗咨询有限公司	商户类
151	上海戈澜国际贸易有限公司—戈兰控股有限公司	商户类
152	上海格乐特商贸商贸有限公司—韩国博瑞恩	商户类
153	上海果漾国际贸易有限公司—開啟國際貿易有限公司	商户类
154	上海哈心进出口有限公司—哈心营销公司	商户类
155	上海海丰供应链管理有限公司—Sitc Logistics（HK）Limited	商户类
156	上海海和电子商务有限公司—海和物产株式会社	商户类
157	上海海跨电子商务有限公司—银河猫（香港）有限公司	商户类
158	上海汉茂国际贸易有限公司—高汇国际投资有限公司	商户类
159	上海汉盛进出口有限公司—固杰有限公司	商户类
160	上海瀚雯商贸有限公司—Hong Kong Qiu Xu Trade Co.， Limited	商户类
161	上海瀚优国际贸易有限公司—欣隆（香港）有限公司	商户类
162	上海好洋农电子商务有限公司—Goodfarms Australia Pty Ltd	商户类
163	上海昊禹国际贸易有限公司—昊禹贸易有限公司	商户类
164	上海灏桓国际贸易有限公司—世緯有限公司	商户类
165	上海和了国际贸易有限公司—盛举国际贸易（香港）有限公司	商户类
166	上海恒盛贸易实业有限公司—浩茂国际有限公司	商户类
167	上海鸿翼文化传媒有限公司—鸿翼商务投资有限公司（旧）	商户类
168	上海鸿之翼国际贸易有限公司—鸿翼商务投资有限公司	商户类
169	上海互祺进出口有限公司—株式会社明東商事	商户类
170	上海蕙逸贸易有限公司—捷思美逸有限公司	商户类
171	上海基森仓储有限公司—Taobao China Holding Limited（HK）	商户类
172	上海基森企业管理有限公司—Bolome Company Limited（HK）	商户类
173	上海即烽国际贸易有限公司—剑豪集团株式会社	商户类
174	上海集康国际贸易有限公司—蓝迪士有限公司	商户类

表2-4 续6

序号	企业名称	企业类型
175	上海济百贸易有限公司—塔利非贸易有限公司	商户类
176	上海加福国际贸易有限公司—广福有限公司	商户类
177	上海佳敏国际贸易有限公司—Yummy Trading Co.，Ltd.	商户类
178	上海佳荣鲜果有限公司—澳门伊尔伊商贸发展一人有限公司	商户类
179	上海嘉境通国际贸易有限公司—上海嘉境通国际贸易有限公司	商户类
180	上海嘉歆电子商务有限公司—可婴（香港）商贸有限公司	商户类
181	上海嘉野商贸有限公司—辣妈（香港）国际贸易电子商务有限公司	商户类
182	上海嘉野商贸有限公司—辣妈（香港）国际贸易有限公司	商户类
183	上海觉音国际贸易有限公司—Green Homepage Trading Company Ltd	商户类
184	上海皆腾国际物流有限公司—那图投资集团公司	商户类
185	上海锦翰国际物流有限公司—Tenda Industrial Ltd	商户类
186	上海劲柏国际贸易有限公司—俊汇发展有限公司	商户类
187	上海九州通医药有限公司—上海九州通医药有限公司	商户类
188	上海久理电子商务有限公司—璐丝洛雅控股（香港）有限公司	商户类
189	上海久理电子商务有限公司—美国皇家德鑫有限公司	商户类
190	上海聚韩国际贸易有限公司—汉宝国际零售有限公司	商户类
191	上海聚润纺织品有限公司—虎豹和中纺联 Hubao & Sinotex Company Limited.	商户类
192	上海聚悠国际贸易有限公司—全球汇贸易有限公司	商户类
193	上海君田国际贸易有限公司—China Junhong Limited	商户类
194	上海开特生物科技有限公司—尚生力亚洲有限公司	商户类
195	上海凯枫国际贸易有限公司—Fruitful International（Hk）Limited	商户类
196	上海凯真商贸有限公司—凯真商贸有限公司	商户类
197	上海恺飞贸易有限公司—欧派国际有限公司	商户类
198	上海可益生物科技有限公司—香港可益应用科技有限公司	商户类
199	上海蔻泰科技有限公司—卡尔技术有限公司	商户类
200	上海库珂商贸有限公司—韩国普尔泛特株式会社	商户类
201	上海跨境通国际贸易有限公司—捷能派股份有限公司	商户类
202	上海跨境通国际贸易有限公司—美国果瑞氏有限公司	商户类
203	上海跨境通国际贸易有限公司—香港亚米国际贸易有限公司	商户类
204	上海跨境通国际贸易有限公司—伊藤忠商事株式会社	商户类
205	上海跨境通国际贸易有限公司—有限会社 D. Vision—O	商户类

表2-4 续7

序号	企业名称	企业类型
206	上海跨鲜电子商务有限公司—时泰有限公司	商户类
207	上海莱咔电子商务有限公司—香港晟新国际有限公司	商户类
208	上海琅寓实业有限公司—JD. Com International Limited	商户类
209	上海朗际国际贸易有限公司—大宇宙株式会社	商户类
210	上海里辉实业有限公司—Sunglow Corporation	商户类
211	上海里辉实业有限公司—锦程实业（香港）有限公司	商户类
212	上海里辉实业有限公司—年源国际贸易（香港）有限公司	商户类
213	上海里盛国际贸易有限公司—上海里盛国际贸易有限公司	商户类
214	上海里盛国际贸易有限公司—香港升跃实业有限公司	商户类
215	上海栗林国际贸易有限公司—戴维斯国际股份有限公司	商户类
216	上海联力电子商务有限公司—香港联力跨境贸易有限公司	商户类
217	上海辽丰智能科技有限公司—上海辽丰智能科技有限公司	商户类
218	上海羚致进出口有限公司—信达远贸易有限公司	商户类
219	上海龙滋国际贸易有限公司—高斯美蒂 可丽雅（株）	商户类
220	上海泷溢工贸有限公司—腾天有限责任公司	商户类
221	上海隆寰国际贸易有限公司—隆鑫行商业控股有限公司	商户类
222	上海路培国际贸易有限公司—锦轩有限公司	商户类
223	上海罗杉贸易有限公司—冰丽贸易有限公司	商户类
224	上海马珂博逻电子商务有限公司—Mcpl Ecommerce Group（Hong Kong）Limited	商户类
225	上海麦宝进出口有限公司—麦乐宝株式会社	商户类
226	上海梅隆生物科技有限公司—恒隆昌国际有限公司	商户类
227	上海美阜迪国际贸易有限公司—伊丝太平洋有限公司	商户类
228	上海美豪信息技术有限公司—Bfm International Limited	商户类
229	上海美漫电子商务有限公司—AmeriMax Advance Limited Liability Company	商户类
230	上海美丫电子商务有限公司—美小丫网络科技有限公司	商户类
231	上海美栈商贸有限公司—海骏国际（香港）有限公司	商户类
232	上海媄天化妆品有限公司—纽 & 纽有限公司	商户类
233	上海名菲食品有限公司—Jcro 营销	商户类
234	上海铭进物流有限公司—上海铭进物流有限公司	商户类
235	上海墨瑞戴拉电子商务有限公司—墨瑞戴拉有限公司	商户类
236	上海娜玛电子商务有限公司—阿侠谷集团有限公司	商户类

表2-4 续8

序号	企业名称	企业类型
237	上海娜玛电子商务有限公司—玛正电子商务有限公司	商户类
238	上海娜玛电子商务有限公司—沃美国际集团有限公司	商户类
239	上海娜玛电子商务有限公司—香港飞牛集达电子商务有限公司	商户类
240	上海娜玛电子商务有限公司—意大利你好集团有限公司	商户类
241	上海娜玛电子商务有限公司—月亮鱼电子商务有限公司	商户类
242	上海奶蜜地国际贸易有限公司—理安管理公司	商户类
243	上海纽贸贸易有限公司—上海纽贸贸易有限公司	商户类
244	上海纽易电子商务有限公司—上海纽易电子商务有限公司	商户类
245	上海讴迈实业有限公司—讴迈嘉康实业（香港）国际有限公司	商户类
246	上海欧际咖啡股份有限公司—Boson Coffee Corp.	商户类
247	上海欧境贸易有限公司—上海欧境贸易有限公司	商户类
248	上海欧趣电子商务有限公司—Baosun invest AB	商户类
249	上海欧橡网络科技有限公司—香港欧橡有限公司	商户类
250	上海派风国际贸易有限公司—株式会社兴和	商户类
251	上海庞统企业发展有限公司—香港庞统投资管理有限公司	商户类
252	上海平义国际贸易有限公司—日本平义株式会社	商户类
253	上海璞合国际贸易有限公司—香港璞合贸易有限公司	商户类
254	上海浦东新区国际经济技术合作有限公司—澳加有限公司	商户类
255	上海七仁投资管理中心—上海七仁投资管理中心	商户类
256	上海桥贝国际贸易有限公司—赛尔国际有限公司	商户类
257	上海取易国际贸易有限公司—三星工作机械株式会社	商户类
258	上海全贝国际贸易有限公司—香港博贝朗贸易有限公司	商户类
259	上海日购国际贸易有限公司—株式会社 BERT	商户类
260	上海嵘藤贸易有限公司—信拉国际贸易有限公司	商户类
261	上海瑞伯国际贸易有限公司—上海瑞伯国际贸易有限公司	商户类
262	上海瑞野商贸有限公司—向阳企划公司	商户类
263	上海睿曦电子商务有限公司—鸿睿有限公司	商户类
264	上海桑妮贸易有限公司—阳光商贸和项目开发有限公司	商户类
265	上海森礼国际贸易有限公司—日本森礼国际贸易株式会社	商户类
266	上海森列商贸有限公司——步商贸有限公司	商户类
267	上海杉漾实业有限公司— 三盈国际集团有限公司	商户类

表2-4 续9

序号	企业名称	企业类型
268	上海上港电子商务有限公司—Dream Group Inc	商户类
269	上海上港电子商务有限公司—Eco—Land Trading Pty Ltd.	商户类
270	上海上港电子商务有限公司—Harbour Mall（SIPG）Sourcing Limited	商户类
271	上海上港电子商务有限公司—Juneng Limited	商户类
272	上海上港电子商务有限公司—上港集团（香港）有限公司	商户类
273	上海上裕国际贸易有限公司—上海上裕国际贸易有限公司	商户类
274	上海尚臣国际贸易有限公司—Maxwin Australia Pty Ltd	商户类
275	上海深艾信息科技有限公司—必途必艾韩国贸易有限公司	商户类
276	上海盛畅国际贸易有限公司—美丽诺羊毛制品有限公司	商户类
277	上海盛怡国际物流有限公司—JD. Com International Limited	商户类
278	上海狮威供应链管理有限公司—SLL International Limited	商户类
279	上海世友国际贸易有限公司—安盛（香港）国际咨询有限公司	商户类
280	上海市外高桥国际贸易营运中心有限公司—申高貿易 有限公司 Sungolden	商户类
281	上海司运国际贸易有限公司—U—Freight Logistics，Inc	商户类
282	上海思捷讯进出口有限公司—墨特派澳大利亚有限公司	商户类
283	上海苏粤科技有限公司—Jmi Australia Pty Ltd	商户类
284	上海苏粤科技有限公司—集麦香港有限公司	商户类
285	上海夙瓯贸易有限公司—联合高门管理有限公司	商户类
286	上海酸橘子电子商务有限公司—酸橘子（香港）有限公司	商户类
287	上海台度科技有限公司—恩维托国际贸易有限公司	商户类
288	上海泰万电子商务有限公司—泰电电子商务有限公司	商户类
289	上海唐姿贸易有限公司—爱普百货公司	商户类
290	上海唐姿贸易有限公司—瀚唐国际贸易有限公司	商户类
291	上海淘玺电子商务有限公司—汇邦企业发展有限公司	商户类
292	上海天方国际贸易有限公司—鼎辉国际贸易	商户类
293	上海天凯进出口贸易有限公司—尤尼康太平洋贸易有限公司	商户类
294	上海天澍国际贸易有限公司—罗宾纳有限公司	商户类
295	上海天熊投资管理有限公司—新永安集团公司	商户类
296	上海天瑜晓国际贸易有限公司—诗客国际集团有限公司	商户类
297	上海同湾国际贸易有限公司—同湾贸易 Japan 株式会社	商户类
298	上海同崟文化传播有限公司—布朗金贸易服务有限公司	商户类

表2-4 续10

序号	企业名称	企业类型
299	上海头骏国际贸易有限公司—日中商舟株式会社	商户类
300	上海外高桥国际物流有限公司—寰宇发展（香港）有限公司	商户类
301	上海外高桥医药分销中心有限公司—China International Pharmaceutical（Holding）Corporation Limited	商户类
302	上海惟翊投资管理有限公司—澳大利亚康培尔健康食品有限公司	商户类
303	上海维娜洋酒有限公司—香港维娜贸易有限公司	商户类
304	上海玮创国际贸易有限公司——般社团法人日本宝饰品贸易协会	商户类
305	上海温厚国际贸易有限公司—恩泽国际控股有限公司	商户类
306	上海温厚国际贸易有限公司—首尔国际化妆品免税店	商户类
307	上海温厚国际贸易有限公司—惟信国际贸易有限公司	商户类
308	上海温厚国际贸易有限公司—喜瑞科技有限公司	商户类
309	上海温厚国际贸易有限公司—新莉有限公司	商户类
310	上海温厚国际贸易有限公司—鑫动国际贸易行	商户类
311	上海溪盈国际贸易有限公司—北极熊（北美）国际贸易有限公司	商户类
312	上海熙润贸易有限公司—KXR 贸易有限公司	商户类
313	上海现代家有购物商务有限公司—现代家庭购物有限公司	商户类
314	上海翔赟国际贸易有限公司—兆一国际股份有限公司	商户类
315	上海小唛贸易有限公司—宜凯撒全球有限公司	商户类
316	上海心海供应链发展有限公司—欣海国际报关集团有限公司	商户类
317	上海心嘉物流有限公司—选择物流（英国）有限公司	商户类
318	上海昕硕国际贸易有限公司—株式会社永吉集团	商户类
319	上海昕鑫投资管理有限公司—上海昕鑫投资管理有限公司	商户类
320	上海欣港科技有限公司—It Associates Corporation（Asia）Limited	商户类
321	上海欣叶电子商务有限公司—One Merchant，Inc	商户类
322	上海新罕普电子商务有限公司—金牛座与鸡责任有限公司	商户类
323	上海鑫梦国际贸易有限公司—上海鑫梦国际贸易有限公司	商户类
324	上海鑫衍国际贸易有限公司—株式会社锦源	商户类
325	上海信寅国际贸易有限公司—上海信寅国际贸易有限公司	商户类
326	上海信质购国际贸易有限公司—Nitto 株式会社	商户类
327	上海轩翊商贸有限公司—天翊电子科技有限公司	商户类
328	上海玄人信息技术有限公司—Eastera Corporation イーステラ株式会社	商户类

表2-4 续11

序号	企业名称	企业类型
329	上海迅购贸易有限公司—世恩纺织品（香港）有限公司	商户类
330	上海雅辰电子商务有限公司—隆盛国际纳米科技有限公司	商户类
331	上海雅余国际贸易有限公司—香港尚欧国际贸易有限公司	商户类
332	上海亚森商贸有限公司—香港圣菡国际有限公司	商户类
333	上海炎牛贸易有限公司—Golden Fire Hk Limited	商户类
334	上海燕会实业有限公司—鹏惠科技有限公司	商户类
335	上海阳益国际贸易有限公司—华洋（亚太）国际有限公司	商户类
336	上海洋宝贝电子商务有限公司—宏大（澳门）投资行	商户类
337	上海洋风网络科技有限公司—上海博威国际贸易有限公司	商户类
338	上海尧赫国际贸易有限公司—第一商事株式会社	商户类
339	上海尧赫进出口有限公司—春天阳光投资有限公司	商户类
340	上海一小电子商务有限公司—DL International（Group）Co.，Ltd.	商户类
341	上海伊禾食品国际贸易有限公司—伊禾农产品香港发展有限公司	商户类
342	上海怡崧进出口有限公司—昭源通商株式会社	商户类
343	上海亿心电子商务有限公司—億心国际电子商贸有限公司	商户类
344	上海易辰贸易有限公司—龙辰洲际贸易有限公司	商户类
345	上海易去电子商务有限公司—香港大鼎商贸有限公司	商户类
346	上海易统食品贸易有限公司—南聯國際貿易股份有限公司	商户类
347	上海轶格贸易有限公司—Easyway Logistics 株式会社	商户类
348	上海奕松国际贸易有限公司—SIT 有限会社	商户类
349	上海益芙国际贸易有限公司—Astralasian Trade Pty Ltd	商户类
350	上海益功进出口有限公司—德国百伦斯有限公司	商户类
351	上海毅禧国际贸易有限公司—毅禧国际投资发展有限公司	商户类
352	上海薏柏国际贸易有限公司—Kino Biotech Pte Ltd	商户类
353	上海樱梦国际贸易有限公司—株式会社 sakuradream	商户类
354	上海樱通国际贸易有限公司—香港博华实业有限公司	商户类
355	上海瀛海威电子商务有限公司—日中速贸株式会社	商户类
356	上海应时贸易有限公司—国际金源有限公司	商户类
357	上海永丰余国际贸易有限公司	商户类
358	上海优庭乐电子商务有限公司—智晟贸易有限公司	商户类
359	上海攸灏商贸有限公司—艾可菲国际贸易有限公司	商户类

表2-4 续12

序号	企业名称	企业类型
360	上海悠希国际贸易有限公司—三国商事株式会社	商户类
361	上海好优商贸有限公司—東方生活館有限公司	商户类
362	上海育培电子商务有限公司—添语国际控股有限公司 Tian Yu International Holdings Limited	商户类
363	上海昱如国际贸易有限公司—Hongkong Tinyu Industry Co., Limited	商户类
364	上海元长信息技术有限公司—第六大道集团有限公司	商户类
365	上海源产喜递电子商务有限公司—上海源产喜递电子商务有限公司	商户类
366	上海源蔚贸易有限公司—香港通源立贸易发展有限公司	商户类
367	上海远洋国际贸易有限公司—中远（香港）货运服务有限公司	商户类
368	上海越洋物语国际物流有限公司—越洋物语株式会社	商户类
369	上海云荣进出口有限公司—中国云荣爱马力有限公司	商户类
370	上海增链国际贸易有限公司—上海增链国际贸易有限公司	商户类
371	上海正赫国际贸易有限公司—香港国际控股有限公司	商户类
372	上海正欣国际贸易有限公司—星元生物科技股份有限公司	商户类
373	上海挚捷行国际贸易有限公司—挚捷行国际贸易（中国）有限公司	商户类
374	上海致俏商贸有限公司—上海致俏商贸有限公司	商户类
375	上海中服出国人员服务中心—嘉日株式会社	商户类
376	上海中海经济发展有限公司—Zhong Hai International Pty Ltd	商户类
377	上海中科浩飞物流有限公司—中科浩飞（香港）有限公司	商户类
378	上海中外运电子商务有限公司—Champion Joy Internatioal	商户类
379	上海中外运电子商务有限公司—Ding Ding Tech Limited	商户类
380	上海中外运电子商务有限公司—Hua Peng Industry Co., Ltd	商户类
381	上海中外运电子商务有限公司—Melcome Limited New Zealand	商户类
382	上海中外运电子商务有限公司—Taiwan Taili Company Ltd	商户类
383	上海中外运电子商务有限公司—Uni—Base International Limited New Zealand	商户类
384	上海中外运电子商务有限公司—Yangdongxi Holdings Limited	商户类
385	上海中外运电子商务有限公司—台湾品生活文创国际股份有限公司	商户类
386	上海中外运电子商务有限公司—香港母婴之家有限公司	商户类
387	上海中外运电子商务有限公司—怡利升国际有限公司	商户类
388	上海中外运电子商务有限公司—易迪爱国际物流（香港）有限公司	商户类
389	上海中矽电子商务有限公司—紫旋蜜雀国际公司	商户类

表2-4 续13

序号	企业名称	企业类型
390	上海中智通达国际贸易有限公司—Ciic Hongkong Limited	商户类
391	上海仲苑国际贸易有限公司—纪奈尔实业集团有限公司	商户类
392	上海众澳贸易有限公司—Pbx 企业有限责任公司	商户类
393	上海众澳贸易有限公司—思富有限公司	商户类
394	上海洲禾国际贸易有限公司—爱宝贝（香港）有限公司	商户类
395	上海自贸试验区房隆电子商务有限公司—澳大利亚房隆有限公司	商户类
396	上海自贸试验区工艺品珠宝首饰进出口有限公司—Chow Tai Fook Jewellery Company Limited	商户类
397	上海自贸试验区工艺品珠宝首饰进出口有限公司—Ilionno Jewellery Limited	商户类
398	上海左亨右贞展示服务有限公司—Avasta Enterprise Inc	商户类
399	胜先国际贸易（上海）有限公司—韩荣贸易有限公司	商户类
400	胜先国际贸易（上海）有限公司—开开贸易有限公司	商户类
401	台承（上海）国际贸易有限公司—新仕贸易有限公司	商户类
402	钛格贸易（上海）有限公司—虎生贸易（香港）有限公司	商户类
403	淘最生活电子商务（上海）有限公司—淘最生活	商户类
404	醍醐国际贸易（上海）有限公司—醍醐国际贸易（上海）有限公司	商户类
405	天贵通（上海）国际贸易有限公司—Tianguitong（Asia）Co.，Limited	商户类
406	丸来贸易（上海）有限公司—株式会社可咯	商户类
407	万航旅业（上海）有限公司—田三日本株式会社	商户类
408	万航旅业（上海）有限公司——直購數位資訊股份有限公司	商户类
409	万航旅业（上海）有限公司—株式会社 GL—Plaza ジャパン（日本 GL—Plaza 股份有限公司）	商户类
410	维司达（上海）食品有限公司—维司达（上海）食品有限公司	商户类
411	尾巴圈国际贸易（上海）有限公司—乐宠（香港）控股有限公司	商户类
412	文皮斯国际贸易（上海）有限公司—晨杰国际有限公司	商户类
413	沃得优地（上海）电子商务有限公司—新绿欧地农业有限公司	商户类
414	希游国际贸易（上海）有限公司—西游列国（香港）有限公司	商户类
415	熙可国际贸易（上海浦东新区）有限公司—荷兰中心投资发展有限公司	商户类
416	喜来山资产管理（上海）有限公司—澳申国际控股（香港）有限公司	商户类
417	夏妮（上海）化妆品有限公司—利時行貿易有限公司	商户类
418	香港中国免税品有限公司—China Duty Free（Hong Kong）Commerce And Technology Company Limited	商户类

表2-4 续14

序号	企业名称	企业类型
419	新佰朋国际贸易（上海）有限公司—星航集团有限公司	商户类
420	歆澄国际贸易（上海）有限公司—歆澄国际贸易（上海）有限公司	商户类
421	鑫筑国际贸易（上海）有限公司—鑫筑国际有限公司	商户类
422	暄颐实业（上海）有限公司—Egomall Limited	商户类
423	亚钢物业管理（上海）有限公司—杜氏贸易有限公司	商户类
424	意拓国际贸易（上海）有限公司—香港意拓国际贸易有限公司	商户类
425	悠适（上海）国际贸易有限公司—麦克斯威物流有限公司	商户类
426	悠适（上海）国际贸易有限公司—日华天宝株式会社	商户类
427	御安丸生物科技（上海）有限公司—H&H 株式会社	商户类
428	御好国际贸易（上海）有限公司—源真号电子商贸有限公司	商户类
429	元吉（上海）国际物流有限公司—上博有限公司	商户类
430	远品国际贸易（上海）有限公司—Happin Ltd	商户类
431	玥玛国际物流（上海）有限公司—玥玛国际物流（美国）有限公司	商户类
432	悦康动力（北京）科技有限公司—Meganutra，Inc	商户类
433	珍果贸易（上海）有限公司—珍果贸易（上海）有限公司	商户类
434	智芮国际贸易—柏润食品（香港）有限公司	商户类
435	智芮国际贸易—和柏贸易（香港）有限公司	商户类
436	中国图书进出口上海公司浦东分公司—中盛控股（香港）有限公司	商户类
437	中新经济发展（上海）有限公司—Peak Japan Co.，Ltd.	商户类
438	中新经济发展（上海）有限公司—东方国际发展集团有限公司	商户类
439	中新经济发展（上海）有限公司—高尔迪有限责任公司	商户类
440	住商电子商务（上海）有限公司—住商电子商务（上海）有限公司	商户类
441	卓澳国际贸易（上海）有限公司—卓澳国际有限公司	商户类
442	卓纯实业（上海）有限公司—Eastern Business Co.，Limited	商户类
443	自然阳光（上海）日用品有限公司—自然阳光（远东）有限公司	商户类
444	DHL 空运服务（上海）有限公司	仓储物流类
445	北京明邦运通国际运输服务有限公司上海分公司	仓储物流类
446	联邦快递（中国）有限公司上海分公司	仓储物流类
447	联合包裹物流（上海）有限公司	仓储物流类
448	民航快递有限责任公司上海分公司	仓储物流类
449	欧西爱司物流（上海）有限公司	仓储物流类

表2-4 续15

序号	企业名称	企业类型
450	上海畅联国际贸易有限公司	仓储物流类
451	上海东航快递有限公司	仓储物流类
452	上海鸿硕国际货运代理有限公司	仓储物流类
453	上海嘉境通国际贸易有限公司	仓储物流类
454	上海捷利货运有限公司	仓储物流类
455	上海跨松国际贸易有限公司	仓储物流类
456	上海跨通国际贸易有限公司	仓储物流类
457	上海全行通国际物流有限公司	仓储物流类
458	上海深水港国际物流有限公司	仓储物流类
459	上海天戈供应链管理有限公司	仓储物流类
460	上海威盛报关有限公司	仓储物流类
461	上海欣捷报关有限公司	仓储物流类
462	上海欣林供应链管理有限公司	仓储物流类
463	上海馨翔航空地面服务有限公司	仓储物流类
464	上海洋山保税港区物流服务有限公司	仓储物流类
465	上海义达国际物流有限公司	仓储物流类
466	上海翼速国际物流有限公司	仓储物流类
467	上海元初供应链管理有限公司	仓储物流类
468	上海综合保税区物流有限公司	仓储物流类
469	上海左亨右贞投资管理有限公司	仓储物流类
470	顺丰速运集团（上海）速运有限公司	仓储物流类
471	天地国际运输代理（中国）有限公司上海分公司	仓储物流类
472	中外运泓丰（上海）国际物流有限公司	仓储物流类
473	财付通支付科技有限公司	支付类
474	东方电子支付有限公司	支付类
475	连连银通电子支付有限公司	支付类
476	上海银联电子支付服务有限公司	支付类
477	苏宁易付宝网络科技有限公司	支付类
478	通联支付网络服务股份有限公司上海分公司	支付类
479	网银在线（北京）有限公司	支付类
480	支付宝（中国）网络技术有限公司	支付类

统计数据

一、上海跨境电商服务试点进口业务报表

上海跨境电商服务试点进口业务报表（如表2-5所示）。

表2-5 上海跨境电商服务试点进口业务报表

区域	时间（年）	验放清单（万票）	消费者（人）	货值（万元）	增长率（%）	上线商品种类（个）	商品种类（进口量前五位）	备案电商企业（个）	上线企业（个）
	2013	0.006	258	7.4558		611	咖啡饮料、全脂牛奶、小型女士钱包、润肤露、皮包皮带	10	10
	2014	12.1457	56538	3750.215		39392	尿布、玩具、奶瓶奶嘴、护手装、保湿滴露、喷雾、全脂牛奶	57	57
	2015	228.0851	1182649	41709.4187		548235	尿布、保健品、护手装、保湿滴露、喷雾、全脂牛奶、婴幼儿奶粉	373	373
	开通至2015.12.31	240.2368	1239445	45467.0895		588238	尿布，保健品，护手装、保湿滴露、喷雾，全脂牛奶，婴幼儿奶粉	440	440

二、上海跨境电商分地区消费分布统计表

上海跨境电商分地区消费分布统计表（如表 2-6 所示）。

表 2-6　上海跨境电商分地区消费分布统计表

进/出口	地区	数量（包）	金额（元）	消费者数量（人/次）	主要商品（前五种）	备注
进口	重庆	42918	6793081.84	29719		
	浙江	350819	73346201.4	187164		
	云南	29240	4301317.26	20763		
	新疆维吾尔自治区	13135	1688434.87	10494		
	香港	26	10203.47	24		
	西藏自治区	1666	508939.1	1171		
	天津	48086	6427329.61	34134		
	台湾省	2	1082.9	1		
	四川省	90445	14862256.2	62667		
	深圳	5	836.14	5		
	上海	822778	170388239.85	317442		
	陕西省	47108	7211689.78	33468		
	山西	25014	3641972.8	18761		
	山东	119542	18747814.59	77603		
	青海省	1891	254428.63	1490		
	宁夏回族自治区	5299	690847.85	3843		
	内蒙古	14582	1994736.8	11432		
	辽宁	77260	11274863.1	47963		
	江西	42824	6285933.87	31155		
	江苏	383615	79133236.01	197499		
	吉林省	22192	2978326.58	16407		
	湖南	72267	10340406.52	52133		
	湖北	107017	17562599.53	71700		
	黑龙江	31924	4449335.62	22496		
	河南	61300	8898523.8	43866		
	河北	46939	6703174.16	34280		

表2-6 续

进/出口	地区	数量（包）	金额（元）	消费者数量（人/次）	主要商品（前五种）	备注
进口	海南	14008	2156930.11	9976		
	贵州省	18681	2982450.66	13003		
	广西壮族自治区	36460	5303901.37	27036		
	广东	223546	36291527.74	155124		
	甘肃	10567	1510029.21	7919		
	福建	97817	15444506.09	63532		
	北京	166024	27127739.42	112250		
	澳门	8	2640.09	8		
	安徽	70114	11817290.4	47221		
进口	英国	8	261.92			
	法国	1	64.99			
	西班牙	1	13.9			
	美国	22	429.9			

说明：地区栏，进口显示国内省份，出口显示国家或地区。

大事记

2011年11月10日，上海市信息投资股份有限公司（简称“上海信投”，是上海电子口岸的建设运营指导单位）派出人员参与《跨境电子商务推进策略和政策研究工作报告》的研究工作。该报告针对跨境电子商务进出口现状和发展特点，准确预测跨境电子商务的发展趋势，提出推动跨境电子商务产业化、跨越式发展的支撑体系和政策建议，为国家出台跨境电商服务试点项目奠定了坚实的理论基础。

2012年5月8日，国家发改委联合8部委发布《关于组织开展国家电子商务示范城市电子商务试点专项的通知》，由海关总署牵头推进“跨境电商服务试点工作”（以下简称“跨境电商试点”）。经公开申报与专家评审，上海获得试点城市资格，上海信投下属东方支付公司成为试点工作的承担单位。

2012年12月19日，国家发改委和海关总署共同授予东方电子支付有限公司“国家跨境电商服务试点单位”牌匾，并部署了试点工作任务和计划。

2013年5月20日，上海跨境电商试点在浦东机场自贸区完成首次直邮进口的实货收单，标志着上海试点直邮进口模式的正式走通。

2013年8月13日，海关总署署长于广洲、党组成员黄胜强、上海海关关长李书玉等一行莅临上海电子口岸运营基地，视察上海市国家跨境电商试点工作。当日，《海关总署办公厅关于上海市跨境电商服务试点实施方案的复函》（署办科函〔2013〕8号）正式批复同意上海市跨境电商服务试点项目实施方案，请承担单位按照方案及海关总署具体要求实施。

2013年8月30日，上海跨境电商试点在浦东机场自贸区完成首次保税进口的实货收单，标志着上海试点保税进口模式的正式走通。

2013年9月29日上海跨境通国际贸易有限公司与中国（上海）自由贸易试验区（简称“上海自贸区”）同时揭牌，是首批在上海自贸区注册的25家企业之一，成为参加国内试点的首家电商服务企业，主要从事于跨境电商商品的展示、导购、辅助接入公共平台等相关服务。当日，由上海市人民政府发布的《中国（上海）自由贸易试验区管理办法》将上海跨境电商试点工作列为上海自贸区首批建设的十三个重点项目之一。

2013年12月28日，上海跨境电商公共服务平台正式启动运营，直邮进口和保税进口模式功能正式开通。

2013年12月28日，由上海跨境通国际贸易有限公司运营的跨境电商商品导购平台正式上线。

2014年1月20日，上海跨境电子商务行业协会正式成立。

2014年4月1日，现代家有购物入驻上海跨境通平台，正式参与上海跨境电子商务试点。

2014年4月2日，上海跨境电商出口完成实货测试，3票货物均通过“清单核放”方式，顺利结关并送达海外消费者手中。该测试由亿贝网和敦煌网等企业配合完成。

2014年7月，上海跨境电商试点在洋山港自贸区完成首次保税进口的实货收单，标志着该模式成功实现跨区域复制推广。

2014年7月30日，上海海关批准东航物流公司与威盛物流公司建设运营上海跨境电商出口实货监管场所。上海跨境电商公共服务平台启动与上述出口监管场所的对接测试工作。

2014年8月20日，亚马逊（中国）投资有限公司宣布与上海自贸区、上海信投三方签署谅解合作备忘录。三方将在上海自贸区内合作开展跨境电子商务业务，并在上海自贸区内建立跨境电子商务平台。通过此项合作，中国的消费者可以便捷地购买并获得亚马逊全球的选品，同时方便国内的中小企业通过亚马逊将选品出口至其他国家和地区。

2014年8月26日，上海市市长杨雄对上海信投跨境电商试点工作进行了调研，肯定了取得的业绩，提出要立足上海大口岸和自贸试验区的优势，在更高层次上谋篇布局，集中资源，全力以赴做大做强。

2014年9月，上海跨境电商试点进口交易规模加速增长。订单处理量突破每月2万单，交易额突破700万元。

2014年9月，国内知名电商企业1号店推出“1号海购”，正式参与上海跨境电商试点。

2014年11月2日，上海信投与正大集团、中国移动、中国平安、伊藤忠商社五方签署跨境电商战略合作框架协议，立足上海试点，以跨境通商品导购平台为基础，以国际视野整合各自优势资源，打造具有全球竞争力的、基于移动互联网的跨境电商O2O社交购物平台和产业生态圈，标志着上海跨境电商企业迈向全球供应链整合的新阶段。

2014年12月，上海跨境电商试点在外高桥自贸区完成首次保税进口的实货收单，标志着该模式成功实现进一步的复制推广。

2015年1月，上海首家生鲜跨境电商企业天天果园参与上海跨境电子商务试点。

2015年1月23日，经过一年四个月的筹备工作，“跨境通”商城平台正式上线，成功地由电商服务平台转型为电商交易平台，标志着上海培育本地跨境电商龙头企业进入新阶段。

2015年2月，上海跨境电商试点完成了跨境电商进口业务行邮税担保放行首单业务。同时，上海跨境电商公共服务平台将电子放行时间缩短至两分钟以内。

2015年3月17日，上海出入境检验检疫局与上海电子口岸办签署《关于进一步深化口岸信息化建设合作的框架协议》，双方决定合作推动上海跨境电商试点等重大项目建设，进一步提高上海电子口岸建设能级和信息化水平。

2015年4月30日，上海市政府与中国移动、正大集团等签署“共建亚太示范电子口岸网络”战略合作备忘录，上海信投与正大集团、中国移动、中信集团、伊藤忠商社等签署跨境电商战略合作协议，上海跨境电子商务将与亚太示范电子口岸网络共生共振，推动“互联网+”背景下的新型国际贸易业态加速形成。

2015年6月，上海市政府办公厅发布《上海市政府办公厅关于成立上海市跨境电商工作领导小组的通知》。截至2015年12月31日，上海跨境电商工作领导小组成员单位包括：市发展和改革委员会、市商务委、市财政局、市地税局、市工商局、市食品药品监管局、市统计局、市口岸办、上海海关、上海出入境检验检疫局、人民银行上海总部外汇管理部、中国（上海）自由贸易试验区管委会、上海电子口岸建设联席会议办公室和上海市邮政管理局。

2015年6月3日，上海出入境检验检疫局研究制定了《上海国检局关于支持自贸区进境食品保税展示业发展的若干意见》，为上海自贸区跨境电子商务线下食品展示平台及国家馆食品展示项目等新型业态发展需求提供支持。

2015年6月15日，上海出入境检验检疫局制定了《上海出入境检验检疫局关于发布跨境电子商务检验检疫管理办法的公告》。

2015年6月19日，松江出口加工区举行上海跨境电子商务示范园区揭牌仪式。天猫国际和波罗蜜等跨境电商企业当天签约落户该示范园区。

2015年6月25日，上海跨境电子商务公共服务平台实现与财付通、网银在线等第三方支付企业成功对接。截至2015年11月，公共平台累计实现与8家主流支付企业对接，为上海跨境电商生态环境的进一步发展建立了良好的基础。

2015年7月，上海跨境电商公共服务平台初步完成直邮出口模式功能开发和实货测试。

2015年7月，上海市政府办公厅发布了《促进本市跨境电子商务发展的若干意见》，简称“上海跨境电商十二条”。其中，包括引进和培育一批国内外有影响力的跨境电商示范企业、建设跨境电商“单一窗口”、设立跨境电商示范园区等。

2015年8月6日，上海市跨境电商航空物流综合服务平台暨跨境电商示范园区正式启用，初步具备开展跨境电商出口业务能力。

2015年9月，为进一步增强跨境电商理论支撑力量，上海电子口岸办发起设立“上海电子口岸跨境电商研究中心”。

2015年9月23日，上海跨境电商公共平台和英国贸易投资署签署战略合作备忘录，为沪英开展双边跨境电子商务搭建了新的桥梁。

2015年9月24日，国内电商行业龙头京东通过上海跨境电商公共服务平台实现了在上海的第一笔实际订单交易，正式参与上海跨境电商试点。

2015年10月9日，苏宁云商通过上海跨境电商公共服务平台实现了在上海的第一笔实际订单交易，正式参与上海跨境电商试点。

2015年11月初，经试点单位与海关、检验检疫等部门积极完善，上海跨境电子商务公共服务平台及监管部门内网线上订单处理能力达到了每日140万单（以8小时计），并对“双十一”等需要大量业务处理能力的时间段做好了充分的准备。

2015年11月11日，“双十一”期间，上海口岸累计走通跨境电商包裹70万票，上海跨境电商公共服务平台及监管体系经受了订单洪峰的考验。

2015年11月24日，上海跨境试点工作成功通过海关总署和国家发改委的联合验收。

2015年11月26日，嘉定出口加工区举行上海跨境电子商务示范园区揭牌仪式，上海跨境电商试点又一次实现跨区域成功复制。

2015年12月4日，经上海市跨境电商工作领导小组同意，市商务委、市发改委印发了《上海市跨境电子商务示范园区认定办法》。

2015年12月9日，香港航运物流协会及香港生产力促进局一行50人代表来沪调研跨境电商合作事宜。

2015年12月31日，上海跨境电商进出口试点累计订单量为240.24万单，其中2015年同比增长率为1777.9%；累计交易额为4.55亿元人民币，其中2015年同比增长率为1012.19%；累计上线商品种类为58.82万，其中2015年的同比增长率为1291.74%；总接入电商企业440家，其中2015年的同比增长率为554.39%；已开展支付业务的支付企业有8家；已入驻物流企业29家；总缴纳税款额为989.54万元人民币。

杭州地区

自国家开展“跨境电商服务试点工作”（以下简称“跨境试点”）以来，作为全国首批确定的5个试点城市之一，杭州市委、市政府高度重视试点工作，在国家发展改革委员会、海关总署等部委的统一指导下，组织相关单位积极推进跨境电商实践探索，从解决电商企业实际困难出发，大胆创新、先行先试、稳步突破，取得了明显成效。2015年3月7日，国务院批复同意设立中国（杭州）跨境电商综合试验区，这既是杭州的荣誉和使命，也说明了国家对几年来跨境试点工作的肯定，体现国家对发展跨境电商的战略决心。杭州跨境电商发展跨入了新征程，成立了由杭州市委主要领导同志任组长，由关、检、汇、税等单位及杭州市相关区县负责同志为成员的试点工作领导小组，并下设工作改革、园区建设、政策配套三个工作组。同时建立试点工作联席会议制度，确保试点各项工作组织有力，协调推进。

发展历程

一、试点发展目标及取得的成果

（一）试点的目标

利用杭州市现有产业平台与资源优势，着力从两个方面积极开展探索研究：一是研究跨境电商综合服务体系，通过制度流程创新，探索建立适应跨境电子商务发展要求的管理制度和方法；二是建立跨境电子商务相关基础信息标准规范。通过新监管技术手段，与电商、物流、支付企业的高效对接、信息共享，实现监管“前推后移”，推动跨境电子商务便利化。为国家制定和完善跨境电商管理规范、政策法规提供实践基础。具体来讲：

一是，制定一套方案。通过深入调研，结合跨境电商订单周期短、批次多、批量小、单票金额小的特点，以实现快通关、能结汇、可退税为目标，量身制定一套跨境电商通关解决方案。二是，建设一个平台。在跨境电商通关方案框架下建设“跨境电商通关服务平台”，通过信息化手段实现电子商务企业、物流配套企业、报关企业和海关数据互联互通，以规范管理、提高效率。三是，提供一批服务。在通关服务平台基础上积极探索，提供商品归类归并、物流可视化跟踪、进口商品追溯查询等多种服务。四是，创新一种方式。通过实践，提出了设立跨境电商新型贸易方式的方案，进出境相关管理部门围绕这一贸易方式制定配套措施。五是，制定一套标准。定义了跨境电商货物清单申报、物流状态等业务的数据元素和标准代码数据交换的通信报文格式规范、运维规范等。

（二）试点的成果

1. 园区建设

下城、下沙、空港、临安、江干、萧山、余杭、邮政速递等园区错位发展，各显优势，协同并进。其中，下城园区以建设“跨贸小镇”为目标，推进“产城融合”；下沙园区积极打造“跨境电商创业新城”；空港园区努力建设“跨境电商现代物流中心”；临安园区以跨境 B2B 为主，力争成为杭州西部跨境电子商务的核心枢纽和辐射浙西北地区最重要的跨境电子商务载体；江干园区着力建设跨境电商总部中心、金融服务中心和人才培训中心；萧山园区开发区产业园定位以推进萧山外贸企业转型为主，新塘产业园主打羽绒及相关产业链产品跨境电商；余杭园区重点打造临平创业城产业园、良渚文化城产业园、未来科技城产业园，形成“一区三核，辐射全区”的发展格局；邮政速递产业园打造集物流、技术、金融服务和邮政功能为一体的跨境电商服务平台。

2. 课题研究

在推进试点工作的同时，于 2014 年 4 月启动跨境电商发展的课题研究，课题组按照“分别牵头、共同参与”方式，从通关监管、智能物流、金融服务、统计监测、电商信用、“单一窗口”等多个方面系统性开展促进跨境电子商务发展的理论研究，并于2014年8月完成9个子课题报告，为跨境电子商务服务试点和申报国家跨境电子商务综合试验区提供了科学的理论支持。2015年3月7日，跨境电商综试区设立以后，积极开展政策研究，与浙江大学合作设立研究院，积极开展课题研究。

3. 创新举措

在试点城市中率先采用“清单核放、汇总申报”的一般出口模式，率先实现提前数据申报比对、货到快速验放的直购进口模式，率先探索建立B2B通关标准实现跨境电子商务B2B模式出口通关。积极总结提炼杭州监管模式试点经验，多项试点成果经国务院文件正式发文被确认为标准模式，为杭州试点的发展确立了坚实的先发优势。跨境综试区获批后，组织协调关、税、汇、检等部门编制了第一批创新举措已落地，为形成全国可复制、可推广经验积极开展探索。

4. 加强产业集聚

借助试点工作的契机，根据杭州市产业布局和空间规划，引进天猫国际、网易考拉、敦煌网、聚美优品、京东跨悦等一大批优强企业，着力推动跨境电子商务完整的产业链和生态圈在杭州的集聚发展。

二、平台等配套设施建设情况

（一）项目立项启动

2012年3月，项目建设实施小组正式成立，明确了项目的总体目标，项目组主要成员进行了分工确认，制订项目总体计划，编写并提交整体实施方案。

由于跨境电子商务是一个新兴发展业态，政府相关监管政策和流程前期尚不明确，存在逐步摸索、逐步调整的过程，同时，企业的业务需求也存在着极大的变化和不确定性，所以本项目确定采用敏捷开发的模式来推进项目建设，保障业务和功能的分迭代上线，满足跨境电子商务试点项目的顺利推进。

（二）需求分析

2012年3月至2014年9月底，项目组采用敏捷开发迭代的模式，先后针对跨境电子商务一般出口、保税进口、直邮进口、保税出口模式的业务对海关、国检等监管部门、进出口电商企业需求进行调研和沟通。

2012年3月至4月，项目组对杭州跨境进出口企业和相关监管部门开展全面调研，并在此基础上，编制跨境电商项目试点申报方案，上报国家发改委和海关总署。

2012年5月，根据在下城跨境电子商务园区试点一般出口业务的需要，浙江电子口岸联合杭州海关、全麦电子商务有限公司、中国邮政杭州分公司等试点单位和企业开展一般出口业务模式的需求分析。

2013年下半年，根据杭州下沙出口加工区试点保税进口、保税出口业务及下城跨境电子商务园区试点直邮进口业务的需要开展了业务需求调研和分析。

2014年8月，根据杭州萧山（B型）保税物流中心试点跨境电子商务保税进口、直邮进口业务的需要，开展相关需求调研和分析工作。

在充分调研和需求分析的基础上，项目组对各个业务子系统进行了需求整理，形成需求分析报告，设计完成相关子系统界面原型，并于2014年9月29日组织相关监管部门、企业代表和专家进行了需求评审，获得专家评审通过。同时，项目组根据相应的反馈意见，对相关文档进行修改完善。

2014年11月，项目组根据杭州跨境业务发展情况，对企业与相关监管部门需求意愿强烈的跨境退换货、跨境仓储需求进行调研，形成需求分析报告，并完成相应功能的原型设计和需求规格说明书编写。

（三）系统设计

2012年7月，项目组先期启动开发跨境通关服务平台的基础平台功能研发，包括：统一认证平台、SOA和统一应用组件。

项目组在一般出口业务模式的业务流程和功能需求初步明确的基础上，进入系统设计阶段，开展总体设计方案的设计及各相关子系统概要设计、数据库设计以及界面UI的设计。

根据迭代式开发的模式，项目组在保税进口和一般进口业务需求初步明确的基础上，对相应企业数据申报、企业增值服务、海关辅助管理和数据交换等系统进行详细设计。并在2014年底根据跨境退换货、保税出口、跨境仓储的需求进行相应系统设计。

（四）系统功能开发和测试

2012年8月，项目组根据一般出口的业务需求，开始企业数据申报系统、海关规范申报系统、海关辅助管理系统、集成通增值服务系统、数据交换系统、企业增值服务系统等相关功能开发，并在2013年6月底完成相应功能的测试，一般出口业务于2013年7月8日上线。

2013年8月始，在保税进口和一般进口业务需求初步明确的基础上，项目组开发通关服务平台和通关管理平台的保税进口系统功能及一般进口模式的企业数据申报、企业增值服务、海关辅助管理和数据交换等系统的功能，并持续优化一般出口功能，完成外网门户网站的建设。一般进口与保税进口基础应用功能于2014年5月正式上线运行。

2014年7月份，逐步对一般进口和保税进口功能进行完善，并在保税出口模式有初步需求的基础上，开发相应海关规范申报、海关辅助管理门户、集成通增值服务系统功能，各系统的查询统计功能，实现与特殊监管区域信息化管理系统、检验检疫信息化系统等系统的信息交换。在2014年底开始，开发保税出口模式下的通关流程相应系统功能、跨境退换货及跨境仓储功能，并根据相关监管部门要求及客户使用需求，对平台进出口业务不断进行变更完善。

（五）应用推广工作

2014年7月起，委托浙江电子口岸负责开展平台宣传推广工作，先期实现一部分试点跨境电商的入驻，实现平台数据顺利对接。与此同时，联合第三方推广机构，借助其渠道、品牌、资源、技术、培训和经验优势，实现杭州地区规模以上的电商积极入驻到跨境通关服务平台，从而达到扩大试点范围，为更多跨境电商降低通关成本的目的。

截至2015年7月30日，共举办培训

宣讲活动13场，培训推广企业1063家，平台应用推广企业617家。这些企业均在跨境电商通关服务平台上实现了备案，其中平台企业均与通关服务平台成功对接，实现跨境进出口的海关、国检备案以及业务申报功能，系统运行稳定，保障了下城、下沙及萧山跨境电子商务产业园业务的顺利开展。

三、试点工作的社会效益及经济效益分析

跨境电子商务已成为全球范围内整合资源、抢夺市场的重要手段，是争夺未来国际贸易制高点的主战场。杭州跨境电商服务试点建设发挥电子商务特色及地区优势，通过线上平台建设和交易流程优化创新，构建网上交易自由便利的营商环境，支持了跨境电子商务自由化、便利化、规范化发展，创造了良好的经济效益和社会效益。

（一）成为做大外贸的新增长极

2015年1~8月浙江省进出口总值13941亿元，同比下降3.2%。在进出口总值下降的情况下，浙江省跨境电子商务却保持良好的出口发展势头，前8个月出口申报13.8亿元，同比增长355.8倍。以杭州市为例，2015年1~7月，共验放跨境电子商务出口商品3004万单，货值12.4亿元，同比分别增长356倍和129倍，拉动外贸出口额增长0.8个百分点。验放保税备货进口货值9.9亿元，拉动进口额增长1.9个百分点。从趋势上来看，在当前和今后相当长的一个时期，外贸的总体趋势将是大采购商数量将不断减少，取而代之的是小微商人群体的逐步扩容，并逐渐向网上贸易迁移。因此，杭州跨境电子商务服务试点正是适应了外贸整体趋势的新变化，无论对监管部门还是对外贸企业，都是拓展渠道、推动转型、做大增量的好方法、好选择。

（二）形成杭州跨境电商产业集聚的新生态

通过试点，杭州吸引和集聚了大批规模大、质量优的跨境电商、物流、支付和相关服务企业在杭州注册公司并开展业务，备案企业已超过1300家。进口方面，吸引包括天猫国际、网易考拉海购、京东国际、银泰网、中外运电子商务、洋码头等180余家电商平台，支付宝、上海银联电子支付、连连科技、网易宝等30余家支付平台，菜鸟网络、中国邮政速递、顺丰速递、中通速递等30余家物流企业，费舍尔、德藩、和达等30余家仓储服务企业，一达通、融易通、物产电商等多家外贸综合代理服务企业；出口方面，得益于便利的通关环境，吸引了速卖通、敦煌网等多家大型出口电商平台在杭州开展试点工作，在杭州形成了跨境电子商务全产业链集聚发展的良好生态和产业氛围。

（三）拓展了相关企业的税赋新贡献

在跨境电商服务试点之前，电商出于对时效和成本的敏感需求，运输时多采用快邮件方式，申报时多采用以物品方式通关，存在低瞒报价格、灰色清关、影响税收应收尽收的风险。杭州跨境电商服务试点通过营造便利高效的通关环境，吸引和支持广大跨境电商到杭州开展业务，并通过通关服务平台阳光化通关，显著增加了跨境电子商务领域的相关税收。自试点开

展以来，已累计实现关税税收1400多万元人民币。同时，通过试点项目，可将跨境电商产业全链物流收入留在国内，将大幅增加国内物流、仓储、配套加工、金融支付和旅游购物等关联企业的经营收入，企业缴纳的税收也将相应增加。

（四）打造了大众创业、万众创新的新渠道

试点工作促进了跨境电子商务产业链和生态链的形成，营造“大众创业、万众创新”的环境，有效缓解结构性就业难题。以总部在杭州的阿里巴巴速卖通平台为例，2014年平台成交额约66亿美金，平台卖家33万，其中85%以上的卖家为年成交额在10万美金以下的小微卖家，成交额不大却解决了约100多万人的直接就业。同时，长期以来中小微企业普遍存在市场开拓难、抗风险能力低、融资难度大等问题。随着跨境电子商务的迅猛发展，产生了一达通、融易通等专为中小微企业服务外贸综合服务公司，使中小企业、卖家能更为轻松地应对操作相对复杂的进出口贸易。

（五）提升了广大消费者的购物新体验

杭州跨境试点通过落实和推广保税备货进口模式，大大提升了企业物流效率，降低了企业物流成本，提升了消费者购物体验。以消费者通过电商平台下单购买荷兰奶粉为例，该商品直接从国内保税仓发货，下单2~3天内就可到消费者手上，海外邮购模式则一般需要10天时间。此外，所有跨境商品具有可追溯性，消费者通过跨境这种阳光的渠道购买到的商品品质更具保障，消费者具有良好的购物体验。

（六）带动了特殊监管区的新繁荣

近年来，受国际经济形势影响，杭州出口加工区的业务量呈现下降和萎缩趋势，跨境电子商务试点实现了电子商务产业的集聚发展，吸引了一大批国际、国内大型电商企业参与，从而带动了下沙出口加工区、空港保税物流园区的新繁荣，推动了区内仓储、物流业发展。其中，下沙出口加工区已投入9个仓库共计7万平方米用于跨境电商仓储业务。目前，已预订的20万平方米新仓储正投入建设中。萧山空港保税物流园区（B型）已有9个仓库，共计10万平方米仓储面积投入跨境业务，同时已有20万平方米新仓储投入建设中，区内整体仓储需求缺口就高达60万平方米。

四、交易规模、上线企业等的有关数字

2015年截至12月底，跨境电子商务交易规模从2014年不足2000万美元快速增至34.64亿美元。在“单一窗口”平台上备案的企业增至4100余家。新建各类跨境电子商务园区13个，引进企业366家。通过优化产业结构，带动中小企业转型升级，提升企业竞争力和统筹国内外市场的能力。2015年1~12月，杭州市出口444.6亿美元，增长3.98%，明显高于浙江省和全国出口增速。杭州市2014年经济增速达到11%，位居长三角经济带主要城市前列。

配套文件

国务院关于同意设立中国（杭州）跨境电子商务综合试验区的批复

（国函〔2015〕44号）

浙江省人民政府、商务部：

你们关于设立中国（杭州）跨境电子商务综合试验区的请示收悉。现批复如下：

一、同意设立中国（杭州）跨境电子商务综合试验区（以下简称综合试验区），具体实施方案由浙江省人民政府负责印发。

二、综合试验区建设要以邓小平理论、“三个代表”重要思想、科学发展观为指导，贯彻落实党中央、国务院的决策部署，以深化改革、扩大开放为动力，着力在跨境电子商务交易、支付、物流、通关、退税、结汇等环节的技术标准、业务流程、监管模式和信息化建设等方面先行先试，通过制度创新、管理创新、服务创新和协同发展，破解跨境电子商务发展中的深层次矛盾和体制性难题，打造跨境电子商务完整的产业链和生态链，逐步形成一套适应和引领全球跨境电子商务发展的管理制度和规则，为推动全国跨境电子商务健康发展提供可复制、可推广的经验。

三、有关部门和浙江省人民政府要努力适应新型商业模式发展的要求，转变观念和工作方式，积极做好服务，大力支持综合试验区大胆探索、创新发展，同时控制好试点试验的风险。要在保障国家安全、网络安全、交易安全、进出口商品质量安全和有效防范交易风险的基础上，坚持在发展中规范、在规范中发展，为综合试验区各类市场主体公平参与市场竞争创造良好的营商环境。试点工作要循序渐进，适时调整，逐步推广。

四、浙江省人民政府要切实加强对综合试验区建设的组织领导，健全机制、明确分工、落实责任，有力有序有效推进综合试验区建设发展。要在商务部等部门的指导下，尽快修改完善具体实施方案并抓好组织实施。要进一步细化先行先试任务，突出重点，创新驱动，充分发挥市场配置资源的决定性作用，有效引导社会资源，合理配置公共资源，扎实推进综合试验区建设。要建立健全跨境电子商务信息化管理机制，根据有关部门的管理需要，及时提供相关电子信息。综合试验区建设涉及的重要政策和重大建设项目要按规定程序报批。

五、国务院有关部门要按照职能分工，加强指导和服务。要加强部门之间的沟通协作和相关政策衔接，深入调查研究，及时总结经验，指导和帮助地方政府切实解决综合试验区建设发展中遇到的困难和问题，进一步为综合试验区发展营造良好的环境。商务部要加强综合协调、跟踪分析和督促检查，适时对综合试验区试点成果进行评估，重大问题和情况及时报告国务院。

国务院

2015年3月7日

（此件公开发布）

质检总局关于支持中国（杭州）跨境电子商务综合试验区发展的意见

（国质检通〔2015〕312号）

浙江出入境检验检疫局：

中国（杭州）跨境电子商务综合试验区（以下简称“跨境电商综试区”）是应对全球贸易发展新变化，构建开放型经济新体制的重要载体。跨境电商综试区的建设，有利于推动“网上丝绸之路”建设，对探索建立国际化、法治化跨境电子商务规则体系和新型监管服务体系，促进跨境电子商务自由化、便利化、规范化发展有着重要意义。为贯彻落实国务院关于跨境电商综试区建设的有关部署，提出以下支持意见。

一、支持跨境电商综试区先行先试

1. 鼓励制度创新和探索。鼓励探索、大胆尝试，着力解决现行检验检疫监管制度与跨境电子商务发展的不适应、不协同问题，通过理念创新、管理创新，建立一套科学可行、符合跨境电子商务发展需求的检验检疫监管服务机制。

2. 进一步下放事权。授权浙江检验检疫局按照《质检总局关于进一步发挥检验检疫职能作用促进跨境电子商务发展的意见》（国质检通〔2015〕202号）、《质检总局动植司关于推广复制进境动植物及其产品检疫审批负面清单制度的通知》（质检动函〔2015〕127号）等规定办理进境食品、动植物及其产品的检疫许可审批，进一步缩短审批时间。通过实施进口注册源头监管，以及实现电商企业和电商平台与进口食品境外企业注册系统自动校验，便利口岸快速验放。简化向中国输出食品的境外生产企业注册和强制性产品认证免办流程，由浙江检验检疫局根据相关规定承担技术评审，注册评审结果报认监委审核后批准。

3. 大力推进信用体系建设。大力推进跨境电子商务信用体系建设，加强诚信管理，在建立跨境电子商务信用数据库的同时，加大电商企业的信用等级互认，并将其与分类监管相结合，给予诚信企业检验检疫通关便利。

4. 实施更加便利的通关一体化。根据《长江经济带检验检疫一体化建设方案》要求，全面实现跨境电子商务产品在口岸与跨境电商综试区之间的进口直通、出口直放，由跨境电商综试区所在地检验检疫机构实施监管。

二、支持新型监管体系构建

5. 确立进出口跨境电子商务监管模式。跨境电子商务出口产品实施“前期备案、提前监管、后期跟踪、质量监控”的监管模式，进口产品实施“提前申报备案、入区集中检疫、出区分批核销、质量安全追溯”的监管模式。探索将低风险生物制品纳入跨境电子商务的监管模式。进一步总结完善现行进出口跨境电子商务监管模式，形成可复制可推广的经验。

6. 建立两个清单管理制度。建立进出口跨境电子商务负面清单和进口跨境电子商务重点商品和重点项目监管清单管理制度。负面清单按《质检总局关于进一步发挥检验检疫职能作用促进跨境电子商务发展的意见》（国质检通〔2015〕202 号）规定执行，除总局统一制定的重点商品和重点项目监管清单外，其他重点商品和重点项目监管清单由跨境电商综试区所在地检验检疫局机构在风险评估的基础上发布，动态调整。

7. 支持开展电商规范认证。加强跨境电商综试区内电商企业的认证规范工作，推动第三方认证机构在跨境电商综试区内开展《良好电子商务规范》认证试点。

8. 支持线上“单一窗口”建设。支持“单一窗口”平台的建设。积极推进与海关的“一次申报，一次查验，一次放行”。加快跨境电商检验检疫监管系统建设，建立信息交换共享机制，形成监管部门间“信息互换、监管互认、执法互助”的管理模式，实现全流程通关无纸化，进一步降低通关成本。

三、支持线下“综合园区”建设

9. 支持杭州综合保税区建设。支持杭州将出口加工区升格为综合保税区，进一步整合跨境电子商务产业园，丰富综合保税区内跨境电子商务贸易方式，支持跨境电子商务服务全流程的优化和升级。

10. 支持跨境电商综试区开展指定口岸建设。全力支持杭州申报进口肉类、冰鲜水产品等指定口岸，支持杭州空港口岸建设进境水果指定口岸，进一步扩大相关跨境电子商务产品的进口种类。指导进口水果、肉类、冰鲜水产品指定口岸相配套的储存、运输、冷链及必要的检验检疫基础设施建设。

11. 支持开展跨境电子商务产品质量安全风险监测工作。浙江检验检疫局要建立产品质量风险信息采集机制、风险评估分析机制、风险预警处置机制。进一步完善质量安全监控机制，充分应用二维码、条形码等手段，实现跨境电子商务产品“源头可溯、去向可查、风险可控、责任可究”，促进跨境电子商务健康发展。

四、积极参与跨境电商规则研究和加强国际间合作交流

12. 积极推进跨境电子商务目标市场技术性贸易措施研究。充分发挥检验检疫技术、人才、信息等优势，加强技术性贸易措施的收集、分析和研究。依托跨境电子商务平台，及时发布、解读跨境电商主要产品目标市场的技术法规、技术标准和合格评定程序。利用 WTO/TBT-SPS 例会，完善双边、多边磋商机制，畅通对外交涉渠道，提高技术性贸易措施透明度。支持探索海外仓等贸易主体建

设，规避技术性贸易措施风险，减少国际贸易摩擦。

13. 积极参与跨境电子商务政策法规创新研究。积极推动电子商务立法。积极参与跨境电子商务政策法规和国际规则的研究制订，加强与国际跨境电子商务监管部门的合作交流，建立良好的沟通渠道，共同探索建立跨境电子商务发展的国际通用规则。

14. 支持跨境消费纠纷解决机制的探索。支持跨境电商综试区探索建立跨境电子商务纠纷仲裁机构及相应程序，在尊重消费者选择权的同时，形成一套通用的跨境电子商务纠纷处置模式。探索建立对海外电商企业的质量安全预警通报机制和追责机制。进一步完善跨境电子商务产品售后服务机制，建立维权渠道，强化电商平台和经营者的责任主体意识，保护知识产权，保护消费者合法权益。建立重大消费安全事件应急处置机制，强化各监管部门联合执法，健全跨境电子商务经营者的退出机制和惩戒制度。

五、加强跨境电商综试区建设的检验检疫能力保障

15. 强化人力资源配置。浙江检验检疫局要按照“瘦上强下、抽肥补缺”原则，加大内部挖潜力度，重点支持，加大对跨境电商综试区人力资源配置的调配力度，支持改革创新，以适应新型贸易业态的快速发展需要。加大对跨境电商综试区检验检疫机构人力资源配置的扶持力度，支持改革创新，大胆突破和拓宽用人、选人机制，以适应新型贸易业态的快速发展需要。

16. 强化检验检疫技术保障能力。支持跨境电商综试区内卫生检疫、动植物检疫初筛实验室建设，保证口岸安全及生态安全。在技术装备上给予倾斜，提高检验检疫技术保障能力。在安排预算经费、基础设施建设上给予跨境电商综试区检验检疫机构支持。

质检总局

2015 年 7 月 7 日

动植司关于在杭州空港设立进境水果指定口岸有关事项的复函

（质检动函〔2015〕234 号）

浙江检验检疫局：

你局《关于请求在杭州空港设立进境水果指定口岸的函》（浙检动函〔2015〕281 号）收悉。经研究，现函复如下：

一、为完善杭州空港口岸功能，提高口岸辐射能力和物流集聚效应，促进杭州及周边地区水果进口及市场化业务的发展，满足进境水果消费需求，动植司支持在杭州空港设立进境水果指定口岸。

二、根据《进境水果指定口岸检验检疫建设要求》，进境水果指定口岸应设立在空港范围内，且进境水果检疫监管区应相对封闭，悬挂检验检疫标识，具备现场查验设施、有害生物鉴定、安全卫生检测实验室、冷库等检疫处理设施等，确保从硬件上满足检验检疫要求。

三、进境水果指定口岸应配备相应的植物检验检疫人员、并确保业务人员技术能力满足进境水果的检验检疫工作要求。同时制定一系列完善的水果进境检验检疫管理制度和操作流程，确保口岸进口水果安全。

请你局尽快协商有关方面积极完善查验设施，配备相关检测设备和人员，并制定进境水果检验检疫作业指导书。在条件成熟后，向总局申请组织专家现场考核验收。

动植司

2015 年 11 月 12 日

（此件依申请公开）

质检总局关于支持在杭州筹建进口肉类指定查验场的函

（国质检食函〔2016〕71 号）

浙江省人民政府：

《浙江省人民政府关于商请在中国（杭州）跨境电子商务综合试验区设立进口肉类指定口岸的函》（浙政函〔2015〕136 号）收悉。

我局支持你省在杭州筹建一个进口肉类指定查验场。请你省有关部门在浙江出入境检验检疫局的技术指导下，按照《质检总局关于进一步规范进口肉类指定口岸管理的公告》（2015 年第 64 号）规定，组织做好各项筹建工作。建设完成后，我局将组织专家审核验收，合格后将用于开展进口肉类的检验检疫。

质检总局

2016 年 2 月 19 日

（此件依申请公开）

工商总局关于支持中国（杭州）跨境电子商务综合试验区建设发展的若干意见

（工商办字〔2015〕233 号）

浙江省工商行政管理局：

根据国务院《关于同意设立中国（杭州）跨境电子商务综合试验区的批复》精神和综合试验区建设的实际需要，为充分发挥工商行政管理职能作用，支持综合试验区大胆探索、创新发展，促进破解跨境电子商务发展中的深层次矛盾和体制性难题，现提出如下支持意见。

一、深化登记制度改革，扶持综合试验区市场主体加速发展

（一）授予试验区内工商（市场监管）部门外资登记管理权。综合试验区内各区、县（市）工商（市场监管）部门负责辖区内由所在地人民政府及其授权部门批准设立及备案的外商投资企业的登记注册和监督管理。

（二）支持试验区开展名称登记制度改革。将试验区作为企业名称登记改革试点地区，试行企业名称自主申报制度。简化名称登记程序，除涉及前置审批事项或者企业名称核准与企业设立登记不在同一机关的以外，企业名称可以不再实行预先核准。依法制定企业名称字号禁止、限制使用文字规则并公示。探索建立企业名称自主查询申报系统，完善名称争议处理机制，强化不适宜名称纠正措施。试验区名称登记制度改革方案需另行向总局申报，批准后实施。

（三）支持试验区开展企业集团登记改革。综合试验区内母公司注册资本达到1000万元人民币以上，母子公司注册资本之和达到3000万元人民币以上，子公司2家以上，允许申请设立企业集团。

（四）支持企业住所登记改革。推进综合试验区内注册登记便利化，实行住所申报制；实行“一室多照”，同一房间可以作为多家企业的住所。鼓励设立商务秘书企业，为入驻的电子商务、软件开发等企业提供住所托管服务及其他配套商务秘书服务。

（五）试行企业简易注销登记。支持试验区试点开展未开业企业、无债权债务企业简易注销登记。简化企业注销流程，为企业退出市场提供便利。

二、推进信息共享公开，建立健全跨境电子商务信用管理体系

（六）支持综合试验区“单一窗口”平台建设。支持综合试验区工商（市场监管）部门加强与商务、海关、检验检疫、港务、民航、税务、外汇管理、邮政等部门的协作，依托企业信用信息公示系统，实现与跨境电子商务平台、物流、支付等第三方企业和相关部门的企业信用信息共享交换、协同作业。支持建设统一跨境电商信息标准规范、统一企业和商品信息备案认证体系、统一信息交换共享、统一数据管理服务的跨境电子商务综合监管服务系统。

（七）支持全国企业信息数据批量查询。在确保数据使用安全前提下，支持杭州市市场监督管理局利用工商总局数据库相关数据，为企业提供信用信息服务。按照国务院《企业信息公示暂行条例》对企业信息公示内容的相关规定，支持杭州市对全国企业信用信息公示系统数据的批量查询，包含企业基本信息、行政处罚记录、经常异常名录等。

（八）鼓励创新跨境电子商务信用管理。支持综合试验区建设实施“公共信用管理”负面清单制度，根据全国经营异常名录和严重违法企业名单，建立“禁止或限制开展跨境电子商务业务”的企业和个人主体清单。实施分类分级诚信管理，建立健全跨境电子商务企业失信行为联合惩戒机制。

（九）充分发挥自律性行业组织作用。

支持综合试验区发挥跨境电子商务企业界网商协会、非营利性组织、第三方平台、评价机构等社会组织在政府与企业间的桥梁作用，建立行业自律体系，引导构建以跨境电子商务平台为中心的市场自律机制，引导跨境电子商务企业公平竞争、守法经营。支持综合试验区推动跨境电子商务领域应用网络电子链接标识，发展规范化的电子商务网站可信认证服务。

三、促进知识产权保护，加强跨境电子商务商标和品牌培育

（十）加强法律法规培训和商标品牌战略宣传。提供总局培训资源和师资力量支持，加强对杭州市商标注册、运用、保护和管理的培训指导，提高高标执法人员和跨境电子商务企业商标从业人员的维权意识。开展对出口型企业商标国际注册的培训，鼓励和支持企业到境外注册商标，提高出口型企业运用国际规则参与国际市场竞争和保护自己合法权益的能力。

（十一）支持跨境电子商务企业商标培育和保护，加大对杭州跨境电子商务企业境内境外商标的保护力度。

（十二）强化跨境电子商务知识产权保护。支持综合试验区加强网络交易领域知识产权保护，实现各监管部门知识产权信息互换、监管互认、执法互助。支持并指导综合试验区坚决打击网络侵犯知识产权、制售假冒伪劣商品、侵犯商业秘密等各种侵权违法行为。以全国企业信用信息公示系统为依托，继续推进实施行政处罚信息公开制度，提升知识产权违法惩戒力度，提高企业违法成本。支持建立商标海外维权机制，完善对外合作商标管理制度，建立商标海外维权救济渠道。

四、加大维权模式创新，构建跨境电子商务纠纷处置和消费争议解决机制

（十三）支持建设12315电子商务举报投诉处理杭州指挥中心。依托全国12315互联网投诉平台，完善网上交易在线投诉及售后维权机制，为消费者提供便捷高效的服务，指导电子商务12315网络举报投诉处理杭州指挥中心，登记综合试验区内（含本地第三方交易平台上发生的）网络及跨境商品消费举报投诉，探索开展跨区域消费维权执法协作，加强统计和分析，为国内外消费者购买跨境商品提供维权服务保障，为政府引导跨境企业发展提供信息、数据支持。

（十四）完善首问责任和先行赔付制度。支持综合试验区发挥跨境电子商务平台和经营者主体作用，及时依法处理消费者投诉，促进消费纠纷和解；鼓励和引导经营者建立和完善先行赔付制度，制定先行赔付规则，鼓励综合试验区在明确启动先行赔付的条件、流程、方式、范围，强化企业责任，通过综合运用多种监管手段、提高违规处置标准，提升跨境消费纠纷解决效率等方面先行先试。

（十五）建立在线纠纷解决机制。支持综合试验区发展跨境电子商务消费者权益保护自行处理组织、鼓励、推动消费者协会、仲裁委员会等社会团体、第三方机构积极参与跨境电子商务消费纠纷处置。支持综合试验区加强对外合作，建立和完善跨境电子商务消费维权信息共享机制、消费维权受理及处置的互动机制，搭建保护协作平台，实现双方、多方证据互认，及时化解跨境电子商务进出口引发的贸易摩擦和纠纷。探索形成网上投诉、网上协

商、网上调解、网上仲裁的一站式在线纠纷解决机制。

建设中国（杭州）跨境电子商务综合试验区，是新形势下贯彻落实党的十八大和十八届三中、四中、五中全会精神，顺应全球化发展趋势、加快政府职能转变、构建开放型经济新体制的重大举措。浙江省工商局、杭州市各级工商（市场监管）部门要主动在地方政府的统一领导下，引导相关企业规范开展跨境电子商务进出口业务，加强与相关部门的沟通与合作，及时通报工商行政管理部门促进跨境电子商务发展的政策措施，加强对跨境电子商务的基本规则、法律适用、监管制度等问题的研究，加快建立符合跨境电子商务发展特点的工商行政管理工作体制机制，创造开放便利、诚信规范、公平竞争的市场环境，促进跨境电子商务健康快速发展。

工商总局
2015 年 12 月 31 日

中国（杭州）跨境电子商务综合试验区海关监管方案

为积极推进“中国（杭州）跨境电子商务综合试验区”（以下简称“综试区”）建设，推进海关监管模式创新，优化海关通关作业流程，促进跨境电子商务健康发展，根据《国务院关于同意设立中国（杭州）跨境电子商务综合试验区的批复》(国函〔2015〕44 号）和《中国（杭州）跨境电子商务综合试验区实施方案》(浙政函〔2015〕65 号)，特制定本方案。

一、指导思想

全面贯彻党的十八大和十八届三中、四中全会精神，按照中央决策部署，根据《中华人民共和国海关法》和国家其他有关法律、行政法规、规章的规定，紧紧围绕“综试区”建设要求，在认真总结跨境电子商务试点城市成功经验的基础上，积极探索适应跨境电子商务发展规律的海关监管模式和管理制度，营造公平竞争、规范发展的良好通关环境，有效发挥“综试区”的示范作用。

二、基本原则

坚持依法行政。切实加强对跨境电子商务进出口货物、物品实际监管，加强稽查管理，有效防控风险，依法打击走私，维护和保障“综试区”良好的发展环境。

坚持制度创新。健全完善与“综试区”相适应的海关监管模式和管理制度，优化通关作业流程，加大新技术运用，推动实现跨境电子商务监管的安全与便利。

坚持协调推进。加强与“综试区”其他管理部门之间的政策衔接和沟通协作，以“信息互换、监管互认、执法互助”为抓手，形成管理合力，共同推进“综试区”健康发展。

三、总体要求

进一步创新跨境电子商务进出口货物、物品监管模式，优化通关作业流程，简化出口商品归类，完善统计制度，通过“综试区”的制度创新、管理创新和服务创新，逐步形成可向全国海关复制、推广的促进跨境电子商务健康规范发展的通关监管新模式。

四、监管模式

按照严密监管与高效运作相统一的要求，对跨境电子商务实行“清单核放、汇总申报、集中纳税、代扣代缴”通关监管模式；完善适应跨境电子商务特点的货物、物品转关方式；建立跨境电子商务交易商品负面清单管理制度。

五、通关作业流程

（一）出口通关作业流程

——申报

1. 电子商务企业（以下简称“电商企业”）或个人、物流企业应在电子商务出口货物申报前，分别向海关提交订单、支付、物流等信息。订单信息应包括订单号、运单号、商品名称、数量、金额等信息，支付信息应包括支付金额等信息，物流信息应包括运单号、承运货物的订单号、运抵国等。

2. 以电商企业对企业（以下简称“B2B”）模式出口的货物，电商企业应向海关提交《中华人民共和国海关出口货物报关单》（以下简称《出口货物报关单》）或《中华人民共和国海关出境货物备案清单》（以下简称《出境备案清单》），办理出口货物通关手续。《出口货物报关单》及《出境备案清单》中相应增加“电子商务”字段，以示区分跨境电子商务出口货物。

3. 以电商企业对个人（以下简称“B2C”）模式出口的货物，电商企业应向海关提交《中华人民共和国海关跨境电商进出境货物申报清单》（以下简称《货物清单》），办理出口货物通关手续，海关不再将《货物清单》汇总成《出口货物报关单》或《出境备案清单》，《货物清单》数据在放行结关后纳入统一的海关数据归口管理。对不涉及出口征税、出口退税、许可证件管理且金额在人民币5，000元以内的电子商务出口货物，电商企业可以按照《进出口税则》4位品目进行申报；对超过5，000元以及涉及出口征税、出口退税、许可证件管理的电子商务出口货物，按现行通关管理规定办理通关手续。

4. 电商企业需修改或者撤销《货物清单》的，按照海关现行进出口货物报关单修改或者撤销有关规定办理。

5. 以B2B模式出口货物的转关手续，按照海关现行货物转关管理规定办理；以B2C模式出口货物的转关手续，采用直接转关方式，品名以总运单形式输入“跨境电子商务商品一批”，并附商品清单，出口货物舱单按照总运单进行管理和核销。

6. 除特殊情况外，《出口货物报关单》、《出境备案清单》和《货物清单》应采取通关无纸化作业方式进行申报。

——查验

7. 海关按照现行风险管理和查验管理规定的要求，通过利用信息技术等手段，对出口货物进行布控和查验，同时实施不限时间、不限频率的机动查验。海关实施查验时，电商企业、海关监管场所经营人应按照有关规定提供便利，配合海关查验。电商企业、物流企业、海关监管场所经营人发现涉嫌违规或走私行为的，应主动报告海关。

——征税

8. 以 B2B、B2C 模式出口的货物，出口关税及出口环节代征税按照现行规定征收。

——放行

9. 电子商务出口货物的查验、放行手续应在海关监管场所内实施。

10. 电子商务出口货物放行后，电子商务企业应按照规定接受海关后续管理。

11. 以 B2B 模式出口的货物发生退换货等情况，按照海关现有规定办理；以 B2C 模式出口的货物发生退换货等情况，退运货物应通过原出口的海关监管场所退回，并接受海关监管。

（二）进口通关作业流程

——申报

1. 电商企业或个人、支付企业、物流企业应在电子商务进口货物、物品申报前，分别向海关提交订单、支付、物流等信息。订单信息应包括订单号、运单号、商品名称、数量、金额等，支付信息应包括支付类型、支付人、支付金额等，物流信息应包括运单号、承运物品的订单号、收件人、启运国等。

2. 以 B2B 模式进口的货物，电商企业应向海关提交《中华人民共和国海关进口货物报关单》（以下简称《进口货物报关单》）或《中华人民共和国海关进境货物备案清单》（以下简称《进境备案清单》）办理进口货物通关手续。《进口货物报关单》及《进境备案清单》中应相应增加“电子商务”字段，以示区分跨境电子商务进口货物。

3. 以 B2C 模式进口的物品，物品所有人或者其委托的电商企业、物流企业应向海关提交《中华人民共和国海关跨境电商进出境物品申报清单》（以下简称《物品清单》），采取《物品清单》方式办理电子商务进口物品通关手续。

4. 电商企业、物流企业或个人需修改或者撤销《物品清单》，按照海关现行的进出口货物报关单修改或者撤销等有关规定办理。

5. 以 B2B 模式进口货物的转关手续，按照海关现行的货物转关管理规定办理，其中进境指运地为特殊监管区域或保税物流中心的，按照直接转关方式办理；以 B2C 模式进口物品的转关手续，采用直接转关方式，品名以总运单形式输入“跨境电子商务商品一批”，并随附物品清单，进口舱单按总运单进行管理和核销。

6. 除特殊情况外，《进口货物报关单》、《进境备案清单》和《物品清单》应采取通关无纸化作业方式进行申报。

——查验

7. 海关按照现行风险管理和查验管理规定的要求，通过利用信息技术等手段，对进口货物、物品进行布控和查验，同时实施不限时间、不限频率的机动查验。海关实施查验时，电商企业或个人、海关监管场所经营人应按照有关规定提供便利，配合海关查验。电商企业或个人、物流企业、海关监管场所经营人发现涉嫌违规或走私行为的，应主动报告海关。

——征税

8. 以 B2B 模式进口的货物，进口关税及进口环节代征税按照现行规定征收；以

B2C 模式进口的物品，以实际成交价格作为完税价格，按照行邮税计征税款。

海关凭电商企业或其代理人出具的保证金或保函按月集中征税。

——放行

9. 电子商务进口货物、物品的查验、放行均应在海关监管场所内实施。

10. 电子商务进口货物、物品放行后，电商企业应按照规定接受海关后续管理。

11. 以 B2B 模式进口的货物发生退换货等情况，按照海关现行规定办理；以 B2C 模式进口的物品发生退换货等情况，退运物品应通过原进口的海关监管场所退回，并接受海关监管。

（三）特殊监管区域或保税物流中心保税进出境货物、物品的监管和进出区管理

1. 电子商务进出口货物、物品在特殊监管区域或保税物流中心辅助管理系统上备案商品料号级账册，实施料号级管理。

2. B2B 模式通过特殊监管区域或保税物流中心进出口的电子商务货物，按照本监管方案规定的进出口通关作业流程办理申报、查验、征税和放行手续。

3. B2C 模式电子商务进口物品，一线进特殊监管区域或保税物流中心，申报、查验和放行手续按现有规定办理，二线出特殊监管区域或保税物流中心，按照本监管方案规定的进口通关作业流程办理申报、查验、征税和放行手续。

4. B2C 模式电子商务出口货物，二线进特殊监管区域或保税物流中心，申报、查验、征税和放行手续按现有规定办理，一线出特殊监管区域或保税物流中心，按照本监管方案规定的出口通关作业流程办理申报、查验和放行手续。

六、配套措施

为贯彻落实国务院批复中“制度创新、管理创新和服务创新”以及“先行先试”的要求，建立适应跨境电子商务特点的通关监管新模式，保障“综试区”建设工作的运行，应采取如下配套措施：

（一）“综试区”内开展跨境电子商务业务的企业，如需向海关办理报关业务，应按照海关对报关单位注册登记管理的相关规定，在海关办理注册登记。电商企业、支付企业、物流企业应向海关办理备案手续。

（二）对“综试区”内在海关注册登记的跨境电子商务企业按照《海关企业信用管理暂行办法》实施信用等级管理。

（三）对“综试区”内跨境电子商务进出口货物、物品实施信息收集、风险研判、布控和处置等综合性风险防控管理。

（四）对“综试区”内备案的跨境电子商务经营主体实施日常稽查管理。

（五）本方案未提及的其他海关监管事项，按现行规定执行。

统计数据

杭州跨境电子商务试点进出口业务报表

杭州跨境电子商务试点进出口业务报表（如表 2-7 所示）。

表 2-7　杭州跨境电子商务试点进出口业务报表

业务模式	时间（年）	清单票数	货值（万元）	主要商品	主要进出口国
B2C 出口	2015	61710017	259238	棉制针织女式上衣、棉制针织或钩编女式大衣、未列名材料制仿首饰、其他贱金属制仿首饰、以皮革，再生皮革作面钱包等物品	美国、俄罗斯联邦、英国、西班牙、法国
	试点截至 2015. 12	64417727	275188	棉制针织女式上衣、棉制针织或钩编女式大衣、未列名材料制仿首饰、其他贱金属制仿首饰、以皮革，再生皮革作面钱包等物品	美国、俄罗斯联邦、英国、西班牙、法国
B2C 进口	2015	19331130	322695	奶粉、其他食品、其他物品、面膜、挎包、背包、提包	美国、日本、德国、澳大利亚、荷兰
	试点截至 2015. 12	20453145	346208	奶粉、其他食品、其他物品、面膜、其他清洁/护理类化妆	美国、日本、澳大利亚、德国、荷兰

大事记

2013 年 7 月 8 日，中国（杭州）跨境电子商务产业园作为全国首个进入实单运作的园区正式开园运营。

2014 年 11 月 19 日，国务院总理李克强视察浙江，明确表示支持杭州建设跨境电子商务综合试验区。

2014 年 12 月 15 日，市委、市政府决定，建立杭州市中国（杭州）跨境电子商务综合试验区申报建设工作领导小组，龚正、张鸿铭同志任组长，佟桂莉、谢双成同志任副组长，领导小组下设办公室，佟桂莉、谢双成同志兼任办公室主任，王翀同志任办公室常务副主任。

2015年1月13日至14日，商务部等12个国家部委来杭调研跨境电商综试区。

2015年1月20日，国务院副总理汪洋来杭视察调研，召开座谈会听取省市跨境电子商务情况，并对建设工作提出了要求。

2015年3月7日，国务院批复同意设立中国（杭州）跨境电子商务综合试验区。

2015年3月30日，杭州海关跨境电商办牵头有关处室到海关总署汇报工作，就支持中国（杭州）跨境电子商务综合试验区政策创新需求与海关总署相关司局沟通对接。

2015年4月28日，商务部等国家部委来杭专题调研跨境电商综试区。

2015年5月4日，海关总署副署长吕滨来杭专题调研综试区建设工作情况。

2015年6月15日，中国（杭州）跨境电子商务综合试验区官方微信公众号上线启用。

2015年6月17日，国家外汇管理总局经常项目司肖立红带队赴杭州调研市跨境电商综试区发展。

2015年6月23日，浙江省人民政府印发《中国（杭州）跨境电子商务综合试验区实施方案》。

2015年6月29日，市跨境电商综试办成功举办建设推进大会与政策解读会。

2015年7月8日至9日，国务院研究室宏观司会同海关总署政研室、国税总局货劳司、质检总局通关司相关负责人，调研综试区跨境电商发展工作。

2015年7月14日，市跨境电商综试办召开区、县（市）推进做大跨境电商B2B规模专题启动会议。

2015年10月9日，汪洋副总理到中国（杭州）跨境电子商务综合试验区视察调研，参观综合试验区展示中心。

宁波地区

自 2013 年 11 月 27 日宁波跨境电商实单运行以来，宁波跨境电商发展迅速，尤其是 2015 年以来，不到 5 个月交易额就达到了 6.27 亿元，超过 2014 年全年总和。

目前，在宁波跨境电商平台购物的消费者人数已达 155.6 万人次，覆盖全国 34 个省、自治区、直辖市和特别行政区。销售商品既包括尿不湿、奶粉、食品饮料等快销品，也包括奢侈品包、家用电器等商品。

发展历程

一、试点的目标

根据《宁波市跨境电商服务试点项目业务及技术实施方案》中项目建设目标要求，在宁波“跨境电商服务试点工作”（以下简称“跨境试点”）推进过程中，逐步实现：

（一）完成宁波跨境电商进口和出口物流基地建设

在海曙区和宁波保税区开展试点，从电子商务平台、经营主体、仓储物流、快递配送、售后服务等环节入手，构建跨境电商业务体系。为充分发挥试点政策优势，在宁波保税区现有政策优势的基础上积极建设电子商务进口商品分销基地，面积近10万平方米。通过目前监管方式的创新，稳步推进进口食品、消费品跨境电商基地建设，将宁波打造成为全国主要的进口快消品物流集散中心。在海曙区打造建设面积为20亩的跨境电商出口基地，实现电子商务企业办公、仓储、物流的集中运作。

（二）创新跨境电商进口监管模式

利用保税区功能，商品一线进境时，按照海关特殊监管区域相关规定办理；在宁波保税区建立跨境电商进口商品的网上B2C分拨中心，跨境电商交易完成后，二线出区时，海关按照个人物品有关政策办理。通过该模式，合理引导并解决近年来快速发展的“海淘”、“代购”等情况，为跨境电商进口开辟阳光通道，促进进口基地发展。

（三）完成建设跨境电商服务平台

由宁波国际物流发展股份有限公司负责建设一个综合性的统一的跨境电商服务平台，整合跨境电商基础信息资源，规范跨境电商数据标准，搭建跨境电商互联互通互换数据中心，实现数据共享共通共用，提供电子商务的交易、通关、物流、数据交换、外贸协同、商务信息、商务信用等综合服务，实现跨境电商进出口通关无纸化功能。满足海关总署统一的部署和要求，通过中国电子口岸实现跨境电商的进出口通关申报。

（四）实现跨境电商进出口通关无纸化

根据跨境电商进出口业务特点，结合海关通关作业无纸化改革措施，通过宁波跨境电商服务平台实现海关、电商平台、支付机构、物流企业、仓储企业数据的联网交换。将订单、运单、支付单等随附单证电子数据，传输至海关供海关通关作业各环节实时调阅审核比对。

（五）推进服务“单一窗口”建设

根据国家电子口岸建设指导意见及《宁波电子口岸“十二五”规划》的要求，探索实践宁波口岸“单一窗口”服务在跨境电商过程中的应用。通过多方合作和互联互通，以“单一窗口”为建设模式，实现“集中申报、集中办事、集中查询”及信息资源共享，为电子商务平台及企业提供便捷的网上办事功能和信息服务。

二、试点的成果

（一）完成宁波跨境电商进口和出口物流基地建设

进口基地落地区设在宁波保税区，按照“功能集中、服务集成、企业集群”的思路进行空间布局，配套建设了物流基地、办公场地和实体体验店，跨境仓库面积拓展到目前约 30 万平方米，其中公共仓 8.6 万平方米，自营仓超过 20 万平方米。出口基地设在海曙区，以实现电子商务企业办公、仓储和物流的集中运作为发展目标，先后投入 3000 多万元完成了对出口园区基础设施及办公场所改造建设，目前园区一期和二期装修改造工程均已按计划通过验收并交付使用。

（二）创新跨境电商进口监管模式

在整个试点项目推进过程中，宁波海关、宁波检验检疫局不断创新监管模式，优化跨境进口通关服务，简化报检流程。在完善系统风险控制基础上，宁波海关进一步提高自动审单比例，实施电脑快速自动审单为主、事后监管为辅的快捷通关模式，适应快速增长的交易量；针对交易集中在周末、节假日等非工作日的特点，增加人员数量、派出人员现场驻守或预约集中加班等方式加快通关放行。宁波检验检疫局对现有监管政策和监管模式进行创新突破，推行对进境商品采取“入区检疫、区内监管、出区核销”的新型监管模式。

（三）完成建设跨境电商服务平台

宁波国际物流发展股份有限公司作为宁波跨境电商服务试点项目的承建单位，对跨境电商服务平台的相应功能实施自主开发，并成功开发了跨境电商综合服务平台（综合门户网站、企业协同平台、防伪溯源系统、金融服务平台）和通关管理系统（海关监管系统、国检监管系统），以及相应的系统软件。上述综合服务平台主要提供通关服务、物流服务、电子数据交换服务、外贸协同服务、信息服务、信用服务、门户服务、营运管理和数据交换平台等功能服务。

（四）试点项目多模式、多区域的复制开展

目前，宁波跨境电商进口业务包括 3 种模式，分别在 5 个区域开展：宁波保税区开展保税备货业务，栎社空港保税物流中心同时开展保税集货业务和保税备货业务，栎社机场开展一般进口业务，梅山保税港区和杭州湾新区慈溪出口加工区开展保税备货业务。其中，后 3 个区域为 2015 年新开辟的跨境业务区域。

试点以来截至 2015 年 12 月 31 日，进口业务累计货物放行 1537.45 万单，货值 32.92 亿元，税值累计 978.82 万元，累计商品备案数量 6.6 万余个，消费者 692 万余名。其中，2015 年累计货物放行 1394.71 万单，货值约 29.29 亿元，同比 2014 年分别增长 878.81%、706.89%。

（五）保税区跨境电商试点领跑领先

按照“政府主导、平台服务、电商运作、部门监管”的发展思路，宁波保税区深入推动跨境电商服务试点工作，积极打造跨境进口电子商务基地。

一是试点规模效应逐步显现。自实单运作以来，截止到2015年底，共有386家企业获得跨境试点电商企业资质，其中实单运行电商企业达131家，涉及674个HS编码，商品备案43025条；进境商品9890批，货值8.62亿美元；仓库实际出货1251.03万单，累计货值为27.29亿元。

二是电商企业集聚效应增强。深化与阿里巴巴天猫国际、美国零售商巨头Costco等合作，并集聚了蜜芽宝贝、苏宁易购、京东、网易电商、聚美优品等一批重大跨境电商项目，其中网易在保税区内收购2.3万平方米保税仓并改建成跨境仓，又在出口加工区购置了238亩土地建设跨境电商智能服务平台，计划2020年达到80亿美元。

三是跨境仓储基地扩容升级。跨境仓储模式由原先单一的公共仓运作拓展为“公共仓+自营仓”运作模式，面积由原先的5万平方米拓展到目前的约30万平方米。同时，不断促进跨境仓储物流管理升级，引进嘉里大通、百世汇通等一批全球知名的专业物流服务供应商，对南区的跨境公共仓进行专业化运作，打造可提供冷链仓储物流服务、专业网仓服务的现代化跨境仓储物流基地。

四是跨境电商模式实现拓展。在原有的跨境电商进口B2C模式基础上，实现两大转变，由“进口B2C”模式向“进口B2C、B2B”双模式并举转变，主要是与阿里巴巴开展合作，引入阿里巴巴旗下1688电子商务平台，共建“阿里巴巴进口货源宁波保税区电子商务平台”。由跨境“进口”业务向“进出口”并举转变，依托出口加工区开展跨境电商出口试点，区内已有8家企业、58项商品备案试点，已审核通过出口报关单1129票、交易额达2.1亿美元。

五是跨境电商环境持续优化。随着跨境电商公共集中查验场地建设完毕并投入使用，“集中查验、分散仓储、多点放行”等监管新模式以及365天无休审核等贸易便利化措施相继实施，同时涉及“正品保障体系”、跨境产品质量追溯机制、全品类质量保险等质量监管体系也先后构建到位，“助保贷”、“跨境贷”等融资产品、省内外跨境电商O2O体验店等产业链配套环境不断得到优化。

（六）海关优化海关监管服务措施

2015年，宁波海关不断优化海关监管服务措施，拓展电商线上店铺与各平台的对接，积极助力线下O2O体验店业务的不断开展，不断完善跨境电商业务监管平台，推出优先查验、全流程在线作业和信息反馈、清单申报汇总放行等一系列支持措施，给予试点企业最大限度便利，推动了宁波跨境进出口业务的快速发展。

一、优化创新监管流程。全程实施信息化、智能化监管，实现电子订单、电子支付单、电子运单、电子税单的一系列无纸化操作。引进风险管理理念，设置风险参数，对低风险的申报单实现计算机自动审核，目前计算机审核比率达到97%，有效提高通关效率。同时，为加快做大宁波市出口试点业务量，宁波海关向出口试点企业提供了一系列便利化措施，并压缩作业流程，减少企业各项费用。

二、搭建便捷的信息化平台。做好跨境电子商务系统的建设工作，牵头完善跨境电子商务服务平台和通关作业系统，新增电商企业在电子商务服务平台完成注册后，只需与海关通关作业系统进行一次对接，即可开展业务，大大提高了系统的运行效能。

三、实施“全年无休日、24 小时内办结海关手续”措施。为加快跨境电子商务进口业务放行速度，适应电商企业全天候作业的发展需求，宁波海关克服人员十分紧张的困难，自 5 月 15 日起对跨境电子商务监管实行“全年无休日、24 小时内办结海关手续”制度。据统计，每周需加班 14 人次，累计 112 小时。

四、完善海关监管制度。修订《宁波海关跨境电商进境商品监管办法》，探索企业分类管理模式，在申报单自动审核、包裹查验等方面实施差异化管理，同时明确试点企业权利和义务，规范业务运行，营造“守法便利、违法惩戒”的良好氛围。

三、发展的愿景

（一）切实加大对跨境电商的领导和协调工作力度

在市委、市政府的高度重视和关心下，坚持以党的十八届五中全会强调的五大理念为指导，进一步强化统筹、协调，建立定期联席会议制度或问题协商机制，合力促发展，着力推进跨境电子商务试点工作继续保持全国前列。一是要加强与国家部委的沟通衔接，反映汇报该市发展动态，争取更多国家试点政策。二是密切关注其他试点城市动态，复制推广其他地区的先进经验和做法，特别是要积极争取杭州综试区各项政策尽快延伸至宁波市，通过政策利好扩大全市跨境电商发展新优势。三是强化组织领导，在当地政府或管委会领导下，抓紧建立领导机制和工作班子，明确工作职责，落实目标任务，其他县（市）区和试点区域也要高度重视这项工作，加强领导，明确职责，加大引导和推动力度。四是建立年度目标考核体系，并将其作为跨境电商专项资金分配的重要依据；各县（市）区也要切实加大对跨境电商的资金扶持，强化政策引导，优化发展环境，营造良好氛围。

（二）不断巩固跨境电商“进出口并举”的多元化发展格局

鼓励全市各区域、各企业进行模式创新、产品创新、技术创新和制度创新，推动跨境电商进口和出口并进发展，形成卖出去和买进来有序结合的全面发展格局。一是继续培育“一点多面”的跨境电商进口基地建设，积极指导梅山保税港区、宁波出口加工区、慈溪出口加工区开展跨境进口业务，大力推进进口商品综合展示交易平台建设，形成保税备货、保税集货、一般进口、线上预售、展示零售等多模式并存的格局。二是鼓励和支持宁波传统外贸企业探索跨境电子商务新业态，加快以宁波电商经济创新园区、海曙跨境电子商务园区为样板的跨境电商出口产业集聚区建设，鼓励全市广泛开展 B2C、B2B、B2B2C 等跨境电子商务出口业务，推动线上线下互动发展。三是要紧紧抓住各大龙头跨境电商在全国布局的有利时机，坚持“招大选优引强”，继续加大跨境电商产业链龙头企业的招引和合作，并实施“一企一策”的精准化、个性化和差异化招商，加快培育一批综合实力强、品牌影响力大的大型跨境电商企业，实现跨境电商产业集群和区域集聚，支持符合一定条件的县（市）区申报市级跨境电商园区。四是鼓励企业扩大进口商品种类，逐步建立起品类齐全、结构合理的跨境进口商品体系；推动宁波重点行业和优势项目在跨境电子商务领域的试点示范，尤其是在原材料、装备制造、消费品、电子信息等重点工业领域深化跨境电商应用，转变国际贸易发展方式。

（三）切实优化跨境电商监管体系

一是按照高效便捷的原则，建立与完善“单一窗口”机制及平台，积极探索优化促进跨境电商快速发展的监管模式和操作流程，进一步优化通关、检验检疫、外汇监管等流程，实施风险分析、分类管理和负面清单制度，实现商品进得来、管得住、放得快，在跨境贸易监管便利化方面走在全国前列。二是构建由政府牵头，海关等相关职能部门共同参与的宁波跨境电子商务企业诚信体系，实现各监管部门信息互通、监管互联、执法互助。三是构建跨境电子商务交易安全和正品保障体系，坚决打击各种侵犯知识产权、制售假冒伪劣产品等违法行为。

（四）不断完善跨境电商发展综合支撑体系

加快完善跨境电商仓储、物流配送、支付、融资、境外服务（海外仓等）等配套服务体系，形成产业化发展、一站式服务的综合支撑体系。一是加大对全市跨境仓储物流资源的整合，加快公共仓、自营仓建设，引进国际知名物流企业，完善冷链物流体系，打造新型跨境仓储物流基地；推动国际邮政互换局、交换站尽快落地；加快宁波机场货运物流业务发展，开拓国际航线，并与周边大型机场协作对接。二是发展跨境电子商务的支付服务体系，加快产品创新，改进跨境支付服务水平。三是支持跨境电商出口企业与境外企业合作，建设“海外仓”、境外体验店和配送网点等分销和物流体系，融入境外销售体系。四是支持外贸综合服务平台建设，为中小企业开展进出口业务提供“一条龙”服务。五是加快探索建立跨境电商创业孵化扶持机制，创新开展在线融资、股权投资等供应链金融服务。

（五）全力营造跨境电商发展的社会氛围

一是建立跨境电子商务统计体系，积极会同海关、商务、统计、外汇等部门对各类经营主体的各种跨境电子商务业务方式进行全口径统计。二是强化人才对跨境电商发展的支撑作用，注重对传统企业宣传和培训，引导企业“+互联网”意识觉醒和技能的提升，为“大众创新、万众创业”搭建好平台。三是注重舆论引导，综合发挥传统媒体、移动互联网、社交网络、户外传媒、展会平台以及O2O体验中心等各种渠道的宣传优势，不断扩大宁波市跨境电子商务品牌知名度和影响力。

四、服务平台建设情况

宁波跨境试点项目旨在建立跨境电商进口的透明化、阳光化、规范化通道，满足境内消费者对境外进口商品的民生需求，避免进口跨境电商存在的各种监管风险，促进跨境电商的健康快速发展。宁波跨境电商服务平台是跨境试点项目的主要建设任务之一，平台整合商贸基础信息资源，规范电子商务数据标准，搭建数据中心，实现数据共享，提供电子商务通关、物流、数据交换、外贸协同、商务信息、商务信用等综合服务，并为国内跨境消费者提供实名身份备案、年消费额度控制、税单查询、商品防伪溯源查询等服务，为其提供一条阳光、便利、放心的跨境网购新渠道。

（一）综合门户网站

2014 年 3 月，宁波跨境电商服务平台正式改版为跨境购平台。平台作为宁波跨境试点项目的综合门户网站，致力于打造阳光、透明、便捷的跨境网购新渠道，既为国内跨境消费者提供实名身份备案、年消费额度控制、税单查询、商品防伪溯源查询等服务，又为试点企业提供商家展示、活动推广和品牌宣传的平台（如图 2-5 所示）。

图 2-5 跨境购服务平台图

（二）企业协同平台

承担数据交换中心的角色，支持 1000 家以上企业的数据互联，包括电商企业、电商平台、仓库企业、快递企业、第三方支付机构及银行等金融机构。系统 7×24 小时运行，每小时处理申报单量 10 万，报文 50 万个。系统支持 1000 以上并发，响应时间均在 1 秒内。自试点业务上线以来，共定义了跨境电商服务试点业务报文标准 141 个，累计服务处理约 1.14 亿条数据交互报文。

该平台既实现企业与监管之间报文数据交换，又实现企业之间的报文信息交互。作为跨境“单一窗口”，实现统一标准信息和单证一次提交，多部门申报。且平台数据传输稳定，标准统一，能够快速推进跨境新区域的复制与推广。

（三）防伪溯源系统

防伪溯源系统通过数据交换，实时将商品溯源追踪系统中进口商品的溯源信息导入到跨境电商平台上。一是跨境消费者提供正品鉴别渠道，二是电商解决信任危机，三是第三方服务机构引入对接机制。截止到2015年12月31日，该系统二维码累计应用量6898万枚，累计扫码量392万次，累计验证次数136万次，注册企业534家（如图2-6所示）。

图2-6 防伪溯源服务系统图

（四）金融服务平台

通过对跨境购聚集的订单、支付单、物流运单和仓库商品库存等数据进行分析，为银行及其他金融机构提供贷前支持和贷后管理。平台实现与银行、商业保理公司等金融机构合作对接，为跨境电商企业提供更便捷的融资需求服务。

平台主要特点与优势包括：

1. 一站式金融服务，金融产品超市。

2. 融资贷款门槛低，操作简便，适合中小电商企业。

3. 业务流水数据相对齐全，风险实时监控。

4. 实现库存随时锁定，企业“质押”库存处置便捷。

五、试点效益分析

一是盘活当地物流产业：通过信息化及物联网等技术手段，构建高效的大通关、大物流以及跨境电商发展环境，实现物流集聚及高效运作，支撑宁波国际贸易物流中心建设。通过跨境试点工作推进，盘活了物流相关产业用地，形成了新的增长点，目前专用仓储面积已从7000平方米拓展为35万平方米。

二是促进外贸转型升级：通过跨境电子商务的发展，帮助传统外贸企业转型升级，打破贸易壁垒将品牌与服务快速本地化，带动行业整体发展，促进传统外贸从量到质的转变。目前已涌现出一批本地跨境电商企业。

三是培育新型外贸产业：通过创新业务的持续发展，为宁波吸引大量电子商务、供应链、金融等专业人才集聚，形成行业发展氛围。目前已吸引了如京东、网易考拉网、蜜芽宝贝等知名电商投资入驻。

配套文件

宁波市人民政府关于加快推进宁波市跨境电子商务发展的指导意见

（甬政发〔2015〕122号）

各县（市）区人民政府，市直及部省属驻甬各单位：

为加快推进宁波跨境电子商务发展，根据《国务院办公厅关于促进跨境电子商务健康快速发展的指导意见》（国办发〔2015〕46号）等文件精神，特提出如下指导意见：

一、总体思路和主要目标

（一）总体思路

围绕“一带一路”、“互联网+”等国家战略，省委、省政府“电商换市”和市委、市政府建设“国家电子商务强市”、“国际电子商务中心城市”等目标，按照“市场运作、政策推动、机制创新”的总体思路，以深化改革、扩大开放为动力，以制度创新、管理创新、服务创新和协同发展为着力点和突破口，破解跨境电子商务发展难题，优化跨境电子商务产业布局，完善跨境电子商务关、检、税、汇等各监管环节的生态环境，完善跨境电子商务产业链，不断激发我市跨境电子商务发展活力，使之成为我市扩大消费、推动外贸转型、打造经济升级版的新引擎和新动力。

（二）主要目标

争取到2018年，全市实现跨境电子商务年交易额（指注册地在宁波市行政区域内企业实现的交易额）100亿美元，其中进口交易额20亿美元，出口交易额80亿美元，总体发展水平居全国前列。

二、重点工作

（一）改善产业布局，形成“多区域、多模式、多品类”发展的新格局

1. 优化空间布局。立足我市跨境电子商务发展实际及各区域发展需求，强化规划引领，注重统筹发展，对全市跨境电子商务产业进行统一谋篇布局。强化宁波保税区“一个中心”的示范引领作用，辐射带动梅山保税港区、栎社保税物流中心（B）等特殊监管区，统筹指导宁波机场与物流园区、宁波电商经济创新园区、海曙跨境电子商务园区等其他非特殊监管区域，加快跨境电子商务在全市各区域、各领域的应用推广，加快跨境电子商务产业集聚区或园区建设，完善配套综合服务，实现全产业链集聚发展优势，推动形成“一个中心、多点布局”的跨境电子商务发展新格局。

2. 优化产业结构。按照“进出口并举、多模式并存”的发展思路，支持各地创新发展跨境电子商务，积极构建中小网商、专业化跨境电商、传统外贸企业积极参与，大型电商平台和自营性平台同步推进，境内外电商服务企业互动发展，卖出去和买进来有序结合的跨境电子商务多模式全面发展格局。进口方面，突出抓好龙头电商和大型平台企业招引，积极培育本地电商做大做强，不断丰富B2C、C2C、M2C等跨境电子商务进口模式，巩固并扩大我市跨境电子商务进口优势。出口方面，鼓励和支持宁波传统外贸企业探索跨境电子商务新业态，以宁波电商经济创新园区、海曙跨境电子商务园区为样板，扩大小额B2B出口试点规模，鼓励全市广泛开展B2C、B2B、B2B2C等跨境电子商务出口业务，逐步实现区域拓展和业务量的提升，推动外贸经济转型发展。

3. 优化商品结构。鼓励企业扩大进口商品种类，丰富商品类别，优化商品结构，逐步建立起涵盖母婴产品、食品、化妆品、保健品、电子产品、轻奢品等品类齐全的商品体系。鼓励企业间贸易从信息平台向在线交易平台转化，不断扩大可交易商品范围，推动宁波重点行业和优势项目在跨境电子商务领域的试点示范，尤其是在原材料、装备制造、消费品、电子信息等重点工业领域深化跨境电子商务应用，扩大出口商品种类。

（二）完善配套服务，健全跨境电子商务综合服务体系

1. 健全跨境电子商务的物流服务体系。加快推进宁波国际邮政互换局、交换站建设，为我市跨境电子商务发展提供国际邮路支持。大力引进先进的智能物流企业，建设“样板仓”、“智能仓储”、“智能物流园”。鼓励物流企业拓展电子商务服务业务，与跨境电子商务深度融合，支持企业建设海外仓储服务机构和平台，建立全球物流供应链，为跨境电子商务发展提供商品采购、仓储、配送和售后等专业化、一体化服务。加快宁波机场货运物流业务发展，开拓国际航线，与周边上海、杭州、南京等大型机场对接协作，逐步形成与跨境电子商务相适应的新型物流体系。

2. 发展跨境电子商务的支付服务体系。鼓励银行机构和支付机构申报跨境外汇支付业务试点，为跨境电子商务提供支付服务。推动银行机构和支付机构加快产品创新，改进跨境支付服务，提高跨境支付效率。鼓励银行为跨境电子商务提供跨境人民币结算服务。

3. 发展跨境电子商务境外服务体系。支持跨境电子商务出口企业与境外企业合作，建设“海外仓”、境外体验店和配送网点等分销和物流体系，融入境外销售体系。支持企业开展境外公共服务平台建设，为其他跨境电子商务企业提供境外贸易、仓储、配送和售后等配套服务。鼓励行业协会等各类组织指导和帮助跨境电子商务企业建立完善境外服务体系。

4. 完善跨境电子商务平台服务体系。支持外贸综合服务平台建设，鼓励企业特别是中小企业利用外贸综合服务平台开展进出口业务，为跨境电子商务企业提供通关、物流、仓储、融资等全方位配套服务。完善跨境购公共服务平台的备案、报关、检验检疫、收付汇和退税等业务管理功能，为企业开展跨境电子商务提供“一条龙”服务。

（三）创新监管措施，完善跨境电子商务管理机制

按照国务院关于优化跨境电子商务关、检、税、汇等四方面要求，协调推进各监管部门进一步优化监管流程、创新监管制度，形成各方协作一体化综合监管机制。率先在宁波所有试点基地实施“一站式作业”，建立与完善“单一窗口”机制及平台，真正做到一次申报、一次查验、一次放行。

1. 完善海关监管措施。进一步优化通关流程，完善“全年无休日、24小时内办结海关手续”、“高效互通、接入自由”、“无纸报关、即时放行”、“强化一线、优化查验”、“一次申报、简化流程”、“风险管理、自动审放”等支持跨境电子商务发展的措施。

2. 完善检验检疫监管措施。继续完善跨境电子商务“入区检疫、区内监管、出区核查、后续监督”的检验检疫监管模式，确保“源头可追溯、过程可控制、流向可追踪”。加强跨境电子商务质量安全监管，开展商品质量安全风险监管。突出经营企业质量安全主体责任，不断加大“正品保障体系”建设，强化源头管理和跟踪监管，为消费者提供“阳光海淘”。

3. 规范进出口税收政策。关于跨境电子商务零售进口税收，根据财政部、海关总署、国家税务总局有关规定执行。关于跨境电子商务零售出口货物，如符合财政部、国家税务总局有关规定的，适用增值税、消费税退（免）税政策，鼓励传统外贸企业从线下交易转为线上交易，扩大跨境电子商务交易量。

4. 完善电子商务支付结算管理。支持跨境电子商务经营主体正常收付汇。对通过海关集中监管、清单核放、汇总申报的经营主体，凭海关报关信息办理货物出口收结汇业务。稳妥推进支付机构跨境外汇支付业务试点，允许行邮、包裹直接寄送出口商品的跨境电子商务企业，通过纳入跨境电子商务外汇支付试点的支付机构办理收付汇。加强对银行机构和支付机构跨境支付业务监管，规范其跨境支付服务行为，防范金融风险。

（四）坚持市场运作，健全跨境电子商务业务体系

1. 建立企业化运作模式。按照市场化运作、社会化分工、企业化经营、专业化服务的思路，鼓励更多企业参与到跨境电子商务发展中来，重点参与到仓库建设、运营和物流体系重构等环节中来，更加有效地解决跨境电子商务发展的瓶颈问题，建立以市场为导向、以效益为核心、以资本运作为手段的现代化、多元化经营新模式。

2. 探索区域合作新模式。鼓励宁波电商经济创新园区、海曙跨境电子商务园区等其他非特殊监管区通过建设“跨贸小镇”等模块的产业园区，加快企业集群和区域集聚，并允许园区内的企业以非注册形式在特殊监管区域内租赁或建设跨境仓，发展跨境电子商务进口业务，实现区域之间借力发展、错位竞争、优势互补的良好局面。

三、组织实施

（一）强化跨境电子商务工作机制

强化组织领导，将市跨境电子商务服务试点工作领导小组调整为市跨境电子商务工作领导小组，由市政府主要领导任组长，分管领导任副组长，市发改委、市经信委、市财政局、市交通委、市商务委、市市场监管局、市质监局、市口岸打私办、市金融办、市国资委、宁波海关、宁波检验检疫局、市国税局、人行市中心支行、市邮政管理局及各县（市）区政府、相关重点开发区域管委会等单位主要负责人为成员，组织推进全市跨境电子商务工作。领导小组下设办公室，设在市口岸打私办，市口岸打私办主任兼任办公室主任。加强市口岸打私办机构和人员力量配备，同时抽调口岸监管部门人员建立集中办公协作机制，重点支持跨境电子商务发展。

（二）完善支持跨境电子商务发展财政金融政策

加大公共资金投入，设立市级跨境电子商务专项扶持资金，每年在2000万元以上，并建立逐年稳步递增机制。各级财政要落实专项资金，加大对跨境电子商务的扶持。通过引入股权融资等资本运作方式，用电商产业引导基金撬动社会资本向跨境电子商务集聚，并向跨境电子商务产业链企业提供有效的融资、保险支持，形成多元化投入机制。

（三）建立跨境电子商务出口企业统计体系

完善海关统计工作，对通过海关集中监管、清单核放、汇总申报的出口商品的相关指标纳入贸易统计范畴。市口岸打私办要会同海关、商务、统计、外汇等部门对各类经营主体的各种跨境电子商务业务方式进行全口径统计，各县（市）区政府、相关重点开发区域管委会要建立跨境电子商务统计体系，全面反映我市跨境电子商务发展状况。

（四）加强对跨境电子商务的人才培养

依托高等院校、电子商务研究院、专业培训机构等社会资源，实施“千企万人”培训计划，开展跨境电子商务意识“启蒙活动”，推动传统外贸企业顺势融入“+互联网”经济。建立跨境电子商务人才孵化基地，加快培养综合掌握电子商务、外贸业务、市场营销和供应链管理等知识的跨境电子商务适用人才。

（五）积极营造跨境电子商务发展良好氛围

要综合发挥传统媒体、移动互联网、社交网络、户外传媒、展会平台以及O2O体验中心等各种渠道的宣传优势，不断扩大我市跨境电子商务品牌知名度和影响力。加强诚信体系建设，构建由政府牵头，相关职能部门共同参与的宁波跨境电子商务企业诚信体系，实现各监管部门信息互通、监管互联、执法互助。构建跨境电子商务交易保障体系，坚决打击各种侵犯知识产权、制售假冒伪劣产品等违法行为。

宁波市人民政府

2015年10月28日

宁波保税区管理委员会关于加快跨境电子商务发展的若干意见

（甬保税政〔2015〕63号）

各部门、各单位：

为加快培育发展跨境电子商务产业，深入推动国家进口贸易促进创新示范区建设和跨境电商服务试点工作，根据国家、省、市关于加快跨境电子商务发展的相关要求，结合区域实际，特制定以下政策意见。

一、扶持跨境电子商务企业投资创业

1. 支持创业运营。自企业注册设立起一年内，对年度电子商务销售额达到100万元的企业，按照海关实际放行的包裹数量给予2元/个的补贴，每家企业补贴最高不超过20万元。自企业注册设立起三年内，对年度电子商务销售额达到500万元的企业，租赁保税区内和宁波进口中心办公用房的，给予当年不超过100平方米面积办公展示用房租金全额补助；租赁保税区生活区宿舍的，给予当年宿舍租金50%的补助。

2. 招引龙头电商。鼓励国内外知名电商、大型制造业、商贸流通企业投资设立跨境电子商务企业，根据业务规模给予一次性开办费用补贴。注册设立起一年内电子商务销售额达到5亿元以上的，按销售额每5亿元补贴100万元的标准给予扶持，每家企业扶持最高不超过600万元。

二、支持跨境电子商务企业做大做强

3. 对跨境电商应用企业，注册当年电子商务销售额在500万元以上的，按销售额每500万元奖励1万元的标准给予扶持；次年起以上年电子商务销售额为基数，按超基数部分每500万元奖励1万元的标准给予扶持。为加快培育跨境电商出口业务，2015、2016年按照上述标准的双倍给予扶持。每家企业每年扶持最高不超过100万元。

为丰富进口商品种类，对新拓展跨境进口商品（以HS编码为准）的企业，一年内相关商品的交易额可按1.5倍折算电子商务销售额计奖。

4. 对跨境电商平台企业，在保税区注册当年平台电子商务销售额在1000万元以上的，按销售额每1000万元奖励1万元的标准给予扶持；次年起以上年电子商务销售额为基数，按超基数部分每1000万元奖励1万元的标准给予扶持，每家企业每年扶持最高不超过100万元。

5. 对“十佳电商”进行奖励。每年开展“十佳电商”评选活动，对入选电商进行表彰奖励，具体办法另行制定。

三、支持跨境电子商务企业投资融资

6. 有效运用股权投资、产业基金支持我区跨境电子商务企业的发展。引导各类股权投资企业对我区跨境电子商务企业开展投资；鼓励社会股权投资机构与政府合作建立面向跨境电子商务企业的投资基金。

7. 区财政出资设立风险补偿金，为金融机构开发面向跨境电子商务企业的相关金融产品提供增信手段。对跨境电子商务企业银行贷款（跨境电子商务贸易项下）所发生的利息支出，按同期基准贷款利率给予25%的补助，每家企业累计补助最高不超过50万元。

四、支持跨境电子商务企业开拓市场

8. 鼓励跨境电子商务企业参加境内外展会。参加由市级以上（含市级，下同）政府、市级以上部门、区管委会统一组织的境内、外展会，由市、区统筹每个展位（一般为9平方米）分别给予0.5万元、3万元的展位费补助，对展位进行特装的，再给予每个展位0.5万元的特装费补助。每个展位的补助额在实际支付的展位费和装修费之内，每家企业每年补助最高不超过30万元。参加区管委会组织的境外论坛、招商推介等活动，给予每家企业最高不超过0.5万元的补助。

9. 鼓励跨境电子商务企业拓展电商模式。每新设一家面积在50平方米以上的O2O线下实体店补助1万元，每家企业补助最高不超过50万元。

五、支持跨境电子商务企业物流发展

10. 鼓励跨境电子商务企业建设跨境仓库。对区内仓库（厂房）进行改造，总投入在100万元以上的，按照实际投入的12%给予补助，每家企业补助最高不超过100万元。

11. 鼓励跨境电子商务企业建设海外仓库。对被省级、市级商务主管部门列入跨境电商公共海外仓建设试点名单的企业，按照实际获得上级部门的扶持资金总额的50%给予一次性扶持。

六、支持跨境电商服务企业优化升级

12. 鼓励跨境购平台完善系统功能，加大公共监管设备投入。对跨境购平台在跨境公共仓、集中查验区建设中监管流水线、X光机、监控中心等的投入，按照实际投入给予一定比例的补贴。对试点企业向跨境购平台支付的信息服务费，给予一定比例的补贴。

七、支持进口货源电子商务平台发展

13. 鼓励国内外知名电商在宁波保税区设立进口货源电子商务平台（简称进口B2B平台）。区财政安排一定资金用于进口B2B平台的宣传推广、招商引资、平台引流等活动。创新货物通关通检政策，对入驻平台的商家设立进口通关、检验检疫绿色通道，率先实施各项贸易便利化措施。

14. 对进口B2B平台指定的第三方代运营服务商（简称服务商），根据招商业绩、业务规模、服务质量等给予专项扶持。

15. 对入驻进口B2B平台的商家，一次性补助2万元的店铺运营经费，由服务商统筹安排用于缴纳年费、电子货币充值或购买其他店铺运营服务。

八、附则

16. 本意见适用于在本区注册设立、独立核算、面向企业和个人提供销售和服务的跨境电子商务企业，包括：

（1）跨境电商应用企业。指通过电子商务平台达成交易的国际商业活动中，分属不同关境的交易主体。包括自建平台或依托第三方平台进行交易的跨境电子商务企业以及开展跨境电子商务业务的传统企业等。

（2）跨境电商平台企业。指在电子商务活动中为不同关境交易双方或多方提供交易撮合及相关服务的网络交易平台，包括跨境网络零售平台、企业间跨境电子商务交易平台等企业。

（3）跨境电商服务企业。指为跨境电商应用企业和平台企业提供网络支付、物流配送、技术服务、代运营、营销推广、专业培训等配套支撑服务的企业，以及可提供上述综合服务的公共服务平台。

本意见中，“进口货源电子商务平台”是指企业搭建的为入驻商家以B2B的模式开展进口商品分销业务提供交易撮合及相关服务的网络交易平台。平台不需在保税区注册，但指定在保税区注册的第三方代运营服务商为入驻商家提供通关、仓储、物流等服务，以保税区为物流枢纽。

“电子商务销售额”，是指企业通过电子商务开展网上交易并在线电子支付的货物贸易和服务贸易，从卖方的角度计算的B2C交易额，B2B交易额按照50%计入电子商务销售额计奖。

17. 国内外知名电子商务企业将企业注册地或区域性总部、功能性总部注册地迁入我区并在我区纳税的，按“一企一策”给予专项扶持。

18. 本意见若与区内其他企业扶持政策重叠，给予从高但不重复享受。本意见同一奖项从高但不重复享受，达到更高一档标准时，给予差额部分补助（奖励）。

19. 享受到本意见政策的企业，必须在我区注册纳税并经营5年以上，具有健全的财务会计核算制度，依法经营。实际经营不足5年的，需返还相应的扶持资金。

20. 本意见由区经济发展局负责解释，自公布之日起30日后施行，有效期至2020年12月31日。《关于加快电子商务发展的若干意见》（甬保税政〔2013〕50号）同时废止。

宁波保税区管理委员会

2015年9月18日

企业名录

试点项目自开展以来，各相关单位责任明确，积极稳妥推进试点工作。宁波国际物流发展股份有限公司作为试点项目承建单位，坚持开放共赢原则，不断招商、吸引跨境相关企业，积极拓宽合作领域，扩大合作成果。在试点项目开展过程中，涌现了一批正正电商、富邦电商、宁兴优贝等本土电商企业，同时吸引了包括蜜芽宝贝、苏宁易购、京东、网易电商、聚美优品等一批重大跨境电商项目落户宁波。同时，引进嘉里大通、百世汇通等一批全球知名的专业物流服务商。此外，平台还累计对接支付宝、银联在线、盛付通、易付宝等在内的25家支付机构，有力推进了宁波市外贸转型升级，促进宁波区域经济的繁荣。

截至2015年12月31日，在宁波跨境电商综合服务平台上注册，并实际开展业务的企业如表（如表2-8所示）。

表2-8 宁波跨境电商企业名录

序号	企业名称	主营业务
1	宁波摩西电子商务有限公司	电商类
2	宁波保税区仰恩国际贸易有限公司	电商类
3	宁波又一猫国际贸易有限公司	电商类
4	宁波保税区正正电子商务有限公司	电商类
5	宁波富邦电子商务发有限公司	电商类

表2-8 续1

序号	企业名称	主营业务
6	宁波中宏电子商务公司	电商类
7	宁波中和富时进出口有限公司	电商类
8	宁波皮皮塔电子商务有限公司	电商类
9	宁波保税区淘淘羊电子商务有限公司	电商类
10	宁波格瑞纳华德国际贸易有限公司	电商类
11	宁波优传酒业有限公司	电商类
12	浙江省粮油食品进出口股份有限公司宁波分公司	电商类
13	舶品之家电子商务有限公司	电商类
14	宁波甬新自然源食品有限公司	电商类
15	宁波保税区进口食品供应链有限公司	电商类
16	宁波中兴云祥科技有限公司	电商类
17	宁波乐图食品有限公司	电商类
18	宁波去哪儿国际贸易有限公司	电商类
19	宁波路易通电子商务有限公司	电商类
20	宁波保税区涌优贸易有限公司	电商类
21	宁波保税区金考拉国际贸易有限公司	电商类
22	宁波爱淘客贸易有限公司	电商类
23	宁波中柏双和进出口有限公司	电商类
24	宁波海米乐淘电子商务有限公司	电商类
25	宁波洋帆国际贸易有限公司	电商类
26	宁波保税区博览电子商务有限公司	电商类
27	宁波昌连华夏电子商务有限公司	电商类
28	宁波速美得贸易有限公司	电商类
29	宁波立享堂国际贸易有限公司	电商类
30	宁波澳汀电器有限公司	电商类
31	宁波澳黛国际贸易有限公司	电商类
32	宁波宝乐贝尔国际贸易有限公司	电商类
33	宁波保税区雷德夫进出口有限公司	电商类
34	宁波彩云归进出口有限公司	电商类
35	宁波大韩家进出口有限公司	电商类
36	宁波海狗电子商务有限公司	电商类

表2-8 续2

序号	企业名称	主营业务
37	宁波融智电子商务有限公司	电商类
38	宁波洋码头电子商务有限公司	电商类
39	宁波一匹马贸易有限公司	电商类
40	宁波阿梵达电子商务有限公司	电商类
41	宁波埃克斯国际贸易有限公司	电商类
42	宁波八达购国际贸易有限公司	电商类
43	宁波保税区阿拉麦进出口有限公司	电商类
44	宁波保税区艾购国际贸易有限公司	电商类
45	宁波保税区爱优比电子商务有限公司	电商类
46	宁波保税区观止电子商务有限公司	电商类
47	宁波保税区网利电子商务有限公司	电商类
48	宁波博统国际贸易有限公司	电商类
49	宁波迪伏伦国际贸易有限公司	电商类
50	宁波鼎峰优购进出口有限公司	电商类
51	宁波菲比在线国际贸易有限公司	电商类
52	宁波井贝电子商务有限公司	电商类
53	宁波蓝色丝路进出口有限公司	电商类
54	宁波欧购国际贸易有限公司	电商类
55	宁波市鹰豪进口食品有限公司	电商类
56	宁波源一家国际贸易有限公司	电商类
57	宁波远大前程电子商务发展有限公司	电商类
58	宁波洋购易国际贸易有限公司	电商类
59	宁波锦伯国际贸易有限公司	电商类
60	宁波爱品宝电子商务有限公司	电商类
61	宁波保税区跨通电子商务有限公司	电商类
62	宁波保税区宁兴优贝国际贸易有限公司	电商类
63	宁波保税区一根稻草进出口有限公司	电商类
64	宁波保税区尊嘉进出口有限公司	电商类
65	宁波德尔旺贸易有限公司	电商类
66	宁波海欢电子商务有限公司	电商类
67	宁波海猫电子商务有限公司	电商类

表2-8 续3

序号	企业名称	主营业务
68	宁波君合金诚进出口有限公司	电商类
69	宁波凯溶乐国际贸易有限公司	电商类
70	宁波三合利华国际贸易有限公司	电商类
71	宁波十一区电子商务有限公司	电商类
72	宁波一帆海购电子商务有限公司	电商类
73	宁波优乐宝电子商务有限公司	电商类
74	宁波蜜芽宝贝国际贸易有限公司	电商类
75	宁波保税区维司尔贸易有限公司	电商类
76	宁波顺丰电子商务有限公司	电商类
77	宁波金高得国际贸易有限公司	电商类
78	宁波美乐宝进出口贸易有限公司	电商类
79	宁波澳纳尔国际贸易有限公司	电商类
80	宁波盟德进出口有限公司	电商类
81	宁波辉煌十月网络科技有限公司	电商类
82	宁波峰朗国际贸易有限公司	电商类
83	宁波保税区尚轩电子商务有限公司	电商类
84	宁波七色阳光国际贸易有限公司	电商类
85	宁波瑞贝斯特电子商务有限公司	电商类
86	宁波钧诚国际贸易有限公司	电商类
87	宁波乐看国际贸易有限公司	电商类
88	浙江天意勇和国际贸易有限公司	电商类
89	宁波思瑞世纪商贸有限公司	电商类
90	宁波保税区衡山滨耀国际贸易有限公司	电商类
91	宁波保税区臻品汇电子商务有限公司	电商类
92	宁波博林易购国际贸易有限公司	电商类
93	宁波大库网络科技有限公司	电商类
94	宁波风行天下进出口贸易有限公司	电商类
95	宁波福淘电子商务有限公司	电商类
96	宁波聚美库电子商务有限公司	电商类
97	宁波美达华通国际贸易有限公司	电商类
98	宁波清泥娃娃贸易有限公司	电商类

表2-8 续4

序号	企业名称	主营业务
99	宁波世纪美淘贸易有限公司	电商类
100	宁波挑宝淘网络科技有限公司	电商类
101	宁波优壹家国际贸易有限公司	电商类
102	宁波澳美昌盛进出口贸易有限公司	电商类
103	宁波保税区海品猫国际贸易有限公司	电商类
104	宁波保税区劲买电子商务有限公司	电商类
105	宁波保税区三叶草进出口有限公司	电商类
106	宁波博纳食品有限公司	电商类
107	宁波存易进出口有限公司	电商类
108	宁波发达派国际贸易有限公司	电商类
109	宁波海汇天城进出口有限公司	电商类
110	宁波伦雄国际贸易有限公司	电商类
111	宁波美乐购电子商务有限公司	电商类
112	宁波速享普惠国际贸易有限公司	电商类
113	宁波洋品汇国际贸易有限公司	电商类
114	宁波意正国际贸易有限公司	电商类
115	宁波又一站电子商务有限公司	电商类
116	宁波智狮电子商务有限公司	电商类
117	宁波洲际速买国际贸易有限公司	电商类
118	宁波巴斯年华国际贸易有限公司	电商类
119	宁波保税区阿尔宝电子商务有限公司	电商类
120	宁波保税区港投国际贸易有限公司	电商类
121	宁波保税区光明星物联科技有限公司	电商类
122	宁波保税区哈里逊国际贸易有限公司	电商类
123	宁波保税区和陆缘贸易有限公司	电商类
124	宁波保税区聚放心国际贸易有限公司	电商类
125	宁波保税区乐尚良品进出口有限公司	电商类
126	宁波保税区五洲在线电子商务有限公司	电商类
127	宁波保税区永裕贸易有限公司	电商类
128	宁波贝悦国际贸易有限公司	电商类
129	宁波不二飞猪电子商务有限公司	电商类

表2-8 续5

序号	企业名称	主营业务
130	宁波畅行文化科技有限公司	电商类
131	宁波鼎鲜电子商务有限公司	电商类
132	宁波赶洋电子商务有限公司	电商类
133	宁波格跃贸易有限公司	电商类
134	宁波吉康瑞进出口有限公司	电商类
135	宁波金球购电子商务有限公司	电商类
136	宁波金世源电子商务有限公司	电商类
137	宁波金树金进出口有限公司	电商类
138	宁波亮生活国际贸易有限公司	电商类
139	宁波麦邦康品贸易有限公司	电商类
140	宁波铭生进出口有限公司	电商类
141	宁波摩西网络技术有限公司	电商类
142	宁波申萱电子商务有限公司	电商类
143	宁波太平洋百利买国际贸易有限公司	电商类
144	宁波土妈进出口贸易有限公司	电商类
145	宁波唯伊特卖电子商务有限公司	电商类
146	宁波吾奉电子商务有限公司	电商类
147	宁波新丝道国际贸易有限公司	电商类
148	宁波亿伟锋国际贸易有限公司	电商类
149	宁波樱艺枋电子商务有限公司	电商类
150	宁波中瀛国际贸易有限公司	电商类
151	浙江盈创动力信息技术有限公司	电商类
152	浙江中磐电子商务有限公司	电商类
153	宁波保税区菲越国际贸易有限公司	电商类
154	宁波保税区古斯图国际贸易有限公司	电商类
155	宁波梵克吉品国际贸易有限公司	电商类
156	宁波古麦田电子商务有限公司	电商类
157	宁波纽迪西亚进出口有限公司	电商类
158	宁波如彩保税区国际贸易有限公司	电商类
159	宁波洋萌国际贸易有限公司	电商类
160	宁波甬购网络科技有限公司	电商类

表2-8 续6

序号	企业名称	主营业务
161	宁波优买电子商务有限公司	电商类
162	宁波者也电子商务有限公司	电商类
163	浙江臻品悦动网络科技有限公司	电商类
164	宁波柏徕一品国际贸易有限公司	电商类
165	宁波保税区环辰国际贸易有限公司	电商类
166	宁波保税区九猫家国际有限公司	电商类
167	宁波保税区忙妈妈电子商务有限公司	电商类
168	宁波保税区欧梵国际贸易有限公司	电商类
169	宁波保税区山阴路兴业国际贸易有限公司	电商类
170	宁波保税区太和福瑞进出口有限公司	电商类
171	宁波保税区天实贸易有限公司	电商类
172	宁波保税区星期五电子商务有限公司	电商类
173	宁波保税区一品汇国际贸易有限公司	电商类
174	宁波保税区又一村进出口有限公司	电商类
175	宁波保税区卓达远洋电子商务有限公司	电商类
176	宁波博洋通汇跨境电子商务有限公司	电商类
177	宁波谨道电子商务有限公司	电商类
178	宁波卡拉苏网络科技有限公司	电商类
179	宁波康庄贸易股份有限公司	电商类
180	宁波丽美健国际贸易有限公司	电商类
181	宁波马洲国际贸易有限公司	电商类
182	宁波凝越国际贸易有限公司	电商类
183	宁波欧宜进口贸易有限公司	电商类
184	宁波奇云贸易有限公司	电商类
185	宁波瞧不湿电子商务有限公司	电商类
186	宁波日品驿站电子商务有限公司	电商类
187	宁波思八达国际贸易有限公司	电商类
188	宁波沃枫国际贸易有限公司	电商类
189	宁波信海汇进出口有限公司	电商类
190	宁波宜好乐国际贸易有限公司	电商类
191	宁波颐泉贸易有限公司	电商类

表2-8 续7

序号	企业名称	主营业务
192	宁波佐水贸易有限公司	电商类
193	浙江华叶进出口有限公司	电商类
194	宁波爱荻亚国际贸易有限公司	电商类
195	宁波宝贝心愿电子商务有限公司	电商类
196	宁波保达电子商务有限公司	电商类
197	宁波保税区艾麦克斯国际贸易有限公司	电商类
198	宁波保税区德睿客贸易有限公司	电商类
199	宁波保税区利锦进出口有限公司	电商类
200	宁波保税区通港国际贸易有限公司	电商类
201	宁波保税区甬邦圣通国际贸易有限公司	电商类
202	宁波倍滋氏健康管理有限公司	电商类
203	宁波昌昱电子商务有限公司	电商类
204	宁波飞马淘电子商务有限公司	电商类
205	宁波九文进出口有限公司	电商类
206	宁波美全食电子商务有限公司	电商类
207	宁波睿泰盛业国际贸易有限公司	电商类
208	宁波市世华通商进出口有限公司	电商类
209	宁波天德通进出口有限公司	电商类
210	宁波天德源进出口有限公司	电商类
211	宁波裕洋洋进出口有限公司	电商类
212	中铁互联（宁波）进出口有限公司	电商类
213	宁波宝贝格子科技有限公司	电商类
214	宁波保税区阿里拉进出口有限公司	电商类
215	宁波保税区贝欧电子商务有限公司	电商类
216	宁波保税区帛轩进出口有限公司	电商类
217	宁波保税区明星谷贸易有限公司	电商类
218	宁波保税区纽爵电子商务有限公司	电商类
219	宁波保税区瑞友电子商务有限公司	电商类
220	宁波保税区锡通国际贸易有限公司	电商类
221	宁波保税区新州越洋国际贸易有限公司	电商类
222	宁波保税区益猫国际贸易有限公司	电商类

表2-8 续8

序号	企业名称	主营业务
223	宁波保税区银泰西选进出口有限公司	电商类
224	宁波保税区优物购国际贸易有限公司	电商类
225	宁波港通天下网络科技有限公司	电商类
226	宁波汇淘电子商务有限公司	电商类
227	宁波惠成长国际贸易有限公司	电商类
228	宁波慧巧思国际贸易有限公司	电商类
229	宁波可牛国际贸易有限公司	电商类
230	宁波辣妈帮国际贸易有限公司	电商类
231	宁波诺德诚品进出口有限公司	电商类
232	宁波欧客速品国际贸易有限公司	电商类
233	宁波神爸国际有限公司	电商类
234	宁波小麻包电子商务有限公司	电商类
235	宁波英诺德网络科技有限公司	电商类
236	浙江丰瑞能源有限公司	电商类
237	宁波保税区港荣国际贸易有限公司	电商类
238	宁波保税区几维国际贸易有限公司	电商类
239	宁波保税区天鼎源和电子商务有限公司	电商类
240	宁波保税区天空之城电子商务有限公司	电商类
241	宁波保税区天天一族电子商务有限公司	电商类
242	宁波保税区鑫网易商国际贸易有限公司	电商类
243	宁波保税区壹号仓电子商务有限公司	电商类
244	宁波保税区壹玖捌叁商贸有限公司	电商类
245	宁波德洛斯国际贸易有限公司	电商类
246	宁波嘟嘟妈妈国际贸易有限公司	电商类
247	宁波多宝塔国际贸易有限公司	电商类
248	宁波购久购味电子商务有限公司	电商类
249	宁波韩金电子商务有限公司	电商类
250	宁波嘉宝优品国际贸易有限公司	电商类
251	宁波聚美优品网络科技有限公司	电商类
252	宁波郎伯电器科技有限公司	电商类
253	宁波陆氏东纳国际贸易有限公司	电商类

表2-8 续9

序号	企业名称	主营业务
254	宁波玛雅宝贝电子商务有限公司	电商类
255	宁波蜜惠国际贸易有限公司	电商类
256	宁波欧维电子商务有限公司	电商类
257	宁波欧源国际贸易有限公司	电商类
258	宁波普来米亚国际贸易有限公司	电商类
259	宁波全品共创电子商务有限公司	电商类
260	宁波生活无忧电子商务有限公司	电商类
261	宁波盛世华腾电子商务有限公司	电商类
262	宁波藤之美贸易有限公司	电商类
263	宁波炫科电子商务有限公司	电商类
264	宁波亿路通国际贸易有限公司	电商类
265	宁波优递国际贸易有限公司	电商类
266	宁波粥妈电子商务有限公司	电商类
267	宁波爱迪东方跨境电子商务有限公司	电商类
268	宁波澳品汇贸易有限公司	电商类
269	宁波澳途电子商务有限公司	电商类
270	宁波保税区粑粑麻麻进出口有限公司	电商类
271	宁波保税区保嘉国际贸易有限公司	电商类
272	宁波保税区大田费舍尔供应链服务有限公司	电商类
273	宁波保税区东硕国际贸易有限公司	电商类
274	宁波保税区嘉宏供应链管理有限公司	电商类
275	宁波保税区快乐云商国际贸易有限公司	电商类
276	宁波保税区联晟进口商品有限公司	电商类
277	宁波保税区融成赢富电子商务有限公司	电商类
278	宁波保税区鑫永旺商贸有限公司	电商类
279	宁波保税区伊亲国际贸易有限公司	电商类
280	宁波贝网国际贸易有限公司	电商类
281	宁波东方良品国际贸易有限公司	电商类
282	宁波好洋农电子商务有限公司	电商类
283	宁波金光海贸易有限公司	电商类
284	宁波旷世通跨境电子商务有限公司	电商类

表2-8　续10

序号	企业名称	主营业务
285	宁波坤合国际贸易有限公司	电商类
286	宁波绿康百源电子商务有限公司	电商类
287	宁波三尚国际贸易有限公司	电商类
288	宁波少卿国际贸易有限公司	电商类
289	宁波万国优品跨境电子商务有限公司	电商类
290	宁波尾巴圈电子商务有限公司	电商类
291	宁波喜淘物联科技有限公司	电商类
292	宁波雅润茵源国际贸易有限公司	电商类
293	宁波英斯曼国际贸易有限公司	电商类
294	宁波尤巴图斯国际贸易有限公司	电商类
295	宁波爱淘妈妈信息科技有限公司	电商类
296	宁波奥斯兰贸易有限公司	电商类
297	宁波澳纽之窗国际贸易有限公司	电商类
298	宁波保税区赫本跨境电子商务有限公司	电商类
299	宁波保税区看图购国际贸易有限公司	电商类
300	宁波保税区纽菲尔德国际贸易有限公司	电商类
301	宁波保税区欧美购电子商务有限公司	电商类
302	宁波保税区丝路乐供应链管理有限公司	电商类
303	宁波保税区四海捷运电子商务有限公司	电商类
304	宁波保税区壹柒沃的购贸易有限公司	电商类
305	宁波保税区优百汇电子商务有限公司	电商类
306	宁波贝猫电子商务有限公司	电商类
307	宁波贝咪国际贸易有限公司	电商类
308	宁波常森进出口有限公司	电商类
309	宁波诚淘电子商务有限公司	电商类
310	宁波大淘国际贸易有限公司	电商类
311	宁波格格家国际贸易有限公司	电商类
312	宁波广顺源电子商务有限公司	电商类
313	宁波海豆子国际贸易有限公司	电商类
314	宁波海聚信息科技有限公司	电商类
315	宁波环球通供应链管理有限公司	电商类

表2-8 续11

序号	企业名称	主营业务
316	宁波美宜诚品电子商务有限公司	电商类
317	宁波念美电子商务有限公司	电商类
318	宁波欧牛进出口有限公司	电商类
319	宁波日贸晟国际贸易有限公司	电商类
320	宁波双行线国际贸易有限公司	电商类
321	宁波丸子优购国际贸易有限公司	电商类
322	宁波鑫海通达贸易有限公司	电商类
323	宁波壹选国际贸易有限公司	电商类
324	宁波优涛国际贸易有限公司	电商类
325	宁波悠购电子商务有限公司	电商类
326	宁波掌引电子商务有限公司	电商类
327	宁波浙粮国际贸易有限公司	电商类
328	汇立控股有限公司	电商类
329	宁波澳米贸易有限公司	电商类
330	宁波保税区嘉尼罗帝国际贸易有限公司	电商类
331	宁波道无忧供应链管理有限公司	电商类
332	宁波弗劳恩物流科技有限公司	电商类
333	宁波高攀达进出口有限公司	电商类
334	宁波恒洋国际贸易有限公司	电商类
335	宁波红蚂蚁电子商务有限公司	电商类
336	宁波金芝树国际贸易有限公司	电商类
337	宁波欧乐美贸易有限公司	电商类
338	宁波瑞吉润进出口有限公司	电商类
339	宁波申诺伟电子商务有限公司	电商类
340	宁波圣金达电子商务有限公司	电商类
341	宁波市乐芽儿电子商务有限公司	电商类
342	宁波粟客林国际贸易有限公司	电商类
343	宁波纬映电子商务有限公司	电商类
344	宁波婴邦贸易有限公司	电商类
345	宁波珍妮优选贸易有限公司	电商类
346	浙江鹰宏进出口贸易有限公司	电商类

表2-8　续12

序号	企业名称	主营业务
347	海航国际贸易（宁波）有限公司	电商类
348	宁波安运达电子商务有限公司	电商类
349	宁波宝甸国际贸易有限公司	电商类
350	宁波保税区承美瑞电子商务有限公司	电商类
351	宁波保税区大丰车国际贸易有限公司	电商类
352	宁波保税区时尚美罗全球购贸易有限公司	电商类
353	宁波东经北纬国际贸易有限公司	电商类
354	宁波都特国际贸易有限公司	电商类
355	宁波海购乐电子商务有限公司	电商类
356	宁波慧尚国际贸易有限公司	电商类
357	宁波摩贝卡国际贸易有限公司	电商类
358	宁波欧拉美国际贸易有限公司	电商类
359	宁波品优嘉贸进出口有限公司	电商类
360	宁波普创汇国际贸易有限公司	电商类
361	宁波尚客猫电子商务有限公司	电商类
362	宁波狮王国际贸易有限公司	电商类
363	宁波新光骑士电子商务有限公司	电商类
364	宁波浙信国际贸易有限公司	电商类
365	中粮（宁波）电子商务有限公司	电商类
366	中外运电子商务浙江有限公司	电商类
367	宁波艾绿生国际贸易有限公司	电商类
368	宁波百泽进出口有限公司	电商类
369	宁波邦邦购国际贸易有限公司	电商类
370	宁波保税区瑞购电子商务有限公司	电商类
371	宁波德汉嘉宇贸易有限公司	电商类
372	宁波海分宝电子商务有限公司	电商类
373	宁波海易淘电子商务有限公司	电商类
374	宁波金脉华通国际贸易有限公司	电商类
375	宁波骏辰国际贸易有限公司	电商类
376	宁波凯斯伙伴国际贸易有限公司	电商类
377	宁波麦萌进出口有限公司	电商类

表2-8 续13

序号	企业名称	主营业务
378	宁波慕普珑电子商务有限公司	电商类
379	宁波品极电子商务有限公司	电商类
380	宁波全球淘电子商务有限公司	电商类
381	宁波荣诺商贸有限公司	电商类
382	宁波市莱米购电子商务有限公司	电商类
383	宁波天图物流有限公司	电商类
384	宁波通天轮贸易有限公司	电商类
385	宁波优正进出口有限公司	电商类
386	宁波悦洋电子商务有限公司	电商类
387	中建天和（北京）科技发展有限公司	电商类
388	上海娜玛电子商务有限公司	电商类
389	福州古夏商贸有限公司	电商类
390	深圳市迪克赛国际贸易有限公司	电商类
391	宁波京琼进出口有限公司	电商类
392	宁波泷亦购电子商务有限公司	电商类
393	深圳市万国乐购电子商务有限公司	电商类
394	天津宝贝蜜国际贸易有限公司	电商类
395	唯品直通车实业（上海）有限公司	电商类
396	苏州德尊进出口有限公司	电商类
397	山东齐派送电子商务有限公司	电商类
398	上海天曦健康产品贸易有限公司	电商类
399	舶乐蜜电子商务（上海）有限公司	电商类
400	住商电子商务（上海）有限公司	电商类
401	上海中擎网络科技有限公司	电商类
402	嘉兴百汇信息科技有限公司	电商类
403	宁波东力进出口有限公司	电商类
404	上海五蕴信息科技有限公司	电商类
405	北京当当科文电子商务有限公司	电商类
406	宁波爱施普贸易有限公司	电商类
407	馥懿（上海）实业有限公司	电商类
408	苏州赶洋商贸有限公司	电商类

表2-8 续14

序号	企业名称	主营业务
409	宁波星淘电子商务有限公司	电商类
410	威海九日进出口有限公司	电商类
411	宁波澳纽印象投资管理有限公司	电商类
412	重庆佳购科技有限公司	电商类
413	武汉环球闪购电子商务有限责任公司	电商类
414	北京远洋畅游科技有限公司	电商类
415	上海百品汇电子商务有限公司	电商类
416	宁波八吾九零类管理咨询有限公司	电商类
417	广州唯品会信息科技有限公司	电商类
418	南京微派信息技术有限公司	电商类
419	厦门欧品客进出口贸易有限公司	电商类
420	临沂郡洺贸易有限公司	电商类
421	北京众嘉禾励科技有限公司	电商类
422	酷姆乐（上海）实业有限公司	电商类
423	宁波珀来国际贸易有限公司	电商类
424	宁波智山国际贸易有限公司	电商类
425	国美在线电子商务有限公司	电商类
426	青岛佰泽威国际贸易有限公司	电商类
427	上海知了实业有限公司	电商类
428	宁波多多意购股份有限公司	电商类
429	宁波极享生活电子商务有限公司	电商类
430	北京法尔诺德生物科技有限公司	电商类
431	福建斯锐达贸易有限公司	电商类
432	福州爱诗普霖水处理设备有限公司	电商类
433	广州市瑞欣康信息科技有限公司	电商类
434	杭州中梦食品有限公司	电商类
435	温州易航国际物流有限公司	电商类
436	浙江小也网络科技有限公司	电商类
437	上海颀宝实业有限公司	电商类
438	好特数码技术（天津）有限公司	电商类
439	象山涵泰商贸有限公司	电商类

表2-8 续15

序号	企业名称	主营业务
440	合驿（苏州）供应链管理有限公司	电商类
441	苏州市玄通电子商务发展有限公司	电商类
442	上海申诺伟电子商务有限公司	电商类
443	宁波九樱良品电子商务有限公司	电商类
444	北京瑞金麟网络技术服务有限公司	电商类
445	北京康宁宝贝商贸有限公司	电商类
446	五洲恒通（香港）实业集团有限公司	电商类
447	井贝（香港）国际贸易有限公司	电商类
448	香港跨境淘贸易有限公司（富邦）	电商类
449	Golden Mouse 株式会社	电商类
450	宁波麦西贸易有限公司	电商类
451	宁波八达购国际有限公司	电商类
452	宁波保税区欧乐淘电子商务有限公司	电商类
453	百特优商贸咨询有限公司	电商类
454	上海娜玛跨境电子商务有限公司	电商类
455	澳大利亚倍护	电商类
456	Wing on new group Canada Inc.	电商类
457	香港柏致贸易有限公司	电商类
458	上海申诺伟国际物流有限公司（华通国际采购有限公司）	电商类
459	杭州驰步科技有限公司	电商类
460	法国红酒文化中心	电商类
461	We Global Gmbh	电商类
462	深圳市爱美购科技有限公司（么么嗖）	电商类
463	联世融合销售有限公司	电商类
464	株式会社 Idear Idear	电商类
465	香港金人国际投资有限公司	电商类
466	Australia Sunshine International Group Pty Ltd	电商类
467	宁波丫丫趣购电子商务有限公司	电商类
468	杭州圣曼云科技有限公司	电商类
469	速龙国际有限公司	电商类
470	苏州庆曜贸易有限公司	电商类

表2-8 续16

序号	企业名称	主营业务
471	上海播乐网络科技有限公司	电商类
472	瑞优国际有限公司	电商类
473	渺艺国际医学营养行销服务有限公司	电商类
474	Belong Company Newzealand Limited	电商类
475	麦乐购（香港）有限公司	电商类
476	Fortunet Holding Limited	电商类
477	贝乐购国际有限公司	电商类
478	美臣有限公司（Meadson Limited）	电商类
479	株式会社爽快药妆	电商类
480	Bus International Australia Pty Ltd.	电商类
481	Qbid Pty. Ltd	电商类
482	宁波又一村进出口有限公司	电商类
483	宁波梵克吉品国际贸易有限公司	电商类
484	安柏美高资源（香港）有限公司	电商类
485	东力集团（香港）股份有限公司	电商类
486	佛山市全汇贸易有限公司	电商类
487	自然阳光（远东）有限公司	电商类
488	Hygeia's Pride, Inc	电商类
489	宁波新品味供应链管理有限公司	电商类
490	深圳市力源新锐科技有限公司	电商类
491	国美日本株式会社	电商类
492	宁波美囤妈妈电子商务有限公司	电商类
493	King Power International Co., Ltd	电商类
494	Aumake Australia Pty Ltd（澳大利亚澳卖客有限公司）	电商类
495	Ausline Shipping Pty Ltd	电商类
496	Chalerm Thai International Co., Ltd.	电商类
497	Iherb. Inc	电商类
498	JRD Innovations Ltd	电商类
499	Nac Health Pty Ltd	电商类
500	Venture Best Limited	电商类
501	北京汇智知行教育咨询有限公司	电商类

表2-8 续17

序号	企业名称	主营业务
502	苍南县志盛食品有限公司	电商类
503	宠物用品速递（香港）有限公司	电商类
504	稻田（北京）科技有限公司	电商类
505	帝创集团有限公司	电商类
506	丰稷食品有限公司	电商类
507	丰生活电子商贸有限公司	电商类
508	济宁海派电子商务有限公司	电商类
509	跨境易购国际贸易有限公司	电商类
510	乐利数字科技股份有限公司	电商类
511	礼愫有限公司	电商类
512	美合国际实业股份有限公司	电商类
513	宁波澳路通国际贸易有限公司	电商类
514	宁波妈妈购网络科技有限公司	电商类
515	宁波米到网络科技有限公司	电商类
516	宁波市航都电子商务有限公司	电商类
517	牵趣进出口有限公司	电商类
518	青岛君合嘉福国际贸易有限公司	电商类
519	日本云豹国际物流株式会社	电商类
520	赛弗集团香港有限公司	电商类
521	世纪都华国际有限公司	电商类
522	顺丰优选国际有限公司	电商类
523	苏州艺家因特贸易有限公司	电商类
524	温州市立心正品电子商务有限公司	电商类
525	越承贸易公司	电商类
526	浙江鹰泊品牌管理有限公司	电商类
527	郑氏实业有限公司	电商类
528	宁波保税区迅诚物流有限公司	仓储类
529	宁波富立物流有限公司	仓储类
530	宁波保税区正正电子商务有限公司	仓储类
531	宁波保税区淘淘羊电子商务有限公司	仓储类
532	宁波保税区宁兴优贝国际贸易有限公司	仓储类

表2-8 续18

序号	企业名称	主营业务
533	中铁互联（宁波）进出口有限公司	仓储类
534	宁波丫丫趣购电子商务有限公司	仓储类
535	宁波蜜芽宝贝国际贸易有限公司	仓储类
536	宁波保税区嘉里大通物流有限公司	仓储类
537	宁波保税区通港国际贸易有限公司	仓储类
538	百世物流科技（宁波保税区）有限公司	仓储类
539	宁波优买电子商务有限公司	仓储类
540	宁波富连昌供应链管理有限公司	仓储类
541	宁波辉煌十月网络科技有限公司	仓储类
542	宁波保税区金球购电子商务有限公司	仓储类
543	宁波弗劳恩物流科技有限公司	仓储类
544	宁波保税区嘉宏供应链管理有限公司	仓储类
545	招商局物流集团宁波有限公司	仓储类
546	宁波保税区涌创智联供应链管理有限公司	仓储类
547	海航国际贸易（宁波）有限公司	仓储类
548	宁波贝猫电子商务有限公司	仓储类
549	宁波鑫海通达贸易有限公司	仓储类
550	宁波浙粮国际贸易有限公司	仓储类
551	宁波云仓物流有限公司	仓储类
552	聚美优品	仓储类
553	宁波泰丰合达物流有限公司	仓储类
554	宁波众鑫环球供应链管理有限公司	仓储类
555	美囤妈妈（上海）电子商务有限公司	仓储类
556	宁波万通安达供应链管理有限公司	仓储类
557	宁波龙洲物流有限公司	仓储类
558	宁波梅山保税港区网仓信息科技技术有限公司	仓储类
559	万迅	仓储类
560	宁波保税区无尾熊电子商务有限公司	仓储类
561	宁波外代新扬有限公司	仓储类

表2-8 续19

序号	企业名称	主营业务
562	宁波保税区涌优秀贸易有限公司	仓储类
563	宁波鑫海通达供应链管理有限公司	仓储类
564	宁波国虹立达物流服务有限公司	仓储类
565	浙江省邮政速递物流有限公司宁波市北仑区分公司	物流类
566	上海韵达货运有限公司	物流类
567	宁波申通快递有限公司北仑分公司	物流类
568	圆通速递有限公司	物流类
569	百世物流科技（中国）有限公司	物流类
570	浙江中通速递服务有限公司宁波分公司	物流类
571	宁波市北仑区邮政局	物流类
572	宁波顺丰速运有限公司	物流类
573	北京京邦达贸易有限公司	物流类
574	北京全峰快递有限责任公司	物流类
575	天天快递有限公司	物流类
576	德邦物流股份有限公司	物流类
577	上海东航快递有限公司	物流类
578	宁波路易通电子商务有限公司	物流类
579	宁波保税区航虹发展公司	物流类
580	民航快递有限责任公司宁波分公司	物流类
581	银联在线	支付类
582	支付宝	支付类
583	盛付通	支付类
584	易付宝	支付类
585	京东网银在线	支付类
586	国际支付宝	支付类
587	甬易支付	支付类
588	富友支付	支付类
589	连连支付	支付类
590	财付通（微信支付）	支付类

表2-8 续20

序号	企业名称	主营业务
591	网易宝	支付类
592	银盈通支付	支付类
593	智惠支付	支付类
594	拉卡拉	支付类
595	杭州银行（网银）	支付类
596	银联网络	支付类
597	重庆易极付	支付类
598	易宝支付	支付类
599	通联支付	支付类
600	首信易支付	支付类

统计数据

一、宁波跨境电商服务试点出口业务报表

宁波跨境电商服务试点出口业务报表（如表2-9所示）。

二、宁波跨境电商服务试点进口业务报表

宁波跨境电商服务试点进口业务报表（如表2-10所示）。

表 2–9　宁波跨境电商服务试点出口业务报表

业务模式	试点区域	试点企业（个）	报关单（单）	货值（万美元）	主要商品	主要出口国
B2C	经济技术开发区	1	27	80	玻璃装饰品、铁饰品、帽子、日用瓷、太阳能灯	美国、加拿大
B2B	余姚市	1	1249	2199	椅子、桌子、户外休闲椅、帐篷、遮阳篷	美国、澳大利亚、德国、法国、英国
	慈溪市	5	1607	8579	电熨斗、煎烤器、电源连接器、多士炉、三明治炉	美国、荷兰、德国、英国、法国
	宁海县	1	60	974	太阳能电池板、太阳能板、密封胶、灌封胶	日本、墨西哥、荷兰、阿联酋、德国
	象山县	1	20	74	扑克牌、摇奖转盘、积木、灯杆	美国、澳大利亚、德国、日本、加拿大
	海曙区	1	453	1290	铁制摇椅、吊椅套装、制冷剂、铝椅	德国、俄罗斯联邦、巴西、法国、泰国
	江东区	1	11	55	塑料垫片、转换器、化妆刷、汽车配件、圆珠笔	美国、韩国、德国、伊朗、法国
	江北区	1	294	722	塑料杯、LED 灯、笔记本、塑料耳机、宠物毯	俄罗斯联邦、荷兰、英国、美国、德国
	镇海区	1	76	358	激光头、轻触开关、地磁气传感器、塑料托盘	泰国、日本、中国香港、马来西亚、韩国
	北仑区	8	1209	12878	成品油船、可发性聚苯乙烯、集装箱	韩国、新加坡、美国、伊朗、俄罗斯联邦
	杭州湾新区	1	240	518	自行车、儿童自行车	美国、加拿大、澳大利亚、墨西哥
	宁波保税区（出口加工区）	11	2769	36493	集装箱、电脑主机板、计算机主机部件、液晶显示板	中国香港、德国、美国、法国、日本
	大榭开发区	1	558	3641	多亚甲基多苯基异氰酸酯、聚合 MDI	美国、土耳其、越南、俄罗斯联邦、阿联酋
	经济技术开发区	6	2303	12158	白卡纸、涂布白板纸、男长裤、男套头衫、鞋	日本、孟加拉国、土耳其、德国、美国
全市		40	10876	80019	集装箱、液晶显示板、电熨斗、多亚甲基多苯基异氰酸酯	美国、日本、德国、韩国、法国

表 2-10 宁波跨境电商服务试点进口业务报表

区域	业务开始时间（年）	验放清单（万票）	消费者（人）	货值（万元）	增长率（%）	税款（万元）	上线商品种类（个）	商品种类（进口量前五位）	备案电商（个）	上线电商（个）
宁波保税区	2013. 11. 27	1373. 26	5817633	295810. 59	615. 12（同比上年）	866. 2	674	纸尿裤、奶粉、护肤品、洗发水、其他编号未列名的食品	386	141
栎社保税物流中心（B）型	2014. 12. 29	132. 3	876421	27722. 43	/	87. 8	336	纸尿裤、奶粉、护肤品、籼米精米、其他编号未列名的食品	158	63
宁波栎社机场	2015. 08. 18	28. 33	203350	4780. 59	/	24. 46	176	保温杯、塑料制餐具、其他编号未列名的食品、一次性制品、箱包	33	23
梅山保税港区	2015. 10. 29	3. 56	22942	892. 58	/	0. 36	67	纸尿裤、奶粉、护肤品、洗发水、卫生巾	2	2
总计	试点以来累计	1537. 45	6920346	329206. 19	/	978. 82	1253		579	229

三、宁波跨境电商分地区消费分布统计表

宁波跨境电商分地区消费分布统计表（如表2-11所示）。

表2-11 宁波跨境电商分地区消费分布统计表

排名	进/出口	地区	数量（包）	金额（元）	消费者数量（人/次）	主要商品（前五种）
1	进口	浙江省	2379121	599736074.4	881670	纸尿裤、奶粉、护肤品、卫生巾、洗发水
2	进口	江苏省	1655808	374341904.1	741050	纸尿裤、奶粉、护肤品、洗发水、卫生巾
3	进口	广东省	1664794	346341158.5	788593	纸尿裤、奶粉、护肤品、其他编号未列名的食品、卫生巾
4	进口	上海	1273308	269735866.6	598206	纸尿裤、护肤品、奶粉、其他干果、卫生巾
5	进口	北京	1083890	219456211.3	481150	纸尿裤、护肤品、奶粉、其他编号未列名的食品、卫生巾
6	进口	福建省	639506	142260083.7	291674	纸尿裤、奶粉、护肤品、其他编号未列名的食品、卫生巾
7	进口	山东省	674850	134163906.1	342115	纸尿裤、奶粉、护肤品、其他编号未列名的食品、卫生巾
8	进口	四川省	618738	131688289.9	302747	纸尿裤、奶粉、护肤品、洗发水、卫生巾
9	进口	湖北省	592764	120029650.6	292240	纸尿裤、奶粉、护肤品、洗发水、卫生巾
10	进口	河南省	446644	89364551.13	229269	纸尿裤、奶粉、护肤品、洗发水、卫生巾
11	进口	辽宁省	460127	87644857.96	220980	纸尿裤、护肤品、奶粉、其他编号未列名的食品、卫生巾
12	进口	安徽省	401905	85111078.26	194888	纸尿裤、奶粉、护肤品、洗发水、卫生巾
13	进口	湖南省	451606	84559723.47	226511	纸尿裤、护肤品、奶粉、洗发水、卫生巾
14	进口	陕西省	329163	68520216.52	160526	纸尿裤、奶粉、护肤品、洗发水、卫生巾

表2-11　续

排名	进/出口	地区	数量（包）	金额（元）	消费者数量（人/次）	主要商品（前五种）
15	进口	河北省	334806	62797125.57	176893	纸尿裤、护肤品、奶粉、其他编号未列名的食品、卫生巾
16	进口	广西壮族自治区	289876	61508178.98	137958	纸尿裤、奶粉、护肤品、洗发水、卫生巾
17	进口	重庆	269762	56750407.25	136271	纸尿裤、奶粉、护肤品、洗发水、卫生巾
18	进口	天津	280886	53237458.25	142413	纸尿裤、护肤品、奶粉、洗发水、卫生巾
19	进口	江西省	253065	52203072.4	128499	纸尿裤、奶粉、护肤品、洗发水、卫生巾
20	进口	云南省	196455	40527705.2	95068	纸尿裤、护肤品、奶粉、洗发水、卫生巾
21	进口	其他省份	1077342	212070655.3	556221	纸尿裤、奶粉、护肤品、洗发水、卫生巾

大事记

2013年9月2日，《宁波市跨境电商服务试点项目业务及技术实施方案》正式通过海关总署审批（署办科函〔2013〕9号），宁波上报的进、出口方案同时获得了批准。

2013年11月，宁波海关举行跨境电商关企签约仪式，宁波摩西电子商务有限公司等4家企业顺利通过审核报批，成为宁波首批开展跨境电商业务的试点企业，并会同海关和宁波国际物流发展股份有限公司签订了三方协议书。

2013年11月27日，宁波跨境电商试点进口保税备货模式业务在宁波保税区正式启动，试运行当天共审核放行进口报关单166票，来自全国51个城市111名消费者购买了跨境购商品。

2014年3月，宁波跨境电商服务平台正式改版为跨境购平台（www.kjb2c.com）。

2014年6月17日，跨境购实现与天猫国际平台技术对接，跨境购平台与天猫国际正式开展业务合作，使宁波跨境整体业务单量再上新台阶，并保持快速增长的趋势。

2014年9月16日，海关总署正式同意宁波跨境电商服务试点新增“一般进口”模式和“保税集货”模式。

2014年10月17日，宁波跨境电子商

务试点交易额突破 1 亿元，成为国家跨境电商服务试点进口业务首个累计交易额破亿元的试点城市。

2014 年 10 月 31 日，宁波市口岸协会跨境电商分会正式成立。

2014 年 11 月 7 日，宁波市电子商务“双十一”活动启动暨宁波市政府与阿里巴巴（中国）有限公司签订战略合作协议在市行政中心举行。

2014 年 11 月 12 日，跨境购“双十一”累计接单 60 万单，销售总额超 1 亿元。

2014 年 12 月 29 日，宁波跨境电子商务进口集货业务模式试运行正式启动。试运行第一天累计出货 106 单，主要商品品类为小家电、保健品、化妆品等。

2015 年 5 月 26 日，宁波跨境电子商务累计交易额达到 10.03 亿元，正式突破 10 亿元大关，成为全国首个交易额破 10 亿元的跨境电子商务试点城市。

2015 年 5 月 28 日，宁波跨境电商出口服务平台正式上线。

2015 年 7 月 16 日，宁波硕思贸易有限公司的一批出口到加拿大、价值 3.11 万美元的玻璃垫、塑料杯等商品，通过宁波海关出口跨境电商平台申报后顺利出境。这是宁波跨境电子商务首票 B2C 出口货物，标志着宁波跨境电商实现进出口业务全覆盖。

2015 年 8 月 1 日，跨境购平台发布了全新升级的“正品保障体系”，标志着宁波成为全国第一个将全品类质量保险纳入正品保障体系的试点城市。

2015 年 8 月 18 日，宁波空港跨境电子商务“一般进口”模式正式上线运行。

2015 年 11 月 3 日，梅山保税港区正式实单开展跨境电商试点进口保税备货模式。

2015 年 11 月底，宁波成为全国首个完成跨境电商服务试点项目竣工验收的试点城市。

2015 年 12 月，海关总署、国家邮政局、中国邮政集团先后复函，同意宁波设立国际邮件互换局（交换站）。

2015 年 12 月 31 日，杭州湾新区慈溪出口加工区实单试运行。

郑州地区

近年来，在河南省委、省政府的正确领导下，在省各有关单位的大力支持下，郑州市成立专门工作团队，建立专项工作机制，全力推进郑州跨境电商试点工作项目（以下简称“跨境试点”）。经过两年多的实践探索，试点取得了显著成效。业务规模全国领先，截至2015年底，试点总业务量已达到5001.61万包[①]，总货值39.26亿元；对接全球市场的物流体系初步构建，试点进口商品来自全球55个国家，出口商品发往全球77个国家；产业集聚效应凸显，试点现有海关备案企业805家，其中234家已在河南本地落地注册，国内外知名电商企业纷纷进驻；阶段性工作成果得到了国家相关部委的认可，一些成功经验和做法已经在全国试点城市中复制推广。经过三年多的艰辛探索，郑州跨境试点“构建了一个服务平台，创新了一个商业模式，建立了一套国际物流体系，创立了一个便利化通关方式”，初步为内陆地区城市扩大开放和产业转型升级探索出了一条可行路径。

---

① 此数据仅是海关总署批复方案中的试点承建单位的业务量，不包括扩区后其他区域的业务量。

发展历程

2012~2015年，郑州跨境试点作为全国第一个利用海关特殊监管场所开展试点工作的城市，按照“电子商务+行邮监管+保税中心”的试点工作总体思路，在信息平台建设、交易规模提升、监管方式探索、行政审批改革、商业模式创新、配套设施建设、参试企业聚集、扩大就业规模、拉动经济增长等方面均成效显著，取得了制度创新的改革成效，产业发展的经济成效，大众创业、万众创新的社会成效。

一、省市联动，全力推进试点工作

为推进郑州跨境试点工作，河南省委、省政府确立了“省市联动、以市为主”的两级三层工作机制，省、市两级政府及经济技术开发区管委会分别成立了试点工作领导小组，海关、国检等相关部门参与。

河南省领导小组由分管副省长赵建才任组长，先后召开十多次专题协商会议，科学研究制定试点顶层工作方案。市领导小组由分管副市长薛云伟任组长，试点初期每周召开一次现场办公会，省市先后下发了三十多次专题会议纪要，及时研究解决试点工作中遇到的问题。郑州市人民政府口岸办派驻专人现场协调推动试点相关工作；经济技术开发区管委会组建专职工作团队进驻河南省进口物资公共保税中心公司（试点承建单位）协助推进试点有关工作。

自2014年9月起，郑州市会同郑州海关、河南国检共同建立了从现场一线到分管领导，再到主要领导的三级协调推进机制，以日报形式汇报每天工作进展情况，截止到2015年底共编写工作日报295期，为郑州市委、市政府及海关、国检等联检部门领导掌握情况和推进协调工作提供了依据和支撑。

郑州海关和河南出入境检验检疫局作为试点业务主要口岸管理部门，分别派出专项工作组进驻河南省进口物资公共保税中心公司，负责试点跟踪研判指导工作。

二、积极探索，不断创新监管提高通关效率

1. 郑州试点依托于河南保税物流中心，创新了“电子商务+保税中心+行邮监管”的通关监管模式（海关监管代码“1210”，在全国复制推广），创新了跨境电商产品保税进口，实现了跨境电子商务的有效监管。

2. 为简化通关流程、减少通关环节、提高通关效率，郑州市在海关、国检的支持下，创新性的将“三个一”关检合作从口岸延伸到特殊监管区，推动海关、国检在同一区域实施现场查验流水线作业，实现“一次申报、一次查验、一次放行”，较大程度提高了通关效率，受到了李总理“秒通关”的赞扬。

3. 为增强跨境电子商务监管的严密性，提出“三单比对”（订单、运单、支付单），并在实际工作中结合信息系统优化、深化，增加了“收件人身份认证核

对、账册企业底账对比管理”等信息形成“五单对比”，实现了严密监管。

4. 建立了跨境电商综合服务平台，初步实现了“线上+线下”展示展销、物流供应链、金融支付、信息统计与咨询、行业从业人员培训等配套功能服务。

三、开拓创新，不断完善平台服务功能

郑州试点立足于河南保税物流中心，打造了跨境电商信息综合服务平台、仓储配套设施、人才培训基地、商业模式创新服务场馆等服务设施。

（一）信息化综合服务平台建设

基于联检单位的监管要求和电子商务的特点，自主开发完成了跨境电子商务信息化平台。该平台既具有电子口岸通联通检的监管辅助功能，又能够满足参试企业的业务需求。2013 年 7 月 30 日信息化平台 1.0 版本上线运行，2013 年 12 月 9 日 2.0 版本上线运行，2014 年 10 月 26 日 3.0 版本上线运行。随着郑州试点信息化平台持续扩容升级，服务功能逐步扩展，现已具备关检监管申报、查验放行、仓管、支付、订单、运单处理等功能，基本实现了各类企业与监管部门数据信息的互联互通，满足了各监管部门的监管需求，实现了各类企业无纸化快速通关通检，解决了跨境电子商务进出口通关难的问题。

（二）跨境电商园区建设

三年多来，围绕“日综合处理 100 万包能力建设”工作目标，合计完成固定资产投资约 10 亿元。现有 8.4 万平方米保税仓储、3.2 万平方米保税直购体验中心、10 万平方米露天简易堆场、7.8 万平方米在建综合查验中心（如图 2-7 所示）和 28.4 万平方米在建保税仓储设施；12 条分拣线、2 条查验线，正面吊、堆高机、叉车数十台。

图 2-7 综合查验中心效果图

1. 查验分拣中心

查验分拣中心包括一期6000平方米的查验分拣中心，二期投资2亿元在建7.8万平方综合查验分拣监管中心。该中心引用国际先进设计，将配备环形交叉带分拣机，全自动货品输送生产线等国际先进物流分拣设施，可实现全数据链条管控，普遍周转时效比传统分拣方式提高4倍，可同时满足300辆车装卸，日处理500万包分拣查验能力。

2. 试点企业配套服务设施建设

投资10亿元新增45万平方立体分拣分拨仓用以满足入驻企业需求。该设计方案充分考虑货物周转时效，合理利用有效空间，突破了传统物流仓库的限高，引导了仓储物流行业发展的新标准（如图2-8所示）。

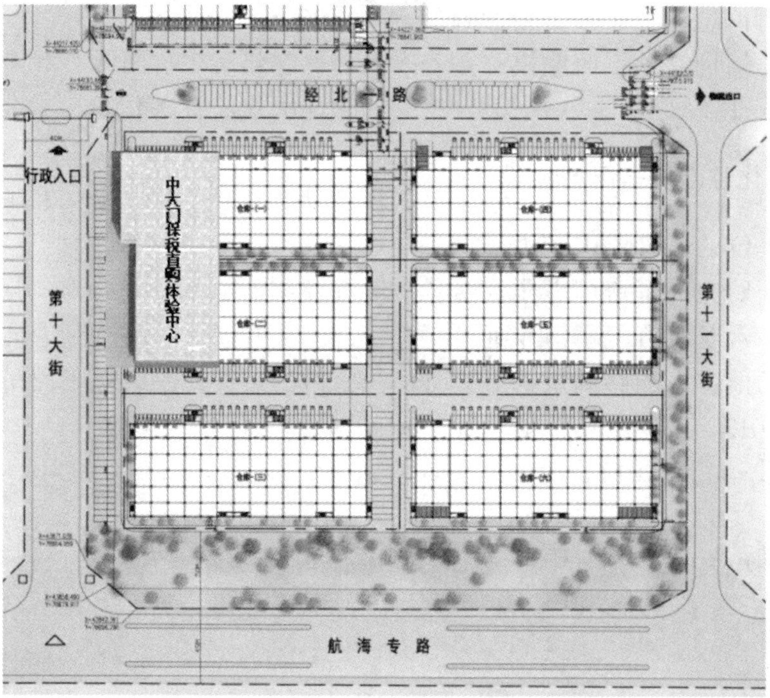

图2-8 165亩仓储设施建设工程图

3. O2O中大门保税直购体验中心

投资1亿元建设中大门保税直购体验中心，建筑3.2万平方米。中大门保税直购体验中心是郑州试点的延伸产品，以“阳光化”的通关模式，打造了线上交易、线下体验的跨境O2O新兴业态。

中大门保税直购体验中心于2015年5月2日试运营，方便消费者足不出户“购买全球”，实现“万亿外购回流”，在全国引起较大反响。目前，美国、韩国、巴西、新西兰、加拿大、比利时、澳大利亚等20多国以国家馆形式展开合作，并带动河南本土20多家O2O模式运营电商平台衍生，如万国万购、航投臻品等（如图2-9所示）。

图 2-9　中大门保税直购体验中心外景图

（三）人才基地建设

1. 创新创业人才培训基地

联合国家创新示范院校黄淮学院成立跨境电子商务学院，与郑州大学、郑州航空工业管理学院、郑州财政专科学校建立校企合作单位，满足试点企业保障源源不断地人才需求。

2. 成立中国郑州跨境电子商务研究院

发起成立中国郑州跨境电子商务研究院，邀请行业知名人士参与，总结试点的实践经验，研究跨境电商产业的系统性理论指导和顶层设计，推动郑州试点纵深发展，争取形成可复制可推广经验。

3. 发起建立行业组织

发起成立中国跨境电子商务行业协会，为行业建立发声平台、交流平台，引导行业的健康有序发展，为国家决策提供咨询平台。

参与成立全球跨境电子商务产学研联盟，联盟主旨是在政府主导下，以协会、高校、科研机构、企业为主体，以市场为导向，采用“产学研政相商”进行联盟内交流合作、优势互补、共同发展、实现与国际的互联互通，在政府指导下，进行联盟内交流合作、优势互补、共同发展，积极构建跨境电商良好发展环境，推动跨境电商产业快速健康发展。

四、加强谋划，推动试点深入发展

（一）不断扩展业务能力

根据跨境电子商务快速发展的趋势，市委、市政府作出试点项目要按“日处理业务量达到百万包能力”，对信息系统、仓储设施等方面进行升级改造。正在规划建设仓储设施 40 万平方米，已经建成近 10. 8 万平方米仓储并投入使用；通过对信息系统进行升级改造，保税物流中心现场在 8 月 3 日实现了日处理业务量 108. 19 万单，初步具备了单日处理百万包业务数据的能力。

（二）规划E贸易发展核心区

为了推动试点项目发展，郑州在海关、国检的支持下，高标准谋划了总面积为3.51平方千米的E贸易核心区，为试点项目发展提供了产业配套，预留了发展空间。目前，E贸易发展核心区城市设计方案已通过郑州市规委会评审，相关区域将建设成国际化、生态性，集科技、展示、仓储、交易、结算、生活配套为一体的跨境O2O产业园。

（三）拓展试点业务范围

郑州根据业务发展情况逐步将试点业务拓展到郑州机场口岸、新郑综合保税区。截止到2015年底，机场一般模式累计通关商品约2.5万票，货值约415万元；综保区保税模式共76.05万票，货值9418.35万元。

五、经济与社会效益成果显著

郑州跨境试点借助国家试点的政策优势和全产业链的服务优势，努力打造跨境电子商务生态圈，不断吸引知名企业集聚郑州，确保郑州试点业务规模处于全国领先水平。一是吸引跨境电商行业龙头企业入驻。阿里巴巴、聚美优品、唯品会、网易考拉、小红书、诺天源、韩国趣天、日本肯高、蜜淘网等境内外知名企业已相继落地并实际开展业务。EMS、UPS 、顺丰、中通、申通、圆通、韵达等物流企业已在试点开展国际国内物流配送，日均货量约200吨货物，辐射全球77个国家（地区）和全国34个地区。二是培育本土电商企业的崛起。在吸引跨境电商知名企业集聚郑州的同时，郑州试点还带动了万国优品、中大门、万国万购、熊抱网、9号店等河南本土电商的诞生和壮大。截至2015年12月底，试点已完成海关备案企业805家，其中电商378家，网商281家，仓储企业86家，物流企业15家，报关行14家，支付企业31家。

在郑州跨境电商产业集聚效应下，郑州跨境试点的业务量不断攀升，连创新高。2015年1月1日至2015年12月31日，业务总量突破5001.6万包，交易总货值39.26亿元，征收关税约1.12亿元。2015年上半年累计业务量为1133.26包，下半年累计业务量为3868.34包，实现增长241.34%。其中，上半年出口5.77万包，下半年出口469.69万包，实现出口业务增长80.37倍，初步形成规模化运营并向进出口平衡的趋势发展。

在2013年开展试点开始时，园区内仅有公司员工近300人，目前已增加至700余人，其中本科及以上学历占78%。具有海外从业、海外留学背景的专业人员占35%。另外，园区入驻企业已实现6000人就业，同时带动周边相关行业就业30000余人。

郑州试点的稳步发展，得到了党和国家领导人的高度关注和积极评价。2014年5月10日，习近平总书记视察郑州跨境电商改革试点工作，并作出了“买全球、卖全球”的重要指示；2015年4月13日，张德江委员长亲临郑州试点，调研指导工作；2015年9月24日，李克强总理视察郑州试点，提出“大力发展跨境电商，快速推动大众创业、万众创新”，并对郑州跨境试点的“三个一”、“秒通关”给予高度赞誉。

郑州跨境试点也获得了广泛的国际声

誉。2015年先后接待了韩国、俄罗斯、澳大利亚、马来西亚、英国、文莱、比利时、德国、埃及、日本、美国等70多个国家的政务考察团和商务洽谈团，韩国KBS电视台、中东欧16国记者团、埃及中央电视台、俄罗斯中央电视台等多个国家媒体记者，中国驻外大使、国外驻华使节、商务参赞、国王特别助理等120多名。6月24日，比利时国王菲利普和王后玛蒂尔德访华期间为中心与比利时卢森堡省签署合作协议见证。

新年伊始，郑州与国内其他11个城市共同获批了跨境电子商务综合试验区，郑州市将继续总结试点成功的探索实践，积极建设“两平台、六体系”，全方位深化试点、开展试验区探索工作，解决发展深层次矛盾。通过未来3~5年的规划和发展，把郑州打造成为“总量规模全国前列、服务政策全国最优、产业链支撑全国最强”的跨境电子商务发展高地，使中国（郑州）跨境电子商务服务试验区成为中西部地区辐射全国的国际网购物品交易和要素资源集疏中心，努力实现“买全球、卖全球”的发展目标，为推动全国跨境电子商务协调发展提供可复制、可推广经验。

配套文件

河南省人民政府办公厅关于成立郑州市跨境电商工作领导小组的通知

（豫政办文〔2012〕76号）

各省辖市、省直管试点县（市）人民政府，省人民政府各部门：

为加快实施郑州市跨境电商服务试点项目，大力发展跨境电子商务，省政府决定成立郑州市跨境电商工作领导小组。现将领导小组成员名单通知如下：

组　长：赵建才（副省长）

副组长：刘世伟（省政府副秘书长）

张维宁（省发展改革委主任）

成　员：裴志扬（省发展改革委副主任）

刘　伟（省发展改革委副主任）

孟西林（省工业和信息化厅副厅长）

赵庆业（省财政厅副厅长）

戴松军（省商务厅副厅长）

楚新民（省地税局副局长）

陶洪臻（省工商局副局长）

尚云秀（省质监局副局长）

王建平（省国税局总会计师）

郑　平（郑州海关副关长）

谢书升（河南出入境检验检疫局副局长）

张五萍（省通信管理局副巡视员）

张虎林（省邮政管理局副巡视员）

周　勇（河南银监局纪委书记）

王深德（人行郑州中心支行副行长）

薛云伟（郑州市副市长）

郑金广（省政府口岸办主任）

领导小组下设办公室，办公室设在省发展改革委，郑金广同志兼任办公室主任。

二〇一二年九月二十日

郑州市人民政府关于成立郑州市跨境贸易电子商务服务试点项目领导小组的通知

（郑政明电〔2012〕24号）

各县（市、区）人民政府、市人民政府各部门、各有关单位：

为推进国家跨境电商试点项目的顺利进行，认真抓好试点项目各项工作，市政府决定成立郑州市跨境电商试点项目领导小组。现将领导小组名单通知如下：

组　长：薛云伟　市委常委、副市长

副组长：王贵欣　郑州经济开发区管委会主任

王华耀　郑州经济开发区管委会工会主席

李　梅　市发改委总工程师

李新军　市委宣传部副部长

关朝利　市财政局副局长

韩先敏　市工信委副主任

武伟邦　市交运委副主任

周明山　市国税局副局长

孙武江　市地税局副局长

李宪德　市商务局副局长

王志勇　市工商局副局长

冯　磊　市质监局副局长

贺一峰　市食监局副局长

李新峰　市金融办副主任

滕争科　市口岸办主任

武晏晏　郑州海关驻经开区办事处（筹主任）

张　奕　河南出入境检验检疫局法制与综合业务处处长

徐　平　河南省进口物资公共保税中心有限公司总经理

领导小组负责加强与国家、省有关部门的沟通对接，研究制定相关政策措施，做好跨境电商试点的各项工作。领导小组下设办公室，办公室设在郑州经济开发区管委会，李梅兼任办公室主任，负责市级层面的项目协调，王华耀兼任办公室副主任，负责领导小组办公室日常工作。

郑州市人民郑州

二〇一二年八月二十八日

河南省人民政府办公厅关于印发加快推进郑州市跨境电商服务试点工作方案的通知

（豫政办〔2013〕61号）

郑州市人民政府，省人民政府有关部门：

《加快推进郑州市跨境电商服务试点工作方案》已经省政府同意，现印发给你们，请认真贯彻落实。

河南省人民政府办公厅
2013年7月10日

加快推进郑州市跨境贸易电子商务服务试点工作方案

近日，海关总署以《海关总署关于郑州市跨境电商服务试点实施方案的复函》（署科函〔2013〕128号）批准了《郑州市跨境电商服务试点实施方案》（以下简称《实施方案》）。根据省委、省政府安排部署，紧紧围绕《实施方案》落实和郑州航空港经济综合实验区建设，以打造国际网购物品集散分拨中心为目标，按照起步准备、建设过渡、运行完善和总结提高四个阶段，明确目标，细化任务，落实责任，全力推进郑州市跨境电商服务试点建设。为确保试点工作顺利开展，特制定本方案。

一、起步准备阶段（2013年7月15日前）

（一）工作目标

按照海关总署复函和郑州海关提出的要求，细化修改《实施方案》；完善形成各项必备的支撑要素条件，2013年7月15日起开展信息技术平台开发和业务流程验证业务测试；完成信息技术平台及相关设施配套等前期准备工作，力争全面启动建设。

（二）主要任务和要求

1. 细化完善《实施方案》。

（1）按照海关总署复函和郑州海关提出的要求，从税收、监管、统计、稽查、技术五个方面尽快完成《实施方案》细化完善工作。

责任单位：郑州市政府、河南进口物资公共保税中心有限公司（以下简称河南保税中心公司）。

配合单位：郑州海关。

完成时限：2013年7月10日前。

（2）根据业务监管需要，提出检验检疫监管需求。

责任单位：河南出入境检验检疫局。

完成时限：2013年7月5日前。

2. 完善形成各项支撑要素条件，2013年7月15日开始业务测试。

（1）制定实施在一定范围、一定规模内的业务测试操作方案。

责任单位：郑州市政府、河南保税中心公司。

配合单位：郑州海关、河南出入境检验检疫局。

完成时限：2013年7月5日前。

（2）选择确定参与业务测试的网商、电商、支付商、物流商，建立业务测试运营体系，确保业务测试顺利进行。

责任单位：郑州海关、河南保税中心公司。

配合单位：河南出入境检验检疫局、省邮政公司、邮政速递物流有限公司、机场集团公司。

完成时限：2013年7月10日前。

（3）依托试点单位现有监管查验条件，完成卡口、仓储、分拣等海关监管设施及海关监管场所外检验检疫查验场地等改建工作，基本满足海关、检验检疫业务测试过渡期间的需要。

责任单位：河南保税中心公司。

配合单位：郑州海关、河南出入境检验检疫局。

完成时限：2013年7月10日前。

（4）按照积极稳妥、风险可控的原则，制定过渡期间监管或服务保障办法，支持试点单位业务测试。

责任单位：郑州海关、河南出入境检验检疫局、省国税局、外汇管理局。

配合单位：郑州市政府、河南保税中心公司。

完成时限：2013年7月5日前。

3. 加快编制各专项建设方案，力争早日启动建设。

（1）编制信息技术平台建设方案。组建高水平专业开发团队，对接海关、出入境检验检疫部门等监管需求，高起点、高标准编制专项技术开发方案，明确任务分工、时间节点和质量要求，科学指导信息技术平台建设。

责任单位：郑州市政府、河南保税中心公司。

配合单位：郑州海关、河南出入境检验检疫局、省国税局、外汇管理局。

完成时限：2013年7月10日前。

（2）制定完善监管查验设施建设方案。根据业务监管要求，统筹制定完善海关、检验检疫查验场所及设施建设方案，提交海关和出入境检验检疫机构审核通过。

责任单位：郑州市政府、河南保税中心公司。

配合单位：郑州海关、河南出入境检验检疫局。

完成时限：2013年7月10日前。

（3）编制仓储物流设施改扩建和办公用房等配套设施建设专项方案。

责任单位：郑州市政府、河南保税中心公司。

完成时限：2013年7月15日前。

4. 制定落实必要的扶持政策，为试点工作创造良好的环境条件。

（1）按照省政府决定，省、郑州市财政尽快落实试点项目配套建设资金。

责任单位：省财政厅、郑州市政府。

完成时限：2013年7月15日前。

（2）研究出台扶持出口货物集聚的物流补贴、企业注册、人才引进等方面的优惠政策，制定规划、用地、财税等方面支持试点项目建设的保障政策。

责任单位：郑州市政府。

完成时限：2013年7月15日前。

(3) 加强协管、协检人员需求调研，制定人员配备方案，分步为海关、出入境检验检疫机构配备协管、协检工作人员。

责任单位：郑州市政府。

配合单位：郑州海关、河南出入境检验检疫局。

完成时限：2013年7月15日前。

(4) 加快河南保税中心公司股权变更工作，完善公司治理结构。

责任单位：省政府国资委。

配合单位：河南民航发展投资有限公司、河南保税中心公司。

完成时限：2013年7月15日前。

二、建设过渡阶段（2013年7月16日至10月1日）

（一）工作目标

信息技术服务平台基本建成，并实现与海关、出入境检验检疫、国税、外汇、工商等部门监管系统以及河南电子口岸的互联互通，形成无纸化快速便捷通关新模式；完善适应业务迅速发展的相关基础设施；邮政服务试点业务网络覆盖范围进一步扩大；招商工作取得突破；在业务测试的基础上，2013年10月1日实现技术平台上线试运行和较大规模业务扩展。

（二）主要任务和要求

1. 建设完善各项设施，形成运用信息技术平台较大规模开展业务的支撑条件。

(1) 基本完成信息技术平台建设。按照信息技术平台建设方案，完成关务、检务、物流、支付、电子商务等单项模块的开发和系统集成调试，基本实现E贸易数据交换、支付、安全认证、用户管理、物流管理、单证管理、仓储信息管理、通关物流控制等信息化管理功能和以电子合同、电子发票、电子运单、电子税单等一系列格式化电子数据作为电子报关的随附单证，实现通关申报全程无纸化功能，达到上线运行条件。

责任单位：郑州市政府、河南保税中心公司。

配合单位：郑州海关、河南出入境检验检疫局。

完成时限：2013年10月1日前。

(2) 完成河南电子口岸服务跨境电商试点项目政务功能建设工作，实现与试点信息技术平台互联互通。拓展建设郑州航空口岸与河南保税中心公司“区港联动”配套设施。

责任单位：省政府口岸办、郑州新郑综合保税区管委会、省机场集团公司。

配合单位：郑州海关、河南出入境检验检疫局、省国税局、外汇管理局、工商局、河南保税中心公司。

完成时限：2013年9月30日前。

(3) 按照海关和出入境检验检疫机场审核通过的监管查验设施建设方案，完成各项监管查验设施建设工作，经海关、出入境检验检疫机构验收合格后投入正常使用。

责任单位：郑州市政府、河南保税中心公司。

配合单位：郑州海关、河南出入境检验检疫局。

完成时限：2013年9月20日前。

(4) 完成仓储物流设施和办公用房等配套设施改扩建工作。

责任单位：郑州市政府、河南保税中

心公司。

完成时限：2013 年 9 月 20 日前。

2. 加强政策研究和管理创新，积极与上级主管部委汇报衔接，争取对试点工作的政策支持。

（1）各监管部门要加强相关政策研究，跟踪了解试点工作政策需求，积极与上级主管部委汇报衔接，及时解决试点工作遇到的政策问题。

责任单位：郑州海关、河南出入境检验检疫局、省财政厅、国税局、外汇管理局。

配合单位：郑州市政府、河南保税中心公司。

完成时限：2013 年 9 月 30 日前。

（2）加强关检合作和监管创新，制定实施便利企业快速、便捷、顺畅的报关报检等通关监管办法，解决商品归类、要素申报、二次录入等影响通关时效的突出问题。

责任单位：郑州海关、河南出入境检验检疫局。

配合单位：郑州市政府、河南保税中心公司。

完成时限：2013 年 7 月 31 日前。

（3）依托“区港联动”设施，形成河南保税中心公司与郑州航空口岸“一次申报、一次查验、一次放行”的快速通关模式。

责任单位：郑州海关、河南出入境检验检疫局。

配合单位：郑州市政府、省机场集团公司、河南保税中心公司。

完成时限：2013 年 8 月 15 日前。

（4）积极争取中国邮政集团公司支持，开通郑州至全球主要城市的国际普邮包裹、航空挂号包裹线路，增加 EMS（邮政特快专递服务）快递直封、直发邮路服务功能，按需扩大邮政服务试点业务网络覆盖范围，不断完善河南邮政全球服务体系；批准在河南保税物流中心建立代办点，开展分拨业务。

责任单位：省邮政公司、邮政速递物流有限公司。

配合单位：河南保税中心公司。

完成时限：2013 年 7 月 31 日前。

3. 强力推进招商工作，引进一批国际国内知名的网商、电商、物流商等，为扩大业务规模奠定基础。

责任单位：郑州市政府、保税中心公司。

配合单位：省商务厅、工商局。

完成时限：2013 年 10 月 1 日前。

三、运行完善阶段（2013 年 10 月 2 日至 2014 年 5 月底）

（一）工作目标

实现信息技术平台上线试运行，基本形成跨境电商服务基础信息标准规范和管理制度，做好迎接海关总署试点中期评估工作；商业运营及物流运输体系得到进一步完善，试点业务形成规模。

（二）主要任务和要求

1. 完成技术及相关支撑平台联网运行的测试优化工作，基本实现稳定运行及快速通关、规范结汇和退税等建设目标，基本形成满足试点任务要求的跨境电商服务基础信息标准规范和管理制度，全面达到海关总署试点中期评估要求。

责任单位：郑州市政府、河南保税中心公司。

配合单位：郑州海关、河南出入境检验检疫局、省国税局、外汇管理局、郑州新郑综合保税区管委会。

完成时限：2013 年 10 月 5 日前。

2. 强力推进招商工作，形成国内外知名网商、电商、支付商、物流商的集聚和规模效应。

责任单位：郑州市政府、河南保税中心公司。

配合单位：省商务厅、工商局。

完成时限：2013 年 12 月 31 日前。

3. 根据试点业务航空物流需求，增开、加密国际航线，开通运行国际货运包机。

责任单位：省民航办、机场集团公司。

配合单位：郑州市政府、河南保税中心公司。

完成时限：2014 年 3 月底前。

四、总结提高阶段（2014 年 6 月 1 日至 2014 年年底）

（一）工作目标

严格按照海关总署和《实施方案》要求，全力做好试点工作总结，确保顺利通过国家正式验收；初步形成先发优势和国际网购物品集散分拨中心。

（二）主要任务和要求

1. 形成较为成熟的跨境电商服务商业运营体系、便捷高效的政府监管服务新模式和相关基础信息标准规范、管理制度，出色完成国家试点任务，初步形成国际网购物品集散分拨中心。

责任单位：郑州市政府、河南保税中心公司。

配合单位：郑州海关等郑州市跨境电商工作领导小组成员单位。

完成时限：2014 年 10 月底前。

2. 做好试点工作总结，确保顺利通过国家正式验收。

责任单位：郑州市政府、河南保税中心公司。

配合单位：郑州海关等郑州市跨境电商工作领导小组成员单位。

完成时限：2014 年 11 月底前。

五、组织实施

试点工作推进坚持“省市联手、以市为主”的原则，郑州市要切实加强领导，细化各阶段工作方案，健全决策、咨询、协调、督查等工作机制，及时研究解决试点工作遇到的问题。要抽调精干力量，与海关、出入境检验检疫等部门人员组成工作组，在郑州经济技术开发区集中办公，具体负责跟踪、督促、协调各项任务落实。试点单位要按照《实施方案》要求，做好商业服务模式探索完善、信息技术平台及相关基础设施建设、招商等工作，切实履行职责。郑州海关、河南出入境检验检疫局要成立相应的领导小组，负责政策研究、技术平台建设、现场业务监管保障等工作。其他郑州市跨境电商工作领导小组成员单位要结合各自职能，配合做好试点工作，形成合力，确保试点工作顺利推进。

河南省人民政府关于加快电子商务发展的若干意见

（豫政〔2014〕11 号）

各市、县人民政府，省人民政府各部门：

为加快我省电子商务发展，根据《国务院办公厅关于加快电子商务发展的若干意见》（国办发〔2005〕2 号）、《商务部“十二五”电子商务发展指导意见》（商电发〔2011〕375 号）精神，结合我省实际，提出如下意见。

一、统一思想认识

电子商务是网络化现代商务活动的新形态。近年来，我省电子商务发展环境和基础设施不断改善，第三方服务初具规模，企业应用快速发展，农村电子商务创新推进，网络交易增长迅速，呈现出较好发展势头。但总体上，我省电子商务处于发展的初期阶段，基础较弱，应用意识不强，推广范围不宽，质量和水平有待提高。大力推进电子商务是我省抢抓机遇实现经济社会又好又快发展的迫切要求，是转变经济发展方式的战略选择，是拉动内需、服务民生，助推富裕河南、文明河南、平安河南、美丽河南建设的重要举措。

二、把握总体要求

（一）指导思想

以党的十八大和十八届三中全会精神为指导，以促进电子商务健康快速发展为宗旨，以加快我省经济发展方式转变和产业结构调整为主线，以应用电子商务推进现代流通体系建设为出发点，提高应用水平，实施产业带动，加强示范引导，完善发展环境，进一步增强网络消费产品供给能力，扩大信息消费需求，激发市场活力，推动我省电子商务实现跨越式发展，为中原崛起、河南振兴提供新动力。

（二）发展原则

1. 市场主导，创新发展。以市场需求为导向，以企业为主体，发挥市场配置资源的决定性作用。坚持创新驱动，鼓励电子商务技术、模式、机制创新，增强电子商务快速发展的内生动力。

2. 强化应用，务实发展。围绕我省经济社会发展重点和优势产业、重点行业、特色产品，加快电子商务普及应用，促进产业融合，拓展应用广度和深度，提高应用成效。

3. 要素融合，协同发展。推动电子商务发展要素之间有效衔接和深度融合，统筹网络经济与实体经济互动发展，推动线上、线下资源互补，促进电子商务服务业协调发展。

4. 加强监管，规范发展。加强对电子商务的宏观管理，在发展中规范，以逐步规范促进健康发展，优化发展环境，依法维护规范有序的电子商务市场秩序。

（三）总体目标

到 2020 年，我省电子商务战略性新兴产业地位基本确立，电子商务成为我省社会商品和服务的主要流通方式，建成中西部区域性电子商务中心。

——全省电子商务发展总体水平进入全国前列，应用电子商务开展内外贸易的企业达到85%以上，网络零售额相当于社会消费品零售总额15%以上。

——建立比较完善的电子商务应用体系。由电子商务重点平台、骨干平台和细分平台组成的电子商务应用平台体系基本建成，相关配套服务成熟高效。

——诚信有序的电子商务发展环境基本形成，电子商务政策比较完善，网络交易监管有力，网络交易秩序健康规范，网络消费安全便利。

三、明确主要任务

（四）加强电子商务体系建设

1. 壮大电子商务市场主体。引导我省优势行业中大型骨干企业加快应用电子商务，择优重点支持一批本土电子商务企业做大做强；鼓励传统商贸企业网上开店，实现“店商”与“网商”有机融合，壮大我省网商队伍；加强中小电子商务企业孵化，支持应用电子商务实现创业和再就业；扩大电子商务领域对外开放，积极引进和承接国内外知名电子商务企业来豫设立总部、搭建平台、拓展业务；支持我省传统商贸企业、电子商务企业和相关机构采取合资、协作、托管、代理等不同方式，整合社会资源，合作建立电子商务经营机构

2. 完善电子商务平台体系。巩固发展综合性电子商务服务平台。加快建设我省商务公共服务系统，面向全省企业提供商贸流通网络综合服务，规划建设中国河南电子商务港。支持我省电子商务企业发展综合性电子商务平台，向省内外中小企业提供电子商务服务。鼓励建设具有交易、物流、支付、信息、信用等全方位服务功能的骨干电子商务平台，支持专业批发市场和大型经营企业开展大宗商品网上现货交易。培育一批在国内市场有较大影响力的特色产品和行业电子商务平台知名品牌；发展中小网商和家政、旅游、订餐、旧货交易等便民服务细分电子商务平台。逐步形成电子商务重点平台、骨干平台和细分平台有机结合，城市和农村网络交易服务平台有效衔接，不同部门、行业特色平台协调发展的格局。

3. 完善电子商务配套体系。推进现代物流体系建设。加强与菜鸟网络科技有限公司等知名企业合作，积极引进在国内外处于领先地位的快递物流企业到我省设立总部和重点机构。整合现有物流信息资源，大力发展第三方物流，推进第四方物流发展，提高物流配送的社会化、组织化和信息化水平。推动物流企业与电子商务平台合作，为网上交易提供快速高效的物流支撑。发展快递物流，培育一批信誉良好、服务到位、运作高效的快递物流企业。支持重点电子商务企业建设物流配送系统。支持城市社区开设网络购物快递投送场所。统筹规划、逐步建设覆盖全省，与电子商务快速发展相适应的现代物流配送体系。发展电子商务支付业务。鼓励银行拓展电子银行服务业务，强化在线支付功能，加强与电子商务企业的合作，开展电子票据、移动电话支付等新型电子支付业务，推出适合电子商务特点的支付产品

和服务。加强第三方支付平台建设，探索开辟非金融机构支付服务市场。支持建立由网上支付、移动电话支付、固定电话支付以及其他支付渠道构成的综合支付体系，提供安全、高效、便捷的资金结算服务。

4. 完善网络交易支撑体系。推动“三网”（电信网、广播电视网、互联网）融合，扩大城乡网络覆盖范围，提高网络服务质量；依托中国联通中原数据基地、中国移动（郑州）数据中心等国家级数据枢纽，整合基础电信运营、软件供应和系统集成等基础业务，培育一批专业化电子商务服务企业，为中小电子商务企业提供平台开发、信息处理、数据托管、应用系统和软件运营等外包服务；推进大数据、物联网应用。加快发展云计算，建设云服务平台，完善云安全解决方案。大力推进移动网络新技术应用，支持电子商务运营商与电信运营商、增值业务服务商和金融服务机构开展对接。

5. 完善电子商务诚信体系。加强电子商务信用管理。建设我省电子商务信用管理公共服务平台，强化身份认证、信息透明、数据共享、网络监督，以可信的主体、可信的客体、可信的交易、可信的纠纷解决机制为核心，构建可信交易生态圈；鼓励符合条件的第三方信用服务机构开展商务信用评估，在电子商务中推广应用信用产品。研究制订电子商务产业统计指标体系，建立电子商务运行统计监测系统，推进电子商务统计信息综合利用，提升服务效能；加强信息安全防范，引导电子商务企业完善数字认证、密钥管理、数字加密等安全措施，健全信息安全管理制度与评估机制。

（五）大力拓展和深化电子商务应用

1. 加快发展网络零售业。丰富完善“豫货网上行”网络平台功能，加大宣传和推广应用力度。加强与淘宝网、京东商城、苏宁等国内知名电子商务平台的合作，组织我省名特优产品开展网上推介，提升品牌市场占有率；积极推进名优产品网络零售商城建设。鼓励我省生产商、贸易商建立大类产品或单品电子商务营销网络渠道，扶持一批知名网上商城做大做强；发展传统商贸企业网络零售业务。鼓励大型传统百货、连锁超市、批发市场等重点商贸企业，依托现有实体网点、货源渠道、物流配送等商业资源，组织开展网络零售业务，促进传统商品流通方式向电子商务方式转变；规划建设一批社区电子商务连锁超市，促进社区商业服务网络化。推动酒类、药品等特殊商品流通应用电子商务，探索提供房产、汽车、定制服务等消费需求在线服务。

2. 应用电子商务开拓国内市场。推进中小企业电子商务应用。鼓励我省中小企业应用第三方平台开展电子商务，支持有条件的第三方电子商务平台开设“河南企业专区”；支持品牌效应突出、产品标准化程度高、系列齐全的骨干企业建立企业电子商务网站，实现采购、生产、销售全流程电子商务。鼓励生产企业直接开展网络零售业务。支持生产企业依托自身品牌，通过第三方零售平台开设网络旗舰店、专卖店等网络零售终端；鼓励有条件的企业自建零售平台，开展网络零售、网上订货和洽谈签约等业务。推动专业化网络营销服务企业承接传统企业电子商务业务，培育网络销售领域的总代理、总经销。

3. 大力发展跨境电商。充分利用跨境电商服务试点政策。加强跨境电商服务平台建设，推进管理和运行机制创新，先行先试，发挥应用效能；贯彻落实《国务院办公厅转发商务部等部门关于实施支持跨境电子商务零售出口有关政策意见的通知》（国办发〔2013〕89号），支持跨境电子商务零售出口，实行电子商务出口经营主体分类和按规定登记备案。加快电子口岸建设。探索实行一次申报、一次查验、一次放行，推动快速通关、规范结汇、依法退税等相关环节配套协同。鼓励电子商务企业“走出去”，针对不同语言进行区域划分，建立境外销售渠道，开展网上推介，提升我省产品在境外市场的品牌影响力和附加值。支持外贸企业通过网络渠道，扩大境外产品进口，满足国内需求。开展外贸重点平台择优认定和动态管理工作。引导、支持企业提供展会型国际贸易电子商务服务。

4. 扩大农业农村电子商务应用。巩固和扩大农村商务信息服务试点成效，推进农村移动网络信息服务工作。整合利用省内涉农网络平台和信息资源，加强农产品网上购销对接。支持面向农村、农业、农民的电子商务应用平台和服务体系建设。引导和扶持涉农电子商务平台与农业产业化龙头企业、农村专业合作组织、农资生产配送企业、种养大户等开展合作，形成双向互动的应用协作机制。加快万村千乡市场工程农家店信息化改造、“农超对接”电子商务应用步伐，扩大农村市场网上消费规模；加强对农村信息员、农民经纪人应用电子商务的培训。鼓励电子商务服务平台与农业产业化基地、大型超市、农产品批发市场、加工企业、大型餐饮连锁企业进行对接，拓宽农产品流通渠道。

5. 促进电子商务创新发展。实施“网络超市”、“移动商城”促进工程。应用宽带移动网络前沿技术，加快发展移动电子商务，推动手机、掌上电脑等智能移动终端在商贸流通领域普及应用，扩大移动电子商务覆盖面。鼓励电子商务服务技术创新、内容创新、模式创新，加强电子商务新技术自主研发和引进，加快成果转化。引导和支持电子商务企业开拓新领域，发展新业务，探索新模式。

6. 深入推进电子商务示范工程。推进国家电子商务示范城市建设，支持电子商务基础条件好、网络贸易需求旺盛、市场发展前景广阔的城市争创国家电子商务示范城市；加快电子商务示范基地和产业园区建设，完善我省重点园区功能，提升辐射力，打造国内知名品牌园区；鼓励有条件的省辖市、县（市、区），结合当地优势产业，建设不同特色的电子商务园区。推进创建省、市、县三级电子商务示范企业，重点培育一批省级和国家级电子商务示范企业，壮大我省电子商务骨干企业队伍，加快企业应用电子商务步伐。

（六）加强电子商务市场监管

1. 完善政策体系。贯彻执行国家电子商务法规，结合实际，积极推进我省电子商务地方法规立法工作。研究制定我省电子商务行业规范和标准。统筹编制电子商务行业发展规划，加强引导和组织实施。

2. 加强执法管理。按照在发展中规范、以规范促发展的总体要求，坚持“管放结合”原则，加大网上商务活动的监督管理，规范网上经营行为，强化事中执法检查和事后违法追究，建立网络经营和消费主体纠纷投诉与调解处置机制。各地、各相关部门要上下联动、通力协作，严厉打击利用网络制售假冒伪劣商品、侵犯知识产权、传销、诈骗等非法行为，保护网络消费者合法权益，维护健康有序的网上流通秩序。

3. 推行实名备案。对各类网商和电子商务第三方服务企业开展网络经营活动实行实名备案，商务等监管部门依据备案信息实施监督管理，备案和监管信息在相关政府部门之间互通共享。

四、落实保障措施

（七）加强组织领导

各级政府要切实把加快推进电子商务列入重要日程，加大统筹协调和政策扶持力度，及时研究解决发展中的困难和问题。省政府将对各地、各部门电子商务工作情况进行督导考核。

（八）加大政策支持力度

贯彻落实国家扶持电子商务发展的各项政策。省财政统筹利用政策资金，对电子商务发展给予重点支持，用于支持创建国家电子商务示范城市和省级以上示范基地、示范企业、重点园区以及骨干电子商务平台建设、人才培训和引进、信用和统计体系建设等。各地要结合实际统筹本级政策资金支持电子商务发展。建立多元化、多渠道的投融资机制，引导各类社会资本投资电子商务产业；对符合我省产业结构调整总体布局的重点电子商务园区，比照经济技术开发区、产业集聚区相关支持政策执行；对国家和省重点电子商务项目，参照省重点项目进行管理，在规划、土地指标等方面给予支持；鼓励利用存量土地发展电子商务；降低电子商务企业设立门槛，放宽电子商务领域外资准入限制；推行统一受理、联合审批、限时办结服务措施；支持建立网络营销孵化中心，加快电子商务人才培养。

（九）营造良好发展环境

支持电子商务行业中介组织建设，鼓励和支持协会依照法律、法规和协会章程开展工作，引导企业守法诚信、规范经营，强化协会会员自律；支持商务研究专业院所开展电子商务发展战略和政策研究，为政府决策提供支持；利用省内外各类主流媒体，大力宣传电子商务的重要作用和发展趋势，普及电子商务应用知识，大力推介省内电子商务优秀企业，营造有利于电子商务发展的舆论氛围。

河南省人民政府

2014 年 1 月 21 日

河南省人民政府办公厅关于印发河南省物流业发展三年行动计划的通知

（豫政办〔2014〕82号）

各省辖市、省直管县（市）人民政府，省人民政府各部门：

《河南省物流业发展三年行动计划》已经省政府同意，现印发给你们，请认真贯彻执行。

河南省人民政府办公厅

2014年6月23日

河南省物流业发展三年行动计划

根据《河南省人民政府关于加快推进产业结构战略性调整的指导意见》（豫政〔2013〕65号）和《河南省人民政府关于建设高成长服务业大省的若干意见》（豫政〔2014〕42号）精神，为推动全省物流业提速发展，加快高成长服务业大省建设，特制定本行动计划。

一、总体要求

（一）基本思路

围绕中原经济区和郑州航空港经济综合实验区建设，依托航空、铁路、公路等现代综合交通枢纽和网络，进一步强化中心、优化节点、完善设施、提升功能，加快物流园区建设，大力培育物流领军企业，发展壮大特色物流，以产业联动提升产业集聚区生产物流服务能力，以公共配送提升城乡居民消费物流服务能力，全面提升我省物流业专业化、社会化和信息化水平，为中原崛起、河南振兴、富民强省提供物流服务保障。

（二）发展目标

经过三年努力，全省物流业综合实力明显提升，全国重要的现代物流中心和国际航空物流中心建设取得重大进展，物流业对经济社会发展的服务能力显著增强。

——物流整体运行水平进一步提高。力争到2016年，全省物流业增加值达到2400亿元，年均增长10%以上，物流总费用占生产总值的比重低于全国平均水平0.5个百分点。

——物流发展载体体系不断健全。物流园区和城市配送中心建设进展顺利，培育形成50个设施先进、功能完备、集聚集约发展的省级示范物流园区。

——物流龙头企业引领能力明显增强。第三方、第四方物流企业实现较快发展，营业收入超50亿元物流企业达到5家，国家5A级物流企业达到10家。

——物流专业化、社会化服务能力显著提升。初步建成覆盖全省的物流公共信息平台，全面推进物流技术设施标准化。

二、推进郑州物流枢纽和区域物流节点建设

（一）提升郑州国际物流中心功能

突出国际化、高端化、智能化，以郑州航空港、郑州国际陆港和国际物流园区为核心，建基地、拓线路、聚龙头，打造中西部地区国际物流高地。

——郑州航空港。围绕国际航空物流中心定位，加快构建设施先进、网络完善、支撑有力、运行高效的航空货物集疏运网络。一是加强物流设施建设。实施郑州新郑国际机场总体规划和航空物流规划，完成郑州新郑国际机场二期工程，完善货机停机坪、仓储场站等物流配套设施。推进北货运区规划建设，加快建设国际快件集中监管中心、海关和检验检疫监管仓库，推动中外运空港物流枢纽、传化物流、三菱普洛斯等重点项目建设。积极推进进口肉类指定口岸、郑州药品进口口岸申建工作，建设河南省口岸食品药品医疗器械检验检测中心。二是引聚物流龙头企业。深化与美国联合包裹公司、联邦快递公司、敦豪航空货运公司、丹马士环球物流公司、东航公司、国航公司、南航公司等国内外航空运输企业、货代企业的战略合作，争取在郑州设立货运转运中心，全面推进卢森堡货航郑州基地建设。支持货代企业开展国际国内货物“空空中转”业务，培育航空货运新的增长点。三是拓建货运航线网络。加密国际航线，力争新开通至迪拜、东京、悉尼、卢森堡等国际地区客货运航线20条以上，全货机货运航线争取达到40条。拓展国内航线，开通郑州至上海、广州、深圳、昆明、乌鲁木齐、厦门等城市的“空中快线”。四是强化地面物流网络支撑。加强国际货运航线地面物流组织，支持物流龙头企业开行郑州至长三角、环渤海和中西部地区主要城市的卡车航班，进一步扩大郑州航空港货运市场辐射范围。力争到2016年，郑州新郑国际机场货邮吞吐量突破60万吨，进入全国机场前10位。（郑州航空港经济综合实验区管委会、省发展和改革委员会、民航办、机场集团、交通运输厅、郑州市政府、郑州海关、河南出入境检验检疫局、省食品药品监管局。列第一位者为牵头单位，其他有关单位按照职责分工负责，下同）

——郑州国际陆港。围绕丝绸之路经济带建设，强化国际联运口岸功能，提升国际联运服务效率，打造全国重要的陆路集装箱集疏中心。一是加快郑州国际陆港设施建设。抓好郑州国际陆港规划实施，完成郑州铁路口岸迁建工作，加快建设海关和检验检疫监管设施、货物集疏中心、陆港大厦、海铁联运订单订舱中心和陆港运输专用加油站等重点项目，建成铁路集装箱中心站的第3、第4条装卸线。积极申建汽车整车进口口岸。二是推进郑欧国际货运班列规模化运行。做实现有线路，加密开行班次，新开郑州经满洲里、霍尔果斯等出境线路，实现多口岸出境、多目的地到达。支持组建海外公司，积极开拓海外市场，建设德国汉堡、荷兰阿姆斯特丹等境外货物集散中心。争取中国邮政集团利用郑欧国际货运班列开通国际邮运专线。大力开展公铁联运、海铁联运、空铁联运等多式联运业务，创新转关、集货、拼箱、仓单管理等业务模式，积极推进过境中转业务常态化。加强回程货源组织，

丰富货运品种，提升国内高附加值货源的组织能力。力争到2016年，郑欧班列实现出境班列每周2~3班，回程班列每月2~3班。（郑州市政府、省发展改革委、郑州海关、河南出入境检验检疫局、郑州铁路局、省商务厅、邮政局、交通运输厅）

——国际物流园区。完善功能设施，加大招商力度，吸引国内外大型物流企业和知名服务品牌入驻，打造具有区域影响力的千亿级现代物流产业基地，成为高效衔接郑州航空港、国际陆港的物流功能区。以新加坡国际物流产业园为核心，开工建设丹尼斯物流、上海宇培、普洛斯物流二期、医疗健康物流园、郑州盐业物流等一批重点项目，建成投用嘉里物流、招商物流、华丰中原金属物流二期、宅急送、河南泰浦物流等项目。争取到2016年，累计完成固定资产投资300亿元，物流服务年营业收入达到300亿元。（郑州市政府、省商务厅、发展改革委）

（二）增强区域物流节点支撑能力

充分发挥地区性中心城市的区位交通、产业和市场等优势，进一步完善物流通道、园区、口岸、配送中心等基础设施，增强区域物流节点综合服务功能，形成与郑州中心功能互补、遥相呼应、联动发展的大物流发展格局。一是依托陇海、京广铁路和京港澳、连霍高速等交通运输大通道，推动沿线中心城市物流节点建设，加强货运场站、多式联运设施改造提升，提高物流中转集疏、分拨配送能力，促进区域物流顺畅衔接和一体化发展，建设覆盖周边、辐射全国的交通物流网络。二是依托各地产业集聚区和产业集群，以电子信息、装备制造、汽车及零部件、食品、现代家居、服装服饰、钢铁有色、能源化工等产业为重点，建设一批具有贸易、流通加工、中转分拨、集成配送、物流金融等复合服务功能的物流园区，为产业集群发展和转型升级提供物流服务支撑。三是依托各地商贸业聚集地、大型批发市场等，加快专业市场配套物流设施建设，促进专业市场转型升级，建设形成一批面向全国乃至国际的具有展示交易、价格发布、信息交流、电子商务等一体化物流服务功能的商贸物流基地。四是加强节点城市物流基础设施建设，不断提升物流综合服务能力，重点推动信阳金牛物流产业集聚区、商丘豫东物流产业集聚区、周口港口物流产业集聚区、洛阳国龙物流园、南阳新区物流产业园区、豫北国际物流港、三门峡金三角建材物流港、众品冷链物流园、濮阳石化能源物流园、鹤壁宏昌物流园等重点项目建设，形成一批支撑区域物流集聚发展的载体平台。（相关省辖市政府、省发展改革委、商务厅、交通运输厅、工业和信息化厅）

三、突出培育五大特色物流

大力发展电子商务物流、快递物流、保税物流、冷链物流、医药物流等特色物流，打造一批优势突出、辐射带动能力强的特色物流集群。

——电子商务物流。抓住电子商务迅猛发展的重大机遇，依托区位和交通优势，吸引境内外电子商务巨头布局建设区域物流节点，打造郑州全国性电子商务物流枢纽。深化与知名电商、网商的战略合作，加快菜鸟智能骨干网核心节点、京东一级电商运营中心、苏宁郑州物流基地、顺丰电商产业园、TCL集团华中电子商务配送中心、康佳电子商务物流园等项目建设。推进郑州跨境电商服务试点规模化运营，支持河南保税物流中心加快建设展示展销中心、企业办公基地、E贸易门户网站及电子商务平台，做优俄罗斯、巴西等海外出口专线，引进天猫国际、易贝、亚马逊等知名平台，扩大跨境贸易业务规模。（郑州市政府、郑州航空港经济综合实验区管委会、省发展改革委、商务厅、工业和信息化厅、郑州海关、河南出入境检验检疫局、省邮政局）

——快递物流。依托综合交通和区域市场优势，完善快递物流网络，加快配套设施建设，将郑州建成全国重要的快递转运中心。建设陆空快递网络，依托郑州新郑国际机场国际航线和郑欧班列物流通道，拓展跨境快件的直运、直封、直发业务，推动美国联合包裹公司、顺丰公司在郑州新郑国际机场投放更多运力，吸引联邦快递公司、敦豪航空货运公司、圆通公司、邮航公司等开通至郑州的全货机航线，实现郑州至纽约、莫斯科、伦敦等国际城市快递一周内寄达。推动高铁货运场站等设施建设，积极开展高铁快递业务，不断扩大高铁快递规模。加快区域性快递物流基地建设，重点建设顺丰航空快件集散中心、电子商务快递物流园、河南邮政速递物流邮件处理中心和“四通一达”（申通、圆通、中通、汇通、韵达）、宅急送等公司分拨集散中心，推动联邦快递公司在郑州设立转运中心。加快洛阳、安阳、商丘、漯河等城市快递分拣中心建设，支持有实力的快递企业在中小城市和重点乡镇布局网点。到2016年，全省快递业务量达到6亿件，快递业收入达到90亿元。（省邮政局、郑州市政府、郑州航空港经济综合实验区管委会、省发展改革委、商务厅、郑州铁路局、省机场集团、相关省辖市政府）

——保税物流。依托航空、铁路口岸和各类海关特殊监管区，大力发展保税物流，加快构筑中西部地区保税物流高地。完善保税物流设施，推动郑州新郑综合保税区三期、出口加工区B区、保税物流中心二期项目建设，拓展流通加工、检测维修、商品展示等附加功能。加快河南电子口岸建设，建成区港联动、区区联动信息平台，实现报关、报检、安检等一次申报、一次查验、一次放行，提高进出口货物通关效率。加快推进郑州自由贸易试验区申建工作。推动区域保税物流体系建设，积极支持洛阳、南阳、新乡、商丘市申报设立综合保税区。支持省内进出口贸易依托海关特殊监管区拓展保税物流业务，扩大智能手机、红酒、橄榄油、皮革、贵重金属、高档服装等产品保税物流规模，争取境外电子产品、飞机、汽车等零部件进入综合保税区维修。（省政府口岸办、郑州海关、河南出入境检验检疫局、郑州航空港经济综合实验区管委会、郑州铁路局、省机场集团、相关省辖市政府）

——冷链物流。壮大行业龙头，完善区域网络，加快构建适应消费升级的冷链物流体系，建设全国重要的冷链物流基地。支持双汇集团、众品集团等龙头企业依托生产加工和配送网点，拓展长三角、珠三角、环渤海、东北等地区冷链干线运输、区域分拨、城际零担业务。整合物流资源，创新服务模式，加强冷链物流企业与连锁零售餐饮、食品加工、贸易分销等企业合作，提供全球采购、城市终端配送等服务，推广“线上线下”经营模式，实现网订店取，推动行业龙头向供应链集成服务商转变。广泛采用物联网技术，加强冷链物流设施设备信息化改造，建设产业链全流程质量监控和追溯系统。（省发展改革委、工业和信息化厅、商务厅、食品药品监管局）

——医药物流。抓住健康服务业发展机遇，坚持规划引导，优化区域布局，完善物流网络，支持骨干企业扩张规模，提升企业综合实力和市场竞争力。进一步提高行业集中度，支持国药集团、华润医药集团、九州通集团等企业郑州医药物流中心建设，完善洛阳、安阳、南阳、商丘、平顶山、周口、三门峡、濮阳等地医药物流分拨配送网络。大力发展中医药物流，加快推动万家中药材配送中心、焦作怀药交易中心、辅仁药业医药分拣配送中心、新乡中部医药物流产业园建设发展。鼓励大型医药流通企业向医院延伸物流配送服务，优化整合物流资源，实现药品供应链全程管理。力争到2016年，全省药品流通行业销售额达到600亿元，行业前三强市场份额突破40%。（省商务厅、发展改革委、卫生计生委、工业和信息化厅、食品药品监管局、相关省辖市政府）

——积极推动汽车、电子家电、钢铁、建材、纺织、粮食等行业物流发展，在全省建设一批具有区域影响力的专业物流基地，形成与主导产业相配套的物流服务体系。加快推进农村物流发展，建设布局合理、功能完善、服务高效的农村物流服务体系。（省工业和信息化厅、交通运输厅、农业厅、发展改革委、商务厅、粮食局）

四、加快实施四大物流工程

（一）物流园区提升工程

依托各地比较优势，结合市场需求，推进物流园区快速、健康、有序发展，尽快形成与区域经济发展相适应的物流园区体系。

——优化园区布局。在区域物流节点城市，依托交通枢纽、口岸、产业和商贸集聚区，加快建设和改造提升一批货运枢纽型、生产服务型、商贸服务型、口岸服务型、综合服务型等物流园区，形成布局合理、功能集成、企业集聚、支撑服务有力的物流发展载体平台。（省发展改革委、工业和信息化厅、交通运输厅、商务厅、邮政局、郑州海关、相关省辖市政府）

——推动园区转型升级。整合现有物流园区，支持优势物流园区做大做强，引导物流需求不足和同质化竞争明显的园区进一步完善功能、强化特色、创新发展。科学布局新建物流园区，综合考虑区域物流需求、城镇化建设等因素，支持建设一批规模适当、功能完备、业态先进、多式联运的现代化物流园区，提升我省物流园区整体发展水平。（省发展改革委、交通运输厅、商务厅、郑州铁路局、省民航办、相关省辖市政府）

——加强园区设施建设。编制完善物流园区产业发展规划和控制性详细规化，加快建设园区现代化仓储设施、多式联运设施和信息服务平台，建设完善园区水、电、路、网络、通信和园区周边道路、铁路、水路等基础设施和生活配套设施，推广甩挂运输、集装箱运输、托盘化单元装载和智能化管理技术，提高物流效率，降

低储运损耗，打造绿色低碳物流园区。（省发展改革委、交通运输厅、住房城乡建设厅、工业和信息化厅、科技厅、相关省辖市政府）

——集聚和培育物流企业。发挥物流园区资源要素优势和集聚效应，加强政策引导，推动物流企业和金融保险、信息服务等配套企业入驻园区发展。加强园区管理和服务创新，促进入驻企业业务互补和资源共享，提高物流组织效率，培育壮大一批引领行业发展的骨干物流企业。（省发展改革委、工业和信息化厅、交通运输厅、商务厅、相关省辖市政府）

——开展园区示范工作。落实《全国物流园区发展规划》，开展省级示范物流园区评定和培育工作，争取三年扶持建设50个综合实力强、发展前景好、带动作用显著的省级示范物流园区，积极申建国家级示范物流园区，不断总结经验，强化示范引领，促进全省物流园区规模化、专业化发展。（省发展改革委、国土资源厅、住房城乡建设厅、交通运输厅、商务厅、环保厅、工业和信息化厅、科技厅、邮政局、民航办、郑州海关、郑州铁路局、相关省辖市政府）

（二）产业联动发展工程

围绕建设先进制造业大省，推动物流业与制造业联动发展，完善产业集聚区物流服务功能，增强供应链一体化服务能力，为产业结构调整和转型升级提供动力。

——推进产业集聚区物流功能区建设。在全省180个产业集聚区，规划建设一批与主导产业相配套的物流服务“区中园”，完善物流基础设施和强化公共信息服务，提高产业集聚区供应链设计、采购物流、入厂物流、销售物流、逆向物流等专业服务能力。（省发展改革委、工业和信息化厅、各省辖市政府）

——鼓励制造企业分离外包物流业务。加大制造企业主辅分离推进力度，支持一批有条件的企业设立专业物流公司，再造企业内部流程，开展社会化物流业务。鼓励制造企业与第三方物流企业建立长期合作关系，外包企业物流业务。（省工业和信息化厅、发展改革委、交通运输厅）

——积极发展供应链物流。支持有实力的物流企业建设与生产制造相配套的仓储配送设施和物流信息系统，为制造企业提供从原材料采购到产品销售的完整供应链服务。总结推广国家制造业和物流业联动示范经验，提升我省供应链物流发展水平。（省发展改革委、工业和信息化厅、交通运输厅、商务厅）

（三）城市物流配送工程

结合新型城镇化建设和居民消费升级，完善城市配送设施，创新物流配送模式，在全省中心城市建设一批物流配送中心，推进郑州国家城市共同配送试点工作，破解城市配送“最后一公里”问题。

——提升基础设施保障能力。加强城市公共配送节点网络建设，结合中心城市主要商贸设施布局，建设一批用地集约、设施先进、运转高效的城市配送中心，建设完善公共配送末端网点和配送车辆停靠、装卸作业场地设施，增强城市公共配送服务能力。（省发展改革委、商务厅、交通运输厅、邮政局）

——优化城市配送管理。鼓励各地制

定城市配送发展规划，开辟城市配送专用路线，完善大型商业场所配送设施的配建标准。改善城市配送车辆通行环境，改进城市配送车辆通行许可证发放制度，放宽城市配送车辆停靠限制，规范城市配送运输经营活动。（省公安厅、交通运输厅、商务厅、发展改革委、邮政局）

——推广应用现代配送技术。积极采用共同配送、分时段配送、夜间配送等配送模式。鼓励企业建设或租用标准化仓库，使用规范厢式标准配送车辆，推广标准编码、带板运输、仓储笼运输等先进配送技术，提高城市配送专业化水平。（省商务厅、交通运输厅、发展改革委、公安厅、邮政局）

（四）物流信息化和标准化工程

围绕提高效率、降低成本，加快方向、重点和具体工作。路径优化技术和配送车辆动态导航技术以物流提高提高物流信息化和标准化建设步伐，不断提升我省物流业发展质量和水平。

——加强物流信息化建设。依托行业管理部门，在航空、铁路、公路、海关、出入境检验检疫、保险、公安等领域，加快建设信息交换共享的综合性物流信息服务平台。依托行业龙头企业，在冷链、医药、钢材、粮食、煤炭等行业，建设完善一批区域性、行业性的专业物流信息平台，建设全省物流园区公共信息平台。积极推动物流信息技术创新和应用，推广使用自动识别、电子数据交换、货物跟踪、智能交通、物联网等先进技术。支持物流企业开发应用内部信息管理系统，提高企业信息化水平。（省工业和信息化厅、发展改革委、交通运输厅、商务厅、郑州海关、郑州铁路局、河南出入境检验检疫局、省公安厅）

——加强物流标准化建设。加大物流标准应用推广力度，支持我省物流龙头企业建立完善服务标准体系，参与国家、行业物流标准制订、修订工作。大力推进标准化仓库和专业仓库建设，推广使用标准化托盘、自动化搬运装卸工具，推进标准化托盘循环共用体系建设。选择省级示范物流园区、重点物流企业、城市配送中心开展国家级物流服务标准化试点和省级服务业标准化试点。在城市配送领域推广使用新能源汽车，积极发展绿色物流。（省质监局、发展改革委、工业和信息化厅、交通运输厅、商务厅）

五、保障措施

（一）加强指导协调

进一步发挥省服务业工作领导小组职能作用，建立物流业重大推进事项会商协调机制，加强对物流业相关规划、重大政策、企业发展、物流园区和重大项目建设等的指导协调。各地、各部门要明确任务，强化责任，制定工作方案，加强协作配合，抓好各项任务落实。充分发挥物流行业协会桥梁纽带作用，调动社会力量，形成发展合力。

（二）突出招大引强

依托中原经济区和郑州航空港经济综合实验区开放平台，进一步创新招商方式，坚持政府引导、企业主体，开展以商招商、区域招商、专题招商、重点招商等。突出抓好与物流跨国公司、央企战略合作项目，抓好基地型、中心型物流项目，抓好发展潜力大、成长性好的新兴优质物流项目，重点在航空货运、快递、电子商务、第三方和第四方物流、物流地产等领域，引进世界500强、国内50强物流企业来豫设立地区总部和转运、分拨、配送中心。完善物流招商项目推进机制，加强动态跟踪和协调服务，签约项目抓落地，落地项目抓开工，开工项目抓达产达效，确保物流招商工作取得实效。

（三）加强政策扶持

根据豫政〔2013〕65号、豫政〔2014〕42号文件要求，各有关部门要按照职能分工，抓紧制定完善支持物流业发展的配套政策措施。进一步降低行业准入门槛，实行注册资本认缴登记制，放宽注册登记条件。切实落实价格和税费政策，物流业用水、用气价格与一般工业同价；物流企业在综合保税区、出口加工区投资用于自营物流设施建设和技术改造购置的进口设备，经认定后可享受免征关税和进口环节增值税的优惠政策。支持符合条件的物流企业和提供物流技术服务的企业申请高新技术企业认定并享受相关扶持政策。强化物流用地保障，对列入省重点项目范围的物流项目建设用地给予重点倾斜。加大资金扶持力度，省级服务业发展引导资金、省信息化发展专项资金等财政专项资金每年安排一部分用于重点物流项目建设、人才培养、信息化建设和标准化应用推广；继续加大对重要货运场站基础设施、甩挂运输、物流配送、专业市场改造提升等项目的资金支持力度。拓宽融资渠道，鼓励金融机构加强对物流企业的信贷支持，支持物流园区搭建投融资平台，定期开展银企对接活动。

（四）强化人才支撑

完善多层次物流教育体系，加强高级物流人才培养，提高人才培养质量。支持高校和中职院校重点物流专业建设，加强物流从业人员职业技能教育和在职培训，开展物流人才培养国际合作。积极支持一批重点物流企业和高、中等院校开展校企合作，共建实习实训基地。定期组织物流业高级培训，提高物流企业高管和行业管理人员的综合能力。规范物流领域职业资格认证，提高物流从业人员的职业能力和素质。

（五）加强统计考核

进一步加强社会物流统计工作，支持各地完善物流统计制度，建立健全物流统计队伍，落实工作经费。认真开展物流季度统计分析和重点行业物流年度统计工作。加强统计信息预测分析，探索建立省采购经理指数调查制度。加强物流业发展考评工作，对列入国家和省政府重点支持范围的物流项目实行动态跟踪和绩效考评。

河南省人民政府办公厅关于印发中国（郑州）跨境电子商务综合试验区申建工作方案的通知

（豫政办〔2015〕156号）

各省辖市、省直管县（市）人民政府，省人民政府有关部门：

《中国（郑州）跨境电子商务综合试验区申建工作方案》已经省政府同意，现印发给你们，请结合实际，认真贯彻落实。

河南省人民政府办公厅

2015年12月19日

中国（郑州）跨境电子商务综合试验区申建工作方案

为贯彻落实省委、省政府关于申建中国（郑州）跨境电子商务综合试验区（以下简称郑州跨境电商试验区）的重大决策部署，统筹推进申建工作，根据《中国（郑州）跨境电子商务综合试验区总体方案》（以下简称《总体方案》），制定本工作方案。

一、重要意义

随着经济全球化的深入发展，跨境电子商务在国际贸易中的地位和作用日益显著。郑州市作为国家第一批跨境电子商务服务试点城市，在各有关方面的共同努力下，取得了积极成效，对完善跨境电子商务产业链、探索监管模式等起到了有力的示范带动作用。为进一步提升我省跨境电子商务发展水平，省政府决定向国务院申请设立郑州跨境电商试验区，持续在产业融合、业务流程、监管模式创新等方面先行先试，推动我省跨境电子商务工作更加快速、更为有序地发展。申建郑州跨境电商试验区，有利于充分发挥我省区位、交通、市场、信息化等综合优势，强化我省在"一带一路"战略中承东启西、沟通南北的枢纽作用，促进我国东中西部区域协调发展，全面服务国家发展大局；有利于形成跨境电子商务国际规则、政策体系、监管模式和供应链服务体系，丰富发展模式，构筑参与国际分工新平台，对形成内陆地区对外开放新高地具有示范带动作用；有利于培育壮大跨境电子商务产业链和生态圈，营造适合大众创业、万众创新的发展环境，为进一步扩大就业、改善民生提供保障。

二、指导思想

围绕国家"一带一路"战略和区域协调发展规划，统筹利用国际国内两个市场、两种资源，着力推进制度创新、管理创新、服务创新，破解跨境电子商务发展中的体制性、机制性障碍，构建跨境电子商务完整产业链和生态圈。在风险可控的前提下，对行政审批、税收征管、金融支付、诚信体系建设、加工贸易转型升级等先行先试，进一步创新完善跨境电子商务发展模式，培育外贸竞争新优势，为推动全国跨境电子商务协调发展提供可复制、可推广经验。

三、发展目标

鼓励跨境电子商务企业、传统外贸企业、中小网商积极参与，推动跨境电子商务 B2B（企业对企业）、B2C（企业对终端消费者）、O2O（线上到线下）等多种业务模式共同发展，创新跨境电子商务监管服务模式，打造进出口商品集疏交易示范区和内外贸融合发展示范区，着力扩大进出口规模，进一步引导提升居民消费，促进产业转型升级，实现“买全球、卖全球”目标。力争到“十三五”末，培育100家跨境电子商务重点企业、50个省级跨境电子商务示范园区、20个省级跨境电子商务培训孵化基地、20个省级公共海外仓、10个省级外贸综合服务企业，全省跨境电子商务年交易额超过300亿美元，总体发展水平居中西部前列。

四、实施范围

郑州跨境电商试验区申建工作分阶段实施。第一阶段主要针对在郑州跨境电商试验区“单一窗口”综合服务平台登记备案，在郑州市开展业务的各类市场主体；第二阶段拓展到在“单一窗口”综合服务平台登记备案，在开封、洛阳、南阳、焦作市开展业务的各类市场主体；第三阶段拓展到在“单一窗口”综合服务平台登记备案，在全省开展业务的各类市场主体。

五、主要任务

以扩大出口为主攻方向，以 B2B 模式为发展重点，突出创新驱动，强化部门协同，积极探索适应跨境电子商务发展的政策措施，促进跨境电子商务规范发展。

（一）建立完善综合园区服务平台

1. 完善全省跨境电子商务产业规划、空间布局，鼓励、支持各地结合优势产业，高起点、高标准规划建设一批跨境电子商务综合园区，提升园区服务功能，打造线下平台，集聚电商平台企业、外贸综合服务企业、电商专业服务企业、电商专业人才等要素，有效承接线上“单一窗口”平台功能，促进跨境电子商务线上线下有机融合、联动发展，打造全球网购物品集散分拨中心。（省商务厅负责）

2. 依托电子商务示范创建工程，开展跨境电子商务国家级、省级、市级示范基地和企业孵化工作，培育一批重点跨境电子商务园区。（省商务厅负责）

3. 支持引进国内外龙头电子商务企业，重点支持世界前100强和国内前50强电子商务企业在我省设立跨境电子商务总部或区域性、功能性总部。加强与腾讯公司、谷歌公司、京东公司、阿里巴巴公司等企业的合作，培育引进跨境电子商务第三方平台或服务企业，完善跨境电子商务配套产业链。引导现有电商平台开展跨境电子商务服务，重点支持世界工厂网、企汇网、中钢网等本土企业发展。（省商务厅、财政厅负责）

4. 建立完善综合服务体系，引导我省跨境电子商务产业向规模化、标准化、规范化方向发展。大力引进、培育外贸综合服务企业，为跨境电商企业提供通关、物流、仓储、融资等全方位服务。支持企业建立全球物流供应链和境外物流服务体系。（省商务厅、财政厅负责）

（二）建设完善人才培养和企业孵化平台

1. 瞄准市场需求，采取定向培养的方式，开展政府、高校、协会、企业合作，建设一批实用型人才培训基地，重点支持省级、国家级示范基地（中心）建设，服务跨境电子商务企业发展。（省商务厅、财政厅、人力资源社会保障厅、教育厅、工业和信息化委负责）

2. 推进实施国家电子商务专业技术人才知识更新工程，鼓励社会培训机构和企业针对我省优势产业、名优产品、骨干企业开展跨境电子商务专项培训。（省商务厅、人力资源社会保障厅、教育厅、财政厅负责）

3. 实施电商人才“引凤归巢”计划，重点动员和吸引省外豫籍电子商务高层次人才和优秀应用人才回乡发展，并按现行政策规定给予奖励和生活补贴。（省委组织部、省人力资源社会保障厅、财政厅、科技厅负责）

4. 健全跨境电子商务人才公共服务体系，引入一批知名跨境电子商务人才中介服务机构，形成专业化、国际化的跨境电子商务人才服务市场。（省商务厅、人力资源社会保障厅、财政厅负责）

5. 鼓励跨境电子商务领域创业，为创业人员提供场地、人才、技术、资金支持和创业平台孵化服务，推动大众创业、万众创新。（省商务厅、人力资源社会保障厅、财政厅、工业和信息化委、科技厅负责）

6. 探索“大数据+电子商务+外贸”的发展模式。以推进实施双十河南专享计划为载体，优选省内十个特色优势产业和十家外贸骨干企业，提供重点支持和定制化服务，帮助企业在全球市场精准营销，以最快速度和最低成本提升海外市场份额。逐步建成河南外贸大数据中心。（省商务厅负责）

（三）建设完善“单一窗口”综合服务平台

1. 探索建立跨境电子商务信息共享机制，统一信息的标准规范、备案认证和管理服务，加快建设集海关、税务、外汇、出入境检验检疫、商务、交通运输、金融、信用保险等于一体的跨境电子商务“单一窗口”综合服务平台，提供备案管理、统计监测、电商信用、风险预警等服务。（省政府口岸办、省商务厅、河南电子口岸公司负责）

2. 加强跨境电子商务经营主体备案登记管理。对备案的跨境电子商务经营主体，各业务主管部门分别办理对外贸易经营、报关、检验检疫、退税和结汇主体资格的相关手续，实现企业一次备案、多主体共享、全流程使用。（省、市级相关部门负责）

3. 向“单一窗口”开放海关预录入系统的申报接口，支持经过认证的用户通过“单一窗口”向口岸管理相关部门一次性申报，并获取通关状态数据。（郑州海关、省政府口岸办、省商务厅、河南电子口岸公司负责）

4. 制定跨境电子商务交易订单、支付单、物流单等三单数据格式标准。（省政府口岸办、郑州海关、河南出入境检验检疫局、河南电子口岸公司负责）

5. 争取质检总局向“单一窗口”开放CIQ2000（出入境检验检疫综合业务计算

机管理）系统申报接口，开放企业备案和信用等级数据查询接口，允许经过认证的用户在“单一窗口”实现直接在线数据申报，并通过“单一窗口”获取CIQ2000反馈的处理状态信息。（河南出入境检验检疫局、省政府口岸办、河南电子口岸公司负责）

6. 争取税务总局向“单一窗口”开放出口退税申报和审核系统数据接口，同步开放相关申报参数。允许用户在“单一窗口”完成出口退税审核系统的身份认证，直接实现在线退税申报；完成货物采购、报关、物流、结汇等相关信息备案，实现源头可溯、风险可控的税收监管。（省国税局、省政府口岸办、省商务厅、河南电子口岸公司负责）

7. 争取国家外汇管理局向“单一窗口”开放企业备案、企业分类、外汇收支数据接口，开展源头可溯、风险可控的事后监管，向监管部门、相关企业提供备案管理、统计监测、电商信用、风险预警等服务。（人行郑州中心支行、省外汇管理局、省政府口岸办、省商务厅、河南电子口岸公司负责）

8. 争取中国银监会支持银行与“单一窗口”系统对接，通过“单一窗口”获取电商交易、报关、报检等数据，为跨境电子商务企业提供金融服务。（河南银监局、省政府口岸办、河南电子口岸公司负责）

9. 争取公安部全国公民身份证号码查询服务中心向“单一窗口”免费开放全国公民身份信息系统的公民身份信息核查接口和服务，保障“单一窗口”对个人交易主体实施有效监管。（省公安厅、省政府口岸办、河南电子口岸公司负责）

10. 争取交通运输部对“单一窗口”平台在数据标准、数据交换等方面给予更多支持，实现国家交通运输物流公共信息平台与“单一窗口”深度融合和资源共享。（省交通运输厅、省政府口岸办、河南电子口岸公司负责）

11. 争取工商总局向“单一窗口”开放企业主体信息和企业信用信息公示系统数据接口，提供企业主体信息和企业信用信息查询服务，满足加强企业信用管理的需要。（省工商局、省政府口岸办、河南电子口岸公司负责）

（四）创新优化监管措施

1. 推行全程无纸化通关服务，逐步实现企业自主备案、自主报税、自助通关、自助审批、重点稽核。（郑州海关、河南出入境检验检疫局、省国税局负责）

2. 加强关检合作，实现一次申报、一次查验、一次放行，并根据执法需要实现全口径数据共享，提升通关效率。（郑州海关、河南出入境检验检疫局负责）

3. 创新跨境电子商务监管模式，推动建立货物贸易与服务贸易、进口与出口的标准化监管流程，支持B2B、B2C等不同种类业务模式的商品便捷通关。加快对邮政商业快件监管场所的验收，尽快批复其开办业务。（郑州海关、河南出入境检验检疫局负责）

4. 进一步简化申报手续，探索适合网络零售形式的海关归类办法和清单申报通关及统计方式。简化网购保税进口商品的一线入区申报手续，探索建立适合保税零售业务的账册管理制度。（郑州海关负责）

5. 探索建立适合跨境电子商务的转关、转检和物流方式，为跨境电子商务提供通关一体化和检验检疫一体化服务。

（郑州海关、河南出入境检验检疫局负责）

6. 提高个人自用物品限值，将从郑州跨境电商试验区寄递进出境的个人自用物品限值提升至5000元。（省财政厅、国税局、郑州海关负责）

7. 制定跨境电子商务进出境商品的检验检疫申报和放行流程规范，建立符合跨境电子商务发展要求的检验检疫工作机制。完善跨境电子商务风险监控体系，建立完善重点商品质量风险信息采集、评估、预警、处置体系。构建跨境电子商务质量追溯体系，实施风险监测、网上抽查、源头追溯、属地查处，实现质量可追溯、责任可追究。（河南出入境检验检疫局负责）

8. 推动组织机构代码和物品编码在跨境电子商务产品质量监管领域应用，与全国组织机构代码库、商品信息库进行数据对接。落实跨境电子商务企业质量安全主体责任，加快与质检总局电子商务产品质量风险监测中心衔接，建立物品溯源体系。（省质监局负责）

9. 建立网上交易商品负面清单、出境商品负面清单、入境商品负面清单和禁寄物品指导目录。（省商务厅、郑州海关、河南出入境检验检疫局、省邮政管理局负责）

（五）促进税收便利化

1. 积极申请开展出口退税无纸化试点，完善出口退税流程，进一步加快出口退税进度、简化退税审批手续。（省国税局负责）

2. 争取税务总局支持，对纳入“单一窗口”平台监管的跨境电子商务零售出口货物，无法取得合法有效进货凭证的，适用暂免征增值税政策。（省国税局负责）

（六）创新完善金融服务体系

1. 进一步扩大支付机构跨境外汇支付和结售汇业务的范围与交易金额。批准更多支付机构参与跨境外汇支付试点。允许符合条件的支付机构申请中国外汇交易中心会员资格并参加银行间外汇交易，提高结售汇效率，降低汇兑成本。（人行郑州中心支行、省外汇管理局负责）

2. 支持跨境电子商务企业及个人开立个人外汇结算账户，直接在银行办理跨境电子商务涉及的外汇收支。鼓励在跨境电子商务活动中使用人民币计价结算，支持符合条件的支付机构开立境外人民币及外币账户，开展资金清算及外币转换服务。（人行郑州中心支行、省外汇管理局负责）

3. 开展跨境电子商务线上融资及担保方式创新试点。在风险可控的前提下，积极探索线上融资、担保、保险等互联网金融产品和服务，扩大出口信用保险覆盖面，鼓励保险机构创新研发适应跨境电子商务的新型险种，开展出口信用保险保单融资。（人行郑州中心支行、省政府金融办、河南银监局、保监局负责）

4. 借鉴货物贸易外汇管理办法，对郑州跨境电商试验区内的跨境电子商务业务实施分类监管。（人行郑州中心支行、省外汇管理局）

（七）创新建立智能物流体系

1. 规划建设一批跨境电子商务仓储物流中心，推动开封、鹤壁、焦作、南阳等有条件的地方建设跨境电子商务仓储物流中心。鼓励国际物流、快递企业与跨境电子商务物流仓储中心对接，支持跨境电子商务平台与国家交通运输物流公共信息平台对接，鼓励快递、物流企业开展跨境电子商务服务业务。（省商务厅、交通运输厅、邮政管理局负责）

2. 支持企业建立海外营销渠道，创立自有品牌，通过跨境 B2B、海外 O2O、跨境 B2C 模式，设立海外仓、体验店、展览展示中心等，融入境外销售体系。支持有实力的企业在主要出口市场设立公共海外仓，为跨境电子商务企业提供贸易、仓储、配送和售后等一站式服务。（省商务厅、财政厅、相关省辖市政府负责）

3. 支持郑州新郑国际机场开辟新的国际航线、加密航班，重点开通全货机货运航班，增强货运直航能力。（河南机场集团公司负责）

4. 争取中国民航局开放郑州航权，优先考虑开放第五航权，适时研究开放第七航权，鼓励中外航空公司经营往返郑州的国际货运航线，提高郑州新郑国际机场航空运能，建设国际航空货运枢纽和物流中心。（省民航办、河南机场集团公司、郑州航空港经济综合实验区管委会负责）

5. 加快郑州国际邮件集散分拨中心建设，加密与郑州建立国际邮件互换关系的国外城市的直达航班，并纳入郑州航空港经济综合实验区总体规划，在项目用地、规划选址、基础设施配套等方面给予支持。（省邮政管理局、邮政公司、河南机场集团公司、郑州航空港经济综合实验区管委会负责）

6. 充分利用郑州作为“一带一路”主要节点城市优势，支持郑欧班列带运国际邮件，鼓励我省跨境电子商务企业通过郑欧班列等方式开展货物运输，打造跨境电子商务进出口商品集散中心。（郑州市政府、郑州国际陆港公司负责）

7. 争取国家邮政局、中国邮政集团公司支持，加快建设邮政国际邮件郑州口岸，协调国外邮政公司加大对郑州互换局的直封力度，邮件直航到郑州新郑国际机场，或从其他机场经转后直发郑州。对达到直封条件的国家，协调中国邮政集团公司加快批复郑州直封权限；对符合运邮条件的航线，纳入中国邮政集团公司航空运能集采范围。（省邮政管理局、邮政公司负责）

（八）创新建立信用管理体系

1. 依托“单一窗口”平台，建立跨境电子商务信用信息数据库，提供跨境电子商务主体身份识别、信用记录查询、商品信息查询、货物运输及贸易信息查询等信用服务。争取将跨境电子商务信用信息平台列为国家建设项目。（省商务厅、省政府口岸办负责）

2. 建立公共信用管理负面清单，建设企业信用评价系统和个人信用评价系统，对开展跨境电子商务的企业、支付企业、相关监管场所经营人及境内居民进行信用评级，建立禁止或限制开展跨境电子商务业务的企业和个人主体清单。（各监管部门负责）

3. 构建河南电子商务可信交易环境，建立跨境电子商务企业信用信息数据库，通过整合、采集企业工商注册登记信息、备案信息、行政处罚信息、经营异常信息和严重违法企业信息等相关信息，向“单一窗口”平台提供查询服务，探索对跨境电子商务企业的信用分类监管。（省工商局负责）

（九）创新建立统计监测体系

开展跨境电子商务统计试点，探索建立中国（郑州）跨境电子商务统计制度，逐步形成跨境电子商务综合监测指标体系。（省商务厅、郑州海关、河南出入境检验检疫局、省统计局负责）

（十）探索跨境电子商务新规则

1. 研究制定符合跨境电子商务发展的国际通用规则，并列入国际贸易谈判内容。加强跨境电子商务国际认证和监管合作，建立良好的沟通渠道，畅通对外交涉渠道，避免和减少国际贸易摩擦。（省商务厅、郑州海关、河南出入境检验检疫局负责）

2. 探索跨境电子商务纠纷处置模式，建立跨境电子商务产品售后服务和维权体系，研究制定跨境电商消费纠纷解决标准、管理办法，完善国际和地区间消费者权益保护协作机制。探索开展跨境电子商务消费领域电子合同、平台规则监督和指导。（省工商局、郑州海关、省质监局、商务厅负责）

3. 研究制定跨境电子商务商标权保护标准和管理办法。（省工商局、郑州海关、省质监局负责）

4. 推动设立区域性跨境电子商务行业组织，发挥行业组织在政府与企业间的桥梁作用，引导企业公平竞争、守法经营。加强与国内外相关行业组织交流合作，支持跨境电子商务企业在境外举办实体展会，建立营销网络。（省商务厅负责）

5. 成立河南省跨境电子商务标准化技术委员会，制定我省跨境电子商务急需的标准，建立跨境电子商务标准体系。（省质监局、河南出入境检验检疫局负责）

六、工作节点

（一）加强学习调研，研究创新举措

为充实和完善我省《总体方案》内容，破解跨境电子商务发展中的深层次矛盾和体制性难题，中国（郑州）跨境电子商务综合试验区申建工作领导小组（以下简称领导小组）各成员单位要抓紧赴浙江省调研，学习借鉴浙江杭州跨境电子商务综合试验区的制度和管理、服务创新措施。

责任单位：领导小组各成员单位。

完成时限：2015 年 8 月 31 日。

（二）细化完善《总体方案》

按照商务部等相关部委要求，结合当前国家政策新动态和部门职能，谋划促进我省跨境电子商务健康发展的创新举措和改革思路，在商务部征求相关部委意见前，细化完善《总体方案》。

责任单位：省商务厅。

配合单位：领导小组相关成员单位。

完成时限：商务部征求相关部委意见前。

（三）研究制定试验清单

按照提高贸易便利化水平要求，在保障国家安全和利益的前提下，研究制定郑州跨境电商试验区试验清单。

责任单位：省商务厅。

配合单位：领导小组各成员单位。

完成时限：2015 年 10 月 31 日。

（四）加强与国家有关部委沟通，争取支持

积极向国家对口部委汇报郑州跨境电商试验区的创新举措，尤其是制度创新、体制机制创新方面的情况，争取指导与支持。

责任单位：领导小组各成员单位。

完成时限：申建、试验全过程。

（五）配合推进部际联审工作

密切保持与国家对口部委的沟通衔接，积极配合商务部等有关部委实地考察论证，争取早日批复。

责任单位：领导小组各成员单位。

完成时限：国家有关部委考察论证及征求意见阶段。

郑州市人民政府关于大力推进郑州市国家电子商务示范城市创建的若干意见

（郑政文〔2013〕237号）

各县（市、区）人民政府、市人民政府各部门、各有关单位：

为落实国家电子商务示范城市创建各项工作，培育新兴业态，推动我市电子商务整体发展，促进产业结构调整，根据我市实际情况，特提出如下意见：

一、创建国家电子商务示范城市的指导思想及目标

（一）指导思想

以创建国家电子商务示范城市为统揽，以跨境电商试点专项为引领，制定大力发展电子商务的扶持政策，加快电子商务基础设施和服务平台建设，引进一批带动性强的龙头企业，鼓励传统企业发展电子商务应用，形成一批电子商务服务业集聚区，打造服务全省、辐射中原经济区、影响全国的“新商都”。

（二）总体目标

到2015年，电子商务政策环境基本完善，信息基础设施完备，支撑体系基本健全，电子商务应用显著提升，电子商务服务业初具规模；电子商务成为郑州市战略性新兴产业的重要组成部分，电子商务成熟度达到全国先进水平，在区域中心城市电子商务发展中起到示范带动作用。2015年，电子商务交易额达到3000亿元以上，规模以上企业电子商务应用普及率达80%以上，网络零售额占社会消费品零售总额的15%以上，年销售收入10亿元以上的电子商务企业达到10家，年销售收入1亿元以上的电子商务企业达到100家以上。

二、创建国家电子商务示范城市的主要任务

（一）大力发展电子商务服务业

1. 大力引进电子商务龙头企业。加大

招商引资力度，出台招大引强的突破性政策，着力引进国内知名电子商务服务企业设立区域运营中心、结算中心、呼叫中心及研发中心等机构，以带动我市电子商务的发展。

2. 积极培育本土电子商务服务企业。健全扶持政策，鼓励本土电子商务企业做大做强，支持有潜力的第三方电子平台成为行业龙头，形成一批国内外知名的第三方平台及产业集群，提升郑州市电子商务产业化水平。

3. 促进电子商务集聚发展。支持建设电子商务示范园区（基地）和电子商务专业楼宇，吸引初创电子商务企业、本土电子商务企业和外来电子商务企业入驻，并为其提供各种扶持和优惠政策，以促进电子商务集聚发展。

（二）大力促进电子商务普及应用

1. 积极开展电子商务试点工作。鼓励和扶持在商贸业、物流业、金融业、跨境贸易、可信交易环境建设、产品质量安全监督、移动电子商务支付、农业、林业、文化创意旅游业、高技术服务业等产业，建立电子商务服务平台，开展电子商务试点，促进电子商务产业发展，支持优秀试点项目申报国家电子商务试点。

2. 积极推进郑州跨境电商服务试点项目建设。该项目通过研究制定跨境电商通关、结汇、退税等方面的管理办法及标准规范，建设新型的口岸监管及服务系统，建设进口、出口服务等系统，构建跨境贸易电子服务平台，是国家海关总署为突破现行海关监管政策，实现快速通关、结汇而先行先试的项目，对于进一步提升我市进出口贸易环境，融入国际经济循环，实行更高水平开放，加快郑州航空港经济综合实验区发展有重大支撑作用。该项目已被批复为国家电子商务试点项目，要整合各方资源，大力推进项目建设。

3. 大力发展电子商务代运营服务业等新兴业态。引导初创企业积极研究电子商务相关技术，将创业的重点放在电子商务代运营服务业等新兴业态，为传统企业提供电子商务应用的技术及实施外包服务，解决传统企业在电子商务应用中面临的技术及人才缺乏等问题。

（三）加强信息基础设施建设

1. 提高主干宽带网络速率。结合城市重大基础设施建设，如地铁、快速公交、自来水、雨污水改造等项目，统一规划、一体施工，构建覆盖全域的骨干光纤网络，到 2015 年，骨干光纤城域网基本建成，全市城镇家庭互联网普及率达到 80%以上。

2. 加快无线城市建设。围绕无线政务和无线商务，加强无线网络基础设施建设，满足随时随地随需的无线网络接入需要，提供与政府工作、企业运行、群众生活密切相关的丰富的无线信息化应用，到 2015 年，建成完整的无线宽带城域网，城区无线宽带人口覆盖率达到 100%。

3. 推进“三网融合”试点建设。积极促进电信运营商、广电运营部门、系统集成商、电子产品制造商在标准方面的协作与联合，选择基础设施比较好的郑州高新区、郑州经济开发区等地开展三网融合试点建设，不断扩大试点广度和范围。在实现有线电视网络提供高清互动广播电视服务的同时，为提供互联网接入业务、互联网数据传送增值业务等打下基础。

（四）加快电子商务支撑体系建设

1. 扩大数字证书的应用范围。按照国家统一规划积极参与国家认证机构的交叉认证与异地认证，大力推广数字证书、数字签名的应用，以解决电子商务交易过程中的身份认证和信息安全问题。

2. 积极制定国家标准。为推动国家电子商务示范城市试点工作，加快推进相关标准制定及其试点示范，协调推进标准起草和验证的相关工作，以解决电子商务交易过程中规范标准问题。

3. 构建城市在线支付体系。研究支付网关建设以及支付、结算体系的统一标准和规范，促进 B2B、B2C、C2C 商务活动的统一支付，加快本地第三方电子商务在线支付体系建设，以解决电子商务交易过程中的资金支付问题，为交易双方提供安全、便捷的支付渠道。

4. 完善企业在线信用管理体系。开展电子商务诚信交易服务试点工作，并采取以点带面的方式，积极推动企业网上信用管理体系建设，制定相关标准，加强网上企业信用监管，建立企业在线信用管理平台，记录、评价、公示和认证企业信用。按照“加强政府推动和监管，增强行业自律，鼓励企业参与”的原则，加快推进郑州市企业在线信用体系建设。

5. 推进郑州国家现代物流中心建设。强化公路、铁路、航空等多种运输方式的有效衔接，构建与国际接轨的现代物流服务体系，逐步提升郑州在全球物流格局中的枢纽功能和地位。加快物流信息化建设，构建物流公共信息平台，为建立高效畅通的物流系统提供保证。

（五）加强电子商务专业人才的引进和培训

1. 引进电子商务高端人才。鼓励并支持电子商务企业有针对性地引进具有企业电子商务管理和研发经验的高端专业技术和管理人才，提升电子商务模式创新、技术创新和管理创新能力，促进电子商务创新发展。

2. 开展电子商务培训。依托高等院校、科研机构、民办教育机构，开展电子商务知识和技能培训，普及电子商务知识，提高电子商务服务能力及应用水平。

三、创建国家电子商务示范城市的扶持政策

（一）支持本地电子商务企业做大做强。经认定为国家、省级电子商务示范企业的，分别按照 100 万元、60 万元的标准给予一次性奖励。

（二）支持引进知名电子商务企业。对行业国际排名前十名或行业国内排名前三名的知名电子商务企业在郑州设立总部，按照一事一议的政策进行支持。

（三）支持电子商务试点项目建设。围绕郑州国家电子商务试点城市创建工作，在商贸业、物流业、金融业、跨境贸易、可信交易环境建设、产品质量安全监督、移动电子商务支付、农业、林业、文化创意旅游业、高技术服务业等行业进行电子商务试点项目建设。每年组织开展 20 个电子商务试点项目建设，总投资额在 1000 万元以上，给予总投资额 10%的资金支持，单个项目支持金额最高不超过 300 万元。对于获批的国家电子商务试点项目，地方财政按 1：1 的标准，给予资金配

套支持。

（四）支持数字证书普及应用。对使用数字认证（CA）等服务从事电子商务活动的企业给予认证服务费50%的补贴。

（五）支持构建城市在线支付体系。对取得中国人民银行《支付业务许可证》的第三方支付平台在郑州设立总部的企业，给予200万元的资金支持。

（六）支持电子商务代运营企业。为传统企业提供咨询策划、技术支持、运营推广、营销策划、客服管理、销售数据分析等电子商务服务。市财政对本市注册且年服务费收入100万元以上的电子商务代运营企业，按年服务费的10%给予资金支持，同一企业每年支持资金最高不超过100万元，可连续支持3年。

（七）支持参与电子商务国家标准的制定。对于参与国家标准制定的单位给予40万元的一次性资金支持。

（八）支持建设电子商务示范园区（基地）。采取企业主导、市场化运营、政府支持的方式，支持各县（市、区）建设电子商务产业园区（基地）；园区（基地）建设达到相关要求，经认定为国家、省、市级电子商务示范园区（基地）的，市财政分别一次性给予100、60、30万元的奖励。

（九）支持建设电子商务专业楼宇。对办公使用面积超过10000平方米，电子商务经营主体入驻率超过50%，实际运行一年以上的电子商务专业楼宇，经市创建国家电子商务示范城市工作领导小组认定为示范性楼宇工程的，给予楼宇组织管理单位一次性100万元的奖励。各县（市、区）根据实际情况，支持电子商务专业楼宇的建设，对入驻专业楼宇的电子商务企业，其房屋租金给予适当的补助。

（十）鼓励电子商务协会等专业组织深入研究郑州市电子商务发展业态，组织行业前沿知识培训，并鼓励电子商务企业积极参与。给予培训费30%的奖励，每家企业每年奖励累计不超过5万元。

（十一）同一企业的同一项目同时符合上述多项奖励条件的，不重复享受各项奖励政策，只按照奖励额度最高的政策进行奖励。

四、创建国家电子商务示范城市的保障措施

（一）完善创建工作领导小组

由市政府牵头，完善以市长为组长，各相关部门主要负责人为成员的郑州市创建国家电子商务示范城市工作领导小组（以下简称“领导小组”），加强创建工作的统筹领导。领导小组下设办公室，办公室设在市发展和改革委员会，负责日常创建工作。

（二）制定郑州市创建电子商务示范城市扶持政策实施细则

由领导小组办公室制定电子商务示范城市扶持政策实施细则，根据郑州市电子商务发展实际情况，研究每年电子商务发展的重点领域，征集评审电子商务扶持项目，培育电子商务优秀企业，促进郑州市电子商务整体发展。

（三）成立创建工作专家咨询委员会

成立郑州市创建国家电子商务示范城市工作专家咨询委员会，对创建工作提供咨询服务。

（四）建立健全创建工作机制

建立目标考核机制，将创建工作任务进行分工，组织考核评比；建立联席会议制度，定期研究工作进展情况、政策建议和存在问题，布置阶段性工作。

郑州市人民政府关于加快推进跨境电商发展的意见

（郑政〔2015〕9号）

各县（市、区）人民政府，市人民政府各部门，各有关单位：

根据《国务院办公厅转发商务部等部门关于实施支持跨境电子商务零售出口有关政策意见的通知》（国办发〔2013〕89号）、《国务院办公厅关于加强进口的若干意见》（国办〔2014〕49号）等文件精神，为加快推进我市跨境电商发展，现结合实际，提出如下意见：

一、总体思路和发展目标

（一）总体思路。坚“一突出”（突出跨境电商）、“三并举”（坚持跨境电商贸易和境内电商贸易并举、一般跨境贸易和保税跨境贸易并举、工业企业电子商务发展与专门化的电子商务发展并举）、“三多”（多区域、多主体、多模式）发展原则，依托航空一类口岸、铁路一类口岸、邮政口岸和河南保税物流中心、新郑综合保税区、出口加工区以及其他符合条件的海关监管场所，以信息平台、商业模式、供应体系、电商主体、仓储物流、快递配送、电子支付等环节构建为切入点和突破口，创新跨境电商模式的报关、报检、结汇和退税等管理机制，扩大跨境电商交易规模，拓展跨境电商产业链体系。以跨境电商为引领全面推进我市电子商务产业健康快速发展，努力把电子商务产业打造成为郑州都市区的重要支撑产业、国际商都的战略支点、郑州转型发展的强大引擎。

（二）发展目标。2015年，全市跨境电商交易额比2014年翻三番，到2017年达到1000亿元，总体发展水平居全国前列，居中部省会城市第一位，把郑州打造成为“总量规模全国前列、服务政策全国最优、产业链支撑全国最强”的跨境电商发展高地，使我市成为中西部地区辐射全国的国际网购物品交易和要素资源集疏中心，努力实“买全球、卖全球”的发展目标。

二、基本原则

（三）坚持重点推进。在国家试点项目基础上，以河南保税物流中心为核心区域，打造国家级跨境电商示范园区，继续创新机制体制，完善软、硬件设，明确重要时间节点，分阶段加快推进郑州跨境电商业务规模化发展。

（四）坚持多区域布局。在新郑综合保税区、出口加工区、航空一类口岸、铁路一类口岸、邮政口岸以及其他符合条件的海关监管场所布局发展跨境电商。郑东新区、郑州经济技术开发区、郑州高新技术开发区、二七区等为跨境电商的相关产业链的配套区域，其他县（市、区）为功能补充区域。

（五）坚持分项突破。遵循先行先试、分项重点突破原则，找准跨境电商产业链的关键点和切入点，继续研究适应跨境电商发展的报关、报检、物流、支付、结汇和退税等管理机制，引进培训人才，优化监管流程，完善基础设施，努力保障跨境电商各种运行模式下的服务管理需求。

（六）坚持多模式并行。按照“业务全模式发展、商品多通道集疏”的思路，实现保税模式（网购保税进口、特殊区域出口）、一般模式（直购进口、一般出口）业务全面发展。利用航空港国际物流集疏网络和国际陆港多式联运集疏网络，构建跨境电商商品全球分拨集散的物流体系，为企业提供多元化服务，促进跨境电商业务扩大规模。

（七）坚持进出口并重。在进一步扩大跨境电商进口业务规模的基础上，加快发展跨境电商出口业务，研究完善出口通关、退税、结汇的业务流，鼓励企业积极开展跨境电商出口业务，实现进出口平衡发展。

三、主要任务

（八）支持河南保税物流中心做大做强跨境电商业务。完善E贸易信息系统，创新完善通关机制，继续优化业务全流程各环节，着力营造通、物流、信息服务等优势，在做大进口业务的基础上，做强出口业务，实现业务双向规模化持续增长，进一步发挥引领带动作用。

（九）加快构建跨境电商通关综合服务平台。按照《海关总署关于跨境电商进出境货物、物品有关监管事宜的公告》（〔2014〕56号）的有关规定，依托河南电子口岸，加快构建完成支持试点全模式（保税模式、一般模式）的跨境电商通关服务平台。河南保税物流中心要尽快完成电子商务通关综合信息系统政务部分的交接工作，在此基础上，由市政府承接单位继续提升搭建跨境电商通关信息系统，进行支持多个监管区域的系统升级改造，尽快完成与河南电子口岸的对接调试。

（十）创新跨境贸易监管和服务方式。继续创新跨境电商通关、通检模式，加快推进“一次申报、一次查验、一次通关”，进一步优化业务流程，提高通关通检监管服务水平 。

（十一）研究推广跨境电商保税模式业务。研究在跨境电商服务试点的基础上，将跨境保税模式拓展推广至出口加工区和新郑综合保税区，支持符合条件的企业开展跨境保税模式试点业务。

（十二）全面开展跨境电商一般模式业务。按照《海关总署关于跨境电商进出境货物 、物品有关监管事宜的公告》（〔2014〕56号）的有关规定，支持符合条件的企业在郑州航空一类口岸、铁路一类口岸、邮政口岸以及其他海关监管场所开展一般跨境贸易模式试点业务。

（十三）引进和壮大一批跨境电子商务领军企业和示范产业园。加大扶持本地跨境电商企业力度，引进一批全国知名的跨境电商企业，培育辅导1~2家跨境电商准备上市公司，形成一批从事跨境电商的知名企业，培育跨境电商示范产业园。

（十四）积极扩大跨境电商出口规模。依托郑州航空港经济综合实验区和郑州国际陆港全球化的物流集散网络，充分利用跨境电商交易平台，研究解决影响出口的问题因素，扩大我市商品的出口种类和出口规模。

（十五）加快国际综合物流服务体系构建。引进境外大型国际物流企业 ，扶植壮大一批本土物流企业，积极支持本土物流企业到海外整合网络资源建设，构建普件、快件、跨境电商贸易多产品多渠道的国际综合物流服务体系。

（十六）着力打造全国邮政第四转运口岸。充分利用郑州国际邮件互换局和交换站的优势，开展国际邮包转运业务，组织跨境邮包在郑州集中进行通关、国际中转和集散分拨，为我市跨境电子商务发展提供国际邮路支持和货源支持。

（十七）积极开展保税商品展示交易业务。研究在新郑综合保税区、河南保税物流中心开展线上线下相结合的保税商品展销业务；在新郑国际机场设立保税商品展示交易中心 ；在中心商务区、特色商业街等区域设立国际商品展示交易场所 。

（十八）全力打造“E 博会”。进一步扩大郑州跨境电子商务影响力 ，举办中国 E 贸易商品交易博览会。

（十九）建立跨境电商支付服务体系。鼓励银行和第三方支付机构为跨境电子商务提供支付服务；支持银行为跨境电商提供跨境人民币结算服务，推动银行和支付机构加快产品创新，改进跨境支付服务，提高跨境支付效率。鼓励符合条件的银行和支付机构作为试点，通过进入跨境电商仓储物流中心等方式，为我市跨境电商经营主体提供支付服务。

（二十）大力培育和引进跨境贸易高端人才。加大跨境电商人才的培养力度，大力引进跨境电商高层次人才，面向国内外引进一批高素质、有丰富跨境电商运营经验的职业经理人队伍。

（二十一）规范跨境电商纠纷处理体系。创新电子商务交易纠纷处理流程，建立具有司法效力的第三方电子交易凭证证据保全机制，研究第三方电子商务赔偿或惩罚机制。

四、政策配套

（二十二 ）建立跨境电商统计监测机制，实施目标考核。一是建立完善跨境电商的统计制度。二是积极开展跨境电商统计监测。三是将全市跨境电商交易额进行科学分解，建立目标考核机制，列入各开发区和县（市、区）经济社会发展综合考评和党政正职考核内容。

（二十三）配套跨境电商资金支持政策。一是充分利用我市产业发展引导基金。发挥我市产业发展引导基金的导向作用，加大对跨境电商支持力度，鼓励以市场化融资方式对跨境电商企业进行投资、入股。具体办法参照《郑州市产业发展引导基金管理暂行办法》（郑政文〔2014〕186 号）执行。二是扩大全市对外开放专项资金规模，专项支持跨境电商发展。三是研究制定支持跨境电商发展服务管理办法，抓住跨境电商产业链的关键节点，对跨境电商交易平台打造、物流配送体系建立、电子支付体系构建、人才引进和电商培训等给予扶持。

五、保障措施

（二十四）强化组织领导。将郑州市跨境电商试点项目领导小组调整加强为郑州市跨境电商工作领导小组，由市政府主要领导担任领导小组组长，分管副市长担任领导小组副组长，郑州航空港经济综合实验区、郑州经济技术开发区、市商务局、市发展和改革委员会、市财政局、市工信委、市科技局、市交通委、市国税局、市地税局、市工商局、市质监局、市食品药品监管局、市金融办、市口岸办等部门为成员单位，组织推进全市跨境电商工作。领导小组下设办公室（办公室设在市商务局），负责日常协调工作。同时，建立联席会议制度，邀请海关、检验检疫、外汇管理以及省有关单位共同协调解决工作中遇到的重大问题。

（二十五）加强跟踪评估。领导小组办公室负责跟踪分析全市跨境电商工作进展情况，建立周、月、半年和年度报告制度，定期总结经验，对运行效果进行客观评估，确保各项工作有序推进。

（二十六）明确分解责任。对于主要工作，明确牵头单位、协办单位和完成时间节点。市各相关单位要高度重视，积极取得成效；各县（市、区）要充分认识加快跨境电子商务发展的重要意义，积极优化本区资源要素配置，出台相关配套措施，全力做好跨境电商工作。

2015年3月16日

郑州海关关于在海关特殊监管区域内开展保税展示交易的公告

（郑关公告〔2014〕7号）

为推进中国（上海）自由贸易试验区14项海关监管创新制度复制推广，规范海关特殊监管区域（含保税物流中心，下同）保税展示交易监管，根据《中华人民共和国海关法》等有关规定，就海关特殊监管区域内开展保税展示交易业务相关事宜公告如下：

一、保税展示交易是指经海关注册登记的海关特殊监管区域内企业（以下简称“区内企业”）在海关特殊监管区域内或者区域外开展保税展示交易的经营活动。

二、区内企业应当建立符合海关监管要求的计算机管理系统，能够通过数据交换平台或者其他计算机网络，按照海关规定的认证方式与海关特殊监管区域海关辅助管理系统（以下简称“信息化系统”）联网，向海关报送能够满足海关监管要求的相关数据。

三、开展保税展示交易的海关特殊监管区域应建立具有保税展示交易功能模块的信息化系统。

海关特殊监管区域海关（以下简称“主管海关”）依托信息化系统，对保税展示交易货物的“进、出、转、销、存”

实施管理。

四、区内企业在区内开展保税展示交易的，主管海关按照海关特殊监管区域的相关规定对货物实施监管。

五、区内企业需要在海关特殊监管区域规划面积以内、围网以外的综合办公区（以下简称“综合办公区”）专用的展示场所及区外其他场所开展出区保税展示交易的，展览场所应向海关备案。

六、区内企业需在综合办公区专用的展示场所及区外其他场所开展出区保税展示交易的，应当提供足额税款担保。

区内企业通过信息化系统向主管海关办理货物出区展示手续，主管海关审核以下材料：

1. 展示合同、协议、邀请函或者展位确认书等证明文件；

2. 出区展示货物清单；

3. 保证金或者保函；

4. 海关认为需要提交的其他材料。

七、开展出区保税展示的区内企业应当严格管理展示货物，不得将其用于除展示活动以外的其他用途。

在综合办公区进行保税展示的，区内企业应当每 14 天向海关报送展示货物的销售、库存明细记录和存放地点；在区外其他场所进行保税展示的，区内企业应当每天报送。

八、货物出区展示完毕，区内企业应当通过信息化系统办理货物回区手续，经系统自动确认后，凭信息化系统中生成的返区核放单证经卡口验放货物入区，同时信息化系统自动退还区内企业的担保额度。

九、保税展示货物应当自出区之日起6 个月内复运回区。因特殊情况需要延长期限的，区内企业应当向主管海关办理延期手续，经主管海关两级核批后可以延期。主管海关应当在展期届满前完成核批。延期最多不超过 3 次，每次延长期限不超过 6 个月。延长期届满，货物应当复运回区或者办理进口征税手续。

十、货物在出区展示期间发生内销的，主管海关审核以下材料后，区内企业办理进口征税手续：

1. 内销保税展示货物清单；

2. 发票；

3. 许可证件（涉证货物提交）；

4. 海关认为需要提交的其他材料。

需要集中申报的，区内企业应当自内销之日起 30 日内向主管海关集中办理进口征税手续，集中申报不得跨年度办理。

十一、货物在出区展示期间转为免税品的，区内企业应当参照《中华人民共和国海关对免税商店及免税品监管办法》（海关总署令第 132 号）办理海关手续。需要集中申报的，区内企业应当自转为免税品之日起 30 日内向主管海关办理集中申报手续。

十二、货物在出区展示期间因不可抗力受损或者灭失的，区内企业应当及时向主管海关报告并提交有关部门出具的证明。其中，因不可抗力受损的，企业应当办理复运回区手续；因不可抗力灭失的，经主管海关核批后予以办理免税核销手续。

货物因不可抗力以外原因受损或者灭失的，区内企业应当按照货物进口的有关规定办理海关手续。

十三、主管海关定期对保税展示交易货物的库存、内销等情况进行抽查，并根据需要开展保税核查。

十四、区内企业存在下列情形之一的，暂停其货物出区展示业务：

1. 不符合业务开展条件的；

2. 涉嫌走私或者进出口侵犯知识产权货物，被海关立案调查的；

3. 有其他违法行为，海关认为需要暂停的。待重新符合业务开展条件或者调查结束后，由主管海关根据实际情况确定是否恢复。

本公告自2014年10月1日在郑州关区施行。

郑州海关

2014年9月30日

郑州海关关于在海关特殊监管区域实施进出区货物“批次进出、集中申报”作业模式的公告

（郑关公告〔2014〕9号）

为推进中国（上海）自由贸易试验区14项海关监管创新制度复制推广，根据《中华人民共和国海关法》等有关规定，现就海关特殊监管区域（含保税物流中心，下同）实施进出区货物“批次进出、集中申报”作业模式相关事宜公告如下：

一、“批次进出、集中申报”，是指允许海关特殊监管区域内企业（以下简称区内企业）与区内其他企业、境内区外企业（含其他海关特殊监管区域以及保税监管场所内企业），可以先凭卡口核放单（以下简称“核放单”）办理货物的实际进出区手续，再在规定期限内以报关单集中办理海关报关手续，海关依托“海关特殊监管区域海关辅助管理系统”（以下简称“信息化系统”）进行监管的一种通关模式。”

“卡口核放单”，是指记录车辆载货信息、报关单证信息及货物过卡信息的单证，用于实现卡口作业的比对、校验、核销和核扣功能，验放货物及承运车辆，记载卡口作业各项数据。

二、区内企业适用“批次进出、集中申报”应当具备以下条件：

（一）企业管理类别为B类及以上；

（二）建立符合海关监管要求的计算机管理系统，能够通过数据交换平台或者其他计算机网络，按照海关规定的认证方式与信息化系统联网，向海关报送能够满足海关监管要求的相关数据；

三、符合条件的区内企业开展“批次进出、集中申报”的，应当通过信息化系统向主管海关进行备案。

四、区内企业在货物分批次进出前，应当通过信息化系统向主管海关备案企业及货物等关联信息，由主管海关进行核准。分批出区进口货物如涉及许可证件管理的，企业应当向主管海关提交相应的许可证件；如涉及税款征收的，企业应当提供足额税款担保。

关联信息经主管海关一次核准后，可在区内持续使用。

五、区内企业根据关联信息通过信息化系统如实填制核放单并发送至主管海关，信息化系统对核放单进行自动判别，对符合条件的予以自动核准并反馈核准信息，对不符合条件的予以自动退回。

六、区内企业凭信息化系统自动审核通过的核放单，办理货物实际进出区手续。核放单数据发送后30日内货物未进出区且未进行撤销的，信息化系统自动停止其“批次进出、集中申报”业务，待货物实际进出区后予以自动恢复。

七、区内企业发送核放单数据后，如发生实际货物与核放单数据不符等情况需要变更或撤销的，可以向主管海关提出申请，经海关核准后予以变更和删除。

八、进出区货物在卡口查验发现异常的，该批货物不得进行集中申报，应当进行一单一报。

九、已进出区货物在集中申报前需要退运的，区内企业可以通过信息化系统向海关申报退运货物的相关信息，凭退运核放单经卡口确认后退运进出区。

十、区内企业应当根据相同供（收）货商、相同账册货物的原则，将1个自然月内的核放单数据进行归并，填制进出口报关单，在次月底前集中向主管海关办理申报手续。

集中申报不得跨年度办理。

十一、区内企业应当通过信息化系统汇总相关核放单生成报关申请单，向主管海关办理集中申报手续，并应当在备案清单“运输工具”栏内填制“分送集报”字样。

报关单（备案清单）中的商品名称、商品编号、商品数量及计量单位应当与汇总的核放单、报关申请单数据一致。

十二、有下列情形之一的，暂停适用相应企业的“批次进出、集中申报”作业模式：

（一）不符合业务开展条件的；

（二）本公历年度内变更和撤销核放单次数累计达到30票的；

（三）涉嫌走私或者进出口侵犯知识产权货物，被海关立案调查的；

（四）有其他违法行为，海关认为需要暂停的。

待调查结束或者经整改海关验收通过后，由主管海关根据实际情况确定是否恢复。

本公告自2014年10月1日起在郑州关区施行。

郑州海关

2014年9月30日

郑州海关关于在特殊监管区域内简化备案清单的公告

（郑关公告〔2014〕13号）

为推进中国（上海）自由贸易试验区14项海关监管创新制度复制推广工作，进一步促进郑州新郑综合保税区、郑州出口加工区（以下简称“特殊监管区域”）进出境（区）货物通关便利。根据《中华人民共和国海关法》等有关规定，现就郑州海关特殊监管区域启用新的《中华人民共和国海关进境货物备案清单》和《中华人民共和国海关出境货物备案清单》（见附件1和附件2，以下简称“备案清单”）相关事宜公告如下：

一、备案清单统一适用于经海关注册登记的特殊监管区域内企业（以下简称“区内企业”）办理货物进出境和进出区通关业务。原适用于郑州新郑综合保税区、郑州出口加工区的《中华人民共和国海关进（出）境货物备案清单》停止使用。

二、区内企业应当按照海关总署2008年第52号公告及2010年第22号公告的相关要求填制备案清单。

本公告自2014年11月1日在郑州关区施行。

特此公告

附件1　中华人民共和国海关进境货物备案清单

附件2　中华人民共和国海关出境货物备案清单

郑州海关

2014年10月31日

郑州海关关于在海关特殊监管区域开展“集中汇总征税”模式的公告

（郑关公告〔2014〕15号）

为推进复制推广中国（上海）自由贸易试验区进出境货物通关便利化措施，根据《中华人民共和国海关法》等相关要求，就郑州新郑综合保税区、郑州出口加工区和河南保税物流中心（以下简称“特殊监管区域（场所）”）集中汇总征税（以下简称“汇总征税”）作业模式相关事宜公告如下：

一、适用汇总征税作业模式的企业应当是进出口报关单上的经营单位，同时符合以下条件：

（一）海关税费电子支付系统用户；

（二）注册在特殊监管区域（场所）内B类以上企业、注册在特殊监管区（场所）外A类以上企业；

（三）3年内没有违反海关监管规定、进出口侵犯知识产权货物、走私记录，没有欠缴海关税收记录；

（四）遵守海关征税管理规定，积极配合海关的税收征管工作，按期及时纳税，能为海关提供必要的商贸信息。

“3年内”指企业申请适用汇总征税作业模式之日起倒推3年。

二、企业要求适用汇总征税作业模式的，应当向郑州海关关税处递交《特殊监管区域（场所）集中汇总征税企业综合评估表》（附件1，以下简称“《评估表》”），并接受税收资信综合评估。

注册在特殊监管区域（场所）内企业可以向特殊监管区域（场所）主管海关递交《评估表》。

三、海关在15个工作日内完成企业评估工作，如有特殊情况的，可以延长10个工作日。

完成评估后，郑州海关关税处在《评估表》上填写海关意见，加盖印章。

四、符合适用汇总征税作业模式的，企业应当按照海关在《评估表》上批注的意见，及时提交税款总担保。总担保的形式包括保证金、银行保函和非银行金融机构保函。

出具保函的银行、非银行金融机构应具有良好的资信和较大的资产规模，历史上未滞压或拖欠海关税款，能够主动配合海关实施税收保全或税收强制措施。

五、汇总征税企业适用汇总征税作业模式录入报关单时，应当选择“汇总征税”模式。

六、海关确认担保额度扣减成功，且无布控查验等其他海关要求事项，即可进行报关单的电子放行处理。如果额度扣减不成功，可由支付平台通知相关部门补发报文；或者改为正常缴税模式。

七、汇总征税企业应当在办结海关验放手续之日起10日内向特殊监管区域（场所）主管海关递交纸质报关单证。

八、汇总征税企业应当最晚于次月第5个工作日前通过电子口岸或者支付平台完成当月应缴税款支付的确认，并至特殊监管区（场所）主管海关办理已先期放行应税货物集中打印海关税款缴款书（以下简称“税单”）的手续。

九、如有滞报金等其他费用，汇总征税企业应当在放行前缴清。

十、海关在审核过程中，发现申报有误进行改单处理后，若发生超出担保额度情况，企业应当在税单缴款期限内缴纳税款。

十一、汇总征税企业如未按规定办理集中打印税单手续的，海关可以径行打印税单，交企业及时缴税或由其担保机构按照保函条款，在纳税期限届满之前履行担保纳税义务。

十二、汇总征税未缴纳的税款原则上不允许跨年缴纳。

十三、海关将对汇总征税企业在每年年末实施年度评估，主要对企业报关单申报质量、超期办理税单集中打印手续、税款入库、超担保额度等情况进行评估。评估通过的，企业可以继续适用汇总征税作业模式。

十四、有下列情形之一的，暂停或者取消企业适用汇总征税作业模式：

（一）不符合本公告第一条适用汇总征税作业模式条件的，海关取消企业适用汇总征税作业模式；

（二）企业一个自然年度内两次出现未按照规定至海关集中打印汇总征税税单的，海关取消企业适用汇总征税作业模式；

（三）在对企业汇总征税报关单复审中，发现存在涉税问题，且涉税金额较大或者存在重大征管问题的，海关暂停或者取消其适用汇总征税作业模式；

（四）未通过海关年度综合评估的，海关暂停或者取消其适用汇总征税作业模式。

十五、暂停或者取消企业适用汇总征税作业模式的，特殊监管区域（场所）主管海关向企业制发《暂停/取消适用集中汇总征税作业模式告知书》（附件2），并加盖印章。

暂停企业适用汇总征税作业模式的，待重新符合业务开展条件后，由海关根据实际情况确定是否恢复。

本公告自2014年11月1日起施行。

特此公告。

附件1　特殊监管区域（场所）集中汇总征税企业综合评估表

附件2　暂停/取消适用集中汇总征税作业模式告知书

郑州海关

2014年10月31日

附件1

表2-12　特殊监管区域（场所）集中汇总征税企业综合评估表

企业名称		
企业海关注册编码	主管海关	
税费电子支付企业	□是　□否	
企业分类等级	□AA　□A　□B	
3年内没有违反海关监管规定、进出口侵犯知识产权货物、走私记录，没有欠缴海关税收记录	□是　□否	
遵守海关征税管理规定，积极配合海关的税收征管工作，按期及时纳税，能为海关提供必要的商贸信息	□是　□否	
情况说明	□已随附，共　页　□无	
兹声明以上由我司填写，内容无讹，随附资料真实有效，如有虚假，愿承担法律责任。 （企业印章） 年　月　日		
海关评估意见： 经评估，现决定： □1. 请你司提交集中汇总征税总担保，办理备案手续。 □2. 你司不符合适用集中汇总征税作业模式条件。 （海关印章） 年　月　日		

附件 2

表 2-13　暂停/取消适用集中汇总征税作业模式告知书

编号：郑　　关〔（年份）〕　　号

(企业名称)______（企业海关注册编码：　　　　）：

因你单位

□不符合适用汇总征税作业模式条件。

□一个自然年度内两次出现未按照规定至海关集中打印汇总征税税单。

□存在涉税问题，且涉税金额较大或存在重大征管问题。

□未通过海关年度综合评估。

现决定：

□1. 暂停你单位适用集中汇总征税作业模式。待重新符合业务开展条件后，由海关根据实际情况确定是否恢复。

□2. 取消你单位适用集中汇总征税作业模式。

特此告知。

______海关

年　月　日

郑州海关关于对海关特殊监管区域（场所）实施仓储企业联网监管模式相关事宜的公告

（郑关公告〔2014〕16 号）

为推进中国（上海）自由贸易试验区 14 项海关监管创新制度复制推广，根据《中华人民共和国海关法》等有关规定，现就郑州新郑综合保税区、郑州出口加工区和河南保税物流中心（以下简称“特殊监管区域（场所）”）实施仓储企业联网监管模式相关事宜公告如下：

一、仓储企业联网监管是指对经海关注册登记的特殊监管区（场所）内仓储企业（以下简称“区内企业”）实施“系统联网、库位管理、实时核注”，实现对货物进、出、转、存情况的实时掌控和动态核查的一种监管模式。

二、实施仓储企业联网监管模式的区内企业（以下简称“联网企业”）应当符合以下条件：

（一）企业管理类别为 B 类及以上；

（二）建立符合海关监管要求的计算机仓储管理系统（WMS），能够通过数据交换平台或者其他计算机网络，按照海关规定的认证方式与“郑州海关特殊监管区域海关监管信息化系统”（以下简称“信息化系统”）联网，向海关报送能够满足海关监管要求的相关数据；

（三）建立符合海关监管要求的库位标识及货物电子标识。

三、符合条件的区内企业实施仓储企业联网监管模式的，应当向特殊监管区域主管海关（以下简称“主管海关”）办理备案手续，并提交以下材料：

（一）《郑州海关特殊监管区域（场所）仓储企业联网监管模式备案表》（详见附件）；

（二）包含库位标识的仓库平面图；

（三）海关认为需要提交的其他材料。

主管海关在材料收齐之日起3个工作日内反馈意见。

四、联网企业应当通过信息化系统向主管海关备案以料号级为管理单元的电子底账信息；对不同状态货物应当独立归并并作标记以示区别。料号级与对应项号级货物的归并关系，应当按照《加工贸易联网监管进出口商品归并规则（试行）》（海关总署公告2010年55号）的有关规定建立。

主管海关对不同状态货物进行分别备案、分类管理、整体核销。

五、联网企业应当设立符合海关监管要求的库位标识，并在货物包装上设置电子标识（条形码或二维码，通过该电子标识能够采集品名、货号、数量、计量单位、库位及货物状态等信息），同时在仓储管理系统（WMS）中建立与信息化系统中料号级备案数据相对应的、与电子标识信息相一致的仓储信息底账。

六、货物进出库作业时，联网企业应当根据仓储管理系统（WMS）中的进出库信息，在信息化系统中生成相应的报关建议书、卡口核放单等向主管海关申报。

“卡口核放单”，是指记录车辆载货信息、报关单证信息及货物过卡信息的单证，用于实现卡口作业的比对、校验、核销和核扣功能，验放货物及承运车辆，记载卡口作业各项数据。

七、联网企业应当通过仓储管理系统（WMS）生成指定格式数据，并按照主管海关确定的周期（最长不超过14天），定期通过信息化系统向主管海关申报当前所存实际货物（应区别不同状态货物）的库存信息。

八、联网企业可以主动申请终止适用仓储企业联网监管模式。

九、有下列情形之一的，暂停适用相应企业的仓储企业联网监管模式：

（一）不符合业务开展条件的；

（二）涉嫌走私或者进出口侵犯知识产权货物，被海关立案调查的；

（三）有其他违法行为，海关认为需要暂停的。

待重新符合业务开展条件或者调查结束后，由主管海关根据实际情况确定是否恢复。

本公告自2014年12月1日起施行。

特此公告。

附件：郑州海关特殊监管区域（场所）仓储企业联网监管模式备案表

郑州海关

2014年12月2日

附件

表 2-14　郑州海关特殊监管区域（场所）仓储企业联网监管模式备案表

编号：(　) 关　年　号

<table>
<tr><td>经营单位名称</td><td colspan="3"></td></tr>
<tr><td>经营单位海关注册编码（10 位数）</td><td colspan="3"></td></tr>
<tr><td>注册地址</td><td></td><td>联系人</td><td></td></tr>
<tr><td>海关企业分类管理类别</td><td>AA□　A □　B □</td><td>联系电话</td><td></td></tr>
<tr><td colspan="4">说明：</td></tr>
<tr><td colspan="4">__________海关：
我公司愿遵守《中华人民共和国海关法》等先关法律的各项管理规定，承诺符合仓储企业联网监管模式开展条件，如实申报，诚信守法，履行相应义务，请予办理。
备案单位（盖章）　　法人代表签章：
年　月　日</td></tr>
<tr><td colspan="4">其他需要说明的情况（可随附书面说明）：</td></tr>
<tr><td colspan="4">主管海关意见</td></tr>
<tr><td colspan="4">（盖章）
年　月　日</td></tr>
<tr><td colspan="4">备注：</td></tr>
</table>

注：本表正反双面打印，一式两份，主管海关、备案企业各留存一份。

河南检验检疫局关于印发《河南出入境检验检疫局跨境贸易电子商务进出口商品检验检疫管理办法》的通知

（豫检法〔2014〕148号）

各分支局、办事处，本局各处室、直属单位：

为加快河南跨境电商发展，根据检验检疫法律法规有关规定和《国务院办公厅转发商务部等部门关于实施支持跨境电子商务零售出口有关政策意见的通知》（国办发〔2013〕89号）要求，结合河南实际，我局制订了《河南出入境检验检疫局跨境电商进出口商品检验检疫管理办法》，现印发给你们，请结合实际贯彻执行。执行过程中如遇到问题，请及时反馈法综处。

附件　河南出入境检验检疫局跨境电商进出口商品检验检疫管理办法

河南检验检疫局
2014年9月30日

河南出入境检验检疫局跨境贸易电子商务进出口商品检验检疫管理办法

第一章　总　则

第一条　为加快河南跨境电商发展，根据检验检疫法律法规有关规定和《国务院办公厅转发商务部等部门关于实施支持跨境电子商务零售出口有关政策意见的通知》（国办发〔2013〕89号）要求，结合河南实际，制定本办法。

第二条　本办法适用于河南检验检疫局辖区内跨境电商进出口商品检验检疫监管工作。下列形式的跨境电商进出口商品按照本办法进行检验检疫监管：通过电子商务交易平台直接售往国外、并在指定场所集中发货的出口商品；商品入境后在指定场所集中存放，通过电子商务交易平台直接销售给国内消费者的进口商品。

第三条　电子商务企业应当依法从事经营活动，依法承担经营责任，保证进出口商品质量安全。电子商务交易信息平台应在醒目位置明示所售商品基本信息，并负责根据需要提供进出口商品追溯信息。

第四条　电子商务指定场所经营人是跨境电商进出口商品质量安全第一责任主体，应依法履行责任义务，与电子商务企业明确责任关系，督促电子商务企业建立质量管理体系和质量安全追溯制度，保障消费者合法权益。当进出口商品发生质量安全卫生问题时，电子商务指定场所经营人首先承担预赔偿和规定期限内无理由退货责任。

第五条　检验检疫部门对电子商务产品实施全申报管理，电子商务企业应通过“跨境电商公共服务平台”或自主信息化系统向“跨境电商检验检疫管理系统”申报有关商品货物信息、订单信息、物流信息。电子商务企业应对申报信息的真实性负责。

河南检验检疫局依托电子商务检验检疫管理系统，对跨境电商进行企业备案、商品登记、查验、放行和监督管理。

第二章　企业备案和商品登记

第六条　检验检疫部门对电子商务企业实施备案管理，企业申请备案时应按规定提交相关材料。

第七条　本办法所指跨境电子商务进口分为两种模式：

集货模式：产品集中入境前已形成针对国内终端消费者的订单和独立包装，入境后在指定场所集中存放，并按订单派送给收货人的进口模式。

备货模式：整批入境、在指定场所集中存放，电子商务企业按订单向国内个人消费者销售的进口模式。

第八条　集货模式进口商品依照进境快件、邮寄物检验检疫有关规定进行监管。

第九条　备货模式进口的商品，首次进口前电子商务企业应向检验检疫机构申请商品登记。商品通过登记审核的，方可进口。

电子商务企业申请登记的商品应限于在生产国合法生产、符合特定标准、有定形包装的个人消费品。

第十条　跨境电商出口商品登记另行规定。

第三章　跨境电子商务出口监管

第十一条　对跨境电子商务出口商品根据不同风险实施分类管理，以检疫监管为主，实施集中申报、集中办理相关检验检疫手续等便利措施。

第十二条　一般工业制成品不再实施检验。其他产品采用相对便捷的合格评定模式，加大对第三方检验鉴定结果的采信力度。对于市场采购的出口应检物，电商企业可凭货物清单和第三方检测报告、厂检证明等向电子商务指定场所所在地检验检疫机构申办相关手续，验证放行。需要原产地证明的，由施检机构按程序签发，免于签证现场核查。

第十三条　跨境电子商务企业可以以时间段、经营单位、贸易国别、商品编码、金额等内容设定标准进行汇总合并后报检，检验检疫部门在核实相关信息后直接出具通关单。

第十四条　在电子商务指定场所内从事经营活动的跨境电子商务出口企业申请办理检验检疫注册、备案、登记手续时，可适当简化审批手续，同等条件下给予优先办理。

第四章　跨境电子商务进口监管

第十五条　在河南省机场、铁路口岸入境的跨境电子商务进口商品，电子商务企业可以申请到指定场所实施检验检疫，第一进口口岸检验检疫机构应当根据申请同意运往收货人结关地检验检疫机构实施检验监管。

第十六条　对跨境电商进口商品从入境口岸转运至跨境电商指定场所，检验检疫部门根据电子商务企业信用等级及产品风险等级实施分类管理，分别采取直通放行、转检联系单入区、口岸开箱查验等方式。

电子商务指定场所经营人应对电子商务企业加强管理，并可向检验检疫机构推荐享受直通放行的电子商务企业名单。

第十七条　跨境电商进口商品属于卫

生检疫或动植物检疫范围的，检验检疫机构依法实施检疫。应当实施检疫处理的，依法监督实施检疫处理。应当实施检疫审批的，还应提供国家有关行政主管部门的批准、许可文件以及输出国提供的检疫证书。应当从指定口岸进口的，遵照相关规定执行。

第十八条 对于以集货方式进口的商品，电子商务企业在货物进入跨境电子商务指定场所前3个工作日将相关包裹的舱单信息、支付信息、物流信息等情况通过信息化系统向检验检疫机构进行申报，检验检疫机构依照出入境快件、邮寄物检验检疫规定实施监管。

第十九条 对于以备货方式进口的商品，电子商务企业在将产品整批运抵储存至电子商务指定场所3个工作日之前向检验检疫机构提供《跨境电商备货进口保证书》（附件），检验检疫机构实施集中检疫和现场查验。

第二十条 根据进口商品风险等级对进口商品实施不同查验方式。

（一）对一般风险商品，以同批入境商品数量计，按照1%比率查验，以流水线机器查验为主。

（二）对较高风险商品，以同批同品种入境商品数量计，按照2%比率查验，查验以开包查验、流水线机器查验等适宜的方式进行。

（三）对高风险商品，以同批同品种同规格入境商品数量计，按照3%比率查验，查验以开包查验方式为主。查验比例根据监管情况动态调整。

第五章 风险和监督管理

第二十一条 检验检疫机构根据质量安全风险分析，对跨境电子商务商品进行质量安全风险监控，建立质量安全风险监测机制。

（一）依据质量安全追溯机制，对多发性质量安全问题和严重质量安全事故进行调查，调查结果作为电商企业诚信评价与产品准入的依据。

（二）根据质量安全风险评估情况，对进口食品农产品、化妆品、婴童用品等重点、敏感的跨境电子商务产品实施符合性验证和质量安全监控。

符合性验证是指对商品的非安全卫生项目，包括性状特征成分标值等信息进行验证。验证结果不作为判定产品质量安全的依据。

质量安全监控依据相应产品的中国食品安全国家标准和其他国家强制性标准中的安全卫生项目进行检测，检测结果作为判定产品质量安全的依据，发现问题及时采取风险通报、停止销售、退运或销毁、以及强制召回等措施，确保质量安全。

（三）电商企业所在地检验检疫机构根据质量安全风险评估制定年度监控计划，监控结果按规定公开发布。

（四）检验检疫机构根据跨境电子商务打假机制进一步完善信息互享，对重点敏感商品发布预警通报。

第二十二条 跨境电子商务企业应当建立独立的质量管控体系。对销售商品重点做好安全、卫生、环保、健康方面的验证工作，对首次上线商品的生产、加工、贸易商的资信情况进行全面分析评估。食品、保健品、农产品、玩具、化妆品等与消费者生命健康安全有直接关系的应当送有资质实验室检测，首次检测应当覆盖本产品执行标准所有安全卫生项目。

第二十三条 跨境电子商务企业应每年度向所在地检验检疫机构呈报《质量安全分析报告》，报告内容应当包括经营概况、交易量前 10 大类商品的抽检不合格率、质量投诉及处理情况、一年两次的安全风险监测情况等。

第二十四条 实施跨境电子商务检验检疫负面清单制度。

（一）下列商品不得以跨境电子商务形式进境：

1. 列入《禁止从动物疫病流行国家/地区输入的动物及其产品一览表》和《中华人民共和国进境植物检疫禁止进境物名录》的；

2. 微生物、人体组织、血液及其制品和高风险生物制品；

3. 列入《危险化学品目录》、剧毒化学品目录》、易制毒化学品的分类和品种目录》和《中国严格限制进出口的有毒化学品目录》的；

4. 旧机电产品、旧轻工产品、固体废物；

5. 法律法规禁止进出口的其他商品。

（二）虽列入《中华人民共和国禁止携带、邮寄进境的动物、动物产品和其他检疫物名录》，但能够提供有关行政主管部门审批许可，并具有输出国或地区官方机构出具检疫证书或原产地证书的，允许以跨境电子商务形式进口。

第二十五条 建立跨境电子商务退出机制。出现以下情形，检验检疫机构可以取消跨境电子商务企业备案资格或者取消商品申报和上线销售：

（一）同类产品质量安全风险监控安全卫生项目一年内出现 2 次不合格的；

（二）电子商务平台陈列产品信息存在弄虚作假的；

（三）出现质量安全问题没有履行召回、赔偿、公告、报告等相应责任的；

（四）存在有损公共安全、国家利益行为的；

（五）其他违法违规行为。

对涉及违法犯罪的，应依法立案查处或移交相关部门处理。

第二十六条 本办法自发布之日起执行，由河南检验检疫局负责解释。原《河南跨境电子商务进口商品检验检疫监管办法（试行）》（豫检法〔2014〕35 号）同时废止。

河南检验检疫局关于印发《河南出入境检验检疫局跨境电子商务企业和商品备案管理工作规范（试行）》《河南出入境检验检疫局跨境电子商务进口商品质量安全风险管理工作规范（试行）》的通知

（豫检法〔2015〕41号）

各分支局、办事处，本局各处室、直属单位：

为加快河南跨境电商发展，根据检验检疫法律法规有关规定，结合河南实际，我局制订了《河南出入境检验检疫局跨境电子商务企业和商品备案管理工作规范（试行）》和《河南出入境检验检疫局跨境电子商务进口商品质量安全风险管理工作规范（试行）》，现印发给你们，请结合实际贯彻执行。

河南检验检疫局

2015年3月18日

河南出入境检验检疫局跨境电子商务企业和商品备案管理工作规范（试行）

第一章　总　则

第一条　为规范和加强河南跨境电子商务检验检疫监管工作，推动跨境电子商务检验检疫监管工作规范化、科学化、信息化，根据《河南出入境检验检疫局跨境电商进出口商品管理办法》等规定，结合河南省跨境电子商务实际情况，制定本规范。

第二条　本规范适用于对跨境电子商务企业备案和商品备案工作的管理。

第三条　跨境电子商务企业备案、商品备案工作均通过跨境电子商务检验检疫管理系统进行，在电子商务企业开展跨境电子商务活动前，其电子商务平台必须与跨境电子商务检验检疫管理系统实现数据互联互通。

企业暂时无法实现数据联通的，其企业备案、商品备案工作可通过纸质材料形式进行。待其数据联通后，企业备案和商品备案工作需通过系统重新进行。

第二章　企业备案

第四条　电子商务企业应向跨境电子商务指定经营场所所在地检验检疫机构申请备案，申请时提供《河南电子商务企业备案申请表》（附件1），申请表各项内容应如实填写。

第五条　本规范所指企业备案，是为明确责任主体、开展质量追溯、对电商企业风险和信用等级实施评价等而进行的企业基本信息采集活动。

第六条　境外电子商务企业可委托境内代理商或中介代理机构办理企业备案；境内电子商务企业可自行或委托平台商（电商平台和服务平台）办理企业备案，但均应提供真实有效的委托材料。

第七条　所在地检验检疫机构受理企业备案并对备案表内容进行审核，审核符合要求的，实时给予备案，并反馈备案编号；不符合要求的，通过系统退回备案申请，企业完善资料后重新申请。

第八条 在河南省内不同地区和场所开展跨境电子商务的电商企业，实施一次备案，给予全省统一的企业备案编号。

企业基本情况或经营范围发生重大变化时，应及时主动补充有关备案信息，或根据检验检疫机构要求重新进行备案。

第三章 商品备案

第九条 以整批入境、集中存放方式进口的商品，须在首次进口上线销售前进行商品备案。

属于跨境电子商务检验检疫负面清单内的商品，提供相关准入证明材料方可给予备案。国家有特别要求的进口商品，按照有关规定要求实施商品备案。

第十条 跨境电子商务商品进行备案前，应实施风险评定，属于《跨境电子商务进口商品风险分类目录》内的商品可直接根据目录分类。

第十一条 商品备案由经营该商品的电商进行，电商可委托电商平台企业进行商品备案，但同一商品的备案结果仅对提出备案申请的企业有效。

第十二条 电商进行商品备案时应提供以下相关信息、文件、证明性材料，电商应对其提交材料的真实性负责。

（一）商品基本信息：品名、品牌、规格型号、生产企业、生产国/地区、适用标准、主要成份、用途。

（二）河南跨境电子商务商品备案申请表（附件2）。

（三）高风险和较高风险商品，须提供符合资质要求的第三方检测报告。

第十三条 第三方检测报告检测时间应在近半年内，内容应证明商品符合中国强制性技术规范要求或其他国家、地区技术法规标准要求。

声明符合其他国家、地区技术法规标准要求的商品，应同时提供《供方符合性声明》（格式见附件4）和支持性技术文件，还应提交在销售网站上进行商品信息公示的样式及内容。

第十五条 鼓励电商自愿提供商品官方认证、注册、备案、自由销售证明等材料，检验检疫机构应将其作为商品风险和企业风险分级评定时的重要参考。

第十五条 商品备案采用风险分级管理，高风险和较高风险目录内的商品须经跨境电子商务指定场所所在地检验检疫机构初评和河南局业务主管处室复评，备案审核周期为2个工作日。

其他风险等级商品由所在地检验检疫机构审核完成。

以直邮等其他方式进口的商品，备案手续可适当简化，实行快速备案，由电子商务检验检疫管理系统自动审核完成。

第十六条 属于跨境电子商务商品备案范围且提供的材料完整、有效的，给予备案，并反馈备案编号；不符合要求的，不予备案。

第十七条 已备案商品信息和基本情况发生变化的，电商应重新提交备案申请。

第十八条 已备案商品出现以下情形应纳入商品黑名单：

（一）申报人提供虚假备案资料和信息的；

（二）与电子商务平台或销售网站所陈列商品明显不符或存在严重缺陷的；

（三）电商不履行商品备案信息公示告知义务的；

（四）商品涉及质量安全风险的重大舆情或警示通报或安全、卫生、环保等不符合相关法规标准要求的。

（五）在风险监测和监督抽查中发现商品存在质量安全问题的；

（六）消费者的投诉、退货等情况中确认存在质量安全问题的。

第四章　附　则

第十九条　本规范由河南检验检疫局负责解释。

第二十条　本规范自发布之日起试行。

企业名录

截至 2015 年 12 月 31 日，在郑州跨境电商综合服务平台上注册，并实际开展业务的企业（如表 2-15 所示）。

表 2-15　郑州 E 贸易试点跨境电商企业名录

序号	企业名称	企业类型
1	Giosis Limited	电商类
2	Global Parcel Network（Holding）Limited	电商类
3	Shoes121，Inc.	电商类
4	北京背篓科技有限公司	电商类
5	北京大象联盟国际经贸中心（有限合伙）	电商类
6	北京广源互动科技发展有限公司	电商类
7	北京韩谊信息技术有限公司	电商类
8	北京惠杰科技有限公司	电商类
9	北京辣妈帮科技有限公司	电商类
10	北京乐友达康科技有限公司	电商类
11	北京乐仔哇贸易有限公司	电商类
12	北京雷华兄弟商贸有限公司	电商类
13	北京明趣科技有限公司	电商类
14	北京普缇客科技有限公司	电商类

表2-15 续1

序号	企业名称	企业类型
15	北京天天海淘科技有限公司	电商类
16	北京万象新天网络科技有限公司	电商类
17	北京呀苹果科技有限公司	电商类
18	北京燕文物流有限公司	电商类
19	北京优购文化发展有限公司	电商类
20	步步高电子商务有限责任公司	电商类
21	稻田（北京）科技有限公司	电商类
22	广州唯品会信息科技有限公司	电商类
23	海淘首（大连）信息科技有限公司	电商类
24	行吟信息科技（上海）有限公司	电商类
25	杭州云若网络科技有限公司	电商类
26	合肥泰康卓贸易有限公司	电商类
27	合颐科技（北京）有限公司	电商类
28	河南艾美供应链管理有限公司	仓储
29	河南八悦贸易有限公司	电商类、仓储类
30	河南巴阿克商贸有限公司	电商类、仓储类
31	河南比邻跨境科技有限公司	电商类、仓储类
32	河南泊莱优品贸易有限公司	电商类
33	河南昶源保税进出口服务有限公司	电商类、仓储类
34	河南鼎久实业有限公司	电商类、仓储类
35	河南番乐购进出口贸易有限公司	电商类
36	河南福都贸易有限公司	电商类、仓储类
37	河南富雷格进出口贸易有限公司	电商类、仓储类
38	河南港鹏实业有限公司	仓储类
39	河南歌维尔贸易有限公司	电商类
40	河南哈客网络科技有限公司	电商类
41	河南汉悦网络科技有限公司	电商类
42	河南航投物流有限公司	电商类

表2-15 续2

序号	企业名称	企业类型
43	河南恒度信息科技有限公司	电商类、仓储类
44	河南汇美特电子科技有限公司	电商类
45	河南货源佳贸易有限公司	电商类
46	河南开元国际经贸有限公司	电商类、仓储类
47	河南乐仔哇贸易有限公司	仓储类
48	河南米格松贸易有限公司	电商类
49	河南鹏海贸易有限公司	仓储类
50	河南全速通供应链管理有限公司	电商类、仓储类
51	河南商之桥进出口贸易有限公司	电商类
52	河南省经纬国际货运代理有限公司	仓储类
53	河南省通用机械进出口有限公司	电商类
54	河南省万庚进出口贸易有限公司	电商类、仓储类
55	河南省新华书店发行集团有限公司	电商类
56	河南省中大门网络科技有限公司	电商类、仓储类
57	河南台品贸易有限公司	电商类
58	河南巍祥贸易有限公司	电商类
59	河南鲜易购电子商务有限公司	电商类
60	河南易购通进出口贸易有限公司	电商类、仓储类
61	河南易即通贸易股份有限公司	电商类、仓储类
62	河南英利特贸易有限公司	电商类、仓储类
63	河南英伦码头进出口有限公司	电商类、仓储类
64	河南芝麻开门数码商务有限公司	电商类、仓储类
65	河南中横国际贸易有限公司	电商类
66	河南中加泰合进出口贸易有限公司	电商类、仓储类
67	河南中启保税商贸有限公司	电商类、仓储类
68	河南中翔国际货运代理有限公司	仓储类
69	珲春高兴经贸有限公司	电商类
70	嘉乐欧铭（北京）电子商务有限公司	电商类

表2-15 续3

序号	企业名称	企业类型
71	金鹰国际货运代理有限公司深圳分公司	电商类
72	巨猿（北京）商贸有限公司	电商类
73	连云港圣特国际贸易有限公司	电商类
74	灵宝市圣泰菌业有限公司	电商类
75	纳高（上海）国际贸易有限公司	电商类
76	宁波舶品之家电子商务有限公司	电商类
77	宁波海米乐淘电子商务有限公司	电商类
78	诺天源（中国）贸易有限公司	电商类
79	其时互联（北京）科技有限公司	电商类
80	青岛世通云商电子商务有限公司	电商类
81	青岛天择宏运电子商务有限公司	电商类
82	厦门中宏网络科技有限公司	电商类
83	山东海莱电子商务有限公司	电商类
84	山东省汉邦影音技术有限公司	电商类
85	商丘安迪电子商务有限公司	电商类
86	上海大誉国际物流有限公司	电商类
87	上海好丽家电子商务有限公司	电商类
88	上海康蔻园电子科技有限公司	电商类
89	上海娜玛电子商务有限公司	电商类
90	上海识尚商贸有限公司	电商类
92	上海易到网络科技有限公司	电商类
93	上海驿初网络科技有限公司	电商类
94	上海奕然国际贸易有限公司	电商类
95	深圳电销易电子商务有限公司	电商类
96	深圳恒诺联辉科技有限公司	电商类
97	深圳市互联易邮电子商务服务有限公司	电商类
98	深圳市美丽控电子商务有限公司	电商类
99	深圳市无国界贸易有限公司	电商类

表2-15 续4

序号	企业名称	企业类型
100	苏州达毅网络科技有限公司	电商类
101	泰兴市凯达电子有限公司	电商类
102	天甫（上海）国际贸易有限公司	电商类
103	天津品简电子商务有限公司	电商类
104	天竣购物网络科技有限公司	电商类
105	喜地电子商务有限公司	电商类
106	新乡市国发电池有限公司	电商类
107	雅娜购（北京）电子商务有限公司	电商类
108	浙江鹰泊品牌管理有限公司	电商类
109	郑州电商易通国际贸易有限公司	电商类、仓储类
110	郑州舶来汇电子商务有限公司	电商类、仓储类
111	郑州丹那美进出口贸易有限公司	电商类
112	郑州德睿贸易有限公司	电商类
113	郑州高格澜贸易有限公司	电商类
114	郑州海美贸易有限公司	仓储类
115	郑州汇聚八方跨境供应链管理有限公司	仓储类
116	郑州嘉宏国际货运代理有限公司	仓储类
117	郑州九号店保税进出口贸易有限公司	电商类、仓储类
118	郑州九泽商贸有限公司	电商类
119	郑州兰舍进出口贸易有限公司	电商类
120	郑州蜜淘电子商务有限公司	仓储类
121	郑州酩东贸易有限公司	电商类
122	郑州沛裕锦和贸易有限公司	电商类
123	郑州市宏诚科技有限公司	电商类
124	郑州市玖鑫商贸有限公司	电商类
125	郑州市纽利通贸易有限公司	电商类
126	郑州市优行商贸有限公司	仓储类
127	郑州舒祥贸易有限公司	电商类

表2-15　续5

序号	企业名称	企业类型
128	郑州腾拓国际贸易有限公司	电商类、仓储类
129	郑州万国万购保税进出口有限公司	电商类
130	郑州万国优品保税进出口有限公司	电商类、仓储类
131	郑州维纳斯信息科技有限公司	电商类、仓储类
132	郑州无尾熊电子商务有限公司	电商类、仓储类
133	郑州熊抱电子商务有限公司	电商类、仓储类
134	郑州旭日进出口有限公司	电商类
135	郑州易恒健康科技有限公司	仓储类
136	郑州优施通电子商务有限公司	电商类、仓储类
137	郑州洲州海优电子商务有限公司	电商类、仓储类
138	重庆万国玛特进出口有限公司	电商类
139	百世物流科技（中国）有限公司	物流
140	北京燕文物流有限公司	物流类
141	河南申通实业有限公司	物流类
142	河南省顺丰速运有限公司	物流类
143	河南省圆通速递有限公司	物流类
144	河南韵达快递服务有限公司	物流类
145	河南宅急送快运有限公司	物流类
146	河南中启保税商贸有限公司	物流类
147	河南中通快递服务有限公司	物流类
148	嘉里大通物流有限公司河南分公司	物流类
149	南京晟邦物流有限公司	物流类
150	上海圆通国际货物运输代理有限公司	物流类
151	神行太保国际物流服务有限公司	物流类
152	优速物流有限公司	物流类
153	郑州安达信运输有限公司	物流类
154	中国邮政速递物流股份有限公司河南省国际速递分公司	物流类
155	河南中启保税报关有限公司	报关类

表2-15 续6

序号	企业名称	企业类型
156	郑州华商报关服务有限公司	报关类
157	河南全速通报关服务有限公司	报关类
158	郑州开元国际货运代理有限公司	报关类
159	河南新百福国际物流有限公司	报关类
160	支付宝（中国）网络技术有限公司	支付类
161	通联支付网络服务股份有限公司河南分公司	支付类
162	快钱支付清算信息有限公司	支付类
163	连连银通电子支付有限公司	支付类
164	重庆易极付科技有限公司	支付类
165	上海银联电子支付服务有限公司	支付类
166	招商银行股份有限公司郑州分行	支付类
167	中国工商银行股份有限公司河南省分行	支付类
168	中国建设银行股份有限公司郑州东区分行	支付类
169	广州唯品会信息科技有限公司	支付类
170	中国银行股份有限公司郑州新区支行	支付类
171	中信银行股份有限公司郑州分行	支付类
172	郑州维纳斯信息科技有限公司	支付类
173	财付通支付科技有限公司	支付类
174	易宝支付有限公司	支付类
175	平安银行股份有限公司郑州分行	支付类
176	行吟信息科技（上海）有限公司	支付类
177	上海富友支付服务有限公司	支付类
178	网易宝有限公司	支付类
179	广州银联网络支付有限公司	支付类
180	北京银联商务有限公司	支付类
181	银联商务有限公司	支付类
182	易生支付有限公司	支付类
183	北京爱农驿站科技服务有限公司	支付类

表2-15 续7

序号	企业名称	企业类型
184	易智付科技（北京）有限公司	支付类
185	上海盛付通电子支付服务有限公司	支付类
186	先锋支付有限公司	支付类
187	交通银行股份有限公司河南省分行	支付类
188	银盈通支付有限公司	支付类
189	郑州银行股份有限公司博金商贸城支行	支付类
190	广州唯品会网络技术有限公司	支付类

统计数据

一、郑州跨境电商服务试点出口业务报表

郑州跨境电商服务试点出口业务报表（如表2-16所示）。

表2-16 郑州跨境电商服务试点出口业务报表

业务模式	时间（年）	试点企业（个）	报关单（单）	货值（万美元）	环比增长率（%）	主要商品	主要出口国
B2C	2014	4	154	213.13		计算机硬盘驱动器，其他塑料制品，其他光通讯设备，闪速存储器，其他未列名硫化橡胶制品	英国、美国、俄罗斯联邦
	2015	6	83	913.71		其他塑料制品，男式非针织西服套装、便服套装、上衣、长裤、短裤，计算机硬盘驱动器，男式针织西服套装、便服套装、上衣、长裤、短裤，针织的套头衫、开衫或背心类	英国、美国、加拿大

二、郑州跨境电商服务试点进口业务报表

郑州跨境电商服务试点进口业务报表（如表 2-17 所示）。

表 2-17 郑州跨境电商服务试点进口业务报表

区域	时间	验放清单（万票）	消费者（人）	货值（万元）	增长率（%）	上线商品种类（个）	商品种类（进口量前五位）	备案电商企业（个）	上线企业（个）
江苏省、浙江省、上海市、四川省、湖北省、广东省、山东省、北京市、福建省、辽宁省	2013	0.9036	8194	375.53		63	其他食品，其他清洁/护理类化妆品，其他物品，餐具/刀具，润唇膏	51	10
江苏省、河南省、四川省、浙江省、山东省、广东省、湖北省、河北省、辽宁省、湖南省	2014	43.9950	306684	8196.91		126	其他物品，其他食品，其他清洁/护理类化妆品，奶粉，面膜	122	75
江苏省、四川省、河南省、山东省、河北省、广东省、湖北省、辽宁省、浙江省、湖南省	2015	4526.1355	12853094	386817.29		116	其他清洁/护理类化妆品，面膜，其他物品，其他食品，其他美容/修饰类化妆品	296	127

三、郑州跨境电商分地区消费分布统计表

郑州市跨境电商分地区消费分布统计表（如表 2-18 所示）。

表 2-18　郑州市跨境电商分地区消费分布统计表

进/出口	地区	数量（万包）	金额（万元）	消费者数量（万人/次）	主要商品（前五种）	备注
进口	广东	386.48	33537.13	386.48	化妆品、奶粉、食品、保健品、纸尿裤	
进口	北京	359.21	30531.83	359.21	化妆品、奶粉、食品、保健品、纸尿裤	
进口	江苏	352.32	31223.34	352.32	化妆品、奶粉、食品、保健品、纸尿裤	
进口	浙江	248.00	22834.29	248.00	化妆品、奶粉、食品、保健品、纸尿裤	
进口	上海	246.62	23230.05	246.62	化妆品、奶粉、食品、保健品、纸尿裤	
进口	山东	238.82	18950.09	238.82	化妆品、奶粉、食品、保健品、纸尿裤	
进口	四川	238.29	20517.63	238.29	化妆品、奶粉、食品、保健品、纸尿裤	
进口	辽宁	208.16	17407.98	208.16	化妆品、奶粉、食品、保健品、纸尿裤	
进口	河南	205.95	18369.40	205.95	化妆品、奶粉、食品、保健品、纸尿裤	
进口	河北	184.09	13745.42	184.09	化妆品、奶粉、食品、保健品、纸尿裤	
进口	湖北	176.41	14901.51	176.41	化妆品、奶粉、食品、保健品、纸尿裤	
进口	陕西	143.77	12439.03	143.77	化妆品、奶粉、食品、保健品、纸尿裤	
进口	湖南	139.57	11672.63	139.57	化妆品、奶粉、食品、保健品、纸尿裤	
进口	黑龙	132.17	10658.94	132.17	化妆品、奶粉、食品、保健品、纸尿裤	
进口	福建	124.35	10643.84	124.35	化妆品、奶粉、食品、保健品、纸尿裤	
进口	天津	120.17	9797.96	120.17	化妆品、奶粉、食品、保健品、纸尿裤	
进口	安徽	114.64	9276.77	114.64	化妆品、奶粉、食品、保健品、纸尿裤	
进口	重庆	104.15	8774.48	104.15	化妆品、奶粉、食品、保健品、纸尿裤	
进口	云南	102.89	8982.42	102.89	化妆品、奶粉、食品、保健品、纸尿裤	
进口	吉林	94.82	7624.39	94.82	化妆品、奶粉、食品、保健品、纸尿裤	
进口	其他省份	592.89	50487.96	592.89	化妆品、奶粉、食品、保健品、纸尿裤	
出口	美国	6.70	3115.49	6.70	自行车尾灯、手机贴膜、固态硬盘	出口数据为出口出区数据
出口	英国	1.03	477.78	1.03	固态硬盘	
出口	法国	0.09	45.68	0.09	固态硬盘	
出口	其他国家	0.15	70.05	0.15	固态硬盘	
合计		4521.74	389316.09	4521.74		

说明：地区栏，进口显示国内省份，出口显示国家或地区。

大事记

2012 年 8 月 11 日，国家发展改革委员会办公厅下发《关于开展国家电子商务试点工作的通知》（发改办高技〔2012〕2218 号），批准郑州市跨境电商服务试点项目。

2012 年 9 月 12 日，郑州跨境（E 贸易）试点项目启动仪式在河南保税物流中心成功举行，郑州 E 贸易试点项目正式启动。

2012 年 9 月 29 日，继率先在全国完成进口试运行之后，顺利完成 E 贸易的出口试运行。

2012 年 12 月 5 日，河南出入境检验检疫业务开办仪式在河南保税物流中心启动，为率先全国试点打造高效、便捷的“三个一”综合服务平台奠定了坚实基础。

2012 年 12 月 19 日，跨境电商服务试点工作启动部署会在郑州召开。

2013 年 5 月 18 日，河南保税物流中心作为郑州航空港经济综合实验区建设的重要组成部分，参加在郑州会展中心举行的第八届中国中部投资贸易博览会，隆重推介 E 贸易。

2013 年 5 月 31 日，海关总署正式复函郑州市人民政府《关于郑州市跨境电商服务试点实施方案的复函》（署科函〔2013〕128 号），原则同意 E 贸易试点项目实施方案，标志着 E 贸易进入具体操作实施阶段。

2013 年 7 月 15 日，郑州 E 贸易业务率先全国启动试运行，省委书记郭庚茂等领导现场见证。

2013 年 7 月 22 日，省委书记郭庚茂、省委常委郑州市委书记吴天君等领导再次莅临现场调研，表示要大力支持 E 贸易发展。

2013 年 8 月 14 日，全球四大物流商之一的敦豪（DHL）与河南省进口物资公共保税中心有限公司签署了关于跨境 E 贸易发展合作备忘录，率先提出针对 E 贸易的国际物流服务承诺，为“三通一达”及其他国际物流商入驻园区构建国际、国内物流供应链体系做出了表率。

2013 年 11 月 6 日，EHL（神行太保国际物流服务有限公司，后更名为中大门国际物流有限公司）正式成立运营，成为园区物流服务商的有效补充和衔接 E 贸易物流服务更合理更通畅的子公司；之后的不俗业绩，标志着河南省进口物资公共保税中心有限公司主导搭建和精心培育的国际国内物流正在打破国际垄断，实现自主掌控。

2014 年 1 月 3 日，由海关总署、国家发改委、商务部、财政部、税务总局共五部委、14 个司局领导共同参与组织，全国首批 5 个跨境电商服务试点城市领导及试点单位负责人共同参与的跨境电商进口试点调研座谈会在郑州召开。

2014 年 5 月 10 日，习近平总书记到河南保税物流中心视察 E 贸易项目，了解到郑州 E 贸易试点项目运营不到 1 年，取得直通世界 13 个城市、为 100 余家商户提供实货测试服务的成绩，提出了“买全球卖全球”目标。之后，来自国家多个部委的领导、地方各级政府领导及部门负责人、国家政策研究部门专家、驻华使节、学界精英、业内人士，数以万计的包括沿海发达地区和发达国家在内来自世界各地考察、学习、参观、会谈、签约、合作的政务和商务团队，中东欧亚非拉多国记者团、韩国KBS电视台、埃及国家电视台等国外媒体记者纷纷光顾。

2015年3月2日，郑州E贸易试点项目率先实现单日突破100万单，在运营模式、业务单量、信息化系统等方面持续领跑全国的同时，站在了新的起点。

2015年4月13日，张德江委员长视察河南保税物流中心。

2015年5月2日，中大门保税直购体验中心试营业，标志着率先开展优化客户体验的O2O业务。

2015年8月1~2日，E贸易试点项目实现连续两日突破100万单和双日突破200万单。

2015年9月24日，李克强总理视察河南保税物流中心，对郑州E贸易试点项目整体发展表示充分肯定，称赞这里的“三个一”综合服务平台为“秒通关”。

2015年11月27日，E贸易顺利通过国家验收，成为“全国最具创新型和复制推广最成熟”的商业模式，成为务实推进“网上丝绸之路”的光辉典范，形成了包括政策、机制、模式、服务、配套、区位等持续领先的诸多优势。

截至2015年12月31日，郑州E贸易进口业务总量突破5000万单，为其他各家试点总和，交易总货值39.26亿元，征收关税约1.12亿元。系统已具备每日处理1000万单处理能力，实现进口77个国家、出口55个国家的业务，海关备案企业达805家。

重庆地区

2012年8月，国家发展改革委员会、海关总署等部委批复重庆开展“跨境电商服务试点”（以下简称“跨境试点”）。项目获批以来，市委、市政府高度重视，将其纳入该市2014年、2015年全面深化改革重点任务，并作为重庆服务贸易“5+1”专项工作第一项，与跨境结算、“渝新欧”运营等融合发展。重庆严格按照国家批复的试点内容，建设公共服务平台、仓储物流、分拣查验设施，开展跨境电商企业招商。在海关总署指导下，形成了比较规范的技术和业务标准，严格实行身份比对、“三单”数据传输、单单比对、四限管控，操作流程顺畅，系统运行稳定，监管严密高效，风险防控到位，达到了试点既定的目标，取得了良好的经济效益和社会效益。同时，重庆在公共服务平台“单一窗口”建设、公安身份认证、出口退税、外汇结算等方面进行了有益的探索和创新，符合国务院关于“三互”大通关改革和加强口岸工作促进外贸发展的精神。

重庆地处西部内陆地区，大力发展跨境电商，是融入“一带一路”战略和长江经济带建设的重要路径，是落实五大功能区域发展战略的重要抓手，是推进大众创业、万众创新的重要功能平台，是建设内陆开放高地的重要载体，是扩大对外开放新的突破口。在全国外贸进出口下行压力较大的情况下，发展跨境电商具有更加重要的现实意义。

发展历程

一、规范市场秩序，净化市场环境，促进企业阳光经营

重庆跨境试点项目的实施，规范了跨境电商市场秩序，营造了跨境贸易电商企业健康稳定发展的市场环境，有效解决以邮、快件运输进出境的跨境电商商品快速通关、结汇、退税问题，为电商企业提供了阳光化运营的渠道和个人便捷纳税渠道。

二、建成跨境电商“单一窗口”，提高政府职能部门的行政监管效能

按照国务院“单一窗口”建设思路，重庆跨境试点项目有效整合了海关、检验检疫、外汇管理、工商、税务等政府监管部门需求，建立公共的跨境电商服务平台，形成对跨境电商行业全链条、一站式监管。在海关监管货物实际进出境、征缴关税，检验检疫监管货物质量的基础上，进一步加强外汇监管，防止热钱涌入，防止金融风险。同时，税务部门也能及时获取电商企业贸易的真实数据，预防偷税行为，从而对一些国内外价差较大的重点商品根据不同的监管对象予以必要和适当的调控，既有效地发挥关税的杠杆作用，又增加国家的财政收入，为国家建设累积资金。在整合监管的同时也给企业带来了实际的好处，大大降低了通关成本，减少了办事环节，缩减了重复申报和分别查验的工作，提高了通关的效率。

三、经济效益明显，辐射带动作用强，辐射全国市场

重庆跨境电商将电商企业原本的海外仓库转移到重庆的保税区内，同时将与之配套的仓储、物流、交易、支付等作业均迁入国内，起到拉动内需和促进经济稳增长的作用，也辐射带动了西南片区甚至全国市场发展。

四、促进了服务贸易，带动了“渝新欧”货运，推动了丝绸之路经济带发展战略

重庆市将跨境电商作为服务贸易“5+1”专项之首，通过跨境电商带动国际贸易、仓储物流、跨境结算、离岸金融的发展。同时，利用重庆已经运行多年、日趋成熟的“渝新欧”，促成万国邮联修改“铁路不能运邮”的规定。从欧洲运输跨境电商的商品到重庆铁路口岸和保税区，大龙网将重庆及周边货物通过“渝新欧”运输到俄罗斯等欧洲国家，既活跃了电商物流，又进一步促进了“渝新欧”运输，2015年以来，“渝新欧”班列已经运行160多趟，其中返程50多趟。“渝新欧”的健康发展，焕发了丝绸之路的活力，使重庆主动融入并推动了国家丝绸之路经济带发展战略的实施。

配套文件

重庆市渝北区人民政府办公室关于印发渝北区促进电子商务产业发展扶持办法的通知

（渝北府办发〔2015〕69 号）

各镇人民政府，区政府有关部门，各街道办事处，区属各国有公司，有关单位：

《渝北区促进电子商务产业发展扶持办法》已经区第十七届人民政府第 105 次常务会议审议通过，现印发给你们，请遵照执行。

重庆市渝北区人民政府办公室

2015 年 9 月 25 日

渝北区促进电子商务产业发展扶持办法

第一章　总　则

第一条　为进一步加快全区电子商务产业发展，根据国务院《关于大力发展电子商务加快培育经济新动力的意见》（国发〔2015〕24 号）、国务院办公厅《关于促进跨境电子商务健康快速发展的指导意见》（国办发〔2015〕46 号）、市政府《关于促进网络零售产业加快发展的意见》（渝府发〔2013〕42 号）、《关于进一步推动互联网产业发展若干政策的意见》（渝府发〔2013〕47 号）文件精神，制定本办法。

第二条　本办法适用于在渝北区（北部新区、龙兴工业园、保税港区空港功能区、悦来会展城除外）工商注册、税务登记、依法纳税，且主营业务是为国内外企业和个人提供电子商务服务的法人企业。

第二章　工商注册

第三条　对只在网上从事经营活动的企业，可将其自有或租用的住宅作为住所（经营场所）进行登记。

第四条　对入驻区政府认定的电商产业园的企业，由产业园管理机构提供统一的注册地址进行工商登记。

第三章　电子商务产业园

第五条　对区内国家级电子商务示范基地（产业园）、重庆市级电子商务示范基地（产业园），一次性分别给予 300 万元、100 万元的奖励。对经区政府认定的电商产业园，给予光纤基础设施建设费一次性补贴，补贴总额不超过光纤基础设施建设费用总额的 50%，最高不超过 50 万元。

第六条　对入驻区内电商产业园的孵化科技企业，给予每年不超过 20%的租房补贴，补贴 3 年，总额最高不超过 20 万元。对入驻电商产业园的留学生创业企业，注册成立时间不超过5年且留学归国人员出资（含技术入股）不少于30万元或持有公司股份超过15%的，给予每年不超过20%的租房补贴，补贴3年，总额最高不超过50万元。

第七条 对第三方培训机构入驻电商产业园的基础服务设施建设给予一次性补贴，补贴总额不超过培训机构基础服务设施建设资金总额的20%，最高不超过10万元。经报批同意在电商产业园内举办互联网和电子商务展会，给予承办机构一次性专项展会补贴，补贴总额不超过展会举办费用的50%，最高不超过10万元。

第八条 对为入驻企业提供信息咨询、宣传推广、培训交流、投融资服务、创业辅导、管理顾问等专业服务的电商产业园经营、管理机构给予一次性补贴，补贴总额不超过服务费用的30%，最高不超过10万元。

第四章 电子商务企业

第九条 对新入驻的注册资金500万元以上、年销售额5000万元以上；注册资金1000万元以上、年销售额1亿元以上；注册资金1000万元以上、年销售5亿元以上的电子商务企业在区内购买办公用房的，一次性给予不超过所购办公用房总价20%的补贴，最高分别不超过50万元、70万元、100万元；租用办公用房的，给予每年不超过20%的租金补贴，补贴3年，总额最高分别不超过30万元、50万元、70万元。

第十条 对在区设立全国性总部、西部营运中心（基地）、区域性物流配送中心（基地）、结算中心的国内外知名电商企业，一次性给予产业扶持资金100万元。对年销售额首次突破5000万元、1亿元、10亿元的网络零售企业，分别一次性给予产业扶持资金50万元、100万元、500万元。

第十一条 对年批发收入达到5000万元以上、年零售收入达到1000万元以上的已落户电商企业，其年批发收入每增长1000万元、年零售收入每增长500万元，分别给予20万元奖励，每年最高不超过200万元。

第十二条 对新注册并开展电子商务物流、配送业务的电商企业或者第三方物流企业，按照不超过其配送车辆购置费用、物流仓储配送基础设施建设费用、物流信息平台建设费用的10%、20%、30%给予一次性补贴，总额最高不超过200万元。

第十三条 对电商企业在村级活动阵地建立的20平方米以上，建立或引进设立至少1个物流配送点，指导至少1人或者1个专业合作社成功开设电商网店，配备电脑（2台以上）、电子称、周转筐等设施设备，设置货架、储存柜、触摸屏电子商务操作平台，开通网络宽带及Wi-Fi的村级农村电商服务站，补贴3万元。

第十四条 对申请贷款的电商企业，在区政府认定的评估机构对其虚拟资产完成评估后，由金融主管部门向指定的银行推荐其享受政府担保低息贷款政策。

第十五条 对在渝北区注册，经市金融办确认纳入拟上市企业储备库并评定为拟上市重点培育企业后，在“重庆OTC”成功挂牌，给予100万元奖励；在“新三板”成功挂牌，给予200万元奖励；境内外证券交易所成功上市，给予400万元奖励。

第十六条 对限上商贸企业，在淘宝、天猫、京东三大电商平台开设网店的，给予一次性奖励5万元；对在其他电商平台开设网店的，给予一次性奖励3万元；对线上年销售额首次突破1000万元、5000万元、1亿元的企业，分别给予一次性奖励20万元、40万元、60万元。

第十七条 对渝北经济社会发展作出突出贡献的电商企业，可根据实际情况以合同形式约定相关政策，按程序报区政府审定。

第五章 电子商务平台

第十八条 对自建B2B、B2C平台的企业，一次性给予不超过建设费用30%的补贴，最高不超过30万元。对新建O2O模式的企业，一次性给予不超过建设费用30%的补贴，最高不超过200万元。

第十九条 对区内企业独立建设的运营模式新、市场前景好、技术含量高、网络流量大的第三方电子商务平台，运行时间1年以上，经认定，按项目不超过其实际投资的50%给予补助，单个项目最高不超过30万元。

第二十条 对取得中国人民银行《支付行业许可证》的第三方支付平台企业在区内设立全国性总部的，给予一次性奖励100万元；日均资金流量超过1000万元的，三年内每年再给予50万元的奖励。

第六章 跨境电子商务

第二十一条 对区内注册的跨境电商企业，在市口岸办完成备案手续并有交易实绩的，一次性给予3万元补贴，并对其每年经海关认定的交易额，按照1美元给予1分人民币的比例进行补贴。对自建跨境电商平台的，按照最高不超过其平台建设费用的50%给予一次性补贴，最高不超过50万元。

第二十二条 对保税商品展示交易中心延展平台建设企业租用保税仓库和展示平台场地的，按照不超过其租金的30%给予一次性租金补贴，最高不超过50万元；对保税商品展示交易中心延展平台的装修等后续费用给予不超过30%的一次性补贴，最高不超过50万元。对在保税商品展示交易中心延展平台建立海关单独监管系统的，按照不超过其系统建设费用的50%给予补贴，最高不超过100万元。对建设保税商品O2O实体展示店（营业面积200平方米以上）的企业，一次性给予3万元补助。

第二十三条 对设立公用型保税仓库的企业，经海关验收并投入运营后，按照不超过其配送车辆购置费用、保税仓库基础设施建设费用、物流信息平台建设费用的20%、30%、40%给予一次性补贴，总额最高不超过300万元；对在国外以自建的形式建立“海外仓”的，按照不超过其建设费用的20%给予一次性补贴，最高不超过100万元，对在国外以租用的形式建立“海外仓”的，按照不超过其租金的20%给予一次性补贴，最高不超过50万元。

第七章 代理招商与人才引进

第二十四条 对获得书面授权的代理招商单位，每引进一家电子商务、互联网行业龙头企业、世界500强、中国100强、民营50强企业在区内建立结算中心、区域性总部，且年交易额达到50亿元的，给予50万元奖励，引进多家合计最高不超过200万元。

第二十五条 对我区电子商务企业引进的高级管理人员、核心技术人员，符合高层次人才条件的，可按照《渝北区人才工作管理办法》（渝北委办〔2013〕36号）享受相关优惠政策，并在个人入户、子女就学等方面优先照顾。

第八章 附 则

第二十六条 财政扶持按年计算拨付，符合条件的企业应于次年的3月底前向区商务局申报，并提供以下资料：

（一）书面申请；

（二）区级税务部门关于纳税情况的证明；

（三）购置（租赁）办公用房合同；

（四）企业工商和税务注册登记手续，开户银行、账号。

（五）其他相关资料。

区商务局会同区财政局审核并提出初步意见，报区政府审批后按程序兑付。

第二十七条 对同时享受多个扶持政策的企业，按照就高不就低的原则办理，不得重复享受。当年享受政策扶持或奖励时间不足6个月的（以工商注册登记时间为准），以下年为第一年计算兑现；当年享受政策扶持或奖励时间超过6个月不足一年的，以当年为第一年计算兑现。

第二十八条 享受扶持的企业应在我区持续经营15年以上。对无特殊原因经营期不满15年提前歇业关闭、注销税务登记移往区外的，要追回已享受的扶持资金。

第二十九条 对采取欺诈手段骗取或套取产业扶持资金的企业，按照《财政违法行为处罚处分条例》（国务院令第427号）进行处理，触犯刑律的移交司法机关依法处置。

第三十条 本办法自下发之日起执行，至2019年12月31日止。原有规定与本办法不符的，以本办法为准。本办法由渝北区商务局、区财政局负责解释。

企业名录

截至2015年12月31日，在重庆跨境电商综合服务平台上注册，并实际开展业务的企业（如表2-19所示）。

表2-19 重庆跨境电商企业名录

序号	企业名称	企业类型
1	重庆洋葫物流有限公司	仓储类
2	重庆润正铭供应链管理有限公司	仓储类
3	重庆新捷供应链管理有限公司	仓储类
4	重庆沃尔德供应链管理有限公司	仓储类

表2-19 续1

序号	企业名称	企业类型
5	重庆云仓跨境物流有限公司	仓储类
6	重庆保税港区进出口商品贸易有限公司	电商类
7	重庆万国玛特进出口有限公司	电商类
8	重庆卓益网络科技有限公司	电商类
9	重庆渝欧跨境电子商务有限公司	电商类
10	重庆凯丽雅进出口贸易有限公司	电商类
11	重庆乐享澳美电子商务有限公司	电商类
12	白玛斯德国际贸易重庆有限公司	电商类
13	重庆驭风博物电子商务有限公司	电商类
14	重庆恒巨洋电子商务有限公司	电商类
15	重庆几何纹电子商务有限公司	电商类
16	重庆川兴国际贸易有限公司	电商类
17	重庆商社电子商务有限公司	电商类
18	重庆海选电子商务有限公司	电商类
19	重庆粟帛进出口贸易有限公司	电商类
20	重庆健康优选电子商务有限公司	电商类
21	重庆博克思科技有限责任公司	电商类
22	西昌市合昌实业有限公司	电商类
23	重庆贝臣贸易有限公司	电商类
24	重庆开承实业有限公司	电商类
25	重庆重视渝家时尚购物有限公司	电商类
26	重庆上宝力进出口贸易有限公司	电商类
27	重庆佰富士科技有限公司	电商类
28	广西快乐翼佰电子商务有限公司	电商类
29	重庆火蚁供应链管理有限公司	电商类
30	重庆密燕堂国际贸易有限公司	电商类
31	重庆市沙坪坝区易麦通国际贸易有限公司	电商类
32	重庆妙睿可进出口贸易有限公司	电商类
33	重庆丰天下贸易有限公司	电商类
34	重庆蒂卡尔科技有限公司	电商类
35	重庆国博展贸商业有限公司	电商类

表2-19　续2

序号	企业名称	企业类型
36	重庆和乐电子商务有限公司	电商类
37	重庆金多多进出口有限公司	电商类
38	重庆优乐汇贸易发展有限公司	电商类
39	重庆宗壹科技有限公司	电商类
40	重庆贝康特贸易有限公司	电商类
41	重庆敏泽澳贸易有限公司	电商类
42	重庆洋萌国际贸易有限公司	电商类
43	御好國際貿易（上海）有限公司	电商类
44	重庆易硕贸易有限公司	电商类
45	重庆丹璎电子商务有限公司	电商类
46	重庆千牛国际贸易有限公司	电商类
47	深圳市海豚跨境科技有限公司	电商类
48	重庆伊派进出口贸易有限公司	电商类
49	重庆德庄电子商务有限公司	电商类
50	杭州橙登贸易有限公司	电商类
51	重庆天静鸿荣电子商务有限公司	电商类
52	重庆欧品天下电子商务有限公司	电商类
53	重庆悠游星保健食品有限责任公司	电商类
54	重庆海淘国际贸易有限公司	电商类
55	重庆点趣国际贸易有限公司	电商类
56	火星兄弟网络科技有限公司	电商类
57	重庆美月淘电子商务有限公司	电商类
58	重庆辣妈优选电子商务有限公司	电商类
59	重庆最派客商贸有限公司	电商类
60	重庆中德灵科贸易有限公司	电商类
61	永安市小奶牛宝贝保健品店	电商类
62	来此购（重庆）供应链管理有限公司	电商类
63	重庆川欧国际贸易有限公司	电商类
64	重庆澳星渝进出口贸易有限公司	电商类
65	美睿健康产业（重庆）有限公司	电商类
66	重庆锦熠沣国际贸易有限公司	电商类

表2-19 续3

序号	企业名称	企业类型
67	重庆澳善鼎电子商务有限公司	电商类
68	重庆一通百惠进出口贸易有限公司	电商类
69	重庆比奇迎龙食品有限公司	电商类
70	光彩国际重庆电子商务有限公司	电商类
71	重庆格罗姆电子商务有限公司	电商类
72	重庆莞璘进出口贸易有限公司	电商类
73	重庆斯诺宝电子商务有限公司	电商类
74	渝新欧（重庆）国际贸易有限公司	电商类
75	重庆渝荷电子商务有限公司	电商类
76	重庆裕昌行贸易有限公司	电商类
77	重庆欧美保电子商务有限公司	电商类
78	重庆勤驿达进出口有限责任公司	电商类
79	广州唯品会信息科技有限公司	电商类
80	重庆捷若电子商务有限公司	电商类
81	重庆中邻州贸易有限公司	电商类
82	亿赞普国际电子商务有限公司	电商类
83	重庆由田甲国际贸易有限公司	电商类
84	重庆市云穰科技有限公司	电商类
85	重庆易欧蓉国际贸易有限公司	电商类
86	重庆优鲜码头电子商务有限公司	电商类
87	重庆市博丰电子商务有限公司	电商类
88	重庆海品汇国际贸易有限公司	电商类
89	重庆勉励进出口贸易有限公司	电商类
90	重庆水林商贸有限公司	电商类
91	上海艾售电子商务有限公司	电商类
92	重庆澳億嘉贸易有限公司	电商类
93	宁夏中德广益电子商务有限公司	电商类
94	重庆市新汉商电子商务有限公司	电商类
95	重庆中境达进出口贸易有限公司	电商类
96	重庆寰熙贸易有限公司	电商类
97	重庆喜帆电子商务有限公司	电商类

表2-19　续4

序号	企业名称	企业类型
98	重庆宝诺希贸易有限公司	电商类
99	重庆通康商贸有限公司	电商类
100	重庆顶冠投资有限公司	电商类
101	重庆泰若商贸易有限公司	电商类
102	重庆澳麦加进出口有限公司	电商类
103	郑州万国优品保税进出口有限公司	电商类
104	重庆普乐菲进出口有限公司	电商类
105	重庆鸿洋溢智商贸有限公司	电商类
106	重庆洽谊嘉国际贸易有限公司	电商类
107	上海申诺伟国际采购有限公司	电商类
108	重庆优舶品进出口有限责任公司	电商类
109	重庆西霆进出口贸易有限公司	电商类
110	深圳西尔维娅贸易有限公司	电商类
111	重庆贝思特进出口贸易有限公司	电商类
112	成都翼都商贸有限公司	电商类
113	成都丽耀贸易有限公司	电商类
114	重庆聚奥佳进出口贸易有限责任公司	电商类
115	重庆中外运电子商务有限公司	电商类
116	重庆布尔特进出口贸易有限公司	电商类
117	北京日胜国际商贸有限公司	电商类
118	重庆斯帝亚进出口贸易有限公司	电商类
119	重庆洋玩易国际贸易有限公司	电商类
120	重庆禾顺行进口贸易有限公司	电商类
121	宁波保税区宁兴优贝国际贸易有限公司	电商类
122	重庆诺依亨特贸易有限公司	电商类
123	厦门市辰夏贸易有限公司	电商类
124	苏州圣岚得商贸有限公司	电商类
125	重庆朗硕进出口贸易有限公司	电商类
126	深圳前海世界购电子商务有限公司	电商类
127	重庆跨世进出口贸易有限公司	电商类
128	重庆阿扎里亚科技有限公司	电商类

表2-19 续5

序号	企业名称	企业类型
129	重庆麦德森进出口有限公司	电商类
130	重庆耶购电子商务有限公司	电商类
131	重庆斯麦威国际贸易有限公司	电商类
132	重庆银悦西进出口贸易有限公司	电商类
133	重庆德品供应链管理有限公司	电商类
134	深圳高朗科技有限公司	电商类
135	江苏苏宁易购电子商务有限公司	电商类
136	南京糖糖屋零食物语食品有限公司	电商类
137	重庆百年巧信息技术有限公司	电商类
138	重庆澳满购进出口有限公司	电商类
139	重庆乐海仕国际贸易有限公司	电商类
140	重庆申洋进出口贸易有限公司	电商类
141	重庆爱海狗电子商务有限公司	电商类
142	重庆米提电子商务有限公司	电商类
143	重庆亿威国际贸易有限公司	电商类
144	重庆贝莱优品国际贸易有限公司	电商类
145	重庆铭汉贸易有限公司	电商类
146	重庆贝购网络科技有限公司	电商类
147	重庆市丰意得电子商务有限公司	电商类
148	重庆悦色进出口有限公司	电商类
149	深圳市华润万家电子商务有限公司	电商类
150	重庆诺森比亚进出口贸易有限公司	电商类
151	中山市汇羽冷冻食品有限公司	电商类
152	摩登大道时尚电子商务有限公司	电商类
153	重庆优悦淘贸易有限公司	电商类
154	杭州金果进出口有限公司	电商类
155	重庆阿尔斯特国际贸易有限公司	电商类
156	重庆两江新区金袋鼠贸易有限公司	电商类
157	重庆瑞乾科技有限公司	电商类
158	重庆市百年远洋供应链管理有限公司	电商类
159	青岛朗乐国际贸易有限公司	电商类

表2-19　续6

序号	企业名称	企业类型
160	宁波弗劳恩物流科技有限公司	电商类
161	重庆墨志电子商务有限公司	电商类
162	重庆吾空网络股份有限公司	电商类
163	重庆香满园农产品有限公司	电商类
164	重庆欧源境通国际贸易有限公司	电商类
165	重庆布拉邦国际贸易有限公司	电商类
166	重庆亨斯迈国际贸易有限公司	电商类
167	重庆小红唇电子商务有限责任公司	电商类
168	重庆顺银对外贸易有限公司	电商类
169	贵州生活方式贸易有限公司	电商类
170	重庆荐外科技有限公司	电商类
171	新希望云优选（重庆）电子商务有限公司	电商类
172	重庆澳盛优国际贸易有限公司	电商类
173	重庆澳莱特进出口贸易有限公司	电商类
174	重庆佰弗德贸易有限公司	电商类
175	杭州旋龙贸易有限公司	电商类
176	重庆联集信息产业发展有限公司	电商类
177	重庆家有一淘电子商务有限公司	电商类
178	重庆百嘉原网络科技股份有限公司	电商类
179	重庆龙江科技有限公司	电商类
180	上海寸诚国际贸易有限公司	电商类
181	重庆弘创优联供应链管理有限公司	电商类
182	盐城市巴伦贝亚进出口有限公司	电商类
183	重庆新广维科技有限公司	电商类
184	重庆浩尔诺电子商务有限公司	电商类
185	重庆海易购商贸有限公司	电商类
186	重庆邮鸽供应链管理有限公司	电商类
187	重庆海鲨创业投资股份有限公司	电商类
188	四川萃趣在线国际贸易股份有限公司	电商类
189	青岛康乐猫电子商务有限公司	电商类
190	重庆瑞益信息科技有限公司	电商类

表2-19 续7

序号	企业名称	企业类型
191	重庆市有机岛电子商务有限公司	电商类
192	重庆杭联供应链管理有限公司	电商类
193	重庆源购优品电子商务有限公司	电商类
194	重庆集货汇网络科技有限公司	电商类
195	重庆日淘电子商务有限公司	电商类
196	重庆中德恒信国际贸易有限公司	电商类
197	北京万众凯旋互联网科技股份有限公司	电商类
198	北京德尔美国际健康科技有限公司	电商类
199	重庆贝宠进出口贸易有限公司	电商类
200	上海致君商贸有限公司	电商类
201	重庆福欢达国际贸易有限公司	电商类
202	重庆海集汇电子商务有限公司	电商类
203	重庆欧莉莎电子商务有限公司	电商类
204	北京利往商贸有限公司	电商类
205	上海虎桥进出口有限公司	电商类
206	上海苏三贸易有限公司	电商类
207	重庆象米电子商务有限公司	电商类
208	重庆瑞可思贸易有限公司	电商类
209	太原格幕电子商务有限公司	电商类
210	金华优海贸易有限公司	电商类
211	北京千康健科技有限公司	电商类
212	瑞金麟（北京）电子商务有限公司	电商类
213	贝欧（天津）商贸有限公司	电商类
214	河源市麦麦新代贸易有限公司	电商类
215	广州市安盈贸易有限公司	电商类
216	重庆即辰信科技有限公司	电商类
217	重庆麦乐购供应链管理有限公司	电商类
218	重庆家乐淘科技有限公司	电商类
219	杭州海蜜电子商务有限公司	电商类
220	上海荣沐国际贸易有限公司	电商类
221	澳士福网络科技（重庆）有限公司	电商类

表2-19 续8

序号	企业名称	企业类型
222	广州蔓蒽施贸易有限公司	电商类
223	重庆悠活科技有限公司	电商类
224	泸州玲佩商贸有限公司	电商类
225	重庆知予进出口贸易有限公司	电商类
226	杭州一丈青信息技术有限公司	电商类
227	温州荷里妈妈电子商务有限公司	电商类
228	北京京东叁佰陆拾度电子商务有限公司	平台类
229	重庆跨境宝电子商务服务有限公司	平台类
230	杭州诚联科技有限公司	平台类
231	北京鑫世界电子商务有限公司	平台类
232	贵阳星力网电子商务有限公司	平台类
233	天天快递有限公司	物流类
234	重庆中速物流有限公司	物流类
235	北京京邦达贸易有限公司	物流类
236	上海韵达货运有限公司	物流类
237	通联支付网络服务股份有限公司	支付类
238	北京钱袋宝支付技术有限公司	支付类
239	北京百付宝科技有限公司	支付类
240	重庆银行股份有限公司	支付类
241	北京钱袋支付技术有限公司	支付类
242	上海盛付通电子支付服务有限公司	支付类
243	迅付信息科技有限公司	支付类
244	开联通支付服务有限公司	支付类
245	北京高汇通商业管理有限公司	支付类
246	证联支付有限责任公司	支付类

统计数据

截至 2015 年 12 月，重庆已备案电商及相关企业 288 家，其中销售类电商企业 221 家、平台类电商 9 家、支付类企业 35 家、物流企业 9 家、仓储企业 14 家。企业通过跨境电商公共服务平台申报并完成交易 343 万单、交易额 8. 15 亿元人民币，共征收行邮税款 786. 6 万元人民币。

一、重庆跨境电商服务试点进口业务报表

重庆跨境电商服务试点进口业务报表（如表 2-20 所示）。

表 2-20　重庆跨境电商服务试点进口业务报表

区域	时间（年）	验放清单（万票）	消费者（人）	货值（万元）	增长率（%）	上线商品种类（个）	商品种类（进口量前五位）	备案电商企业（个）	上线企业（个）
重庆，广东省，江苏省，浙江省，北京省，上海省，四川省，山东省，福建省，湖北省	2014	21. 6400	14. 25	6203. 17		19	01：食品、饮料，27：其他物品，04：纺织品及其制成品，06：箱包及鞋靴，09：化妆品	40	18
重庆，广东省，江苏省，浙江省，北京省，上海省，四川省，山东省，福建省，湖北省	2015	344. 1000	159. 02	81116. 64		17	01：食品、饮料，09：化妆品，27：其他物品，11：厨卫用具及小家电，04：纺织品及其制成品	205	103

二、重庆跨境电商分地区消费分布统计表

重庆跨境电商分地区消费分布统计表（如表 2-21 所示）。

表 2-21 重庆跨境电商分地区消费分布统计表

序号	进/出口	地区	数量（万包）	金额（万元）	消费者数量（万人/次）	主要商品（前五种）	备注
1	进口	广东	31.21	9064.87	17.17	食品饮料、化妆品、其他物品、厨卫用具及小家电、家用医疗保健及美容器材	
2	进口	北京	24.47	7141.34	12.36	食品饮料、化妆品、厨卫用具及小家电、家用医疗保健及美容器材、计算机及其外围设备	
3	进口	江苏	27.59	7891.36	15.11	食品饮料、化妆品、其他物品、厨卫用具及小家电、家用医疗保健及美容器材	
4	进口	浙江	25.50	7404.12	14.40	食品饮料、化妆品、其他物品、厨卫用具及小家电、家用医疗保健及美容器材	
5	进口	上海	20.21	5907.14	11.25	食品饮料、化妆品、文具用品及玩具、厨卫用具及小家电、家用医疗保健及美容器材	
6	进口	山东	15.00	4644.38	8.38	食品饮料、化妆品、其他物品、厨卫用具及小家电、家用医疗保健及美容器材	
7	进口	四川	16.72	5007.30	8.09	食品饮料、化妆品、其他物品、厨卫用具及小家电、纺织品及其制成品	
8	进口	辽宁	9.09	2655.42	4.99	食品饮料、化妆品、其他物品、厨卫用具及小家电、家用医疗保健及美容器材	
9	进口	河南	10.65	3060.64	5.96	食品饮料、化妆品、其他物品、厨卫用具及小家电、家用医疗保健及美容器材	
10	进口	河北	6.66	1908.01	3.96	食品饮料、化妆品、其他物品、厨卫用具及小家电、家用医疗保健及美容器材	
11	进口	湖北	12.57	3603.23	6.80	食品饮料、化妆品、其他物品、厨卫用具及小家电、家用医疗保健及美容器材	
12	进口	陕西	7.65	2319.03	4.04	食品饮料、化妆品、其他物品、厨卫用具及小家电、纺织品及其制成品	
13	进口	湖南	10.93	3084.58	5.95	食品饮料、化妆品、其他物品、厨卫用具及小家电、纺织品及其制成品	
14	进口	黑龙	4.18	1244.08	2.62	食品饮料、化妆品、其他物品、厨卫用具及小家电、纺织品及其制成品	
15	进口	福建	12.91	3824.82	6.60	食品饮料、化妆品、其他物品、厨卫用具及小家电、家用医疗保健及美容器材	

表2-21 续

序号	进/出口	地区	数量（万包）	金额（万元）	消费者数量（万人/次）	主要商品（前五种）	备注
16	进口	天津	5.28	1578.92	3.04	食品饮料、化妆品、其他物品、厨卫用具及小家电、家用医疗保健及美容器材	
17	进口	安徽	8.18	2273.32	4.55	食品饮料、化妆品、其他物品、厨卫用具及小家电、家用医疗保健及美容器材	
18	进口	重庆	61.03	20098.37	14.87	食品饮料、化妆品、其他物品、厨卫用具及小家电、箱包及鞋靴	
19	进口	云南	4.30	1314.90	2.33	食品饮料、化妆品、其他物品、厨卫用具及小家电、纺织品及其制成品	
20	进口	吉林	3.64	1082.82	2.15	食品饮料、化妆品、其他物品、厨卫用具及小家电、纺织品及其制成品	
21	进口	其他省份	48.09	15895.32	15.42	食品饮料、化妆品、其他物品、厨卫用具及小家电、纺织品及其制成品	
26	合计		365.86	111003.97	170.04		

说明：地区栏，进口显示国内省份，出口显示国家或地区。

大事记

2012年8月11日，国家发展改革委员会办公厅下发《国家发展改革委办公厅关于开展国家电子商务试点工作的通知》，正式批准重庆市开展跨境试点，要求积极研究制定跨境电商通关、结汇、退税等方面的管理办法及标准规范，并开展应用服务。

9月19日重庆市发展和改革委员会转发国家发展和改革委办公厅开展国家电子商务试点工作的通知，重庆海关马忠原关长批示："要抓紧进一步深入研究海关支持开展运作的路径和切入点。"

11月9日重庆海关关于印发《重庆海关推进跨境电商试点工作实施方案》的通知，成立工作组，进一步明确了任务分工。

2013年1月10日，在重庆海关关于《推进跨境电商服务试点工作有关建议的报告》呈阅件上，黄奇帆市长作了重要批示，要求市经信委牵头协调各方抓好这件事。

2月28日重庆跨境电商试点监管方案初稿、重庆跨境电商服务试点业务实施方案初稿按时报海关总署科技司审议。

9月6日市领导批示抄告单（陈和平副市长、郜展副秘书长）国务院办公厅转发商务部等部门关于支持跨境电子商务零售出口有关政策意见的通知（国办发〔2013〕89号）。

9月9日监管司关于对《中华人民共

和国海关跨境电商进出境货物、物品监管办法（试行）》和《中华人民共和国海关跨境电商进出境货物、物品监管操作规程（试行）》征求意见的函下发。

10月30日《重庆海关关于推进跨境电商服务试点工作有关情况的报告》呈阅件（渝关呈字〔2013〕46号）向市领导（黄奇帆市长，翁杰明常务副市长，凌月明常委，陈和平副市长）报告了10月24日，重庆市跨境电商服务试点业务实施方案通过海关总署9个司局的审核并批复，标志着试点工作全面启动。

2014年1月28日重庆跨境电商平台上线，并由市政府举办仪式。

3月25日重庆海关许鑫副关长召开跨境电商工作专项协调会，召集跨境电商各相关部门集中工作。根据工作推进情况于4月8日成立跨境电商试点工作工程组。

2015年6月18日，重庆跨境电商专用账册系统上线并正式运行。与传统的H2010电子账册管理方式相比，专用账册以电商企业为单元，以商品货号为底账编号实施管理。

广州地区

自2013年9月获国家有关部门批复成为国家“跨境电商服务试点城市”（以下简称“跨境试点”）以来，广州市按照试点的部署和要求，在广州海关、黄埔海关和检验检疫等部门的大力支持下，结合国家中心城市建设和创新发展战略实施，积极先行先试，推动跨境电商发展不断上水平。截止到2015年底，全市开展跨境电商业务的企业已达879家。广州2014年跨境电商进出口13.1亿元，约占全国42%，位居全国第一。2015年跨境电商进出口67.5亿元，增长3.7倍，占外贸总值比重上升至0.8%，其中出口34.3亿元，增长1.7倍，进口33.2亿元，增长18.8倍，继续位居全国试点城市前列，有力地带动了全市外贸进出口发展，提升了外贸竞争力，扩大了居民消费，优化了产业结构。

发展历程

一、试点工作概述

自2013年9月获国家有关部门成为国家跨境电商服务试点城市（以下简称“跨境试点”）以来，广州市按照海关总署的部署和要求，在广州海关、黄埔海关和检验检疫等部门的大力支持下，结合国家中心城市建设和创新发展战略实施，积极先行先试，推动跨境电商发展不断上水平。截止到2015年底，全市开展跨境电商业务的企业已达879家。广州2014年跨境电商进出口13.1亿元，约占全国42%，位居全国第一。2015年跨境电商进出口67.5亿元，增长3.7倍，占外贸总值比重上升至0.8%，其中出口34.3亿元，增长1.7倍，进口33.2亿元，增长18.8倍，继续位居全国试点城市前列，有力地带动了全市外贸进出口发展，提升了外贸竞争力，扩大了居民消费，优化了产业结构。

试点工作开展两年来，广州形成了较为完善的跨境电商发展支持体系，搭建了具有开放性、包容性的跨境电商公共服务平台（以下简称“跨境电商公共服务平台”），有效激发了市场活力并形成了由一批行业龙头企业带动的产业集聚发展，初步构建了便捷有效的新型海关监管模式，形成了全社会关心和支持跨境电商发展的浓厚氛围。

目前，随着各项试点政策逐步落实，广州跨境电商业务已进入高速发展快车道。下一步，广州将趁势而为，进一步加大实施“互联网+外贸”战略力度，引导传统外贸企业借助跨境电商推进转型升级，不断完善跨境电商政策体系和人才培养体系，加快推进线上公共服务平台建设，全面推进线下各类特色试点园区建设，选择重点领域打造跨境电商进口枢纽，发挥行业协会作用活跃广州跨境电商生态，深入建设市场化法治化国际化营商环境，努力实现跨境电商进一步上规模、上水平，保持全国领先地位，形成综合竞争优势，引领、带动全市内外贸在新常态下实现稳增长、调结构。

二、相关业务政策

广州实施的跨境试点业务模式有：零售出口（B2C，邮件/快件业务），网购保税（B2B2C）进、出口和B2B一般出口业务三大类。在试点阶段，广州按照先易后难、急用先上、成熟一个业务发展一个业务的原则，以市场实际需求和跨境电商发展遇到的问题为导向，在广州海关、黄埔海关的大力支持下，依托电子口岸平台优势与数据共享机制，利用海关总署赋予广州市的海关特殊监管区域优惠政策，重点开展了零售出口（B2C，邮件/快件业务）、直购进口（B2C，邮件/快件业务）和网购保税（B2B2C）进口业务三大类业务，并根据各业务模式的特点分别实施有针对性的政策措施，取得了良好效果。

（一）海关支持实施的政策措施

1. 零售出口（B2C，邮件/快件业务）

业务政策措施

通过海关、检验检疫线上信息平台进行试点企业备案、商品备案及全程信息管理，试点企业凭交易或物流清单先申报放行，月度汇总填写出口货物报关单向海关申报，凭汇总的月度出口报关单办理退税、结汇手续。海关根据企业管理类别实施分类通关。试点实施后，该业务增长迅速，其中广东邮政跨境电商零售出口额在全国同类型企业中排名第一。

2. 直购进口（B2C，邮件/快件业务）业务政策措施

物流企业与电商企业合作，通过线上信息平台完成试点企业备案及商品备案后，向海关提供税款担保，商品实际进境后，物流企业凭电子清单向海关申报放行，海关按商品实际零售价计征行邮税。通过不断探索直购进口（B2C，邮件/快件业务）业务模式，不断优化业务流程，吸引了包括威时沛运集团、中远集团、唯品会等知名电商及物流企业在广州开展直购进口业务。

3. 网购保税（B2B2C）进口业务政策措施

试点业务按“整进、散出、集报”的模式进行。其中，“整进”就是整批进口货物填写备案清单或进口货物报关单向海关申报进入园区；“散出”就是个人网购后填写清单（或详情单）向海关申报并由电商企业提供税款担保，海关先凭清单（或详情单）分批分散出园区；“集报”就是定期（一般是一个月）将清单（或详情单）汇总后，填写进口货物报关单向海关申报（纳税），个人网购商品涉及许可证管理的免许可证。黄埔海关经过充分的分析评估，精心挑选试点企业参加广州保税区“网购保税进口”试点，目前已累计批准22家跨境电商企业开展B2B2C网购保税进口业务。其中，广州跨境通电子商务有限公司和广州美悦优选电子商务有限公司等两家试点企业已顺利开展试点业务，其他试点企业正在进行系统对接测试和业务准备中。此外，引导跨境电商开展O2O（线上线下相结合）经营，目前全市已有超过20家跨境电商体验（展示）店。

由于前期企业需求并不强烈，网购保税（B2B2C）出口业务和B2B一般出口等两类业务在广州市暂未开展。随着跨境电商试点工作的不断深入，电商企业对业务的理解和诉求也更加全面，海外仓等业务需求日益强烈，越来越多的电商和物流企业提出希望开展B2B一般出口业务和网购保税（B2B2C）出口业务。广州海关已完成相关业务调研工作，按照“清单核放、汇总申报”的总体原则，及时开发适应企业开展新业务的通关监管系统，建立完善的业务制度和管理制度，为促进跨境电商全方位发展提供系统的政策支持。

（二）检验检疫部门实施的政策措施

广州检验检疫部门坚持“管得住、放得快、进得来”的核心理念，以“事前备案管理、事中风险监测、快速审核放行、全程质量追溯”为原则，严格检疫和按照风险级别实施质量安全风险监测，实施跨境电商企业备案管理、商品清单分类管理、电商商品全申报、口岸监督管理和快速核查放行等制度，控制质量安全风险。

对入境电商商品，属于卫生检疫或动植物检疫范围的，严格实施检疫。对通过国际快递或邮寄方式入境，收货人为个人消费者的电商商品，按照快件和邮寄物相关检验检疫监管办法实施监管，实行集中申报、集中查验、集中放行的便利措施。对整批入境、集中存放，再按订单向国内个人消费者分批销售的电商商品，实施“入区集中申报、出区核销放行”的监管模式，开展基于风险评估的质量安全风险监测，质量安全风险监测主要对象是高风险商品和涉及人身安全、健康、环保的重点项目。

（三）税务部门实施的政策措施

广州国税部门对于跨境电商出口企业与外国批发商和零售商通过互联网线上进行产品展示和交易，线下仍按一般贸易等方式出口货物的，严格按照《全国税务机关出口退（免）税管理工作规范（1.0版）》和《出口退（免）税企业分类管理办法》进行办理；对于跨境电商零售出口的货物，则积极落实有关的退（免）税政策，已成功为出口企业办理了跨境电商零售出口货物退税。

（四）广州市出台实施的政策措施

广州市委、市政府高度重视跨境电商发展，制定并实施了《关于加快电子商务发展的实施方案》、《关于电子商务和移动互联网总体布局规划的意见》等政策文件，市财政从2013年起连续5年每年投入5亿元扶持电子商务发展，其中跨境电商是支持重点之一。市政府在促进进出口稳定增长专项资金中拨出3320万元，专门用于广州跨境电商公共服务平台建设。按照《广州市战略性主导产业发展资金管理暂行办法》的有关规定，2014年，广州在战略性主导产业发展资金中安排电子商务发展专项5765.38万元，对电子商务集聚发展区、电子商务示范企业、电子商务平台、电子商务服务体系及应用等多个领域共51个项目进行扶持；安排新业态扶持资金4000万元，对跨境电商等多个领域进行扶持；安排现代物流业专项资金1300万元，对包括“京东商场亚洲一号仓储华南总部”、“酒仙网华南物流营运中心”、“顺丰电子商务及零售一站式共同配送项目”等14项重点物流基础设施项目、物流技术项目进行扶持。2015年，广州在战略性主导产业发展资金中安排6000万元用于电子商务发展专项。此外，市政府投入巨资，用于南沙自贸区、空港经济区、黄埔港区等跨境电商重点区域的基础设施建设，支持跨境电商发展。

三、公共服务平台建设

根据试点工作方案，广州市委托广州电子口岸管理有限公司为广州市跨境电商公共服务平台承建单位。市跨境电商领导小组高度重视，成立了平台建设专项小组和专家小组，多次召开会议，听取海关、检验检疫、国税、外汇管理等部门的意见，完善平台建设。平台主要建设内容包括公共信息服务系统、数据交换系统、海关辅助监管系统和检验检疫辅助监管系统。

广州跨境电商公共服务平台是基于“单一窗口”模式进行建设，由公共服务平台为企业提供统一的数据接口规范，避免企业面向多个监管部门，开发多套接口，减轻企业负担，提高企业作业效率。同时结合广州的“一市两关”特色，满足“一市两关”的需求，公共服务平台根据不同监管部门的要求生成各自所需的报文。企业如果要在广州海关、黄埔海关同时开展业务，只需通过跨境电商公共服务平台进行跨境业务申报即可，无需分别面向广州海关和黄埔海关进行申报。平台不仅承担了市一级的跨境电商公共服务，同时与下属各区开发的园区信息系统进行了相互结合，满足不同园区开展跨境业务需求。

在“源头可溯、风险可控、质量可靠、责任可究”的16字原则下，通过开展清单（详情单）放行和集中报关（纳税）等试点业务，实现跨境电商进出口商品的便利监管，并对试点平台及企业实施通关、退税、结汇的配套政策，达到“管得住、管得好、通得快”的通关便利化目标。实现海关、检验检疫、国税、外管、电商企业、物流企业、支付企业等之间的标准化信息流通，并为国家相关管理部门提供原始、真实、实时的跨境电商贸易、资金、物流的数据支持及决策参考。

实现跨境商品质量溯源查询，使消费者通过跨境平台购买的商品都能保证可追溯，商品质量有保障。通过实物流与信息流的绑定和各个节点间的信息互通，构造起商品质量溯源跟踪管理体系的生态圈。

四、经济社会效益

广州实施跨境电商试点以来，跨境电商规模迅速壮大，产业集聚程度不断提高，产生了良好的经济效益和社会效益。

（一）带动内外贸平稳较快发展，为全市经济稳定增长作出重要贡献

2015年跨境电商进出口67.5亿元，增长3.7倍，占外贸总值比重上升至0.8%，其中出口34.3亿元，增长1.7倍，进口33.2亿元，增长18.8倍。广州跨境电商等新业态的快速发展，弥补了一般贸易和加工贸易进出口低迷、进口大幅下降的缺口，降低了传统专业店、专卖店、百货店销售低迷的影响。2015年全市外贸进出口8306.4亿元人民币，规模居全国第六，同比增长3.5%。广州同时是内贸流通中心城市，2015年全市完成社会消费品零售总额7933亿元，同比增长11%；批发零售业商品销售总额50902.38亿元，同比增长10.2%。跨境电商的快速发展，为全市经济稳增长、调结构、促转型作出了重要贡献。

（二）市场活力充分激发，促进了“大众创业，万众创新”

广州在试点城市中率先试行跨境电商备案制管理，最大程度降低企业开展跨境电商业务门槛。截止到2015年底，广州开展跨境电商业务的企业共879家，其中电商企业735家、物流企业107家、支付企业37家；建成及在建11个投资额5000万元以上的跨境电商园区。

2015年“双十一”期间（指11月9~15日），广州海关验放进境电子清单134.76万票，比2014年同期增长9.6倍，验放进境商品总值2.96亿元，比2014年同期增长8.7倍。为适应蓬勃发展的跨境电商发展形势及促销期业务阵发性高峰的特点，广州海关正在统筹全关科技力量，按照处理量日均500万票电子清单的要求探索设计升级系统，在实现倍数级提高系统性能基础上，更加方便快捷地满足广大企业及消费者的实际需要。

（三）行业龙头企业崛起，强化了国家中心城市功能和地位

从2014年底开始，唯品会、亚马逊、京东、苏宁等大型电商平台纷纷开通全球购业务，逐渐成为广州跨境电商的主力军。其中，本土跨境电商平台唯品会、环球市场迅速崛起，唯品会成为全国第三大B2C平台，环球市场成为与敦煌网、兰亭集势鼎足而立的三大全国跨境电商平台之一；卓志供应链“贸通天下”、威时沛运“海外通”等龙头跨境电商服务平台吸引了近400家电商企业入驻，其中威时沛运物流综合服务能力快速提升，已为160多家跨境电商平台企业提供服务，其中约80%是在广州口岸通关的异地企业；广东邮政跨境电商零售出口额在全国同类型企业中排名第一；贝法易集团已在8个国家和地区完成海外仓布局，成为ebay的全球物流合作伙伴。广州8家企业（其中跨境电商企业4家）获评为“2015~2016年度国家电子商务示范企业”，占广东省获评示范企业总数的40%。

2014年起，广州在不同领域分两批选择了46家企业开展跨境电商试点，其中电商平台企业15家，物流及提供通关、融资、退税等综合服务功能企业21家，传统外贸企业5家，跨境结算企业3家，仓储企业2家。一年多来，试点企业普遍业务规模明显增加，综合实力得到提升。其中，卓志供应链、广新贸易、轻出易链通等3家跨境电商企业被广东省商务厅认定为外贸综合服务试点企业；易联支付2014年跨境电子支付与结算额突破5亿元人民币，易票联支付为200家跨境电商企业提供了跨境人民币结算服务，其中异地企业占比超80%，广州“支付宝”初见雏形。

（四）产业呈集聚发展态势，带动区域经济社会加快发展

开展试点工作以来，广州积极鼓励具备条件的区域采取多种投资方式建设跨境电商园区，加快全市跨境电商产业集聚发展。据不完全统计，全市现有投资额5000万元以上的建成或在建跨境电商园区（不含电子商务园区）11个，已有包括平台、物流、金融、摄影、配送、翻译、搜索引擎等各类型共计超500家企业进驻园区，产业集聚效应明显。空港经济区聚集了广州白云国际物流有限公司、威时沛运、恒汇物流、中外运等大型跨境电商平台及企业，为广州外贸经济增添了新增长点。广州南沙自贸试验区吸引了京东、苏宁、一号店、唯品会等大型电商平台及200多家电商企业集聚，带动了仓储和快递业的飞速发展、就业增加（估算平均每百平方米仓储面积增加就业1人）、快递成本大大降低，同时，随着业务增长，带动了南沙港区国际航线的增加。

（五）扩大了居民消费，便利了市民生活

目前广州已累计建设了超过20家跨境电商体验（展示）店，消费者通过跨境网购和跨境电商体验（展示）店可以便利地购买到价廉物美的进口商品。

从2014年起，广州市商务委会同相关部门，积极宣传跨境电商试点工作情况，多次组织中央和省市及境内媒体采访市商务委、跨境电商企业和跨境电商体验店，在媒体上进行大规模的报道，营造了全社会关心和支持跨境电商发展的浓厚氛围，跨境电商便民利民的优势广为人知且深入人心，市民参与跨境电商体验的热情被日益充分激发。

（六）促进了全市营商环境进一步优化

自成为跨境电商试点城市以来，广州成立了由分管副市长担任组长，市政府相关部门、区政府及海关、商检、外汇、国税等中央驻穗单位为成员的跨境电商服务试点工作领导小组，共同推进试点工作，形成了政企协作、部门联动的运作机制。同时，广州各级各部门顺应经济新常态，发挥先行先试优势，进行了一系列政策创新，率先实施“海关快速验放”监管模式和“政府购买查验服务”，不断深化工商登记制度改革，海关、检验检疫等监管部门研究制定了跨境电商企业注册、备案、通关、报检、退税、结汇等各环节的便利措施，“清单核放、汇总申报”、“进口商品负面清单管理”、“生产性企业零售出口退免税”、“商业单证、电子数据作为收结汇凭证”等政策在广州充分实践和日渐成熟，以投资贸易便利化和生活服务便利化为主线的市场化、法治化、国际化营商环境建设不断推进。与此同时，广州市委、市政府高度重视电子商务发展，及时出台了《关于加快电子商务发展的实施方案》、《关于电子商务和移动互联网总体布局规划的意见》等含金量高、针对性强的政策文件，为电子商务和跨境电商发展营造了良好的发展环境。

配套文件

广州市人民政府关于印发加快新业态发展三年行动方案的通知

（穗府〔2014〕22号）

广州市加快新业态发展三年行动方案

为贯彻落实市委、市政府推进新型城市化发展的工作部署，加快产业转型升级，抢占经济制高点，强化国家中心城市辐射带动作用，制定本方案。本方案所称的新业态是指由于技术创新、产业融合、产业链整合、区域分工及企业组织方式变革等推动形成新的生产经营形态或商业模式。方案具体内容如下：

一、发展目标

到2016年，培育一批主营业务收入超百亿元的新业态企业，推动一批新业态企业在国内或境外上市，建成15个新业态示范园区（平台），初步建成珠三角新业态发展集聚区、华南地区新兴产业集成创新中心。

二、优先实施优化类新业态“强链”行动

对龙头企业实力强、产业基础好、辐射作用大的新业态领域，强化科技驱动、信息化带动以及发展模式创新，进一步做优配套、做大规模、做强品牌，打造一批国内领先、国际一流的产业集群。

1. 工业机器人。贯彻工业机器人及智能装备产业发展实施意见，2014 年规划建设黄埔、增城、花都等工业机器人产业园（基地），积极引进德国、瑞典、日本等国内外工业机器人龙头企业，重点强化减速器、伺服电机、驱动器和控制器等关键零部件核心技术研发、系统集成等产业链环节，打造以广州数控、日松、启帆等为龙头的百亿级产业集群。到2016 年，初步形成以工业机器人为核心的智能装备产业集群，建成 3 个工业机器人产业园，全市约50%的制造业企业应用工业机器人及智能装备。

2. 融资租赁。年内出台加快促进融资租赁业发展实施意见，试点建设广州融资租赁业发展集聚区，积极引进工银租赁、渤海租赁等融资租赁龙头企业，培育壮大越秀融资租赁、广汽租赁、立根租赁、量通租赁等企业。对接南方航空公司，开拓飞机租赁业务，打造华南地区飞机租赁集聚地。试行售后回租等业务模式，探索建设中小企业应收账款和融资租赁债权交易平台，建设华南地区融资租赁中心。到2016 年底，力争累计实现融资租赁产业合同余额 5000 亿元以上，构建华南区域融资租赁集聚中心。

3. 移动互联网。加快中国移动南方基地、黄埔国家电子商务示范基地、广州移动互联网（越秀）产业园、移动互联网应用研究院、中国移动互联网应用产业联盟建设，举办电子商务和互联网产业招商推介会，吸引一批移动互联网软硬件研发、系统集成、电子交易、信用服务等龙头企业落户，支持动景、久邦数码等企业发展手机浏览器、手机购物、手机订票、手机广告媒体、手机游戏、搜索引擎等领域。探索发展自媒体营销、微营销等新型营销方式，鼓励基于微信等新媒介的移动电子商务模式创新发展。

4. 跨境电子商务。出台跨境电子商务实施细则，创新监管模式，推动国家跨境电商服务试点城市建设，支持广东邮政速递物流有限公司、卓志物流、威时沛运（广州）有限公司、广州市贝法易商贸有限公司、环球市场等行业领军企业开展 B2C（商户对消费者）一般出口（邮件/快件）、B2B2C（商户对商户对消费者）保税出口、B2B（商户对商户）一般出口和 B2B2C（商户对商户对消费者）保税进口等业务，推动外贸转型升级。联合电子口岸、网上交易、网络支付、贸易融资等产业链关键环节，构建跨境电商公共服务平台，实现企业信息、商品信息和政府部门监管信息互联互通。

5. 农村电子商务。实施电子商务进乡村工程，推动从化农村电子商务示范园、花都区赤坭镇园林艺术电子商务示范园建设，支持涉农电子商务网站建设，整合供销社系统经营与网络资源，建设大型农产品电子商务交易平台，构建连接农家店、农产品龙头企业、农产品批发市场、农产品和日用品配送中心、农资流通企业的新农村电子商务服务体系。

6. 数字会展。实施《广州建设国际会

展中心城市发展规划》，鼓励“线上+线下”会展模式，大力发展数字会展，鼓励展会利用互联网向展商互动、商务对接、线上交易等平台化功能的新型会展模式转变。支持光亚会展电子商务产业园、琶洲会展产业孵化基地等平台发展壮大，加快广交会电子商务中心等会展项目建设，推进广贸天下网与网上专业镇融合互动、抱团发展。

7. 冷链物流。编制冷链物流发展规划，制定支持冷链物流企业基础设施建设、标准化建设、技术推广应用等政策，鼓励食品、餐饮、生鲜超市等连锁企业建立信息化、便捷化的冷链加工配送系统，逐步构筑广州冷链物流生产流通各环节的品质可控和安全体系。推进广州（清远）、广州（梅州）共建大型冷链物流中心及广州长运冷链仓储等重点项目建设。

8. 城市配送物流。制定城市物流配送车辆管理试点政策，推进拓展广州物流公共信息平台，建设城市物流配送信息管理子平台，形成供应链上下游企业和相关企业的协同，加强城市配送中心仓储信息管理技术、条码技术、数据库技术、电子订货系统、电子数据交换等技术应用。培育壮大广州华新集团、广州商业储运、广州交通集团等城市配送物流企业，建立高效、绿色、便捷的城市配送物流体系。推广“网订店取”配送模式，有效解决城市共同配送“最后一公里”瓶颈。

9. 保税物流。加快南沙保税港区、广州保税物流园区、广州白云机场综合保税区等保税物流园区发展，提升完善保税物流基础设施和监管模式，叠加国际集装箱中转、仓储、拆拼、加工、金融、展示等多种功能，实现与港口联动及跨关区监管合作、便利通关。到2016年，建成通关便捷、体系完备、运行高效、特色鲜明的保税物流体系。

10. 邮轮游艇旅游。推动建设南沙、黄埔大型邮轮（游艇）码头，优化提升珠江夜游等特色项目，加强与港澳地区邮轮旅游业合作，吸引国内外大型邮轮公司入驻，拓展国际航线邮轮业务，构筑海上邮轮度假、游艇商贸会展、游艇节庆会展及相关配套服务于一体的邮轮游艇旅游服务产业链，打造广州游艇旅游品牌。到2016年，初步建成华南地区邮轮（游艇）休闲度假中心。

三、加快推进提升类新业态“补链”行动

对处于成长阶段且产业基础较好，但竞争力和辐射力还有待提升的新业态领域，培育发展“微笑曲线”两端企业，引导产业链向高附加值环节延伸、拓展，补齐产业链高端环节缺失的短板，实现产业关联发展，打造一批具有竞争优势的产业集群。

11. 汽车服务。制定汽车服务业发展标准指引，规划建设广州汽车服务业产业园、花都汽车服务业专业创新园区、海印国际名车城，支持广州嘉合等企业拓展汽车金融、汽车租赁、汽车文化等业务，培育一批百亿级汽车服务龙头企业，构建集汽车服务业相关配套设施于一体的汽车展贸综合体，打造华南地区汽车服务业中心。到2016年，汽车服务业总额达5500亿元，成为全国汽车服务业的领头羊和风向标。

12. 总集成总承包。以制造业系统解决方案为重点，充分运用我市现有各专项

资金，试点推动制造业服务化发展，向轨道交通、电梯、电气、重大装备、定制家居等行业深入渗透，促进服务方式由工程承包向专利技术输出、信息系统集成、交钥匙工程等发展。引导具备条件的企业从提供设备，向提供设计、承接项目、实施工程、项目控制、设施维护和管理运营等一体服务转变。培育壮大广州佳都集团、达意隆、欧派家居等一批总集成总承包服务示范企业。

13. 高端消费品制造。依托番禺珠宝玉石交易中心、增城中国——意大利服装设计港（新塘）、花都狮岭皮革皮具集聚区等平台，结合珠宝、服装、箱包、皮鞋等优势产业，鼓励企业创新网络联盟智能决策系统、个性化产品定制系统、异地网上协同设计、异地加工、远程质量监控、网上电子汇兑结算等模式，重点培育发展一批综合实力强、拥有自主知识产权和知名品牌的高端消费品制造企业。

14. 新材料。加快建设华南新材料科技园、从化明珠新材料产业基地等园区，推进立白集团新兴产业基地、儒兴科技晶体硅太阳能电池浆料产业化、金发科技碳纤维复合型材料、聚赛龙年产500吨光扩散及导热高分子复合材料等重点项目建设，弥补我市高端金属材料、高性能高分子材料、精细化工材料、动力电子材料等领域竞争力不足，建立较完善的新材料产业链。到2016年，新材料产值达400亿元，金发科技年产10万吨全生物降解塑料基地建成投产，生产规模国内第一。

15. 新能源与节能环保。制定支持新能源产业发展和应用政策，重点发展太阳能光伏发电、地源热泵、天然气分布式发电，推进科学城地源热泵、擎天实业太阳能系统集成技术开发应用等项目建设。支持广州发展集团等企业积极拓展新能源领域，打造华南地区新能源核心供应商。落实合同能源管理细则，推动重点用能单位委托节能服务公司开展节能设计、改造和运行管理等服务，支持广州节能和新能源（白云）产业基地、番禺节能科技园、广州科学城节能环保产业基地等发展。

16. 新型显示。加快广州中新知识城、广州科学城等战略性发展平台建设，积极引进美国、韩国等一批国外新型显示企业巨头，支持LG显示、威创等行业骨干企业发展壮大，推动高世代TFT-LCD（薄膜晶体管液晶显示）、OLED（有机发光显示）及3D（三维）立体显示等发展，加快LGD（乐金显示）8.5代液晶面板二期项目建设，构建原材料、生产及检测设备、辅助零部件、面板制备、液晶模组的组装、液晶电视及各种便携式数码产品等完整的新型显示产业链，打造千亿级产业集群。

17. 城市矿产。加快建设广州城市矿产交易所，提升万绿达、迪森热能等龙头企业资源综合利用效能，推动报废机电设备、电线电缆、废旧金属、废旧电子产品、建筑废弃物等重点“城市矿产”资源以及废玻璃、废木质、废布碎等低值废弃物的循环利用、规模利用和高值利用，推进增城、黄埔、从化等工业园区循环化改造。到2016年，培育3个国家级城市矿产示范基地。

18. 新媒体。推动建设穗港澳文化创意合作试验区、萝岗文化与科技融合示范区，促进广州国际媒体港、广州文化报业中心等项目建设，加大软件和技术提供商、网络运营商、平台提供商、终端提供商、受众、监测机构等产业链环节的研发，通过互联网、无线通信网、有线网络等渠道，大力发展微博、微信等微媒体以及数字电视、数字广播、数字出版、桌面视窗等新媒体。

四、启动开展培育类新业态“建链”行动

对处于初创阶段且具有比较优势，尚未形成完整产业链或产业空白的新业态领域，强化产业链招商，着力引进具有核心地位的龙头企业进行辐射与延伸，培育形成较大产业规模和较高集聚水平的新兴产业集群。

19. 3D打印。制定支持3D打印发展的实施方案，建立3D打印产业联盟及企业孵化器，成立3D打印研究院，积极引进欧美等国际知名企业，发挥中科院广州电子技术研究所等行业龙头研发优势，构建集研发设计、生产制造、产品推广等于一体的3D产业链。引导工业园区和制造业企业对接应用3D打印，推进工业级和家用级3D打印产品市场化，打造华南地区3D打印产业发展集聚区。

20. 通用航空。重点围绕研发设计、制造实验和客户服务三大核心功能，鼓励广州飞机维修工程有限公司、新科宇航、九元航空有限公司与中航工业集团等实力雄厚的航空企业合资合作，推进通用飞机制造、发动机制造、航空材料生产、航空电子以及研发中心和客服中心等重点项目建设，加快构建通用航空飞机组装、发动机研制、大型维修或改装、航空深度保养等产业链，培育形成华南地区通用航空总装和服务中心。

21. 新能源汽车。制定充（换）电基础设施总体规划，加快广汽集团和东风日产新能源汽车产业基地建设，推进广汽比亚迪汽车项目落户，促进国内外新能源汽车企业巨头进驻，推动整车设计、动力总成、整车匹配等产业链关键技术取得重大突破。到2016年，全市新能源汽车推广总量达1万辆，建成1个–2个国家级新能源汽车及关键零部件研发测试中心，打造国家级新能源汽车研发和制造基地。

22. 智能电网。以中新广州知识城智能电网试点项目建设为契机，加快南方电网智能化升级改造，推动白云电气节能与智能电气产业基地建设，引导智光电气等关键配件生产企业与国网电科院等国内外研发机构、知名企业进行战略合作，建立起智能配电网与智能用户端、新能源接入与控制、电力电子应用及核心器件、智能变电站系统及智能设备、电力储能等较完善的智能电网产业链，打造国内领先的智能电网产业集群。

23. 卫星导航。对接国家北斗导航卫星应用总体规划，依托海格通信、电子五所、中海达等骨干企业，开展与中国东方红卫星公司等龙头企业的合作，填补我市卫星导航与通信融合的元器件及模块产业化、模块及终端产业化、智能导航应用系统解决方案等产业空白，率先建成卫星导航基础设施较完备、产业特色较鲜明、应用示范全国领先的城市。

24. 海洋生物医药。依托广州国际生物岛国家“千人计划”生物医药创新创业示范园区，引进一批海洋生物医药龙头企业，聚焦海洋生物资源综合利用技术研发和产业化等高端环节，重点开发抗肿瘤、抗心脑血管疾病、抗病毒等海洋创新药物，积极开发海洋生物制品和海洋保健

品，建设具有国际水平的海洋生物样品库、南海微生物物种资源中心。

25. 大数据。制定大数据收集、管理、开发、应用等标准规范，组建广州超算中心研究院，支持高等院校开设超算研究和应用专业，发挥大数据在生命科学、新药研制、新车型研发、气候变化等方面的作用。规划建设大数据应用产业园，建立以企业为主体、市场为导向的大数据信息协作创新体系，培育杰赛科技、京华网络、品高软件等重点企业，加快国家超算广州中心、南沙分中心及广州科学城、天河软件园、番禺科技园、增城物联网产业园等物联网核心产业区发展，构建数据资源、数据应用软件、IT（信息技术）基础设施等大数据产业链。

26. 互联网金融。规划建设互联网金融集聚区，加快建设广州国际金融城，推动广州民间金融街建设华南互联网创新基地，培育发展中经汇通、易票联、广物支付等一批本地互联网金融企业，鼓励我市互联网金融企业与腾讯、阿里巴巴、网易等企业开展战略合作，设立或引进一批在线互联网小额信贷公司、互联网融资担保公司、在线保险公司等互联网金融企业，大力发展网络支付、P2P（个人对个人）、电子保单等金融业务。

27. 航运金融。积极推动金融机构、航运企业等在穗设立专业性航运金融机构，研究开发系列航运价格指数及航运金融衍生品。支持广州航运交易所发展港口融资、船舶（飞机）抵押贷款、船舶（飞机）出口买方信贷、资金结算等航运金融服务，探索发展船舶（飞机）保险、海上货运险、保障与赔偿保险等航运保险业务，打造对接港澳、辐射东南亚的综合性航运与金融服务平台。

28. 碳金融。完善碳排放权交易规则、交易系统和交易标准，支持广州碳排放权交易所、广州绿石碳资产管理公司开展排放及排污、林业碳汇、海洋碳汇交易试点，在国内率先形成完善的碳金融服务体系，打造服务全国的碳交易平台。

29. 消费金融。制定支持消费金融发展的政策措施，推动消费金融试点城市建设，支持符合条件的机构申报成立消费金融公司，促进个人消费贷款、接受股东境内子公司及境内股东的存款等消费金融业务发展，大力发展商业、旅游、医疗保健、教育、文化等领域的消费金融，培育打造一批实力强、规模大、信誉好的本土消费金融企业。

30. 服务业超市。规划建设番禺现代服务业交易中心，鼓励企业将物流、研发、人力资源等服务环节外包，引入津通集团等一批现代服务业企业，培育发展大麦电商等一批提供电子商务策划、咨询、营销、代运营和解决方案服务的服务商，以及提供出口交易等全程物流解决方案的物流服务商，为中小企业提供专业化的设备租赁、知识产权服务、管理咨询、财务外包、售后服务外包等专业生产性服务，实现服务专业化运营。

五、市区共建一批新业态示范园区

制定新业态示范园区认定标准，立足“一区一示范”，从政策扶持、体制创新、功能配套、产业联动等方面提升园区功能和水平，市区共建南沙新业态综合产业园、番禺南站新业态总部经济产业园、天河智慧城、黄花岗科技园、琶洲国际电子商务总部中心、白鹅潭电子商务和互联网产业集聚区、广花国际电子商务展销中心、广州汽车服务业产业园、增城新能源汽车综合创新产业园、黄埔智能产业园、黄埔状元谷电子商务基地、广州融资租赁产业园、广州生物医药创新创业示范园、广州空港电商物流园、从化农村电子商务示范园等一批示范园区。

六、培育引进一批新业态示范企业

制定新业态示范企业认定办法，引导形成以示范企业为引领、其他企业协同发展的新兴产业集群。围绕构建新业态产业链，制定对标合作计划，建立招商目标库，借助“新广州·新商机”等招商平台，重点引进一批带动力强、辐射面广的龙头企业、骨干项目落户新业态示范园区。

七、加大财政、融资、用地等政策支持

在市战略性主导产业发展资金中按使用办法安排适当的资金，扶持认定的新业态重点项目（园区）、新业态示范企业等。探索建立智能制造、融资租赁、生物医药3个产业子基金。列入国家、省重点项目计划以及投资额超过1亿元的新业态项目享受“绿色通道”待遇，优先安排用地指标。落实《关于促进广州市服务业新业态发展的若干措施》（穗府办〔2014〕7号），推动服务业新业态加快发展。

八、加强重点新业态企业（项目）服务

深化重点新业态企业服务代办工作，在规划用地、商事登记、环保、安全生产、项目验收等方面给予重点帮扶。建立新业态重点领域统计分析监测制度，及时跟踪新业态产业发展动态。

九、创造新业态发展的良好环境

改革商事登记制度，支持新业态产业孵化器建设，鼓励和支持新业态创业发展。建立协会—企业—政府三方联席会议制度，定期组织业态创新交流对接活动。支持行业协会、企业服务机构、新闻媒体等加大对新业态扶持政策、示范企业、示范园区等的宣传，举办创业沙龙、创业大赛、评选示范等形式多样的活动，努力创造有利于新业态发展的良好环境。

广州市人民政府办公厅关于全市电子商务与移动互联网集聚区总体规划布局的意见

（穗府办〔2014〕41号）

各区、县级市人民政府，市政府各部门、各直属机构：

为推动电子商务和移动互联网产业集聚发展，经市人民政府同意，现对全市电子商务与移动互联网集聚区总体规划布局提出如下意见：

一、重要意义

近年来，我市电子商务与移动互联网产业发展迅猛，总体水平位居全国前列。2013年，全市电子商务交易额超万亿元，网络购物采购额和销售额分别达300亿元和400亿元，在国内城市排名中名列前茅；培育出一大批国内领先的电子商务和移动互联网骨干企业，综合竞争实力显著提升。但与先进城市相比，我市电子商务与移动互联网发展还存在产业集聚度不高、配套服务体系不完善等突出问题。因此，明确产业规划布局，引导产业集聚发展，抢占发展制高点迫在眉睫。

（一）有利于引导产业集聚发展。打造新兴产业发展战略性平台，实现资源共享、营造氛围、提高公共服务水平，有利于形成集聚品牌效应。

（二）有利于促进电子商务与相关产业融合发展。促进电子商务与实体经济产业融合发展、错位发展，发挥各区比较优势，实现线上线下融合，实体经济与虚拟经济互补。

（三）有利于节约集约用地实现可持续发展。明确集聚区总体规划布局，不仅可以满足企业现实要求，也可以预留充足发展空间，有利于节约集约土地，为我市电子商务产业可持续发展打下坚实基础。

（四）有利于提升城市竞争力。进一步明确全市电子商务与移动互联网总体规划布局，规划建设一批电子商务总部区、集聚区和产业基地，有利于留住本土电子商务龙头企业，增强我市电子商务招商吸引力。

（五）有利于形成错位发展良性竞争的产业格局。有效避免各区之间无序竞争和同质化布局，并可充分调动各区工作积极性，形成比学赶超、错位发展、良性竞争、互动发展的氛围。

二、规划布局原则

（一）与我市新型城市化发展和国家中心城市建设的产业发展总体要求相衔接。

（二）与我市产业转型升级相衔接，将电子商务应用作为推动中心城区专业批发市场和全市制造业转型升级的重要手段。

（三）与各区（县级市）产业发展现状、特色以及区位优势相衔接，优化我市电子商务和移动互联网集聚发展布局，做到“一区一特色，区区有亮点”。

（四）与电子商务企业物流配送发展需要相衔接，符合电子商务及移动互联网企业特性，选址尽量做到交通便利。

（五）与产业发展和城市发展的可持续性相衔接，预留充足发展空间。

（六）与土地利用总体规划相衔接，贯彻节约集约用地和严格保护耕地的原则，尽量减少占用和避让耕地。

三、规划布局思路

（一）总体思路。

按照分层次布局、分梯队推进的思路，全市电子商务和移动互联网集聚区按照“1+1+9”进行总体规划布局（详见附件）。“1+1”是指1个总部区和1个产业集聚发展区，分别在海珠区琶洲和荔湾区白鹅潭规划建设；“9”是指9个产业基地，分别在其他9个区结合各自实际情况规划建设。通过“1+1+9”规划布局，形成总部引领、集聚发展、各具特色、优势互补、协同发展的电子商务和移动互联网产业集群。

（二）集中资源打造1个总部区和1个集聚区（“1+1”）。

集中力量打造一个拉动辐射效应明显的电子商务总部区，同时建设一个电子商务集聚区，加快塑造广州电子商务和移动互联网集聚发展品牌形象。

广州市电子商务与移动互联网产业总部区选址海珠琶洲。发展定位为：引导集聚电子商务研发、支付、营销、运营等电子商务服务高端要素，吸引国内外电子商务与移动互联网总部企业落户，建设亚太地区电子商务总部示范基地。

广州市电子商务与移动互联网产业集聚发展区选址荔湾白鹅潭。发展定位为：引导集聚电子商务龙头企业及中小电子商务企业落户，打造千亿级电子商务集聚发展区。

总部区和集聚区两者功能既错位又互补，既合作又竞争，相互促进，相得益彰，在市的层面享受同等优惠政策。

（三）因地制宜建设“9”个各具特色产业基地。

“9”个产业基地发展定位：结合各区（县级市）产业特色和比较优势，发展综合性或行业电子商务平台、电子商务产业物流基地和特色产业平台等。

黄埔、萝岗区选址丰乐路——状元谷——云埔——开发区东区——中新广州知识城的产业带，规划建设国家电子商务示范基地。

天河区选址天河智慧城，规划建设电子商务与移动互联网产业基地。

越秀区选址环市路——先烈路——广州大道产业带，规划建设电子商务和移动互联网产业基地。

番禺区选址化龙广州国际商品展贸城，规划建设电商物流场地+体验场地+互联网数据处理中心。

花都区选址空港经济区，规划建设空港经济型电子商务产业基地。

白云区选址民营科技园，规划建设民企创新创业型电子商务产业基地。

增城市选址新塘，规划建设中小企业公共服务平台型电子商务产业基地。

从化市选址江埔街，规划建设农村电子商务产业园。

南沙区选址南沙港区（龙穴），规划建设跨境电商产业园。

四、保障措施

（一）编制产业总体发展规划。由市经贸委、科技和信息化局牵头，组织编制《广州市电子商务和移动互联网产业发展总体规划》，进一步明晰发展目标、发展原则、发展重点和空间布局，作为全市电子商务和移动互联网产业发展的指引。

（二）保障产业用地。各区（县级市）政府会同市国土房管局、规划局，优先保障电子商务和移动互联网总部区、集聚区和产业基地的用地指标，在符合“三规”的范围内明确具体选址。

（三）研究制定一揽子扶持政策。由市经贸委、科技和信息化局牵头，市国土房管局、规划局、发展和改革委员会、外经贸局、财政局参与，修改完善《关于加快电子商务发展的实施方案》，研究制定支持和鼓励电子商务和互联网产业加快发展在土地、引资等方面的配套政策，加大扶持力度，明确职责分工，统筹协调全市产业发展，防止恶性竞争。

（四）完善配套服务。各区（县级市）政府加强集聚区与轻轨、地铁等便捷交通设施对接，加速公交配套；加强信用和安全认证、第三方支付等电子商务支撑服务体系建设；加快社会化、专业化、精细化的物流配送体系建设；加强人才支持，鼓励开展校企联合和订单式培训，积极面向国内外引进一批素质较高、层次合理、专业配套的电子商务人才，为促进电子商务产业发展保驾护航。

（五）拓宽融资渠道。由市金融办牵头，研究突破产业发展融资瓶颈，建立与电子商务产业发展应用相适应的风险投资、股权投资、融资担保体系，创新电子商务企业信贷融资方式，积极发展和利用多层次资本市场，加大对电子商务和移动互联网企业的金融支持力度。

（六）开展统一宣传推介活动。由市经贸委、科技和信息化局牵头，组织开展面向国内外的统一宣传推介活动，集中展示广州电子商务和移动互联网产业集聚区的整体形象，增强招商引资吸引力。

广州市人民政府办公厅关于印发加快电子商务发展实施方案的通知

（穗府办〔2014〕54号）

关于加快电子商务发展的实施方案

为推动电子商务跨越式发展，加快产业转型升级，建设国际商贸中心，根据国家发展改革委员会等8部委办公厅《关于促进电子商务健康快速发展有关工作的通知》（发改办高技〔2012〕226号）、《广东省人民政府办公厅关于加快发展电子商务的意见》（粤府办〔2012〕131号）、《国务院办公厅转发商务部等部门关于实施支持跨境电子商务零售出口有关政策意见的通知》（国办发〔2013〕89号）精神，特制定本方案。

一、主要工作目标

充分发挥国家电子商务示范城市和跨境电商试点城市的作用，做好电子商务顶层设计，以培育网商龙头企业、电子商务平台、发展跨境电商和深化电子商务应用为重点，完善电子商务支撑服务体系，优化电子商务发展环境，推进电子商务与实体经济的深度融合，促进“千年商都”向“现代商都”转型。到2017年，全市企业电子商务普及率超过70%，电子商务交易额达4万亿元，企业网上采购额年均增长20%以上，网络购物交易额占社会消费品零售总额比重达10%，跨境电商进出口额年均增长20%以上；培育20家以上电子商务交易额超百亿元的企业、10个交易额超千亿元的电子商务平台，力争打造万亿元级电子商务平台，推动广州成为全球性生产资料和生活消费品的重要交易平台和分拨中心、跨境电商中心城市、亚太地区重要的电子商务中心。

二、具体任务和分工

（一）重点培育电子商务集聚区、平台、龙头企业

1. 加快建设电子商务产业集聚区。强化电子商务产业园分类规划，按照《广州市人民政府办公厅关于全市电子商务与移动互联网集聚区总体规划布局的意见》（穗府办〔2014〕41号），依据错位发展、分层次建设的原则，加快推进“1+1+9电子商务与移动互联网集聚区”规划建设，即海珠区琶洲电子商务与移动互联网产业总部区、荔湾区白鹅潭电子商务与移动互联网产业集聚发展区以及越秀、天河、白云、黄埔、花都、番禺、南沙、从化、增城等9个产业基地等，形成总部引领、集聚发展、各具特色、优势互补、协同发展的电子商务和移动互联网产业集群。对经国家、省级相关部门认定的基地、园区等电子商务集聚区，可优先列入市战略性新兴产业基地，并按规定给予相应的资金扶持，支持集聚区基础设施建设和公共服务平台建设；按照广州市战略性主导产业发展资金管理相关规定，采取竞争性资金安排方式，根据园区规模和发展水平，分层次对电子商务园区管理机构进行专项补贴，支持园区为入驻企业完善电子商务配套设施，提供信息服务、宣传推介、培训交流等服务；支持有条件的区、县级市建立电子商务创业孵化机制，建设具有产业特色的电子商务创业孵化园；在规划许可情况下，提高电子商务企业用地在总建设用地中的比例，通过“三旧”改造和“退二进三”工作，盘活存量土地发展电子商务行业，允许自主改造企业在政策范围内分批缴纳土地出让金。（牵头单位：市发展和改革委员会、经贸委，配合单位：市科技和信息化局、财政局、国土房管局、规划局、金融办、交委、外经贸局、“三旧”改造办，各区、县级市政府）

2. 分类发展电子商务平台。（1）按照“政府引导、企业运作”的原则，做好我市电子商务发展的顶层设计工作，组织有条件的企业建设广州国际电子商务总门户网络交易平台，提供政务、商务、信用、撮合、交易、结算、保险、物流等多种网络服务及多语种服务。（2）建设“网上广交会”，与实体广交会高效联接，把实体会展延伸到“全天候”采购交易。（3）近期重点依托专业市场和产业集群，进一步整合行业电子商务平台的资源，培育若干集交易、物流、支付等服务于一体的行业电子商务平台，推进现有行业电子商务平台由信息流服务向信息流、商流、物流和资金流综合服务发展。（4）继续规范发展大宗商品电子商务交易平台，支持有条件的生产资料流通企业和专业批发市场开展大宗商品网上交易，推动塑料、有色金属等交易中心搭建可提供网上交易、银行结算、联盟仓储、物流加工、质押融资、咨询发布等全方位一体化服务的区域性、社会化的电子交易平台，打造“广州价格”指数。（5）培育发展服务民生的社区商业服务平台，利用电子商务便捷、及时、超值的特性发展“网络+实体+配送+体验”的新型社区商业服务体系和商业模式，不断拓展服务范围，提升服务品质，提高社区商业便利服务水平，满足市民个性化的消费服务需求。（6）加大力度培育和引进综合性电子商务平台，重点支持综合性电子商务平台提升服务能力、延伸服

务功能，拓展业务范围，加快形成向中小企业提供电子商务应用服务的普及覆盖。对通过 B2B（企业对企业）、B2C（企业对客户）等形式实现电子商务平台年总交易额（进出口额）或单一品牌（品类）产品年交易额（进出口额）名列全国电子商务平台前 3 位的电商企业，结合其社会贡献，市财政每年一次性安排总计 500 万元对企业进行奖励。（牵头单位：市发展改革委、经贸委，配合单位：市科技和信息化局、财政局、金融办、工商局、外经贸局、供销总社，各区、县级市政府）

3. 培育 50 家示范龙头企业。实施“电子商务示范工程”，开展示范试点培育；对我市电子商务发展有重大影响的项目，实行“一企一策”帮扶服务制度。对经市有关部门认定的电子商务示范企业，且企业近 3 年的电子商务交易额年增长速度不低于 30%的，市财政对示范企业给予每家 200 万元的一次性资金奖励。鼓励企业创新服务、创新技术、创新商业模式，引导优势企业兼并重组整合，帮助有实力、发展前景好的企业打响知名度，着力培养具有国际竞争力的龙头企业。（牵头单位：市经贸委，配合单位：市发展改革委、科技和信息化局、财政局、外经贸局、工商局）

4. 加大力度引进高端项目。积极引进国际国内电子商务龙头企业的区域总部、营销中心、数据中心、结算中心、研发中心等高端项目。完善我市总部经济政策措施；对将注册地和纳税地迁入我市并在我市交易结算的国内 50 强电子商务企业和国际知名电子商务企业区域总部，结合其对地方经济社会发展的贡献情况综合考虑给予奖励；对将总部从外地迁入广州的电子商务类上市公司，按我市总部经济奖励政策给予一次性补贴，其中对地方经济及社会贡献大、行业带动能力强的上市企业，补贴标准适当上浮。（牵头单位：市发展改革委，配合单位：市经贸委、财政局、外经贸局、金融办）

（二）重点以深化电子商务应用推动产业转型升级

1. 推动制造企业电子商务应用。重点发挥支柱制造业企业供应链一体化电子商务应用的示范带动作用，构建采、产、供协同电子商务信息平台，推动企业内部网络资源整合及与外部电子商务平台对接；推动战略性新兴产业相关领域在供应链一体化与标准认证的信息应用服务相互对接。对积极推广应用电子商务转型升级、开拓国际市场的制造企业，市财政对其符合条件的电子商务建设项目给予一定额度的资金扶持。（牵头单位：市经贸委，配合单位：市科技和信息化局、财政局、外经贸局、国资委）

2. 推进商贸企业电子商务应用。鼓励传统零售企业、贸易企业建立或应用现有网络购物平台，发展线上线下联动的新型营销模式。按照“区区有特色、区区有亮点”的原则，依托建材、木材、茶叶、鞋业、服装、皮革皮具、汽配、电子数码产品、酒店用品、农产品等专业市场，引导市场商户开展在线洽谈、网上贸易，推进商品交付标准化、交易透明化和监管规范化。对积极推广应用电子商务转型升级的专业市场，市财政对其符合条件的电子商务建设项目给予一定额度的资金扶持。（牵头单位：市经贸委，配合单位：市科

技和信息化局、财政局、供销总社）

3. 加快发展网络营销。鼓励大中型零售企业和生产企业创新发展B2C网络营销，组织参加“广货网上行”活动。积极发展数字影视、网络音乐、网络文学、网络广告等网络新媒体，提升数字出版、游戏动漫的网络销售比重。鼓励发展网络零售平台和生活服务业综合消费平台，建立虚拟特色商业街区，探索发展社区商业服务O2O（线上到线下）新模式。建立完善信息全面及时、服务渠道多元化的旅游信息公共服务体系，大力发展电子客票、电子货单等，整合优质旅游资源，扶持具有实力和发展潜力的电子商务企业发展壮大。对电子商务平台积极吸引我市传统工商企业应用电子商务，根据平台使用成员的数量和上线企业网络交易额的增幅，优先推荐享受市级或以上财政资金扶持。（牵头单位：市经贸委，配合单位：市科技和信息化局、发展改革委、财政局、旅游局、工商局、外经贸局、文化广电新闻出版局）

4. 推动移动电子商务发展。加快国家移动电子商务试点示范工程建设，在手机浏览器、手机购物、手机订票、手机预约、手机广告媒体、手机游戏等应用领域，支持一批移动电子商务收入超亿元的企业优先列入市电子商务示范企业。重点扶持一批移动电子商务创新项目，按广州市战略性主导产业发展资金管理相关规定，对重点移动电子商务创新项目给予扶持，推动与移动、电信、联通等电信运营商的“强强联合”，鼓励基础电信运营商、电信增值业务服务商、内容服务提供商和金融服务机构相互协作，建设移动电子商务服务平台，深化移动网络在企业运营、电子政务、便民服务中的应用。加快中国移动南方基地、移动互联网产业基地和移动互联网应用研究院建设。加强移动智能终端、智能卡和芯片等技术与装备研发，积极发展移动电子商务软硬件研发、系统集成、电子交易、手机支付、安全认证、信用服务、咨询服务、外包服务和业务运营，建设世界级移动电子商务服务创新中心。（牵头单位：市科技和信息化局、经贸委，配合单位：市财政局、工商局）

（三）完善电子商务支撑服务体系

1. 完善电子商务信用体系。推动信用市场和企业经营取得新发展，发挥广州信用网平台作用，整合红盾信息网、银行征信系统及税务、质监等市相关部门的信用信息和质量追溯网站（平台），形成企业信用信息平台，实现信用信息平台与电子商务网站信用信息的交换和共享。加强电子商务信用资源开发利用，建立权威、公正的信用评估机构，发展在线信用服务。建立电子商务企业联盟，抵制不诚信经营，鼓励企业联合建立电子商务信用风险赔偿机制。（牵头单位：市工商局，配合单位：市发展改革委、科技和信息化局、金融办〔并负责协调中国人民银行广州分行开展相关工作〕、地税局、国税局、质监局）

2. 健全电子商务支付体系。引导和鼓励互联网支付、移动支付、电话支付、数字电视支付等新型支付方式加快发展；推动行业支付平台、第三方支付平台建设，支持有实力的电子商务企业申请第三方支付牌照，对于注册地在广州市，且已获得国家有关部门许可，从事互联网支付、移动支付、电话支付、数字电视支付等支付业务的法人机构，结合市有关金融政策，由市财政给予相应的奖励补贴。加大政策扶持力度，鼓励获得《支付业务许可证》的支付机构进一步促进我市电子商务发展。（牵头单位：市金融办〔并负责协调中国人民银行广州分行开展相关工作〕，配合单位：市财政局）

3. 增强电子商务安全认证能力。认真落实国家、省电子签名证书互认等有关规定，鼓励电子认证的技术研发，加大电子商务认证机构（CA）认证的应用推广力度。依托我市电子政务电子认证联合服务体系，建立我市电子认证服务联盟，促进电子认证服务机构的合作与互认。基于我市统一的网络信用体系，依托我市电子认证和电子签名应用支撑服务平台，建设我市电子商务电子认证公共服务平台，为我市电子商务提供身份认证、电子合同、电子印章、电子公证、电子票据保全、电子交易责任认定等云服务。（牵头单位：市科技和信息化局，配合单位：市公安局）

4. 增强物流配套支撑能力。利用物联网技术和信息化手段推动产业升级换代，推动广州物流公共信息平台等公共平台服务功能拓展。鼓励电子商务和物流企业运用城市配送运营管理平台，充分运用运输管理系统（TMS）、全球定位系统（GPS）、地理系统（GIS）、仓储管理系统（WMS）等信息化管理手段及智能标签、无线射频识别（RFID）等物流信息化技术，提高物流效率、降低物流成本。支持我市电子商务企业和信息化物流企业在其他城市布局发展，设立分公司，加强物流配套设施建设，鼓励在物流园区投资建设标准化仓储设施和电子分拨中心。（牵头单位：市经贸委、交委，配合单位：市科技和信息化局、外经贸局）

（四）强化电子商务人才培养和引进机制

1. 建设人才培养高地。鼓励高校、中等职校、园区和企业开展合作，加强电子商务职业教育培训，建设电子商务人才实训基地。发挥高等院校、培训机构、社会力量的作用，研发针对性的培训课程，建立电子商务培训认证体系。鼓励有关行业协会组织企业参加市及以上部门的电子商务培训，并对组织培训的服务机构给予总培训费用的30%、最高不超过50万元的经费补贴。（牵头单位：市发展改革委，配合单位：市教育局、人力资源和社会保障局、经贸委、科技和信息化局、财政局）

2. 构建人才引进激励机制。结合国内和海外高层次人才引进计划，贯彻实施《中共广州市委广州市人民政府关于加快吸引培养高层次人才的意见》（穗字〔2010〕11号）及其配套政策，建立有效的人才培养、引进和奖励机制，在安家落户、出入境、医疗保障等方面为电子商务高端人才提供优质服务。组织电子商务示范企业到国内著名高校集中招聘高校毕业生。鼓励和扶持大学生开展电子商务创业活动，组织国际性网络经济创新创业大赛，吸引一批国内外创新创业项目和团队落户。对市电子商务示范企业和进入市电子商务产业集聚区的企业，聘用年薪在30万元以上的电子商务高级管理人才、高端营运人才、核心技术人才，连续3年按年薪的一定比例对个人给予奖励。（牵头单位：市人力资源和社会保障局，配合单位：市发展改革委、科技和信息化局、财政局、教育局）

（五）拓宽电子商务投融资渠道

1. 拓宽电子商务企业融资渠道。引导金融机构开展多种有针对性的投融资服务，对电子商务企业发展所需核心技术和关键设备引进等项目提供融资支持。争取国家有关政策性金融机构的资金支持。鼓励政策性银行、商业银行和其他金融机构开展知识产权质押贷款业务。引导金融机构改善对中小电子商务企业科技创新的金融服务。（牵头单位：市金融办，配合单位：市知识产权局）

2. 扶持电子商务企业创业。充分发挥市创业投资引导基金的杠杆作用，引导风险投资资本（VC）、私募股权投资基金（PE）等增加电子商务产业投入，形成政府引导性投入与风险资本、私募股权资本投入互补的投融资机制。鼓励电子商务企业以各种方式引入风险投资、私募基金、战略投资，发行中小企业集合债券，缓解电商企业融资难等问题，加快企业发展。对进入全国中小企业股份转让系统和广州股权交易中心挂牌交易的广州电子商务企业，以及在交易所市场和银行间市场新发行债券的广州电子商务企业，结合市有关金融政策，由市财政分别给予不同额度的一次性补贴。（牵头单位：市发展改革委、金融办，配合单位：市科技和信息化局、财政局、经贸委）

3. 推动电子商务企业上市。筛选本土优秀电子商务企业作为重点培养对象，引导和支持企业改制上市，力争到2017年扶持5家以上的企业上市。对在境内外证券市场新上市的广州地区电子商务企业，每家企业给予300万元的一次性补贴。（牵头单位：市金融办，配合单位：市科技和信息化局、财政局、经贸委、外经贸局）

（六）实施电子商务技术创新发展工程

1. 加强技术应用与商务模式创新的有效结合。推动新一代移动通信、物联网、云计算、三网融合、移动互联网、下一代互联网等信息技术在电子商务的集成应用，支持利用微信、微博、微会、社交网络等创新电子商务服务模式，催生电子商务新业态。支持建设电子合同谈判签约和电子单据服务平台。（牵头单位：市经贸委、科技和信息化局，配合单位：市发展改革委、金融办）

2. 落实电子商务研发优惠和奖励政策。鼓励电子商务企业建立研发机构，增强模式创新和技术集成应用能力。对创新能力较强、创新业绩显著的研发机构认定为市级企业技术中心并给予资金支持，筛选部分优秀研发机构申报省级企业技术中心。鼓励有实力的企业和专业科研院所在我市设立电子商务研究中心。支持电子商务企业申报认定高新技术企业、软件企业和技术先进型服务企业，符合条件的电子商务企业按国家现行税收政策规定享受税收优惠政策，对电子商务企业申请国内专利、PCT（专利合作条约）发明专利给予相应资助和奖励。（牵头单位：市科技和信息化局，配合单位：市知识产权局、财政局、地税局、国税局、外经贸局、经贸委、质监局）

3. 完善信息网络基础设施。支持基础电信运营商加快宽带互联网建设，推广宽带网络新技术应用，加快普及宽带入户工程。鼓励基础电信运营商、软件供应商、系统集成商的业务转型，发展信息技术外包服务，降低信息化建设和电子商务应用成本。推动新一代移动通信网络、下一代互联网、无线宽带城域网等信息网络发展。加快建设广州超级计算中心和一批国际水平的云计算平台，鼓励基于云计算方式的电子商务应用和模式创新，为中小企业开展电子商务提供高性能、高安全、低成本的基础设施服务（LaaS）、平台服务（PaaS）、软件服务（SaaS）。（牵头单位：市科技和信息化局、经贸委，配合单位：市发展改革委、财政局）

（七）加强电子商务宣传推广

1. 加强电子商务“广州品牌”宣传。通过电视、电台、报纸、用户体验中心、大型广告牌等多种渠道，以及中国进出口商品交易会、广州创新奖、留交会和各类境外经济技术展览会、推介会等多种形式，大力宣传广州电子商务的大型平台。组织电子商务示范城市宣传报道，以重点行业或明星企业、平台为范例，形成声势浩大的舆论宣传攻势，扩大广州电子商务的影响力。（牵头单位：市经贸委，配合单位：市政府新闻办，市发展改革委、科技和信息化局、外经贸局、工商局、城管委）

2. 组织电子商务会展活动。推动各类会展实施信息化转型升级，引导、支持中国对外贸易中心办好“网上广交会”；增强电子招商招展、网上参展参会等功能。举办电子商务高峰论坛、标准化高端会议、创业比赛、企业影响力评选等多项活动。对符合条件的举办电子商务会展活动的主办方，在市商贸流通发展资金（会展专题）给予一定扶持。（牵头单位：市经贸委，配合单位：市发展改革委、外经贸局、科技和信息化局、财政局、质监局）

（八）加快发展跨境电商

1. 建设跨境电商公共服务平台。引导跨境电商经营主体平台与公共服务平台实现对接，对跨境电商全流程实现有效监管，将公共服务平台建设纳入电子商务专项资金扶持范围。鼓励企业自建跨境电商交易平台，根据通过平台实现的进出口额，结合其经济社会贡献，对符合条件的平台建设项目给予一定额度的资金支持。（牵头单位：市外经贸局，配合单位：市跨境电商试点领导小组相关成员单位）

2. 完善跨境电商仓储物流体系。根据跨境电商发展需求，在海关特殊监管区域、保税监管场所或有条件的跨境电商园区等区域内设立跨境电商仓储物流中心，为经营主体提供入区即退税、仓储、配送、分拣、加工和邮递等服务。对在跨境电子商务仓储物流中心开展进出口业务的经营主体的电子仓储管理系统、分拣系统等建设项目，结合其经济社会贡献，符合条件的给予一定额度资金扶持。（牵头单位：市外经贸局，配合单位：市跨境电商试点领导小组相关成员单位）

3. 推动制订电子商务国际业务合作与行业标准。支持电子商务企业开展业务流程整合和服务外包，鼓励国内外专业机构建立电子商务和电子物流呼叫服务中心、在线多语即时转换中心、网络架构维护和数据采集分析中心等，鼓励面向全球产业链协作的跨境电子商务发展。推动市重点电子商务企业加强与世界各国的信息网络交换和信息资源共享，推进电子商务物流、认证、标准、支付、监管等合作。对企业主导国际标准、国家标准、行业标准和地方标准制定和修订的，优先推荐享受

市级或以上财政资金扶持。（牵头单位：市外经贸局，配合单位：市科技和信息化局、财政局、质监局）

4. 提升跨境电商的第三方服务。支持面向国际的第三方电子商务平台的发展，鼓励建设面向细分行业的专业国际贸易平台，为企业提供海外推广、物流、融资等一站式服务；鼓励跨境电商第三方交易平台、通关服务平台进行技术改造和技术升级，帮助这些平台在境内外进行推广和宣传。对第三方交易平台进出口成交量年均增速较快的，结合其会员数量、网站流量等，对符合条件的平台建设或改造项目给予一定额度的资金扶持；对第三方通关服务平台，根据其报关订单数量，结合对外贸贡献度，对符合条件的平台建设项目给予一定额度的资金扶持。（牵头单位：市外经贸局，配合单位：市跨境电商试点领导小组相关成员单位）

（九）优化电子商务发展环境

1. 加强组织保障。由分管市领导牵头，组织市经贸委、发展和改革委员会、财政局、科技和信息化局、外经贸局、金融办等部门统筹协调全市电子商务发展工作。市各有关部门结合自身职能，各司其职，分工合作，形成推动电子商务发展合力。加强电子商务相关行业协会、联盟的建设，充分发挥社会组织在行业自律、统计、监测、技术推广、交流合作等方面的作用。（牵头单位：市经贸委，配合单位：市发展改革委、科技和信息化局、财政局、外经贸局、工商局、金融办、地税局、国税局）

2. 优化政策支持。从 2013 年起，连续 5 年，市财政每年投入 5 亿元用于扶持电子商务发展。由市经贸委会同市发展和改革委员会、财政局、科技和信息化局、外经贸局、金融办等部门制订具体操作细则，按照市战略性主导产业发展资金的管理要求，统筹落实我市电子商务发展扶持政策。建立电子商务应用重点企业联系机制。积极将重点企业重大项目列入省、市政府绿色通道服务范围，对电子商务重点企业的工商、税务注册登记等事项实施并联审批、集中办理、限时办结。税务部门为电子商务企业提供高效便捷、个性化纳税辅导等优质服务，积极推动电子发票及电子会计档案综合试点工作。对国家、省重点电子商务企业纳税有困难的，报经地税部门批准，按照国家税收法规政策，依法减免房产税、城镇土地使用税。对同一企业的同一项目，当年度仅可享受本实施方案中的一项资金扶持；同时获得当年总部企业奖励、民营企业奖励和本专项资金奖励的，以其中奖励额度最高的一项为限安排。（牵头单位：市经贸委、发展改革委，配合单位：市科技和信息化局、财政局、外经贸局、国土房管局、工商局、金融办、地税局、国税局）

3. 建立电子商务统计监测体系。建立网络零售和电子商务统计制度，定期对电子商务市场主体状况、产品信息、交易规模、发展趋势、政策需求等开展统计分析和研究，重点加强对市场发展新情况、新方向的分析研究，引导市场投资行为，为政府宏观决策提供依据。建立电子商务市场主体统计指标体系，完善市场主体状况动态信息数据库。（牵头单位：市经贸委，配合单位：市统计局、科技和信息化局、外经贸局、工商局）

企业名录

截至2015年12月31日，在广州跨境电商综合服务平台上注册，并实际开展业务的企业（如表2-22所示）。

表2-22 广州跨境电商企业名录

序号	企业名称	企业类型
1	宝付网络科技（上海）有限公司	支付类
2	北京爱农驿站科技服务有限公司	支付类
3	北京高汇通商业管理有限公司广州分公司	支付类
4	北京钱袋宝支付技术有限公司	支付类
5	北京银联商务有限公司	支付类
6	财付通支付科技有限公司	支付类
7	重庆易极付科技有限公司	支付类
8	广州合利宝支付科技有限公司	支付类
9	广州市汇聚支付电子科技有限公司	支付类
10	联动优势电子商务有限公司	支付类
11	广州银联网络支付有限公司	支付类
12	快钱支付清算信息有限公司	支付类
13	拉卡拉支付有限公司	支付类
14	连连银通电子支付有限公司	支付类
15	联动优势电子商务有限公司	支付类
16	南京苏宁易付宝网络科技有限公司	支付类
17	平安付科技服务有限公司	支付类
18	商银信支付服务有限责任公司广州分公司	支付类
19	上海富友支付服务有限公司	支付类
20	上海盛付通电子支付服务有限公司	支付类
21	上海银联电子支付服务有限公司	支付类
22	深圳市钱宝科技服务有限公司	支付类
23	深圳银盛电子支付科技有限公司广州分公司	支付类
24	顺丰恒通支付有限公司	支付类

表2-22 续1

序号	企业名称	企业类型
25	天翼电子商务有限公司	支付类
26	通联支付网络服务股份有限公司广东分公司	支付类
27	网易宝有限公司	支付类
28	网银在线（北京）科技有限公司	支付类
29	易宝支付有限公司	支付类
30	易联支付有限公司	支付类
31	易票联支付有限公司	支付类
32	易生支付有限公司	支付类
33	易智付科技（北京）有限公司	支付类
34	银盈通支付有限公司	支付类
35	证联支付有限责任公司	支付类
36	支付宝（中国）网络技术有限公司	支付类
37	智付电子支付有限公司	支付类
38	中国工商银行股份有限公司广东省分行营业部	支付类
39	中国建设银行股份有限公司广东省分行	支付类
40	中国民生银行股份有限公司广州分行	支付类
41	中国农业银行股份有限公司广东省分行	支付类
42	中国银联股份有限公司	支付类
43	中国银行股份有限公司广东省分行	支付类
44	中金支付有限公司	支付类
45	佛山市百百购信息科技有限公司	物流类、电商类
46	佛山市禅伦贸易有限公司	物流类、电商类
47	佛山市麦浪电子商务有限公司	物流类、电商类
48	佛山市顺德区恒立电子商务有限公司	物流类、电商类
49	佛山市银浠汇电子商务有限公司	物流类、电商类
50	佛山市纵纬跨境电商服务有限公司	物流类、电商类
51	佛山中外运嘉航物流有限公司	物流类、电商类
52	佛山中外运快件管理报关有限公司	物流类、电商类
53	佛山中新创业国际货运代理有限公司	物流类、电商类
54	广东高捷航运物流有限公司	物流类、电商类
55	广东广物电子商务有限公司	物流类、电商类

表2-22 续2

序号	企业名称	企业类型
56	广东广物信息技术有限公司	物流类、电商类
57	广东广新国通达电子商务有限公司	物流类、电商类
58	广东广新贸易发展有限公司	物流类、电商类
59	广东合捷国际供应链有限公司	物流类、电商类
60	广东金口岸物流有限公司	物流类、电商类
61	广东荣晖农业股份有限公司	物流类、电商类
62	广东心怡科技物流有限公司	物流类、电商类
63	广东新安怀电子商务有限公司	物流类、电商类
64	广东新银河世纪投资有限公司	物流类、电商类
65	广东邮政邮件快件服务有限公司	物流类、电商类
66	广东正泰通跨境电子商务有限公司	物流类、电商类
67	广东中外运电子商务有限公司	物流类、电商类
68	广东卓志供应链服务集团有限公司	物流类、电商类
69	广州百润捷供应链管理有限公司	物流类、电商类
70	广州百润捷货运代理有限公司	物流类、电商类
71	广州仓亿进出口贸易有限公司	物流类、电商类
72	广州国昊电子商务有限公司	物流类、电商类
73	广州宏络电子商务有限公司	物流类、电商类
74	广州华迅捷通电子商务有限公司	物流类、电商类
75	广州荟星电子商务有限公司	物流类、电商类
76	广州金外滩跨境电商供应链服务有限公司	物流类、电商类
77	广州空港国际物流有限公司	物流类、电商类
78	广州跨境行信息科技有限公司	物流类、电商类
79	广州律和贸易发展有限公司	物流类、电商类
80	广州仁盈物流有限公司	物流类、电商类
81	广州圣地林贰林电子商务有限公司	物流类、电商类
82	广州市梵燚柏电子商务有限公司	物流类、电商类
83	广州市骅景贸易有限公司	物流类、电商类
84	广州市卡奔电子商务有限公司	物流类、电商类
85	广州市快虫物流有限公司	物流类、电商类
86	广州市启邦国际物流有限公司	物流类、电商类

表2-22 续3

序号	企业名称	企业类型
87	广州市天宁货运代理有限公司	物流类、电商类
88	广州市同春和物流有限责任公司	物流类、电商类
89	广州市艺骏国际货运代理有限公司	物流类、电商类
90	广州市悦华物流有限公司	物流类、电商类
91	广州市展灏物流有限公司	物流类、电商类
92	广州穗宏国际物流有限公司	物流类、电商类
93	广州跳运电子商务有限公司	物流类、电商类
94	广州亚晋国际货运代理有限公司	物流类、电商类
95	广州业恒运输代理有限公司	物流类、电商类
96	广州医药有限公司	物流类、电商类
97	广州亿山贸易有限公司	物流类、电商类
98	广州易江南贸易有限责任公司	物流类、电商类
99	广州易江南贸易有限责任公司机场分公司	物流类、电商类
100	广州应天长国际货运代理有限公司	物流类、电商类
101	广州优传电子商务有限公司	物流类、电商类
102	广州昱为网络科技有限公司	物流类、电商类
103	广州源溢进出口有限公司	物流类、电商类
104	广州之信物流有限公司	物流类、电商类
105	广州志都供应链管理有限公司	物流类、电商类
106	广州中远国际航空货运代理有限公司机场分公司	物流类、电商类
107	威时沛运货运（广州）有限公司	物流类、电商类
108	新境界国际物流（深圳）有限公司	物流类、电商类
109	珠海信東貿易有限公司	物流类、电商类
110	广东信联通电商物流有限公司	物流类
111	广东宜家通国际货运代理有限公司	物流类
112	广州番禺中新国际货物运输代理有限公司	物流类
113	广州合利货运代理有限公司	物流类
114	广州恒汇国际物流有限公司	物流类
115	广州骏运益贸易有限公司	物流类
116	广州南沙国际物流园开发有限公司	物流类
117	广州上通国际货运代理有限公司	物流类

表2-22 续4

序号	企业名称	企业类型
118	广州市贝法易商贸有限公司	物流类
119	广州市有信达国际货运代理有限公司	物流类
120	广州市钻汇珠宝采购博览有限公司	物流类
121	广州顺丰速运有限公司	物流类
122	广州速递有限公司	物流类
123	广州威时沛运供应链管理有限公司	物流类
124	广州宜飞货运代理有限公司	物流类
125	广州粤穗报关有限公司	物流类
126	嘉里大通物流有限公司广州分公司	物流类
127	联邦快递（中国）有限公司广州分公司	物流类
128	民航快递有限责任公司广州分公司	物流类
129	天津易客满国际物流有限公司广州分公司	物流类
130	中外运-敦豪国际航空快件有限公司	物流类
131	中外运空运发展股份有限公司华南分公司	物流类
132	（株）Ppb Studios	电商类
133	315Bay Limited	电商类
134	51Parcel Ltd	电商类
135	7631286 Canada Ltd	电商类
136	A & A Worldwide Hongkong Limited	电商类
137	Ajh International Inc.	电商类
138	Alliance Time HK Limited（Ashford. com）	电商类
139	Anying International Trading Pty Ltd	电商类
140	Auslineshipping Pty Ltd	电商类
141	Azoya International（Hong Kong）Limited	电商类
142	B2link. Inc	电商类
143	Belred Technology Company Limited	电商类
144	Bway Hong Kong Trading Limited	电商类
145	Ccwp Gmbh	电商类
146	Champion Overseas Limited	电商类
147	Clim Ecommerce Inc.	电商类
148	Corporation WeWin	电商类

表2-22 续5

序号	企业名称	企业类型
149	Dimbuy. com Company Limited	电商类
150	Farfetch UK Limited	电商类
151	Freego Holding Limited（自由购）	电商类
152	Globalink Enterprises Inc	电商类
153	Green Express Global Pty. Ltd	电商类
154	Hanbang America，Inc	电商类
155	Health Element 2009 Limited	电商类
156	Iherb，Inc	电商类
157	Import It Corp	电商类
158	Jamac Excel Logistics Pty Ltd	电商类
159	Jkarv Technologv Limited	电商类
160	Jrd Innovations Ltd	电商类
161	Lg Cns Co.，Ltd	电商类
162	Lotte. Com Inc	电商类
163	Luxi Group，Llc	电商类
164	Moonfish E-commerce Company Limited	电商类
165	Mums. Sg Pte Ltd	电商类
166	Okomart Limited	电商类
167	Organic Green Limited	电商类
168	Otterbox Hong Kong Limited	电商类
169	Panda Sports Limited	电商类
170	Post 2u Limited	电商类
171	Registrtion_ rjktest2	电商类
172	Saint Cos International（Aust）Pty Ltd	电商类
173	Sayang Global Pte Led	电商类
174	Sbh Trading Pty. Ltd	电商类
175	Score Japan Co.，Ltd	电商类
176	Smart Brand Corporation Limited	电商类
177	Snoopby Optical Co. Ltd	电商类
178	Sunny Fields Enterprise Limited	电商类
179	Swanson Aust Pty Ltd	电商类

表2-22　续6

序号	企业名称	企业类型
180	T And L Trading Limited	电商类
181	Tinche International Limited	电商类
182	U-Freight Logistics, Inc.	电商类
183	Union Express Pty. Ltd	电商类
184	Unispeed Development Limited	电商类
185	We Japan Co, Ltd	电商类
186	Wonder Syd Pty Ltd	电商类
187	Yu Trading B. V.	电商类
188	Zhong Berry Inc.	电商类
189	爱海品国际贸易（昆山）有限公司	电商类
190	澳大利亚樱桃采购网	电商类
191	澳泓（上海）国际贸易有限公司	电商类
192	澳玛家（苏州）贸易有限公司	电商类
193	巴巴宝贝（广州）电子商务有限公司	电商类
194	柏诗源生物科技（上海）有限公司	电商类
195	宝贝格子（北京）科技有限公司	电商类
196	保定市纯熙商贸有限公司	电商类
197	北京爱菲丝科技有限公司	电商类
198	北京背篓科技有限公司	电商类
199	北京创锐文化传媒有限公司	电商类
200	北京大象联盟国际经贸中心（有限合伙）	电商类
201	北京当当科文电子商务有限公司	电商类
202	北京德尔美国际健康科技有限公司	电商类
203	北京德龙萱商贸有限公司	电商类
204	北京东方爱怡斯科技有限公司	电商类
205	北京法尔诺德生物科技有限公司	电商类
206	北京果敢时代科技有限公司	电商类
207	北京嗨购电子商务有限公司	电商类
208	北京海道商贸有限公司	电商类
209	北京海星淘科技有限公司	电商类
210	北京豪钥科技有限公司	电商类

表2-22 续7

序号	企业名称	企业类型
211	北京好药师大药房连锁有限公司	电商类
212	北京华荷国际贸易有限公司	电商类
213	北京汇智知行教育咨询有限公司	电商类
214	北京康智乐思网络科技有限公司	电商类
215	北京拉芳达网络科技有限公司	电商类
216	北京辣妈帮科技有限公司	电商类
217	北京良市无际科技有限公司	电商类
218	北京良物珍品电子商务有限公司	电商类
219	北京迈金康商贸有限公司	电商类
220	北京麦乐购科技有限公司	电商类
221	北京皮皮时空科技有限公司	电商类
222	北京普缇客科技有限公司	电商类
223	北京瑞金麟网络服务有限公司	电商类
224	北京瑞金麟网络技术服务有限公司	电商类
225	北京尚品百姿电子商务有限公司	电商类
226	北京生活无界网络科技有限责任公司	电商类
227	北京顺丰电子商务有限公司	电商类
228	北京顺峰佳品佳源商业贸易有限公司	电商类
229	北京寺库商贸有限公司	电商类
230	北京泰怡康成电子商务有限公司	电商类
231	北京天天美尚信息科技股份有限公司	电商类
232	北京天星旺网络科技有限公司	电商类
233	北京天智英才网络科技有限公司	电商类
234	北京万国万购信息技术有限公司	电商类
235	北京万象新天网络科技有限公司	电商类
236	北京王府井百货集团北京网尚电子商务有限责任公司	电商类
237	北京西边信息科技有限公司	电商类
238	北京鲜生活电子商务有限公司	电商类
239	北京新创嘉文化传媒有限公司	电商类
240	北京亿动电子商务有限公司	电商类
241	北京易销云盟科技服务有限公司	电商类

表2-22 续8

序号	企业名称	企业类型
242	北京优百乐网络科技有限公司	电商类
243	北京优购文化发展有限公司	电商类
244	北京优集品网络科技有限公司	电商类
245	北京优品惠网络科技有限公司	电商类
246	北京泽雅跨境商贸有限公司	电商类
247	北京众嘉禾励科技有限公司	电商类
248	北京卓锐时代科技发展有限责任公司	电商类
249	贝拉米食品贸易（上海）有限公司	电商类
250	滨州皓宇商贸有限公司	电商类
251	步步高电子商务有限责任公司	电商类
252	采伴（上海）信息科技有限公司	电商类
253	长春博纳信和商贸有限公司	电商类
254	长春市泰合良瑞商贸有限公司	电商类
255	成都德品汇供应链管理有限公司	电商类
256	成都慧享科技有限公司	电商类
257	成都理由网络技术有限公司	电商类
258	成都涉购科技有限公司	电商类
259	成都玩者天下网络技术有限公司	电商类
260	橙风（上海）国际贸易有限公司	电商类
261	达睿贸易（上海）有限公司	电商类
262	大库（北京）网络科技有限公司	电商类
263	大连啊门电子商务有限公司	电商类
264	大连福渡贸易有限公司	电商类
265	大连海马商城电商股份有限公司	电商类
266	大秦企业有限公司	电商类
267	大通国际物流（上海）有限公司	电商类
268	稻田（北京）科技有限公司	电商类
269	帝创集团有限公司	电商类
270	鼎维鑫盛商务咨询（上海）有限公司	电商类
271	东方肌肤研究有限公司	电商类
272	东莞贝舒乐贸易有限公司	电商类

表2-22 续9

序号	企业名称	企业类型
273	东莞华贵供应链管理有限公司	电商类
274	东莞聚冠跨境电子商务有限公司	电商类
275	东莞市爱贝电子商务有限公司	电商类
276	东莞市爱地环保科技有限公司	电商类
277	东莞市东邮贸易有限公司	电商类
278	东莞市海淘网络科技有限公司	电商类
279	东莞市华迅跨境电子商务有限公司	电商类
280	东莞市嘉臣化工科技有限公司	电商类
281	东莞市卡洋贸易有限公司	电商类
282	东莞市南城金晟茶庄	电商类
283	东莞市纽凌电子商务有限公司	电商类
284	东莞市温格国际供应链管理有限公司	电商类
285	东莞市星纬网络科技有限公司	电商类
286	东莞意法电子商务有限公司	电商类
287	东亿生命科技有限公司	电商类
288	都市风电子商贸有限公司	电商类
289	繁星（上海）网络技术有限公司	电商类
290	飞人（深圳）跨境电商有限公司	电商类
291	丰稷食品有限公司	电商类
292	丰盛环球科技有限公司	电商类
293	丰盛环球资源有限公司	电商类
294	丰顺国际贸易有限公司	电商类
295	佛山精鹰城视电子商务有限公司	电商类
296	佛山市百百购信息科技有限公司	电商类
297	佛山市禅城区华美设计工程有限公司	电商类
298	佛山市海淘乐电子商务有限公司	电商类
299	佛山市佳护日用品有限公司	电商类
300	佛山市钜铭商务资讯服务有限公司	电商类
301	佛山市麦浪电子商务有限公司	电商类
302	佛山市全汇贸易有限公司	电商类
303	佛山市顺德区德莎贸易有限公司	电商类

表2-22 续10

序号	企业名称	企业类型
304	佛山市天天禾本云商有限公司	电商类
305	佛山市天耀绿畅生活用品有限公司	电商类
306	佛山市喜购云店电子商务有限公司	电商类
307	佛山市亿佳贸易有限公司	电商类
308	福建澳天然电子商务有限公司	电商类
309	福建海拾贝电子商务有限公司	电商类
310	福建省中冠联合电子商务有限公司	电商类
311	福建洲际农产品电子商务有限公司	电商类
312	福州中才跃贸易有限公司	电商类
313	复贝（上海）贸易有限公司	电商类
314	港聚国际有限公司	电商类
315	广东奥园跨境电商集团有限公司	电商类
316	广东本草药业连锁有限公司	电商类
317	广东本来网电子商务有限公司	电商类
318	广东飞购进出口有限公司	电商类
319	广东芙朗氏进出口贸易有限公司	电商类
320	广东广物电子商务有限公司	电商类
321	广东逛购国际贸易有限公司	电商类
322	广东泓尚企业管理有限公司	电商类
323	广东健客医药有限公司	电商类
324	广东井邱贸易有限公司	电商类
325	广东就手电子商务有限公司	电商类
326	广东隽闪电子商务有限公司	电商类
327	广东跨境易供应链管理有限公司	电商类
328	广东跨客城信息技术有限公司	电商类
329	广东快客电子商务有限公司	电商类
330	广东朗熹贸易有限公司	电商类
331	广东乐淘跨境电子商务有限公司	电商类
332	广东乐越淘电子商务有限公司	电商类
333	广东绿瘦健康信息咨询有限公司	电商类
334	广东玛撒贸易有限公司	电商类

表2-22 续11

序号	企业名称	企业类型
335	广东美篮子电子商务有限公司	电商类
336	广东美球贸易有限公司	电商类
337	广东普惠跨境电子商务有限公司	电商类
338	广东千秋伟业信息科技有限公司	电商类
339	广东全绿商贸有限公司	电商类
340	广东融生进出口有限公司	电商类
341	广东山姆冷链食品有限公司	电商类
342	广东省国东商城有限公司	电商类
343	广东省机械进出口股份有限公司	电商类
344	广东省南方电子商务创新服务中心	电商类
345	广东省外运进出口有限公司	电商类
346	广东晟图通信科技有限公司	电商类
347	广东世婴信息科技有限公司	电商类
348	广东蔚海移动发展有限公司	电商类
349	广东西邮寄网络科技有限公司	电商类
350	广东心怡供应链管理有限公司	电商类
351	广东新凯威保税咨询服务有限公司	电商类
352	广东兴邦产业信息传播有限公司	电商类
353	广东壹号大药房有限公司	电商类
354	广东壹健康科技有限公司	电商类
355	广东益华跨电商业中山有限公司	电商类
356	广东中商港科技有限公司	电商类
357	广东中易华商进出口贸易有限公司	电商类
358	广东洲畅电子商务有限公司	电商类
359	广交会电子商务有限公司	电商类
360	广西南百电子商务有限公司	电商类
361	广州阿麦贸易有限公司	电商类
362	广州阿中企业管理有限公司	电商类
363	广州安昶艺进出口贸易有限公司	电商类
364	广州安购贸易有限公司	电商类
365	广州澳保宏进出口贸易有限公司	电商类

表2-22 续12

序号	企业名称	企业类型
366	广州澳建安酒业有限公司	电商类
367	广州澳舜美商贸有限公司	电商类
368	广州澳凸澳贸易有限公司	电商类
369	广州澳元健生物科技有限公司	电商类
370	广州八百方信息技术有限公司	电商类
371	广州芭洛维雅家居用品有限公司	电商类
372	广州白云国际物流有限公司	电商类
373	广州百国直购电子商务有限公司	电商类
374	广州百里挑一电子商务有限公司	电商类
375	广州百目鱼神贸易有限公司	电商类
376	广州柏道计算机科技有限公司	电商类
377	广州柏信思商贸有限公司	电商类
378	广州宝税玖电子商务有限公司	电商类
379	广州碧恩网络科技有限公司	电商类
380	广州碧丽丝进出口贸易有限公司	电商类
381	广州表友贸易有限公司	电商类
382	广州不二信息科技有限公司	电商类
383	广州畅佰信息科技有限公司	电商类
384	广州诚真荟化妆品有限公司	电商类
385	广州大生行电子商务有限公司	电商类
386	广州袋鼠互联网服务有限公司	电商类
387	广州迪英生物科技有限公司	电商类
388	广州点典购网络技术有限公司	电商类
389	广州点购电子商务有限公司	电商类
390	广州订订宝网络科技有限公司	电商类
391	广州东海网络科技有限公司	电商类
392	广州短播网络技术有限公司	电商类
393	广州风信子电子商务有限公司	电商类
394	广州福图喜纳网络科技有限公司	电商类
395	广州港蕞荟电子商务有限公司	电商类
396	广州购道电子商务有限公司	电商类

表2-22　续13

序号	企业名称	企业类型
397	广州果久贸易有限公司	电商类
398	广州嗨生活馆百货有限公司	电商类
399	广州海购网络科技有限公司	电商类
400	广州海狐贸易有限公司	电商类
401	广州海泳进出口贸易有限公司	电商类
402	广州豪敏贸易有限公司	电商类
403	广州禾悦国际贸易有限公司	电商类
404	广州荷荷芭贸易有限公司	电商类
405	广州荷拉贸易有限公司	电商类
406	广州恒丰电子商务有限公司	电商类
407	广州恒美电子商务有限公司	电商类
408	广州胡萝卜村网络科技有限公司	电商类
409	广州华南电子商务有限公司	电商类
410	广州环邦国际货运代理有限公司	电商类
411	广州煌泰国际货运代理有限公司	电商类
412	广州惠众网络科技有限公司	电商类
413	广州极思信息科技有限公司	电商类
414	广州骥峦贸易有限公司	电商类
415	广州佳漾堂贸易有限公司	电商类
416	广州嘉海电子商务有限公司	电商类
417	广州晶东贸易有限公司	电商类
418	广州九凤电子商务有限公司	电商类
419	广州聚侨进口贸易有限公司	电商类
420	广州聚媛电子商务有限公司	电商类
421	广州开欣购物有限公司	电商类
422	广州跨境通电子商务有限公司	电商类
423	广州来特购电子商务有限公司	电商类
424	广州蓝色光标电子商务有限公司	电商类
425	广州蓝幄生物科技有限公司	电商类
426	广州老人佳科技文化传播有限公司	电商类
427	广州伶猫网络科技有限公司	电商类

表2-22 续14

序号	企业名称	企业类型
428	广州灵酷企业服务有限公司	电商类
429	广州龙策贸易有限公司	电商类
430	广州露蓓信息科技有限公司	电商类
431	广州绿兹源国际贸易有限公司	电商类
432	广州罗曼络互联网科技有限公司	电商类
433	广州麦酷计算机科技有限公司	电商类
434	广州美宸加一进出口贸易有限公司	电商类
435	广州美事多实业有限公司	电商类
436	广州美悦优选电子商务有限公司	电商类
437	广州魅达网信息科技有限公司	电商类
438	广州妙广商贸有限公司	电商类
439	广州摩登百货电子商务有限公司	电商类
440	广州摩拉网络科技有限公司	电商类
441	广州年丰投资有限公司	电商类
442	广州纽丰贸易有限公司	电商类
443	广州欧共优电子商务有限公司	电商类
444	广州派菲顾进出口贸易有限公司	电商类
445	广州普云软件科技有限公司	电商类
446	广州企维电子商务有限公司	电商类
447	广州芊亿信息科技有限公司	电商类
448	广州钱库电子商务有限公司	电商类
449	广州青品集信息科技有限公司	电商类
450	广州仁荣电子商务有限公司	电商类
451	广州日骏月腾商贸有限公司	电商类
452	广州日新生物科技有限公司	电商类
453	广州瑞藏进出口贸易有限公司	电商类
454	广州睿锋网络科技有限公司	电商类
455	广州睿正网络科技有限公司	电商类
456	广州润云信息科技有限公司	电商类
457	广州若羽臣科技股份有限公司	电商类
458	广州赛正电子商务有限公司	电商类

表2-22 续15

序号	企业名称	企业类型
459	广州杉杉网络科技有限公司	电商类
460	广州闪购软件服务有限公司	电商类
461	广州上智斯悦电子商务有限公司	电商类
462	广州神爸电子商务有限公司	电商类
463	广州盛科信息科技有限公司	电商类
464	广州拾叁贸易有限公司	电商类
465	广州市安历氏贸易有限公司	电商类
466	广州市安盈贸易有限公司	电商类
467	广州市白欣鹭贸易有限公司	电商类
468	广州市佰沃贸易有限公司	电商类
469	广州市贝易海淘电子商务有限公司	电商类
470	广州市贝易信息科技有限公司	电商类
471	广州市冲港贸易有限公司	电商类
472	广州市传送门电子商务有限公司	电商类
473	广州市道简进出口贸易有限公司	电商类
474	广州市得帮轮供应链管理有限公司	电商类
475	广州市鼎亚生物科技有限公司	电商类
476	广州市多洗车电子商务有限公司	电商类
477	广州市法渥贸易有限公司	电商类
478	广州市菲众网络科技有限公司	电商类
479	广州市富采贸易有限公司	电商类
480	广州市富临美达食品有限公司	电商类
481	广州市富诺生物科技有限公司	电商类
482	广州市港货街进出口贸易有限公司	电商类
483	广州市高裕医药科技有限公司	电商类
484	广州市广百股份有限公司	电商类
485	广州市汉舶网络科技有限公司	电商类
486	广州市航鳌贸易有限公司	电商类
487	广州市荟胜进出口贸易有限公司	电商类
488	广州市惠德丰贸易有限公司	电商类
489	广州市佳盛达电子商务有限公司	电商类

表2-22　续16

序号	企业名称	企业类型
490	广州市将来网络科技有限公司	电商类
491	广州市浚联进出口贸易有限公司	电商类
492	广州市拉拉米信息科技有限公司	电商类
493	广州市利取贸易有限公司	电商类
494	广州市荔园网络科技有限公司	电商类
495	广州市两棵树网络科技有限公司	电商类
496	广州市岭南电商科技有限公司	电商类
497	广州市妈妈一百电子商务有限公司	电商类
498	广州市麦粉网络科技有限公司	电商类
499	广州市贸通天下跨境电商供应链服务有限公司	电商类
500	广州市欧于美贸易有限公司	电商类
501	广州市勤昌信息技术有限公司	电商类
502	广州市趣悦缘商贸有限公司	电商类
503	广州市热诚贸易有限公司	电商类
504	广州市任性购电子商务有限公司	电商类
505	广州市锐森商务咨询公司	电商类
506	广州市锐森商务咨询有限公司	电商类
507	广州市锐尚数码科技有限公司	电商类
508	广州市瑞欣康信息科技有限公司	电商类
509	广州市睿博网络科技有限公司	电商类
510	广州市上优舶信息科技有限公司	电商类
511	广州市腾煜国际货运代理有限公司	电商类
512	广州市天宁货运代理有限公司	电商类
513	广州市威云供应链管理有限公司	电商类
514	广州市沃祺信息科技有限公司	电商类
515	广州市熹贝贸易有限公司	电商类
516	广州市伊萌美汐贸易有限公司	电商类
517	广州市颐康养护服务有限公司	电商类
518	广州市亿森贸易有限公司	电商类
519	广州市影匠摄影器材有限公司	电商类
520	广州市有酒派贸易有限公司	电商类

表2-22 续17

序号	企业名称	企业类型
521	广州市煜喆商贸有限公司	电商类
522	广州市越秀区海艾语贸易经营部	电商类
523	广州市展灏物流有限公司	电商类
524	广州市臻贝电子商务有限公司	电商类
525	广州市至善信息科技有限公司	电商类
526	广州市中盟投资有限公司	电商类
527	广州市中运澳贸易有限公司	电商类
528	广州市众上贸易有限公司	电商类
529	广州市卓志和发采购有限公司	电商类
530	广州首淘国际贸易有限公司	电商类
531	广州树懒熊电子商务有限公司	电商类
532	广州顺丰电子商务有限公司	电商类
533	广州顺原正网络科技有限公司	电商类
534	广州淘通贸易有限责任公司	电商类
535	广州添鼎电子商务有限公司	电商类
536	广州童阿秀跨境电子商务有限公司	电商类
537	广州途启贸易有限公司	电商类
538	广州万国洋货科技发展有限公司	电商类
539	广州威达尔电子科技有限公司	电商类
540	广州唯品会信息科技有限公司	电商类
541	广州唯伊特卖电子商务有限公司	电商类
542	广州物联优购贸易有限公司	电商类
543	广州笑青晖贸易有限公司	电商类
544	广州新妮商贸有限公司	电商类
545	广州新饶成贸易有限公司	电商类
546	广州鑫尼网络科技有限公司	电商类
547	广州信天翁信息科技有限公司	电商类
548	广州信天邮电子商务有限公司	电商类
549	广州星景国际贸易有限公司	电商类
550	广州炫贝贸易有限公司	电商类
551	广州蓶生莱贸易有限公司	电商类

表2-22 续18

序号	企业名称	企业类型
552	广州彦龙网络科技有限公司	电商类
553	广州洋盒子电子商务有限公司	电商类
554	广州洋戏台电子商务有限公司	电商类
555	广州洋珍栈贸易有限公司	电商类
556	广州业恒运输代理有限公司	电商类
557	广州医药有限公司	电商类
558	广州依宝娅电子商务有限公司	电商类
559	广州移盟数字传媒科技有限公司	电商类
560	广州亿致电子商务有限公司	电商类
561	广州易江南贸易有限责任公司机场分公司	电商类
562	广州易磬电子商务有限公司	电商类
563	广州易想电子商务有限公司	电商类
564	广州易资电子商务有限公司	电商类
565	广州银浠汇电子商务有限公司	电商类
566	广州盈品网络科技有限责任公司	电商类
567	广州影行天下文化传播有限公司	电商类
568	广州永富鑫生物科技有限公司	电商类
569	广州优越网络科技有限公司	电商类
570	广州柚美电子商务有限公司	电商类
571	广州圆进出口电子商务有限公司	电商类
572	广州源溢进出口有限公司	电商类
573	广州悦栈网络科技有限公司	电商类
574	广州运通天下信息科技有限公司	电商类
575	广州再创电子商务有限公司	电商类
576	广州赞哥商贸有限公司	电商类
577	广州宅人应电子商务有限公司	电商类
578	广州展懋商贸有限公司	电商类
579	广州兆黄贸易有限公司	电商类
580	广州兆科联发医药有限公司	电商类
581	广州震大信息科技有限公司	电商类
582	广州正腾贸易有限公司	电商类

表2-22　续19

序号	企业名称	企业类型
583	广州正洋进出口贸易有限公司	电商类
584	广州中远电商供应链管理有限公司	电商类
585	广州珠港雷丁贸易有限公司	电商类
586	广州自由自在品牌管理有限公司	电商类
587	广州纵国商贸有限公司	电商类
588	国美在线电子商务有限公司	电商类
589	海口安基实业发展有限公司	电商类
590	海口海葆众业商贸有限公司	电商类
591	海淘首（大连）信息科技有限公司	电商类
592	海优购信息科技（深圳）有限公司	电商类
593	海钥国际有限公司	电商类
594	杭州澳宝贸易有限公司	电商类
595	杭州倍护科技有限公司	电商类
596	杭州碧源三帝信息科技有限公司	电商类
597	杭州诚淘网络科技有限公司	电商类
598	杭州互秀电子商务有限公司	电商类
599	杭州卷瓜网络有限公司	电商类
600	杭州珺懿网络科技有限公司	电商类
601	杭州蓝芙瑟品牌管理有限公司	电商类
602	杭州龙席电子商务有限公司	电商类
603	杭州慕普珑电子商务有限公司	电商类
604	杭州起码科技有限公司	电商类
605	杭州网美科技有限公司	电商类
606	杭州望恒电子商务有限公司	电商类
607	杭州燕网电子商务有限公司	电商类
608	杭州洋东西电子商务有限公司	电商类
609	杭州洋驼网络科技有限公司	电商类
610	杭州亦和网络技术服务有限公司	电商类
611	杭州银淘泰淘科技有限公司	电商类
612	杭州优买科技有限公司	电商类
613	杭州招财猫进出口贸易有限公司	电商类

表2-22 续20

序号	企业名称	企业类型
614	好东西网网络技术有限公司	电商类
615	合肥星空投资管理有限公司	电商类
616	合生元香港有限公司	电商类
617	合颐科技（北京）有限公司	电商类
618	河北海品会信息技术有限公司	电商类
619	河南第五大街电子商务有限公司	电商类
620	河南恒度信息科技有限公司	电商类
621	河南新想科技有限公司	电商类
622	黑狮实业股份有限公司	电商类
623	横埼电子商务有限公司	电商类
624	鸿亿盈（香港）实业有限公司	电商类
625	湖北景越国际贸易有限公司	电商类
626	湖南合生汇盈母婴用品有限公司	电商类
627	湖南嘉德科技发展有限公司	电商类
628	湖南快乐淘宝文化传播有限公司	电商类
629	湖南蓝洋电子商务科技有限公司	电商类
630	湖南奶熙商贸有限公司	电商类
631	湖南维他购信息技术有限公司	电商类
632	湖南希尔天然药业有限公司	电商类
633	湖南优购供应链管理有限公司	电商类
634	湖南友阿云商网络有限公司	电商类
635	虎扑（上海）文化传播股份有限公司	电商类
636	互联易信息科技有限公司	电商类
637	华润采购投资有限公司	电商类
638	华夏通国际有限公司	电商类
639	惠州市嘉美乐贸易公司	电商类
640	惠州市任你比网络科技有限公司	电商类
641	慧慧优品电子商务（深圳）有限公司	电商类
642	慧慧优品电子商务有限公司	电商类
643	吉名国际股份有限公司	电商类
644	加洛斯（香港）有限公司	电商类

表2–22 续21

序号	企业名称	企业类型
645	佳友和企业有限公司	电商类
646	佳悦企业有限公司	电商类
647	佳展生物科技股份有限公司	电商类
648	嘉兴爱麦客网络科技有限公司	电商类
649	嘉兴百汇信息科技有限公司	电商类
650	健安喜（上海）贸易有限公司	电商类
651	健民国际有限公司	电商类
652	江门欧拓电子商务科技有限公司	电商类
653	江苏合胜工贸有限公司扬州分公司	电商类
654	江苏思迈斯电子商务有限公司	电商类
655	江苏思维森网络技术有限公司	电商类
656	江苏苏宁易购电子商务有限公司	电商类
657	江苏天慧生物科技有限公司	电商类
658	江苏文啸电子商务有限公司	电商类
659	杰臣（香港）有限公司	电商类
660	解放路（上海）信息技术有限公司	电商类
661	金禧博商香港有限公司	电商类
662	劲买（上海）网络科技有限公司	电商类
663	就手国际电子商务（香港）有限公司	电商类
664	卡米亚有限公司	电商类
665	开平市千帆网络科技有限公司	电商类
666	康美可瑞（北京）商贸有限公司	电商类
667	康延（上海）商贸有限公司	电商类
668	科可贸易有限公司	电商类
669	跨购搜（北京）网络技术有限公司	电商类
670	跨境国际集团有限公司	电商类
671	跨理（广州）供应链管理有限公司	电商类
672	坤玺盛（厦门）贸易有限公司	电商类
673	昆明超凡科技有限公司	电商类
674	昆明海派电子商务有限公司	电商类
675	拉卡拉商务服务有限公司	电商类

表2-22 续22

序号	企业名称	企业类型
676	乐佳小王子	电商类
677	乐利数位科技股份有限公司	电商类
678	乐思买国际有限公司	电商类
679	礼乐（香港）电子商务有限公司	电商类
680	礼愫有限公司	电商类
681	利思利喜鱼油贸易（广州）有限公司	电商类
682	利伟（中国）有限公司	电商类
683	笠丰食品有限公司	电商类
684	亮科贸易（上海）有限公司	电商类
685	零食物語電子商務有限公司	电商类
686	绿之印贸易（上海）有限公司	电商类
687	麦芽城国际贸易（上海）有限公司	电商类
688	梅梨国际贸易（上海）有限公司	电商类
689	美囤妈妈（上海）电子商务有限公司	电商类
690	美国加州翔鹰公司	电商类
691	美国金东方集团公司	电商类
692	美国纽约岛有限责任公司	电商类
693	美国运捷快递有限公司	电商类
694	美合国际实业股份有限公司	电商类
695	美丽时空（香港）有限公司	电商类
696	美致健康管理（北京）有限公司	电商类
697	媚力模儿国际有限公司	电商类
698	蜜缇国际有限公司	电商类
699	蜜芽宝贝（天津）信息技术有限公司	电商类
700	牧马国际健康事业有限公司	电商类
701	内蒙古海派电子商务有限公司	电商类
702	纳克斯（国际）控股有限公司	电商类
703	南京思芙美网络科技有限公司	电商类
704	南宁市金海科康生物医药科技有限公司	电商类
705	南阳市瑞通商贸有限公司	电商类
706	宁波保税区保嘉国际贸易有限公司	电商类

表2-22 续23

序号	企业名称	企业类型
707	宁波保税区港投国际贸易有限公司	电商类
708	宁波保税区观止电子商务有限公司	电商类
709	宁波保税区丝路乐供应链管理有限公司	电商类
710	宁波保税区天天一族电子商务有限公司	电商类
711	宁波保税区网利电子商务有限公司	电商类
712	宁波贝猫电子商务有限公司	电商类
713	宁波舶品之家电子商务有限公司	电商类
714	宁波韩金电子商务有限公司	电商类
715	宁波井贝电子商务有限公司	电商类
716	宁波蓝色丝路进出口有限公司	电商类
717	宁波轻松妈妈电子商务有限公司	电商类
718	宁波洲际速买国际贸易有限公司	电商类
719	纽海电子商务（上海）有限公司	电商类
720	莆田澳品味信息科技有限公司	电商类
721	璞颜（上海）化妆品有限公司	电商类
722	青岛佰泽威国际贸易有限公司	电商类
723	青岛浆果树宝贝电子商务有限公司	电商类
724	青岛康贝食品有限公司	电商类
725	青岛康乐猫电子商务有限公司	电商类
726	青岛跨境达电子商务有限公司	电商类
727	青岛胜乐聚网络科技有限公司	电商类
728	青岛世通云商电子商务有限公司	电商类
729	青岛速普电子商务有限公司	电商类
730	青岛中港通电子商务有限公司	电商类
731	日照曜然韩品国际贸易有限公司	电商类
732	赛福投资咨询（深圳）公司有限公司	电商类
733	山东大韩家进出口有限公司	电商类
734	山东省汉邦影音技术有限公司	电商类
735	山西创优国际贸易有限公司	电商类
736	闪酷信息技术（上海）有限公司	电商类
737	汕头市瀚泽环保科技有限公司	电商类

表2-22 续24

序号	企业名称	企业类型
738	汕头市叁叁搜购电子商务有限公司	电商类
739	汕尾市航宇电子商务有限公司	电商类
740	上海阿淘电子商务有限公司	电商类
741	上海傲松进出口有限公司	电商类
742	上海百联全渠道电子商务有限公司	电商类
743	上海柏君信息技术有限公司	电商类
744	上海播乐网络科技有限公司	电商类
745	上海车盈门贸易商行（普通伙伴）	电商类
746	上海楚玥国际贸易有限公司	电商类
747	上海翠琬贸易有限公司	电商类
748	上海寸诚国际贸易有限公司	电商类
749	上海丹珍贸易有限公司	电商类
750	上海登朋电子商务有限公司	电商类
751	上海鼎生电子商务有限公司	电商类
752	上海东娴贸易有限公司	电商类
753	上海好丽家电子商务有限公司	电商类
754	上海昊胜国际贸易有限公司	电商类
755	上海和百瑞商业有限公司	电商类
756	上海衡志贸易有限公司	电商类
757	上海华运通实业发展有限公司	电商类
758	上海科赛企业发展有限公司	电商类
759	上海琨铭文化传播有限公司	电商类
760	上海朗涛贸易有限公司	电商类
761	上海领秀电子商务有限公司	电商类
762	上海懋夏贸易有限公司	电商类
763	上海美范网络科技有限公司	电商类
764	上海美昔贸易有限公司	电商类
765	上海秘榕网络科技有限公司	电商类
766	上海欧客贸易有限公司	电商类
767	上海欧酷网络科技有限公司	电商类
768	上海牵趣网络科技有限公司	电商类

表2-22 续25

序号	企业名称	企业类型
769	上海全家康健电子科技有限公司	电商类
770	上海润国信息技术有限公司	电商类
771	上海上港电子商务有限公司	电商类
772	上海申诺伟电子商务有限公司	电商类
773	上海申诺伟国际采购有限公司	电商类
774	上海盛仕贸易有限公司	电商类
775	上海太客网络科技有限公司	电商类
776	上海唐姿贸有限公司	电商类
777	上海淘玺电子商务有限公司	电商类
778	上海威帜商贸有限公司	电商类
779	上海微盟企业发展有限公司	电商类
780	上海纬映电子商务有限公司	电商类
781	上海欣港科技有限公司	电商类
782	上海莘月网络科技有限公司	电商类
783	上海蓄香国际贸易有限公司	电商类
784	上海寻求网络科技有限公司	电商类
785	上海寻舜信息科技有限公司	电商类
786	上海雅辰电子商务有限公司	电商类
787	上海亚捷商贸有限公司	电商类
788	上海洋风网络科技有限公司	电商类
789	上海洋码头网络技术有限公司	电商类
790	上海易两电子商务服务中心	电商类
791	上海奕然国际贸易有限公司	电商类
792	上海鹰运国际货运代理有限公司	电商类
793	上海瀛海威电子商务有限公司	电商类
794	上海优壹电子商务有限公司	电商类
795	上海邮乐网络技术有限公司	电商类
796	上海邮政国际邮购有限公司	电商类
797	上海钰圣贸易发展有限公司	电商类
798	上海圆通新龙电子商务有限公司	电商类
799	上海载和网络科技有限公司	电商类

表2-22　续26

序号	企业名称	企业类型
800	上海哲月贸易有限公司	电商类
801	上海稚宝贸易有限公司	电商类
802	上海中擎网络科技有限公司	电商类
803	韶关煜东进出口贸易有限公司	电商类
804	深圳爱美购科技有限公司	电商类
805	深圳安适购电子商务有限公司	电商类
806	深圳柏林跨境电子商务有限公司	电商类
807	深圳德协保税电子商务有限公司	电商类
808	深圳帝华盛耀贸易有限公司	电商类
809	深圳港漂圈文化传播有限公司	电商类
810	深圳海带宝网络科技股份有限公司	电商类
811	深圳海带宝网络科技有限公司	电商类
812	深圳海港名品贸易有限公司	电商类
813	深圳海淘物流有限公司	电商类
814	深圳海外购电子商务科技有限公司	电商类
815	深圳好食电子商务有限公司	电商类
816	深圳恒诺联辉科技有限公司	电商类
817	深圳嘉宝易汇通科技发展有限公司	电商类
818	深圳精品猫电子商务有限公司	电商类
819	深圳快买科技有限公司	电商类
820	深圳乐笑食品有限公司	电商类
821	深圳雷迈贸易有限公司	电商类
822	深圳良品食代供应链有限公司	电商类
823	深圳麦芽网络技术有限公司	电商类
824	深圳美峰奢侈品跨境电商有限公司	电商类
825	深圳欧乐通国际电子商务有限公司	电商类
826	深圳欧亚美电子商务有限公司	电商类
827	深圳鹏胜凯科技有限公司	电商类
828	深圳前海爱海购电子商务有限公司	电商类
829	深圳前海大众盈国际商贸有限公司	电商类
830	深圳前海高晟通电商有限公司	电商类

表2-22 续27

序号	企业名称	企业类型
831	深圳前海国金金融服务有限公司	电商类
832	深圳前海海狗电子商务有限公司	电商类
833	深圳前海恒兴电子商务科技有限公司	电商类
834	深圳前海欧源通电商供应链管理有限公司	电商类
835	深圳前海千店直送网络有限公司	电商类
836	深圳前海泰华乐购电子商务有限公司	电商类
837	深圳前海淘速递跨境电子商务有限公司	电商类
838	深圳前海腾邦保税跨境电子商务有限公司	电商类
839	深圳前海智者供应链有限公司	电商类
840	深圳瑞吉星跨境电子商务有限公司	电商类
841	深圳润泽进出口有限公司	电商类
842	深圳商之杰贸易发展有限公司	电商类
843	深圳十三洋行电子商务有限公司	电商类
844	深圳市爱果动力科技有限公司	电商类
845	深圳市爱美购科技有限公司	电商类
846	深圳市爱他美进出口有限公司	电商类
847	深圳市爱婴岛网络科技有限公司	电商类
848	深圳市安鑫良品贸易有限公司	电商类
849	深圳市傲基电子商务股份有限公司	电商类
850	深圳市奥思瑞科技发展有限公司	电商类
851	深圳市百和佳贸易有限公司	电商类
852	深圳市百年远洋电子商务有限公司	电商类
853	深圳市宝贝壹号电子商务有限公司	电商类
854	深圳市北极熊健康产业有限公司	电商类
855	深圳市舶来品尚有限公司	电商类
856	深圳市彩色森林电子商务有限公司	电商类
857	深圳市德信易购贸易有限公司	电商类
858	深圳市叮叮电子商务有限公司	电商类
859	深圳市东方怡富实业有限公司	电商类
860	深圳市丰天进出口有限公司	电商类
861	深圳市富兰商贸有限公司	电商类

表2-22 续28

序号	企业名称	企业类型
862	深圳市高汇通信息科技策划有限公司	电商类
863	深圳市高鹰母婴用品有限公司	电商类
864	深圳市嗨库跨境电商有限公司	电商类
865	深圳市海购通电子商务有限公司	电商类
866	深圳市海猫互联网科技有限公司	电商类
867	深圳市海淘时代科技有限公司	电商类
868	深圳市海淘天使科技有限公司	电商类
869	深圳市海豚跨境科技有限公司	电商类
870	深圳市浩蓝科技有限公司	电商类
871	深圳市灏德美康电子商务有限公司	电商类
872	深圳市鸿程世纪贸易有限公司	电商类
873	深圳市鸿鑫天下贸易有限公司	电商类
874	深圳市华润万家电子商务有限公司	电商类
875	深圳市华润万家电子商务有限公司企业	电商类
876	深圳市汇嘉信供应链有限公司	电商类
877	深圳市江达利贸易有限公司	电商类
878	深圳市锦堂电子商务有限公司	电商类
879	深圳市景昌进出口有限公司	电商类
880	深圳市境外淘电子商务有限公司	电商类
881	深圳市九龙商贸有限公司	电商类
882	深圳市聚易优科技有限公司	电商类
883	深圳市君美瑞信息科技有限公司	电商类
884	深圳市卡文全贸易有限公司	电商类
885	深圳市坤翔宏贸易有限公司	电商类
886	深圳市联银供应链有限公司	电商类
887	深圳市龙飞祥供应链有限公司	电商类
888	深圳市禄百发贸易有限公司	电商类
889	深圳市买洋网络科技有限公司	电商类
890	深圳市麦哲伦网络技术有限公司	电商类
891	深圳市猫谷信息技术有限公司	电商类
892	深圳市美易在线电子商务有限公司	电商类

表2-22 续29

序号	企业名称	企业类型
893	深圳市美易在线科技有限公司	电商类
894	深圳市明宣网络科技有限公司	电商类
895	深圳市纳克斯珠宝有限公司	电商类
896	深圳市念享信息科技有限公司	电商类
897	深圳市纽迪希亚电子商务有限公司	电商类
898	深圳市欧美优品国际供应链管理有限公司	电商类
899	深圳市品汇科技有限公司	电商类
900	深圳市品尚汇电子商务股份有限公司	电商类
901	深圳市启明星电子商务有限公司	电商类
902	深圳市仟汇进出口有限公司广州分公司	电商类
903	深圳市前海八达通供应链有限公司	电商类
904	深圳市前海国金金融服务有限公司	电商类
905	深圳市前海海淘城电子商务有限公司	电商类
906	深圳市前海金海岸科技有限公司	电商类
907	深圳市前海跨境壹号科技有限公司	电商类
908	深圳市前海乐贝尔电子商务有限公司	电商类
909	深圳市前海攀达体育有限公司	电商类
910	深圳市前海全球易供电子商务有限公司	电商类
911	深圳市前海丝路乐供应链管理有限公司	电商类
912	深圳市前海天行者跨境电商科技有限公司	电商类
913	深圳市前海网贸电子商务有限公司	电商类
914	深圳市前海展宇电子商务服务有限公司	电商类
915	深圳市钦胜润科技有限公司	电商类
916	深圳市全球易购电子商务有限公司	电商类
917	深圳市赛克赛思科技有限公司	电商类
918	深圳市尚宝汇实业发展有限公司	电商类
919	深圳市尚纯品贸易有限公司	电商类
920	深圳市世康达科技有限公司	电商类
921	深圳市思萨美康电子商务有限公司	电商类
922	深圳市四友电子商务有限公司	电商类
923	深圳市特运特供应链管理有限公司	电商类

表2-22 续30

序号	企业名称	企业类型
924	深圳市天成食品有限公司	电商类
925	深圳市通拓科技有限公司	电商类
926	深圳市通源立投资发展有限公司	电商类
927	深圳市通运达供应链服务有限公司	电商类
928	深圳市万方升网络技术有限公司	电商类
929	深圳市维康氏电子商务有限公司	电商类
930	深圳市无国界贸易有限公司	电商类
931	深圳市小草帽电子商务有限公司	电商类
932	深圳市小爷猪电子商务有限公司	电商类
933	深圳市新动力电商综合服务有限公司	电商类
934	深圳市信德电子商务有限公司	电商类
935	深圳市信营国际电子商务有限公司	电商类
936	深圳市雪儿百宝箱网络有限公司	电商类
937	深圳市亚平宁环球科技有限公司	电商类
938	深圳市壹佰悦电子商务有限公司	电商类
939	深圳市易思购电子商务有限公司	电商类
940	深圳市银河供应链管理有限公司	电商类
941	深圳市樱桃优品网络科技有限公司	电商类
942	深圳市永购科技有限公司	电商类
943	深圳市优比速进出口有限公司	电商类
944	深圳市悠奇电子商务有限公司	电商类
945	深圳市有棵树科技有限公司	电商类
946	深圳市圆融科技有限公司	电商类
947	深圳市云客易购电子商务有限公司	电商类
948	深圳市中昱达信息技术有限责任公司	电商类
949	深圳泰利和进出口有限公司	电商类
950	深圳土狐狸科技有限公司	电商类
951	深圳信营贸易有限公司	电商类
952	深圳星合伟业贸易有限公司	电商类
953	深圳洋淘淘供应链管理有限公司	电商类
954	深圳泳廷网络科技有限公司	电商类

表2-22 续31

序号	企业名称	企业类型
955	深圳再来买科技有限公司	电商类
956	深圳真品购电子商务有限公司	电商类
957	深圳自游邦信息科技有限公司	电商类
958	沈阳八佰拍电子商务有限公司	电商类
959	沈阳卉荷雪商贸有限公司	电商类
960	圣扬伦企业有限公司	电商类
961	世纪都华国际有限公司	电商类
962	数字创想科技（香港）有限公司	电商类
963	顺丰进出口有限公司	电商类
964	顺丰速运（香港）有限公司	电商类
965	顺丰速运集团（上海）速运有限公司	电商类
966	思代科技有限公司	电商类
967	四洲（广州）食品进出口贸易有限公司	电商类
968	苏州艾凡信息技术有限公司	电商类
969	苏州大渡轮网络科技有限公司	电商类
970	苏州赶洋商贸有限公司	电商类
971	苏州易极云商网络科技有限公司	电商类
972	溯源电商（深圳）有限公司	电商类
973	酸橘子（香港）有限公司	电商类
974	台贸全球电子商务股份有限公司	电商类
975	太华贸易公司	电商类
976	淘宝中国控股有限公司	电商类
977	腾邦豪特（深圳）大健康产业有限公司	电商类
978	天地高卢电子商务（上海）有限公司	电商类
979	天贵通（上海）国际贸易有限公司	电商类
980	天虹商场股份有限公司	电商类
981	天津好乐买信息技术有限公司	电商类
982	天津通标网络科技有限公司	电商类
983	天津网聚优众网络科技有限公司	电商类
984	天津鑫乐城商贸有限公司	电商类
985	天津亚美帝娜国际贸易有限公司	电商类
986	天津阳光码头互联网科技有限公司	电商类

表2-22 续32

序号	企业名称	企业类型
987	天御（大连）电子商务有限公司	电商类
988	天源行有限公司	电商类
989	填写完整版	电商类
990	拓途（北京）国际贸易有限公司	电商类
991	万商台电子商务有限公司	电商类
992	网贸国际集团（香港）有限公司	电商类
993	网易有道信息技术（北京）有限公司	电商类
994	旺纬国际有限公司	电商类
995	威海盼达网贸易有限公司	电商类
996	韦韦动力电子商务（昆山）有限公司	电商类
997	唯品直通车实业（上海）有限公司	电商类
998	维司达（上海）食品有限公司	电商类
999	伟红科技（广东）有限公司	电商类
1000	温州艾迪光学有限公司	电商类
1001	温州荷里妈妈电子商务有限公司	电商类
1002	窝晟世纪（北京）国际贸易有限公司	电商类
1003	我秀网（武汉）科技有限公司	电商类
1004	无锡乐淘天下电子商务有限公司	电商类
1005	无锡三万英尺电子商务有限公司	电商类
1006	武汉汉蒙和商贸有限公司	电商类
1007	武汉佳市得商业发展有限公司	电商类
1008	武汉莱茵塔尔国际贸易有限公司	电商类
1009	武汉美峰时尚科技有限公司	电商类
1010	武汉易购欧亚贸易有限公司	电商类
1011	西安德尔商贸有限公司	电商类
1012	西昌市合昌实业有限公司	电商类
1013	厦门金达威保健品有限公司	电商类
1014	厦门金汤匙商贸有限公司	电商类
1015	厦门聚美宝网络科技有限公司	电商类
1016	厦门联澳进出口贸易有限公司	电商类
1017	厦门欧品客进出口贸易有限公司	电商类
1018	厦门市辰夏贸易有限公司	电商类
1019	厦门市高宝添计算机网络有限公司	电商类

表2-22 续33

序号	企业名称	企业类型
1020	厦门中宏网络科技有限公司	电商类
1021	香港宝特代理有限公司	电商类
1022	香港瀚富森有限公司	电商类
1023	香港美联电子商务贸易有限公司	电商类
1024	香港品尚汇科技有限公司	电商类
1025	香港商元亨利贞商务科技有限公司	电商类
1026	香港盛嘉行进出口有限公司	电商类
1027	小辉国际贸易有限公司	电商类
1028	小康之家商业（广州）有限公司	电商类
1029	新东盛国际贸易（香港）有限公司	电商类
1030	新亿国际物流有限公司	电商类
1031	行吟信息科技（上海）有限公司	电商类
1032	雅娜购（北京）电子商务有限公司	电商类
1033	亚马逊卓越有限公司	电商类
1034	亚洲技术设备有限公司	电商类
1035	烟台启昂商贸有限公司	电商类
1036	延吉日亚商贸有限公司	电商类
1037	洋萌（上海）国际贸易有限公司	电商类
1038	一通百电子商务有限公司	电商类
1039	颐事达国际贸易有限公司	电商类
1040	义乌易道电子商务有限公司	电商类
1041	易网零售有限公司	电商类
1042	优品发现电子商务有限公司	电商类
1043	悠递（上海）电子商务有限公司	电商类
1044	昱泉有限公司	电商类
1045	御好国际贸易（上海）有限公司	电商类
1046	越承贸易公司	电商类
1047	运通药房	电商类
1048	造物游传（北京）电子商务有限公司	电商类
1049	招商局物流集团香港有限公司	电商类
1050	浙江菜鸟供应链管理有限公司	电商类
1051	浙江格家网络技术有限公司	电商类
1052	浙江银泰电子商务有限公司	电商类

表2-22 续34

序号	企业名称	企业类型
1053	郑氏实业有限公司	电商类
1054	郑州万国优品保税进出口有限公司	电商类
1055	郑州新势力电子商务有限公司	电商类
1056	置丰国际电子商贸有限公司	电商类
1057	中国南方航空股份有限公司	电商类
1058	中国邮政速递物流股份有限公司广东省分公司	电商类
1059	中粮海优（北京）有限公司	电商类
1060	中免（深圳）商务科技有限公司	电商类
1061	中山市华创电子商务有限公司	电商类
1062	中山市汇羽冷冻食品有限公司	电商类
1063	中通商谷供应链投资控股有限公司	电商类
1064	中土世界电子商务（北京）有限公司	电商类
1065	中外运香港空运发展有限公司	电商类
1066	中远信息科技有限公司	电商类
1067	重庆艾买网络技术有限公司	电商类
1068	重庆道晟嘉贸易有限公司	电商类
1069	重庆海选电子商务有限公司	电商类
1070	重庆和乐电子商务有限公司	电商类
1071	重庆火蚁供应链管理有限公司	电商类
1072	重庆辣妈优选电子商务有限公司	电商类
1073	重庆乐享澳美电子商务有限公司	电商类
1074	重庆诺森比亚进出口贸易有限公司	电商类
1075	重庆市洋展购网络科技有限公司	电商类
1076	重庆拓扬供应链管理有限公司	电商类
1077	重庆旭驿时代科技有限公司	电商类
1078	重庆易宠科技有限公司	电商类
1079	重庆易极淘科技有限公司	电商类
1080	重庆悠游星保健食品有限责任公司	电商类
1081	重庆渝荷电子商务有限公司	电商类
1082	珠海澳之城贸易有限公司	电商类
1083	珠海德睿贸易有限公司	电商类
1084	珠海金石电子商务有限公司	电商类
1085	珠海市十八篮商贸有限公司	电商类

表2-22 续35

序号	企业名称	企业类型
1086	珠海市旺德生化有限公司	电商类
1087	淄博保税物流有限公司	电商类
1088	左岸金典（天津）商贸有限公司	电商类

统计数据

一、广州跨境电商服务试点出口业务报表

广州跨境电商服务试点出口业务报表（如表2-23所示）。

表2-23 广州跨境电商服务试点出口业务报表

业务模式	时间（年）	试点企业（个）	报关单（单）	货值（万美元）	环比增长率（%）	主要商品	主要出口国
B2C	2014	8	6259	45732	-	62章的服装、83章的贱金属制品、85章的家用电器及84章的机械零件	美国、英国、俄罗斯、巴西、澳大利亚
	2015	8	8805	87838	92.1	服装出口17.9亿元，占广州关区跨境电商出口值32.5%；贱金属制品出口10.6亿元，占19.2%；电器及机械（包括零件）合计出口11.2亿元，占20.3%。另外，还有出口汽车零件、首饰、箱包、鞋、玩具、家具等，均占1.8%~5.3%之间。	出口涉及112个国家（地区），出口值超过1亿元的有11个：美国、英国、澳大利亚、俄罗斯联邦、法国、加拿大、西班牙、巴西、日本、以色列、德国，对上述11个国家（地区）出口值合计占广州关区跨境电商出口值的74.5%。

二、广州跨境电商服务试点进口业务报表

广州关区跨境电商服务试点进口业务报表（如表2-24所示）。

表2-24 广州关区跨境电商服务试点进口业务报表

区域	时间（年）	验放清单（万票）	消费者（人次）	货值（万元）	增长率（%）	上线商品种类（个）	商品种类（进口量前五位）	备案电商企业（个）	上线企业（个）
广州白云机场海关	2014	52.9	522582	13736.9	—	52358	奶粉、纸尿裤、护肤品、保健品、滤芯	59	29
	2015	1111.7	11101521	292818.9	2031.62	114195	奶粉、纸尿裤、滤芯、护肤品、食品	420	286
南沙海关	2014	3.0	30656	1398.9	—	2689	奶粉、纸尿裤、箱包、手表、衣服	21	12
	2015	456.3	4564089	110396.8	7791.69	5459	奶粉、纸尿裤、保健品、滤水壶、润滑油	223	114
驻邮局办事处	2014	31.4	314425	10701.2	—	2188	奶粉、纸尿裤、保健品、耳温枪、食品	13	9
	2015	286.0	2861103	94822.2	786.09	85995	奶粉、纸尿裤、保健品、体温计、食品	45	29
其他	2014	0.9	9230	318.2	—	675	奶粉、纸尿裤、鲜奶、鲜活产品、打印机	17	8
	2015	48.8	486395	19817.2	6127.91	4755	奶粉、纸尿裤、食品、宠物粮食、润滑油	225	87

说明：

1. 消费者一栏统计的为人次。
2. 备案电商企业、上线企业个数为当年新增的企业个数。

三、广州跨境电商分地区消费分布统计

广州跨境电商分地区消费分布统计（见表 2-25 所示）。

表 2-25　广州跨境电商分地区消费分布统计

序号	进/出口	地区	数量（万包）	金额（万元）	消费者数量（万人/次）	主要商品（前五种）
1	进口	广东	382.03	112680.47	325.1183	奶粉、纸尿片、润滑油、化妆品、食品
2	进口	北京	212.54	48324.04	153.8363	奶粉、滤芯、纸尿片、化妆品、保健品
3	进口	江苏	182.65	41457.62	191.7049	奶粉、纸尿片、滤芯、保健品、化妆品
4	进口	浙江	145.19	38083.32	173.5068	奶粉、纸尿片、食品、保健品、滤芯
5	进口	上海	128.66	30245.00	153.0937	奶粉、滤芯、化妆品、纸尿片、保健品
6	进口	山东	82.59	19699.36	90.0960	奶粉、纸尿片、化妆品、保健品、食品
7	进口	四川	90.98	29270.15	94.0588	奶粉、纸尿片、化妆品、滤芯、食品
8	进口	辽宁	53.73	13786.95	67.9438	食品、奶粉、纸尿片、化妆品、保健品
9	进口	河南	46.93	14559.02	53.4118	奶粉、纸尿片、化妆品、保健品、食品
10	进口	河北	34.59	9671.96	41.0812	奶粉、保健品、纸尿片、化妆品、食品
11	进口	湖北	65.71	17075.43	77.1033	奶粉、润滑油、化妆品、纸尿片、食品
12	进口	陕西	69.61	19032.03	76.3203	奶粉、纸尿片、化妆品、食品、洗护用品
13	进口	湖南	63.60	17245.36	70.7821	奶粉、化妆品、润滑油、纸尿片、保健品
14	进口	黑龙	0.00	0.73	0.0018	奶粉、纸尿片、化妆品、保健品、食品
15	进口	福建	74.20	23478.74	86.9065	奶粉、纸尿片、滤芯、保健品、食品
16	进口	天津	26.70	6285.13	35.9325	奶粉、纸尿片、保健品、食品、滤芯
17	进口	安徽	40.38	10913.87	47.0273	奶粉、纸尿片、食品、润滑油、滤芯
18	进口	重庆	27.36	14156.35	32.0604	奶粉、纸尿片、食品、衣服、滤芯
19	进口	云南	22.24	10849.98	25.6042	奶粉、纸尿片、洗护用品、化妆品、食品
20	进口	吉林	18.01	5920.96	21.6360	奶粉、纸尿片、滤芯、宠物粮、保健品
21	进口	其他省份	224.17	61273.84	249.3856	奶粉、纸尿片、滤芯、洗护用品、保健品
22	出口	美国				
23	出口	英国				
24	出口	法国				
25	出口	其他国家				
26	合计					

说明：地区栏，进口显示国内省份，出口显示国家或地区。

大事记

2013年8月，根据《国家发展改革委办公厅关于组织开展国家电子商务示范城市电子商务试点专项的通知》要求，为贯彻落实《国务院办公厅关于促进进出口稳增长、调结构的若干意见》精神，广州市政府向海关总署申报跨境电商服务试点城市。

2013年9月，海关总署回复广州市政府，同意广州提出的B2C一般出口（邮件/快件）、B2B2C保税出口、B2B一般出口等三类业务进行跨境电商服务试点。由此，广州正式成为华南地区第一个“国家电子商务示范城市跨境电商服务试点城市”。

2013年10月，时任广州市委常委、副市长陈志英在114届广交会威斯汀酒店主持跨境电子商务试点业务启动仪式，宣布广州市跨境电商正式启动。

2013年10月，按照《国务院办公厅转发商务部等部门关于实施支持跨境电子商务零售出口有关政策意见的通知》（国办发〔2013〕89号）要求，广州市启动跨境电子商务公共服务平台建设，成为广州国际贸易“单一窗口”平台的重要组成部分。

2013年11月，广州市政府成立了“广州市跨境电商服务试点工作领导小组”。成员单位包括外经贸、发改、科信、财政、交委、工商等政府部门和海关、商检、国税、外管等中央驻穗单位及相关区政府，统筹各方面力量合力推进试点各项工作。

2015年，在先期认定两批共46家跨境电商试点企业的基础上，广州市率先在试点城市中试行跨境电商备案制管理，不设立前置审批事项，最大限度降低企业开展跨境电商业务门槛，大大增强了广州市对全国跨境电商企业的吸引力。

2015年5月，跨境电商公共服务平台已完成网购保税进口业务模块的开发，并成功进行了测试，企业备案、商品备案、进仓清单、电子订单、电子运单、电子支付单、电子清单、装载清单申报功能全部实现，与关、检传输通道已经建立并实现数据报文交换。

2015年9月，广州市启动申报国家跨境电子商务综合试验区工作。2015年11月，根据《广东省商务厅关于开展国家跨境电子商务综合试验区申报工作的通知》要求，广州市政府向商务部报送申报国家跨境电子商务综合试验区工作方案。

2015年11月24日，广州通过了海关总署组织的跨境电商试点城市验收。

深圳地区

深圳作为跨境电商服务试点城市之一，自试点工作开展以来，以创建国家电子商务示范城市为主线，以“政府引导、市场驱动、创新发展、试点示范、协同推进”为原则，以转变外贸发展方式、提升跨境电商便利化水平为目的，以完善跨境电商通关服务环境为重点，不断创新跨境电商通关服务模式，积极构建跨境电商服务体系，着力增强深圳外贸可持续发展能力。在良好的政策背景与发展环境下，深圳跨境电商交易额呈快速增长态势。2015 年 11 月 25 日跨境电商服务试点顺利通过海关总署专家组验收。现就深圳开展跨境电商服务试点工作情况梳理如下。

发展历程

一、发展成果

（一）业务快速增长，助推经济健康发展

据统计，2014 年深圳跨境电子商务交易额达到 170.4 亿美元，同比增加 27.3%；2015 年深圳跨境电商交易额约 320 亿美元，同比增长 88.8%，占当年外贸进出口总额的 7.2%，比重较 2013 年提高 3.7%。其中，通过前海湾保税港区以海关“1210”监管代码实现的跨境电商交易额约 1.895 亿美元，是 2014 年全年 5 倍。截至 2015 年年底，共有超过 4000 家电商类企业在前海注册，共有 159 家跨境电子商务进出口试点企业完成海关备案，192 家进口企业取得国检在前海湾保税港区的备案，备案商品 20084 品种次，完成订单并进口邮包 606.27 万单。跨境电商产业链集聚效应初见成效。深圳市涌现出走秀网、环球易购、傲基、兰亭集势等一批跨境电商优秀企业，通过自建交易平台、建立营销网络等方式，在全球主要国家和地区的目标客户中建立了可靠的信誉度和广泛的知名度。

（二）探索监管新经验，优化电子商务环境

目前，深圳以“特殊区域出口”和“网购保税进口”为主要试点模式，为此，深圳海关对出口业务推出了“暂存入区”的监管措施，即商品实际出境后填制出口报关单向海关办理通关手续，解决企业出口退税和商品退货返销回国内的难题；对进口业务推出了提前备案、系统“三单”比对审核清单、汇总纳税等措施，努力实现“管得住、通得快”。深圳试点模式与其他试点城市并不完全相同，丰富了跨境电子商务试点内容，为探索跨境电商进出口监管提供新经验。

（三）依托公共服务平台，构建跨境电商“一站式”管理服务体系

各跨境电商参与主体，通过市政府牵头搭建的全市跨境电商通关服务平台完成数据交换与共享。经营企业通过服务平台实现从企业备案、商品备案、业务申报到接受海关放行指令的全程监管，各管理部门从审核企业备案、商品备案、企业信息核查、指令下达到进出口业务统计等，实现对跨境交易信息流、资金流、货物流的整合和有效监管，从而大大提高了管理效率，优化了监管流程。

二、主要举措

（一）创新管理体系

一是加强顶层设计，制定实施路径。深圳以市政府办公厅名义于 2014 年 10 月印发了《深圳市推进跨境电商服务试点实施方案》（以下简称《实施方案》），明确试点工作思路、工作目标、实施路径、主要任务和责任分工。二是加大协调力

度，制定工作指引。2015年7月，印发了《深圳市开展跨境电商通关服务试点指导意见》，明确各部门工作职责、完善业务管理、制定操作规程、简化通关手续、提高服务效率。三是促进产业发展，制定政策措施。为贯彻落实国务院《关于促进跨境电商健康快速发展的指导意见》，深圳正在制定《深圳市推动跨境电商快速发展的若干措施》，通过加大制度创新、管理创新、服务创新，推动跨境电商试点健康快速发展。市场监管局出台了《关于促进跨境电商市场健康快速发展的若干意见》，从建设可信交易环境、加强与境外第三方机构合作等五个方面，提出了15条具体措施。四是创新管理制度，制定部门规章。深圳检验检疫局在全国率先出台《深圳地区跨境电子商务检验检疫监督管理办法（试行）》，建立了“事前备案评估、入区（境）检疫、区内监管、出区核查、事后溯源”的监管模式。五是推动扩大试点，提前做好布局。做好全市扩大跨境电商通关服务试点区域的规划布局，明确各区域的功能定位、试点模式、监管方式，指导各区和企业提前做好开展试点的业务准备。六是强化标准建设。市场监管局积极开展标准研制，推动国际标准互认，强化标准引领，参与ISO、IEC、WTA、SOSA等国际机构的标准化活动，参与编制ISO/TC290网上信誉《网络消费者评论》国际标准，推进跨境电子商务标准与国际标准接轨。深圳检验检疫局通过集中技术资源打造高效、便捷的第三方检测平台，制定了6项跨境电商质量标准，编制了《网上交易进口商品质量信息规范》，参与承担国家发改委示范项目建设。

（二）优化业务监管模式

为加强业务协同与合作，构建符合互联网特点、能够承载跨境电子商务新型业务模式的信息化监管与服务体系，深圳积极推广“集中监管、清单核放、汇总申报”，建立了一套具有深圳特色的跨境电子商务业务管理模式和运行机制。

1. 创新通关监管模式，提升通关服务效能

在监管政策上，深圳海关严格依据《海关总署关于跨境电商进出境货物、物品有关监管事宜的公告》（海关总署公告2014年第56号）等规定，设计海关监管模式，明确企业备案、商品备案、“三单”数据传输、物品清单申报等法定环节，开发前海湾保税港区海关监管系统，落实监管要求。根据试点推进需要，印发了《深圳海关前海湾保税港区跨境电子商务零售出口海关业务操作指引（试行）》等操作性文件。在监管模式上，深圳海关在前海湾保税港区开展“特殊区域出口”和“网购保税进口”模式试点，其中对出口企业和商品实行账册管理；对入区货物实行入区备案、卡口验核、货物暂存等管理方式；对出区货物实行出区报关、卡口验核、集报核销的管理方式；通过出境备案清单申报货物出境信息，卡口控制系统对货物实施验核，定期集中申报出口入区报关核销分送出境的货物。对进口企业和商品实行事前备案（包括企业备案、商品备案、税费担保备案等）；对商品进境入区实行备案清单申报，增加保税港区电子账册库存数量；企业提交交易信息（包括提交订单、物流、支付等交易信息）；企业（个人）申报货物（物品）清单，办理商品从保税港区出区进口手续，扣减保税港区电子账册库存数量，对进境入区商品进行查验和汇总申报。在风险防控上，深圳海关采取事前备案、事中监管、事后监控的方式，提前了解企业基本情况、信用资质、经营优势、商品申报数据和监管条件，掌握试点商品种类和风险，防范税费漏缴风险。通过订单、物流、支付等“三单”与物品清单进行比对，评估交易数据风险，对高风险物品清单转人工重点审核，构建商品集中查验模式，实施以X光机非侵入式为主的查验作业，通过对收件人身份证信息核查、商品购买统计、价格比对等，实现事后监管。

2. 创新检验检疫监管制度，提升跨境电商商品质量水平

针对跨境电商产品批次多、品种多、单批数量少、通关时效性要求高等特点，深圳检验检疫局创新求变，通过“互认、采信、溯源、联控”4个环节，将检验监管前推后移，打造深圳特色的跨境电商检验检疫通关品牌服务。一是推进深港检测和监管互认，服务“港货直销中心”建设。加强与香港职能部门的沟通协调，积极推动与港中检、香港海关、香港食环署等监管部门实现监管互认和检测结果互认，深化与香港检测技术交流及标准研究合作，并以华润万家电商（EWJ. COM）为试点，以食品检验为突破口，促进深港检测互认，推行港货直销的模式。二是采信第三方检测结果，成立“跨境电商检验认证联盟”。7月28日，深圳市跨境电子商务检验认证联盟获批成立。以倡导成立跨境电商检验认证联盟、采信第三方检测结果为创新亮点，探索建立“放、管、治”一体的跨境电子商务监管新模式。改革传统报检抽批监管模式，建立信用监管制度，先入仓、后抽检，实施联盟采信，打造深圳电商“跨境测”、“放行易”服务品牌，试点采信联盟成员出具的检测报告，并争取主管部门和相关管理平台加大对联盟成员检测结果的采信和互认，通过事中事后监管、行业规范自律、社会监督、政府财政支持等方面，确保跨境电商产品质量，维护消费者权益。三是应用二维码技术溯源管理，实现消费者共同参与监管。深圳检验检疫局计划在进入保税区的每个最小商品上监贴溯源二维码，并链接到通关服务平台，消费者扫码可查询商品的报关报检信息及产品三单信息，并可对产品实施评价。依托二维码溯源系统，应用大数据分析，以消费者质量评价信息和抽检数据为基础，实现对不合格商品的可追溯，并尝试探索借鉴第三方保险机制，保障消费者合法权益。四是加强联控联查，推动“一站式”综合执法。深圳检验检疫局实现监管系统与深圳市跨境电子商务通关服务系统对接，大力推进“单一窗口”建设以及“三个一”联合查验等工作，最大程度实现通关无纸化、一体化、便利化。

3. 开展跨境电商金融服务创新，提高退免税管理水平

深圳外汇局结合地区经济金融运行特点，创新工作方式，积极指导并推进支付机构和银行业务操作，支持支付机构业务拓展与创新，服务本地电商企业跨境交易健康发展。2013年9月，“财付通”和“钱宝”两家支付机构成为全国首批跨境支付业务试点企业。2015年，深圳外汇局积极落实国家外汇管理局《支付机构跨境外汇支付业务试点指导意见》，指导支付机构和银行做好新旧政策衔接，及时调整业务操作。对“平安付”和“智付”两家业务规模较大、跨境业务条件成熟的支付机构，正式批复开展跨境电子商务外汇支付业务试点；对“财付通”批准扩大业务范围。深圳作为全国首批开展支付机构跨境电子商务外汇支付业务试点城市，业务规模稳步增长，收支两项业务逐步趋向均衡。

深圳市国税局着力优化跨境电商出口退税管理模式，明确跨境电商出口退税业务流程，按照《财政部 国家税务总局关于跨境电子商务零售出口税收政策的通知》（财税〔2013〕96号）精神，积极探索和建立适合我市通关特点的退税管理方式，创新性地以加盖海关公章的纸质入区集报清单作为辅助材料办理出口退税业务。2014年6月10日，全国首单全程在9610项下操作的跨境电商出口退税单在前海湾保税港区诞生。

目前，由前海湾保税港区内备货模式进口的跨境电商产品，最快实现3小时分包通关出区，广东地区及各大城市24小时内可送达消费者。

三、配套系统

（一）建设深圳市跨境电商通关服务平台

由政府出资，依托深圳南方电子口岸搭建的“深圳市跨境电商通关服务平台”，是深圳跨境电子商务公益性、公共性信息化基础设施，是跨境电商一站式申报、全流程监管国际贸易“单一窗口”，是实现“关、检、汇、税、市场监管”等管理部门与经营企业之间数据交换枢纽和信息共享平台。

通关服务平台包括报文处理和数据传输、数据预处理服务、企业（或个人）综合信息服务、监管部门综合信息服务、平台管理与监控等五大子系统，具有备案、业务申报、数据传输与交换、指令接收与传达、企业信息核查、业务统计等六大功能，在业务模式上支持特殊区域出口、电商包裹出口、香港转运出口、网购保税进口、电商直购进口等多种业务模式，在服务对象上支持电商、物流（快件）、支付、特殊监管场所、仓储等各类经营主体和个人消费者，服务的政府管理部门包括海关、检验检疫、外管、市场监管、经贸信息等，覆盖区域包括深圳地区的海、陆、空口岸及保税监管场所等。

通关服务平台经过近一年的开发建设，目前已经与深圳海关、深圳检验检疫局实现了系统对接和上线试运行。截至2015年11月11日，通关服务平台已经对接市内外跨境电商试点企业262家，其中电商类企业163家，物流类企业58家，支付企业3家，综合类企业38家。

（二）建设跨境电商各部门监管系统

1. 海关监管系统

在试点时间紧迫情况下，深圳海关依托前海湾保税港区信息化管理系统，沿用原有架构和部署方式，新增跨境电商专用功能，构建跨境电商试点海关监管系统。试点以来，深圳海关4次提出完善业务需求优化通关监管模式，新增完善91个系统功能，满足了试点海关和企业操作主要需求。深圳海关利用深圳市政府拨付的专项资金，搭建深圳海关跨境电商监管系统，优化海关系统软件程序，采购升级硬件设备，升级系统性能。

同时，深圳海关积极推进海关监管系统与跨境电商通关服务平台的系统对接，配合开展系统测试，促进跨境电商通关服务平台尽快投入使用。跨境电子商务试点海关监管系统目前可满足50万票/天的业务规模，运行效果达到试点目标，量化指标达到跨境电商试点业务快速通关的需求。

2. 检验检疫监管系统

2015 年 5 月 25 日，跨境电商检验检疫监管系统已完成跨境电商经营主体备案、商品评估、三单信息采集、入区申报、出区核销等所有模块的建设；6 月 10 日正式接入深圳市跨境电商通关服务平台，成为深圳市第一个与通关服务平台对接的监管部门。目前，平台已完成与前海湾保税港区内招商保税旗下 18 家代理报关报检企业实现系统对接，现正陆续与区内其他电商企业完成全面对接。

3. 可信交易保障系统

深圳积极开展跨境电商可信交易保障系统的建设，包括数据传输与交换、企业主体备案、信用信息填报与查询、商品质量与产品准入壁垒、交易信息查询、知识产权促进与保护、在线非诉讼纠纷解决、门户信息、系统管理等九大功能模块，目前已完成第一阶段的系统建设和测试，实现与通关服务平台对接并上线试运行，完成跨境企业备案 4000 余家。

配套文件

深圳市人民政府办公厅关于印发深圳市推进跨境贸易电子商务服务试点实施方案的通知

（深府办〔2014〕12 号）

各有关单位：

《深圳市推进跨境电商服务试点实施方案》已经市政府同意，现予印发，请认真组织实施。实施中遇到的问题，请径向市经贸信息委反映。

市政府办公厅

2014 年 10 月 6 日

深圳市推进跨境电商服务试点实施方案

为落实《海关总署关于深圳市开展跨境电商服务试点工作的复函》（署科函〔2013〕345 号），加快推进我市跨境电商服务试点，制定本实施方案。

一、工作思路和目标

（一）工作思路。坚持科学发展观，以创建国家电子商务示范城市为主线，以“政府引导、市场驱动、创新发展、试点示范、协同推进”为原则，以扩大我市外贸进出口规模、转变外贸发展方式、提升跨境电商便利化水平为目的，以完善跨境电商通关服务环境为重点，创新多部门联合推动跨境电商通关服务模式，构建跨境电商服务体系，增强我市外贸可持续发展能力。

（二）工作目标。根据国家有关部委对跨境电商通关服务综合试点工作要求，结合电子商务重构传统贸易方式的特点，以跨境电商零售进出口为重点，研究制定适合我市特点的跨境电商配套政策、管理制度及标准规范，建立多部门联动的跨境电商联席会议制度，创新覆盖通关监管、检验检疫、外汇管理、税收管理、快递管理等全流程的业务管理模式，通过经营主体备案、交易信息备案、信息数据交换与共享，实现对跨境交易信息流、资金流、货物流的整合和有效监管，建立阳光化、高效率的跨境电商服务体系和信用体系，开展试点区域的深度应用，确保我市服务试点各项工作顺利推进。

二、实施路径

（一）依托深圳市南方电子口岸搭建“深圳市跨境电商通关服务平台”（以下简称“公共信息服务平台”），将跨境电商企业的交易、支付、物流信息数据通过“公共信息服务平台”与海关、检验检疫、外汇、国税、可信交易服务等政府监管系统和第三方服务系统实时对接，以解决电子商务交易真实性无法判断的难题，推行无纸化操作管理。

（二）海关、检验检疫、外汇、国税、市场监管等部门，跨境电商企业、支付企业、物流企业等单位根据业务需要，实施对本部门信息化系统的建设或改造，实现与“公共信息服务平台”有效对接，通过数据传输与交换，使监管部门及时掌握交易、支付、物流的真实信息，并实现管理部门之间信息共享。

（三）结合深圳特点，设计相应的进出口业务操作模式，其中出口以电商包裹出口（一般出口）、特殊区域出口和香港转运出口等三种模式为主；进口以电商直购进口、网购保税进口等两种模式为主。

（四）海关、检验检疫、外汇、国税、市场监管、邮政等部门根据《国务院办公厅转发商务部等部门关于实施支持跨境电子商务零售出口有关政策意见的通知》（国办发〔2013〕89号）及国家部委有关政策，结合深圳进出口业务模式，重点解决跨境电商通过特殊区域及邮、快件渠道进出口所存在的主要问题，制定适合我市特点的进出口业务管理模式及政策措施。

（五）鼓励具备条件的跨境电商企业、物流企业、支付企业，在前海湾保税港区开展“特殊区域进出口”试点，待条件成熟后试点区域拓展至邮政快件监管中心、邮政国际邮件处理中心、机场快件监管中心、UPS国际转运中心等区域，并开展“电商包裹出口”和“电商直购进口”试点，在海关指定电商仓库和物流仓库开展深圳转运香港邮、快件零售出口试点。

（六）建立跨境电商信用、标准、统计等三大服务体系。

三、主要任务和职责分工

（一）完善政策规制环境

1. 主要任务

根据国办发〔2013〕89 号文的要求，统一部署、同步推进，结合跨境电商在经营主体、交易、支付、物流等环节的特点和规律，研究制订符合深圳特色的进出口主体备案、交易信息备案、通关监管、检验检疫、跨境资金结算、税收管理等方面的配套政策措施。

2. 职责分工

（1）针对跨境电商涉及的不同类型经营主体，按照其经营特点及监管要求，建立相应的经营主体服务平台注册操作规范。

责任单位：市市场和质量监管委牵头，联席会议成员单位配合。

（2）针对交易凭证难以确认、报关流程复杂繁琐、通关成本偏高、通关模式不规范等问题，在《关于跨境电商进出境货物、物品有关监管事宜的公告》（总署公告〔2014〕56 号）框架下，分步制定电商包裹出口、特殊区域出口、香港转运出口以及直购进口与保税进口等海关业务操作规程。

责任单位：深圳海关牵头，联席会议成员单位配合。

（3）针对监管模式不完善、报检流程复杂繁琐等问题，在国家质检总局相关文件框架下，研究制定具有深圳特点的跨境电商进出口商品检验检疫管理办法、实施细则和标准规范。

责任单位：深圳出入境检验检疫局牵头，联席会议成员单位配合。

（4）针对跨境电商企业享受退（免）税等政策问题，在国家现行政策框架下，探索建立适合我市通关特点的退（免）税管理方式，制定相应的操作指引和标准规范。

责任单位：深圳市国税局牵头，联席会议成员单位配合。

（二）优化业务管理模式

1. 主要任务

海关、检验检疫、外汇、国税等部门加强业务协同和合作，构建符合互联网特征、能够承载跨境电子商务新型业务模式的信息化监管与服务体系。积极推广“集中监管、清单核放、汇总申报”，建立一套具有深圳特色的跨境电子商务通关监管、检验检疫、跨境资金结算、税收等业务管理模式和运行机制。

2. 职责分工

（1）重点解决出口跨境电商发展中存在的主要问题，制定针对电商包裹出口、特殊区域出口、香港转运出口等海关业务管理模式及操作流程。启动对电商直购进口、网购保税进口等电商进口模式的前期研究。

责任单位：深圳海关牵头，前海管理局、邮政管理局、深圳市南方电子口岸有限公司、机场快件监管中心、UPS 国际转运中心、邮政快件监管中心、邮政国际邮件处理中心等参与。

（2）细化各经营主体信用信息、产品信息、交易信息的交换内容和处理流程，形成包括信用信息管理、知识产权保护、纠纷解决机制等业务模块在内的交易保障体系。

责任单位：市市场和质量监管委牵

头，联席会议成员单位配合。

（3）研究建立跨境电商货物检验检疫监管模式、业务流程，实行集中申报、集中办理等措施，实现进出口货物便利通关。

责任单位：深圳出入境检验检疫局牵头，联席会议成员单位配合。

（4）根据跨境电商的业务特性和需求，设计电商收结汇、购付汇的业务流程和管理模式，并积极向国家外汇管理局申请政策突破试点。

责任单位：国家外汇管理局深圳分局牵头，市经贸信息委、深圳市南方电子口岸有限公司参与。

（5）根据深圳地区特点和业务需求，优化跨境电商出口退（免）税管理模式、业务流程，并积极向国家财政部和税务总局申请政策试点。

责任单位：深圳市国税局牵头，市财政委、前海管理局、深圳市南方电子口岸有限公司配合。

（三）建设信息支撑系统

1. 主要任务

建设公共信息服务平台和海关、检验检疫、市场监管、国税等部门的跨境电商配套管理系统，引导参与试点企业进行信息化系统改造，并与公共信息服务平台对接，实现信息共享、互联互通和流程电子化。

2. 职责分工

（1）依托深圳市南方电子口岸有限公司承建满足电商进出口全流程各环节的公共信息服务平台，并尽快实现试运营。开发公共信息服务平台的第三方接口处理系统，对接各管理部门的监管系统和试点企业系统，通过公共信息服务平台整合备案、交易、物流、支付、通关等信息，实现海关、检验检疫、外汇、国税、市场监管等各部门对电商跨境进出口信息的实时掌控、信息共享和无纸化管理，发挥公共信息服务平台在数据交换、流程电子化和信息增值服务中的技术支撑作用。

责任单位：市经贸信息委牵头，深圳市南方电子口岸有限公司组织实施，联席会议成员单位配合。

（2）结合电商包裹出口、特殊区域出口、香港转运出口及未来电商直购进口、保税进口等通关模式和业务流程，建设深圳海关跨境电商监管系统（以下简称“海关电商监管系统”）。

责任单位：深圳海关牵头，市发展改革委、财政委、经贸信息委等部门配合。

（3）在经营主体及其产品预先备案，电子商务进出口货物实现全申报的前提下，建设深圳检验检疫跨境电商进出口商品检验检疫监管系统（以下简称“国检电商监管系统”）。

责任单位：深圳出入境检验检疫局牵头，市发展改革委、财政委、经贸信息委等部门配合。

（4）建设市场监管跨境电商可信交易保障系统（以下简称“市场监管跨境电子商务可信保障系统”），建立跨境电商基础通用标准和信用体系，形成包括跨境电商经营主体、生产产品和交易信息查验、跨境贸易纠纷解决机制、跨境电商企业信用管理等业务模块的跨境电商可信交易公共服务体系。

责任单位：市市场和质量监管委牵头，深圳市众信电子商务交易保障促进中心组织实施，联席会议成员单位配合。

（5）建设国税本地辅助管理系统，开发满足跨境电商进出口征、免、退税管理功能模块，建设连接公共信息服务平台的网络连接及数据交换平台，引进电商企业“进出境货物申报清单”数据进行比对审核，解决跨境电商进出口税务问题。

责任单位：深圳市国税局牵头，联席会议成员单位配合。

（6）引导参与试点企业进行系统改造，实现与公共信息服务平台对接，优化业务流程。

责任单位：市经贸信息委牵头，市发展改革委、财政委、深圳市南方电子口岸有限公司配合。

（四）启动试点，深化应用

1. 主要任务

根据国办发〔2013〕89号文的要求，采取“集中监管、清单核放、汇总申报”的通关监管模式，鼓励有条件的跨境电商企业、支付企业、物流企业作为试点企业，分别通过前海湾保税港区、机场快件监管中心、UPS国际转运中心、邮政快件监管中心、邮政国际邮件处理中心等开展跨境电商进出口运营试点，未来将逐渐扩大试点范围，增加业务模式。

2. 职责分工

（1）依托前海湾保税港区开展“特殊区域进出口”试点。完善软、硬件设施，开展以经营主体备案、交易产品备案、出入境（区）清单申报、通关监管、跨境资金结算、征（退）税等流程电子化为主要内容，以电商货物提前进入特殊监管区域，然后再配送进出口为运营模式的试点工作。

责任单位：前海管理局、深圳海关牵头，联席会议成员单位配合。

（2）依托机场快件监管中心、UPS国际转运中心、邮政快件监管中心和邮政国际邮件处理中心，开展以邮、快件为主的“电商包裹进出口”试点，在现有区域内规划专门的作业空间实现集中监管、专门分拣，按海关监管要求进行集中监管场所信息化系统改造，实现与试点企业系统和公共信息服务平台对接，优化操作流程，满足各管理环节的需要。

责任单位：深圳海关牵头，联席会议成员单位配合。

（3）优先确定有条件且信誉良好的大型电商企业仓库或物流园区为集中监管仓库或场所，通过其信息化系统改造和完善基础设施，实现与公共信息服务平台对接，尝试推进“跨境电商联网监管、分类通关、陆路口岸快速验放”的“香港转运出口”模式试点。

责任单位：深圳海关牵头，联席会议成员单位配合。

四、保障措施

（一）加强组织领导

充分发挥由市领导担任总召集人的深圳市跨境电商联席会议制度的统领作用，强化组织领导，加强各成员单位的沟通与协作，统筹资源配置保障，统筹各部门配套政策和业务模式，协调解决试点方案实施中的问题，推进完成各项任务。

（二）完善资金保障

为确保跨境试点工作的资金需求，“海关电商监管系统”、“国检电商监管系统”和“市场监管跨境电子商务可信保障系统”的建设费用在电子商务发展专项资金中列支；公共信息服务平台要保持公益属性，其投资方式和运营管理方式，另行报市政府审定。

（三）强化监督评估

联席会议办公室根据工作方案明确的任务分工，及时对各部门实施进度进行检查，确保各项工作的落实。

深圳市市场和质量监督管理委员会印发关于促进跨境贸易电子商务市场健康快速发展若干意见的通知

（深市质规〔2015〕3号）

各有关单位：

为促进我市跨境电子商务市场健康快速发展，我委制定了《关于促进跨境电商市场健康快速发展的若干意见》，现予印发，请遵照执行。

深圳市市场和质量监督管理委员会

2015年6月19日

关于促进跨境电商市场健康快速发展的若干意见

跨境电子商务是指分属不同关境的交易主体，通过电子商务达成交易、进行支付结算，并通过跨境物流送达商品、完成交易的一种国际商业活动。发展跨境电子商务对于扩大国际市场份额、拓展外贸营销网络、转变贸易发展方式、打造深圳质量和深圳标准具有重要而深远的意义。为加快我市跨境电子商务市场健康快速发展，结合我委职能，针对在深注册的跨境电子商务企业发展，提出以下指导意见：

一、建立可信交易环境，促进外贸经济发展

1. 开展跨境电子商务经营者主体身份验证服务。建设跨境电子商务可信交易保障系统，制定跨境电子商务经营主体注册操作规范，扩大跨境电子商务企业工商网监电子标识覆盖范围，加大宣传推广力度，推动电子标识成为信用评价因素。

2. 建立跨境电子商务诚信机制。建设信用信息数据服务平台，为公众提供违法行为预警、诚信企业公示等公共服务，营造市场主体“一处失信、处处受制”的信用环境。指导支持协会与企业共同建立数据共享机制，共享企业身份信息、资质信息、经营状况与交易评价信息，建立跨境电子商务信用评价等级标准。

3. 制定跨境电子商务交易合同与标准规范。制定跨境电商基础通用标准，推动企业积极采用国际和国外先进标准，帮扶企业参与产品国际技术标准研制。支持第三方专业机构开展交易凭证保全和电子合同仲裁服务。

二、加强与境外第三方机构合作，促进交易便利化

4. 加强与国际第三方机构的合作，建立国际广泛认可的经营者主体验证体系。鼓励行业机构参加 ISO、IEC 国际标准化活动，推动国内认证标准与国际标准的对接，支持企业获得国际质量认证，推动国际互认。

5. 发挥检测认证机构对跨境电子商务产品质量的保障与提升作用，加强集计量、标准、检测、检验和认证为一体的综合服务能力。开展进口产品质量检测；加强与 SGS、TüV 等国际检测认证机构合作，构建国际符合性评价体系，推动实验室资质、检验报告、认证的国际互认互通。

6. 加强跨境电商政策研究，紧跟各国技术性贸易措施权威资讯，全面研究各国电子商务政策、标准、市场准入规则、质量验证体系、商标注册与知识产权保护等内容，开展技术性贸易措施研究与咨询服务，建立与国际知识产权服务机构协作机制。助力跨境电子商务把握市场契机，实现规范健康发展。

三、强化知识产权保护，促进品牌创新

7. 加大跨境电子商务知识产权促进力度，广泛宣传国内外商标、版权、专利等资助和鼓励政策，加强培训和学习，提高知识产权保护意识，建立预警机制，防范海外恶意商标抢注行为。

8. 指导跨境电子商务平台企业规范经营，加强内部监管。维护公平竞争秩序，推动市场由低价竞争向以质取胜、由中国产品向中国品牌的更高层次转变。

9. 支持知识产权服务机构为跨境电子商务平台企业提供专利检索，商标预警、风险评估等知识产权服务，为知识产权纠纷案件提供公证、诉讼等法律服务，开展知识产权保护及法律援助。

四、健全纠纷解决机制，维护经营者、消费者合法权益

10. 建立跨境电商纠纷解决的协调机制，鼓励和推动行业组织加强与国内外支付机构或者消费者保护组织的沟通与协调，积极参与制定纠纷解决的国际规则与规范。

11. 建设便捷的在线投诉与处理平台，为企业与消费者提供专业的法律咨询、纠纷调解服务。支持仲裁机构为跨境电子商务消费争议提供专业服务。

12. 开展在线纠纷非诉讼调解服务，加大推广应用力度，加强与国外相应机构的对接与合作，拓宽服务范围，提高服务水平。

五、打击违法违规行为，规范市场秩序

13. 加强跨境电子商务经营主体监管，推进经营主体查验，树立企业守法经营诚信形象，制定并持续优化监管措施，查处从事非法业务和欺诈活动的经营主体，构建公平竞争的市场环境。

14. 加大跨境电子商务产商品质量抽查力度，强化日常监督检查，开展专项整治工作，加大产商品质量违法行为行政处罚力度，严厉打击制假售假，切实维护跨境电子商务企业和消费者合法权益。

15. 加大知识产权保护力度，推进知识产权执法检查常态化机制建设，鼓励知识产权服务机构加强执业监督与管理，打

击跨境电子商务领域侵犯知识产权违法行为，维护跨境电子商务企业合法权益。

本意见自发布之日起实施，有效期3年。

深圳检验检疫局关于印发《深圳地区跨境电子商务检验检疫监督管理办法（试行）》的通知

（深检通〔2015〕66号）

各机关处（室），各直属挂靠单位，各分支机构：

为支持和促进深圳地区跨境电子商务健康发展，规范跨境电子商务检验检疫监督管理工作，我局制定了《深圳地区跨境电子商务检验检疫监督管理办法（试行）》（见附件），现印发你们，请遵照执行。

特此通知

深圳出入境检验检疫局

2015年3月11日

深圳地区跨境电子商务检验检疫监督管理办法（试行）

第一章　总　则

第一条　为支持和促进跨境电子商务健康发展，规范深圳地区跨境电子商务检验检疫监督管理工作，根据《中华人民共和国进出口商品检验法》及其实施条例、《中华人民共和国进出境动植物检疫法》及其实施条例、《中华人民共和国国境卫生检疫法》及其实施细则、《中华人民共和国食品安全法》及其实施条例、《中华人民共和国认证认可条例》等法律法规的规定，制定本办法。

第二条　本办法适用于深圳地区备货模式入境跨境电子商务的检验检疫监督管理。

备货模式是指跨境电商商品以保税方式整批从境外进入海关特殊监管区或保税监管场所（以下简称“特殊监管区域”），集中存放，通过跨境电商平台销售给个人消费者后作为个人自用物品出区进口的方式。

第三条　深圳出入境检验检疫局（以下简称“深圳局”）通关业务处负责统筹协调深圳地区跨境电子商务的检验检疫监督管理工作，深圳局相关业务部门负责业务指导，深圳局下属各分支局、办事处（以下简称“分支机构”）承担跨境电子商务检验检疫和日常监督管理工作。

第四条　深圳局对跨境电商商品实施“入区（境）检疫、区内监管、出区核查”的检验检疫监督管理模式。

第五条　深圳局以贸易便利化为原则，通过跨境电商检验检疫监管系统（以下简称“监管系统”）与深圳市跨境电商通关服务平台（以下简称“服务平台”）的信息共享与互换，实现对跨境电子商务的企业备案、商品申报、监管放行和事后追溯等监督管理。

第二章 电商和商品管理

第六条 跨境电子商务经营主体（以下简称“电商”）包括跨境电子商务经营企业（以下简称“经营企业”）、跨境电子商务平台企业（以下简称“平台企业”）和跨境电子商务物流、仓储企业（以下简称“物流、仓储企业”）。

第七条 经营企业是质量安全责任的主体，应当建立质量安全管理制度，对经营的商品质量安全负责。

平台企业负有质量监督责任，应当建立质量监督制度，监督经营企业落实质量主体责任，从源头杜绝售假行为。

第八条 电商应当通过服务平台向开展跨境电子商务的属地分支机构备案。备案时应提供企业基本信息，并提交营业执照、组织机构代码证和《质量安全承诺书》（见附件）等相关资料。

第九条 经营企业在开展电商业务前应当通过服务平台向属地分支机构备案所经营的商品，备案需提供以下信息：

（一）商品的名称、HS 编码、生产厂家等信息；

（二）商品的主要成分、主要性能指标等信息；

（三）商品的适用标准和认证情况；

（四）供货商名称及国别或采购来源信息；

（五）检验检疫机构需要的其他信息。

第十条 下列商品不得以跨境电子商务形式进境：

（一）《中华人民共和国进出境动植物检疫法》规定的禁止进境物；

（二）未获得检验检疫准入的动植物源性食品；

（三）列入《危险化学品名录》、《剧毒化学品目录》、《易制毒化学品的分类和品种名录》和《中国严格限制进出口的有毒化学品目录》的；

（四）除生物制品以外的微生物、人体组织、血液及其制品等特殊物品；

（五）含有核生化有害因子，可能危及公共安全的相关产品；

（六）废旧物品；

（七）法律法规禁止进境的其他产品和国家质检总局公告禁止进境的产品；

（八）列入《中华人民共和国禁止携带、邮寄进境的动植物及其产品名录》的。

第十一条 以跨境电子商务形式进境商品的准入要求：

（一）列入 CCC 认证目录内的，应提供有效的 CCC 证书，符合免办和无需条件的除外；

（二）列入《进口食品境外生产企业注册实施目录》的食品，应来源于经注册的境外食品生产企业；

（三）用于人类疾病预防、治疗、诊断以及人类医学、生命学相关研究、生产等的生物制品，需取得《入/出境特殊物品卫生检疫审批单》。其中，对消费者自用且仅限于预防或者治疗疾病用的生物制品，不需办理卫生检疫审批手续，但需出示医院的有关证明，并以处方或者说明书确定的一个疗程用量为限；

（四）食品、化妆品应符合我国法律法规和国家标准的要求，提交原产国（地区）的自由销售证明、原产地证明、检测报告等证明材料，并在跨境电商平台上向消费者明示产品相关信息包括标签信息；

（五）经营企业应提供由符合资质的

第三方检测机构出具的商品符合中国法律法规和强制性国家标准的检测报告；

不符合前述（四）~（五）项准入要求的，经营企业应向消费者明示不符合的项目或可能存在的质量安全风险，在消费者声明接受后方可销售。

第十二条 分支机构在风险分析的基础上，结合本办法第十、第十一条的要求，对经营企业经营商品是否符合准入要求进行认定，并通过监管系统向服务平台反馈认定的结果。

第三章 入区（境）检疫

第十三条 跨境电商商品入区时，经营企业应通过服务平台向属地分支机构申报入境商品信息，经与认定的商品信息进行比对成功后，分支机构准予商品入区，并计入其入境商品底账。

第十四条 入区电商商品涉及卫生检疫和动植物检疫的，经营企业应向分支机构报检，分支机构应按规定对电商商品、集装箱、木质包装等实施检疫查验工作，需要进行卫生或动植物检疫除害处理的，实施相应处理。

第十五条 入区电商商品涉及检验的按特殊监管区检验的相关规定执行。

第四章 区内监管

第十六条 电商商品经检疫合格后，应当存放在分支机构指定的监管场库。

第十七条 经营企业应履行以下质量主体责任：

（一）建立商品的电子账册底账，并建立商品信息库；

（二）在商品上加贴二维码防伪标签，通过防伪溯源平台和监管平台实现监管部门、电商、消费者之间的“多向溯源”；

（三）提供国外有资质的第三方检测机构出具的且在有效期内的检测报告或者自我合格保证声明等；

（四）自我抽样送国内有资质的第三方检测机构进行符合性验证。

第十八条 平台企业应履行以下质量监督责任：

（一）建立前置约束机制，对平台销售的商品信息实施预先审核；

（二）建立信息披露机制，及时、准确、完整披露商品信息、消费者评价信息等；

（三）建立首问负责制，实行保证金和先行赔付等制度保障消费者权益。

第十九条 分支机构应审核第三方检测报告或自我合格保证声明、自检报告等，审核通过的电商商品，允许经营企业进行销售。

第二十条 分支机构应根据需要对电商商品进行监督抽检，由有资质的第三方检测机构进行检测，以验证商品是否符合安全、卫生和健康要求。

第二十一条 监督抽检环节可与出区核查环节并行。监督抽检不合格的，禁止相应电商商品出区，已销售的商品责令经营企业召回。

第五章 出区核查

第二十二条 跨境电商商品销售出区时，电商应通过服务平台向属地分支机构逐批申报物品信息，包括订单、支付单和物流单等信息。

第二十三条 分支机构对出区物品进行核查，主要核查出区商品数量、商品的真实性以及货单是否相符等。

现场核查符合要求的，直接放行。现场核查不符合要求的，要求企业整改，整改完成后经再次核查符合要求的，方可放行。

第二十四条 物品出区后，分支机构应及时在监管系统相应电商商品底账中予以核销。

第六章 监督管理

第二十五条 分支机构应监督检查电商建立质量安全管理、前置约束、信息披露和首问负责等质量管理制度的情况，督促其切实履行相应的商品质量安全责任。

第二十六条 监督抽检不合格的商品，分支机构应监督经营企业作退货、销毁等处理。

第二十七条 分支机构应对电商商品消费者质量投诉、国外质量安全事件等进行跟踪评估，并制定相应的召回、后续处置等应急措施。

第二十八条 分支机构应监督经营企业按照备货模式开展入境电子商务，严禁假借备货模式开展企业对企业（B2B）模式的跨境电商经营。

第二十九条 分支机构应对消费者订单情况实施监控，对订单异常情况及时作出处置，严防消费者借电商平台之名，行一般贸易进出口之实，并对个人失信行为采取惩治措施。

第三十条 分支机构对电商实施信用管理，对于发生商品质量安全事件的，分支机构按视违规事实严重程度，采取责令召回、暂停销售、取消电商相应资质等措施。

第三十一条 分支机构应充分利用服务平台，加强与海关及地方质量监管部门、经贸管理部门的联动和配合，建立链条完整、多方共治的质量监管机制。

第三十二条 质检总局发布风险预警、开展专项整治或其他相关文件要求对特定商品实施加严管理的，按照相关规定执行。

第七章 监管设施及条件

第三十三条 跨境电子商务通关服务平台应实现电商与检验检疫及海关等监管部门的信息共享和交换，确保数据的及时准确。

第三十四条 电商应在仓储物流场所提供满足检验检疫工作需要的设施设备，包括但不限于以下内容：

（一）查验工作区。查验工作区面积视具体情况而定，查验工作区应配有视频监控、数据网络、计算机管理系统、X光机、查验采样工具等必要的设施设备；

（二）监管仓库。应设有符合检验检疫监管要求的监管仓库，并划分留样区、暂存区、处理区等区域。仓库内需安装有照明设施和视频监控系统；

（三）检疫处理场所和设施。应设有检验检疫所需的熏蒸消毒或销毁处理场所和设施，符合安全要求，有警示标志，并配有药品器械库；

（四）跨境电子商务管理机构应提供与跨境电商业务相适应的办公用房。

第八章 附 则

第三十五条 对电商在从事跨境电子商务活动中违反检验检疫相关法律法规的，依法追究法律责任。

第三十六条 特殊监管区域备货模式出口和以非备货模式进出口的跨境电商商

品，参照本办法进行管理。

第三十七条 非特殊监管区域以企业对消费者（B2C）模式，通过国际快递或邮寄方式进出的跨境电商商品，按照《出入境快件检验检疫管理办法》、《进出境邮寄物检疫管理办法》监管。

第三十八条 以企业对企业（B2B）模式进出的跨境电商商品，按照现行一般贸易进出口商品相关检验检疫管理规定进行管理。

第三十九条 本办法“入区”是指从境外进入特殊监管区域简称“境外入区”。

第四十条 本办法“出区”是指从特殊监管区域输出到境外或境内非特殊监管区域。

第四十一条 中国（广东）自由贸易试验园区深圳前海蛇口片区的非海关特殊监管区域视同境内非特殊监管区域进行管理。

第四十二条 其他未尽事宜，由各业务管理部门细化明确。

第四十三条 本办法由深圳出入境检验检疫局负责解释。

第四十四条 本办法自2015年4月1日起施行。

附件

质量安全承诺书

为切实保证跨境电子商务进出口商品的质量安全，本公司向检验检疫部门和广大消费者郑重承诺：

一、自觉遵守检验检疫及产品质量相关法律法规，认真履行产品质量安全主体责任。

二、按照国际管理标准，对经营的商品建立健全质量管理体系和信息安全管理体系，确保产品质量安全和商业信息安全。

三、建立对跨境电商商品的质量管控措施，提供有资质的检测机构检测合格的检测报告或者自我合格保证声明等质量证明文件。（电商经营企业适用）

四、建立对平台销售商品的质量管理制度，落实前置约束、信息披露和首问负责等质量管理责任，从源头杜绝售假行为。（电商平台企业适用）

五、配备质量安全监督员，并赋予质量安全监督员对商品质量管理的“一票否决权”。

六、不经营假冒伪劣商品。

七、不经营不得以跨境电子商务形式进境的商品。

八、按照检验检疫监管要求安装有关设施。

若违反检验检疫法律法规和本承诺，本公司愿承担由此而引起的一切责任。

企业名称：

法人代表（签字）：

年 月 日

深圳市跨境电商联席会议办公室关于印发《深圳市开展跨境电商通关服务试点指导意见》的通知

（深经贸信息生产字〔2015〕201号）

各有关单位：

根据国务院、海关总署、质检总局等国家有关部委关于鼓励、促进、规范跨境电子商务的系列政策，以及《深圳市人民政府办公厅印发深圳市推进跨境电商试点实施方案的通知》精神，为促进深圳跨境电商健康快速发展，提高通关服务效率，优化操作流程，指导相关部门在操作层面如何各司其职、相互协作，指导企业如何参与试点运作，明确通关服务平台的功能定位、运营规则等事项，经市领导批准，市跨境电商联席会议办公室制定了《深圳市开展跨境电商通关服务试点指导意见》（见附件），现予印发，请遵照执行。

特此通知。

附件 深圳市开展跨境电商通关服务试点指导意见

深圳市跨境电商
联席会议办公室（代章）
2015年7月31日

附件

深圳市开展跨境电商通关服务试点指导意见

第一条 为促进深圳跨境电商健康发展，提高跨境电商的通关服务效率，明确试点政策，规范通关监管，优化操作流程，简化申报手续，根据国务院、海关总署、质检总局等国家有关部委关于鼓励、促进、规范跨境电子商务的系列政策，以及《深圳市人民政府办公厅印发深圳市推进跨境电商试点实施方案的通知》，制定本指导意见。

第二条 依托深圳市跨境电子商务通关服务平台（以下简称通关服务平台）搭建全市跨境电子商务“单一窗口”，全面打造跨境电子商务通关监管、检验检疫、结售汇、退免税、信用保障、产业统计六大服务体系，将通关服务平台建设成为区域性跨境电子商务虚拟集聚区的重要载体。

第三条 通关服务平台是为跨境电商企业提供通关服务的公益性公共信息服务平台，是跨境电商领域实现“一次录入、多方申报、数据协同”的国际贸易“一站式”服务窗口，是企业与政府各监管部门之间数据交换的枢纽，是我市跨境电商通关服务重要的信息化基础设施。

第四条 通关服务平台由市政府投资、委托深圳市南方电子口岸有限公司开发、建设、运营和维护，通关服务平台不得向企业收取任何费用。

第五条 通关服务平台必须建立严格的、完善的信息安全保障制度和风控措施，与被服务企业签订的服务协议中须包含保密条款，确保平台数据安全、维护企业利益。

第六条 深圳海关根据监管条件和要求，负责统筹制定全市跨境电子商务通关服务试点区域规划，合理布局通关试点区域，确定试点模式，计划试点进度，明确各试点区域的监管标准、查验模式、设施条件（如闸口、监控、分拣等设施），制定通关管理办法及操作指引。

第七条 深圳海关负责建设深圳跨境电子商务海关监管系统，并与通关服务平台对接，通过通关服务平台实现对经营主体和经营商品的备案管理，以及对跨境电子商务交易、仓储、物流、支付、通关等各环节的电子监管。

第八条 深圳检验检疫局负责制定本地区跨境电子商务检验检疫监管政策，建设跨境电商检验检疫监管系统，并与通关服务平台对接，通过通关服务平台实现对跨境电商企业备案、商品申报、监管放行和事后追溯等管理与监控。

第九条 深圳外汇管理局通过通关服务平台专设的外汇管理功能模块进行相关业务操作，获取企业备案、交易、物流、支付、通关等信息，实现对跨境贸易真实性的核查管理。

第十条 深圳国税局应规划建立相关信息化管理系统，并与通关服务平台对接，利用通关服务平台提供的通关数据，辅助国税总局下发的出口货物报关单信息进行审核，实现对经营主体、商品、数量的自动化比对，彻底实现电商进出口征、退（免）税业务的无纸化高效运作。

第十一条 深圳市市场监管部门负责建设跨境电子商务可信交易保障系统，并实现与通关服务平台对接，通过通关服务平台提供企业登记、许可和监管等信用信息，为其他监管单位的企业备案管理与诚信管理提供参考，建立并完善全市跨境电商信用服务体系。

第十二条 各监管部门应该根据各自的监管职责和上级单位的文件要求，制定或完善本部门对跨境电子商务的管理制度、操作规范和业务流程，主要包括：经营主体备案管理、商品备案管理、通关管理等，但必须符合“法无禁止的市场主体即可为，法未授权的政府部门不能为”的原则，最大限度减少对电子商务市场的行政干预。

第十三条 参与跨境电子商务通关服务试点的市场主体（以下统称参与主体），可以是电子商务交易平台类企业、通过第三方电子商务交易平台开展业务的外贸企业、仓储物流企业、第三方支付机构、代理报关企业、海关特殊监管场所经营单位等合法注册的企业法人。

第十四条 参与主体应符合深圳海关、深圳检验检疫局等监管单位有关参与试点的具体要求，应具备直接或间接与通关服务平台数据对接的技术条件，应按规定通过通关服务平台向海关、检验检疫等部门递交企业备案、商品备案等备案申请，并经各监管单位审核通过后，方可正式开展业务。

第十五条 参与主体须在通关服务平台上注册，并通过通关服务平台传输备案信息、交易信息、支付信息和仓储物流信息等数据信息，通关服务平台负责将接受到各种数据信息按要求分别提供给监管部门，并将监管部门的监管指令反馈给参与主体。

第十六条 跨境电商海关特殊监管场所经营单位要根据深圳海关对本区域（场

所）通关试点布局规划和业务模式的设计要求，组织开展信息化管理系统建设和海关查验场所软硬件配套设施建设，以满足深圳海关对跨境电商的通关监管条件，为入区企业提供必要的通关服务。

第十七条 深圳市经信管理部门负责统筹全市跨境电商通关服务试点工作，做好顶层设计，牵头制定相关政策和工作计划，明确试点任务并组织推进，协调解决试点中出现的问题，组织搭建通关服务平台，统筹规划平台的各项功能，组织企业参与试点，组织产业专项资金对口扶持，组织开展试点效果评估等。

各单位要认真落实本指导意见，加强部门之间的沟通和合作，共同推动建立规范有序、便捷高效、安全开放的跨境电子商务服务环境，解放思想，转变观念，勇于创新，促进我市跨境电子商务迈上新台阶。

深圳市经济贸易和信息化
委员会秘书处
2015 年 7 月 31 日印发

企业名录

截至 2015 年 12 月 31 日，在深圳跨境电商综合服务平台上注册，并实际开展业务的企业（如表 2-26 所示）。

表 2-26 深圳跨境电商企业名录

序号	企业名称	备案类型
1	北京爱菲丝科技有限公司	商户类、平台类
2	北京爱农驿站科技服务有限公司	支付类
3	北京乐仔哇贸易有限公司	商户类
4	北京普缇客科技有限公司	商户类、平台类
5	北京如风达快递有限公司	物流类
6	北京小麻包信息技术有限公司	商户类、平台类、支付类
7	舶来尚品（深圳）科技有限公司	商户类、平台类
8	成都云遥互动科技有限公司	商户类、平台类
9	创颖峻贸易（深圳）有限公司	平台类
10	大连大商天狗电子商务有限公司	商户类、平台类
11	大连东北亚丝路电子商务有限公司	商户类、平台类
12	丹东鼎尊商贸有限公司	商户类、平台类、仓储类

表2-26 续1

序号	企业名称	备案类型
13	道格云商（湖南）贸易有限责任公司	商户类、平台类
14	叮当电商（深圳）有限公司	商户类、平台类、物流类、仓储类、报关类
15	东莞市光兆实业投资有限公司	商户类
16	东莞市微格良品信息科技有限公司	商户类、平台类
17	佛山市麦浪电子商务有限公司	商户类、报关类
18	福建海丝路科技有限公司	商户类、平台类
19	广东今朝投资发展有限公司	商户类、平台类
20	广东天章供应链有限公司	商户类
21	广东葆鸣贸易有限公司	商户类、平台类
22	广州百福网络科技有限公司	商户类
23	广州思埠网络开发有限公司	商户类、平台类
24	广州唯品会信息科技有限公司	商户类、平台类、物流类、支付类、仓储类
25	广州洋戏台电子商务有限公司	商户类、平台类
26	海南志行物流服务有限公司	物流类
27	杭州徐娜拉电子商务有限公司	商户类
28	宏高（深圳）电子商务综合服务有限公司	物流类、仓储类、报关类
29	湖南嘉德科技发展有限公司	商户类
30	湖南友阿云商网络有限公司	商户类、平台类
31	慧慧优品电子商务（深圳）有限公司	商户类、平台类
32	家家乐购（北京）科技有限公司	商户类、平台类
33	家家乐购（北京）信息技术有限公司	商户类、平台类
34	解放路（上海）信息技术有限公司	商户类、平台类
35	晋城市艾生澳商贸有限公司	商户类、平台类
36	宁波蜜芽宝贝国际贸易有限公司	商户类、平台类
37	宁波通天轮贸易有限公司	商户类
38	宁夏丝路通网络科技有限公司	商户类、平台类
39	七海购（深圳）电子商务有限公司	商户类、平台类
40	七天优品品牌管理（深圳）有限公司	商户类、平台类
41	前海大利行（深圳）汽车用品跨境电商有限公司	商户类
42	前海东阳光（深圳）电子商务有限公司	商户类
43	前海五融跨境电商（深圳）有限公司	商户类、平台类

表2-26 续2

序号	企业名称	备案类型
44	泉州市宇讯进出口贸易有限公司	商户类、平台类
45	赛诚国际物流有限公司深圳分公司	物流类、仓储类
46	赛森汽车电子（深圳）有限公司	商户类
47	三本木投资（深圳）股份公司	商户类
48	山西爱辰航空电子商务股份有限公司	商户类、平台类
49	上海喆兔网络技术有限公司	商户类、平台类、报关类
50	上海大誉国际物流有限公司	物流类
51	上海寺库电子商务有限公司	商户类、平台类
52	深圳澳百网实业有限公司	商户类、平台类
53	深圳柏拉图电子商务有限公司	商户类、平台类
54	深圳保宏电子商务综合服务有限公司	商户类、平台类、物流类、仓储类
55	深圳大前海物流有限公司	物流类、仓储类、报关类
56	深圳德协保税电子商务有限公司	商户类、平台类
57	深圳港漂圈文化传播有限公司	商户类
58	深圳高朗科技有限公司	商户类
59	深圳海带宝网络科技股份有限公司	平台类、物流类
60	深圳海鸟全球信息技术有限公司	商户类
61	深圳和众世纪营销策划有限公司	商户类
62	深圳合立健康科技有限公司	商户类、平台类
63	深圳华唐盛世电子商务有限公司	商户类、平台类
64	深圳捷递国际物流有限公司	物流类、报关类
65	深圳金天达电子商务有限公司	商户类、平台类
66	深圳酷易通电子商务有限责任公司	商户类
67	深圳跨境购供应链有限公司	商户类
68	深圳快买科技有限公司	商户类、平台类
69	深圳乐笑食品有限公司	商户类、平台类
70	深圳连展全球物流供应链有限公司	物流类
71	深圳良品食代供应链有限公司	商户类、平台类
72	深圳亮锋物流有限公司	物流类、仓储类
73	深圳没税购电子商务有限责任公司	商户类
74	深圳能源物流有限公司	商户类、平台类

表2-26 续3

序号	企业名称	备案类型
75	深圳欧良贸易有限公司	商户类、平台类、物流类、支付类、仓储类、报关类
76	深圳皮尔玛进出口有限公司	商户类、平台类
77	深圳七号洋行电子商务有限公司	商户类、平台类
78	深圳棋洋国际物流有限公司	物流类、报关类
79	深圳前海爱海购电子商务有限公司	商户类
80	深圳前海超远供应链管理有限公司	物流类、仓储类、报关类
81	深圳前海大众盈国际商贸有限公司	商户类、平台类
82	深圳前海电商供应链管理有限公司	商户类、平台类、物流类、仓储类、报关类
83	深圳前海高晟通电商有限公司	商户类
84	深圳前海海集汇科技有限公司	商户类、平台类
85	深圳前海恒兴电子商务科技有限公司	商户类
86	深圳前海华石中证互联网金融服务有限公司	商户类、平台类
87	深圳前海拉美加实业有限公司	商户类
88	深圳前海亮星跨境电子商务有限公司	商户类
89	深圳前海欧源通电商供应链管理有限公司	商户类、平台类
90	深圳前海鹏大电子商务有限公司	物流类
91	深圳前海品优聚客电子商务有限公司	商户类
92	深圳前海千店直送网络有限公司	商户类、平台类
93	深圳前海泰华乐购电子商务有限公司	商户类、平台类
94	深圳前海腾邦保税跨境电子商务有限公司	商户类
95	深圳前海通世海电子商务股份有限公司	商户类、平台类
96	深圳前海拓米电商服务有限公司	物流类、仓储类
97	深圳前海微品生活电子商务有限公司	商户类、平台类
98	深圳前海央金玛电子商务有限公司	商户类、平台类
99	深圳前海洋行电子商务有限责任公司	物流类、仓储类
100	深圳前海易维他跨境电商发展有限公司	商户类、平台类
101	深圳前海粤港澳供应链有限公司	物流类、仓储类、报关类
102	深圳前海云集品电子商务有限公司	商户类、平台类
103	深圳前海智者供应链有限公司	商户类、平台类
104	深圳前海中农跨境电子商务科技有限公司	商户类、平台类

表2-26　续4

序号	企业名称	备案类型
105	深圳前海周大福港货中心有限公司	商户类、平台类、物流类、支付类、仓储类、报关类
106	深圳前海鑫特供应链有限公司	商户类、平台类、代理类、物流类、仓储类、报关类
107	深圳侨丰行电子商务有限公司	商户类
108	深圳切尔曼信息技术有限公司	商户类、平台类
109	深圳瑞吉星跨境电子商务有限公司	商户类、平台类
110	深圳润泽进出口有限公司	商户类、平台类
111	深圳赛仁科技有限公司	商户类
112	深圳十方通供应链信息技术有限公司	平台类
113	深圳十三洋行电子商务有限公司	商户类、平台类
114	深圳市爱菲丝网络科技有限公司	商户类、平台类、代理类、支付类
115	深圳市爱美购科技有限公司	平台类
116	深圳市爱商在线科技有限公司	平台类
117	深圳市傲基电子商务股份有限公司	商户类
118	深圳市八达物流股份有限公司	商户类、平台类、物流类、仓储类
119	深圳市百和佳贸易有限公司	商户类、平台类
120	深圳市倍速优仓储服务有限公司	仓储类
121	深圳市倍通供应链服务有限公司	物流类、仓储类
122	深圳市博创壹佰投资管理有限公司	商户类、平台类
123	深圳市博济恒实业有限公司	商户类、平台类
124	深圳市博思达供应链管理有限公司	商户类、平台类
125	深圳市残友电子善务有限公司	商户类
126	深圳市苍茂科技有限公司	商户类
127	深圳市长发兴业贸易股份有限公司	商户类、平台类
128	深圳市承和润文化传播有限公司	商户类、平台类、代理类、支付类
129	深圳市德丰汇海供应链有限公司	平台类、物流类
130	深圳市递四方速递有限公司	物流类
131	深圳市点点淘科技有限公司	商户类
132	深圳市叮叮电子商务有限公司	商户类、平台类
133	深圳市鼎丰盛业电子商务有限公司	商户类、平台类、物流类、仓储类、报关类
134	深圳市鼎丰盛业供应链管理有限公司	物流类

表2-26 续5

序号	企业名称	备案类型
135	深圳市东方嘉盈实业有限公司	报关类
136	深圳市富兰国际贸易有限公司	商户类、平台类
137	深圳市富临国际物流有限公司	商户类、平台类
138	深圳市高鹰母婴用品有限公司	商户类、平台类
139	深圳市冠汇资产管理有限公司	商户类、平台类、物流类、仓储类、报关类
140	深圳市哈迪狮国际货运代理有限公司	商户类、平台类
141	深圳市海格物流股份有限公司	平台类、物流类、仓储类、报关类
142	深圳市海猫互联网科技有限公司	商户类、平台类
143	深圳市海望通科技有限公司	商户类、平台类
144	深圳市海豚跨境科技有限公司	商户类、平台类
145	深圳市浩方电子商务有限公司	商户类
146	深圳市合生食品有限公司	商户类
147	深圳市合一和润跨境电子商务有限公司	商户类、平台类、报关类
148	深圳市恒达中通物流有限公司	平台类、物流类、仓储类
149	深圳市宏瑞达速递有限公司	物流类
150	深圳市弘盛品实业有限公司	商户类、平台类、物流类、支付类、仓储类
151	深圳市华润万家电子商务有限公司	商户类、平台类、代理类
152	深圳市华一物流有限公司	物流类、仓储类
153	深圳市环球海美电子商务科技有限公司	商户类、平台类
154	深圳市环球申通快递有限公司	物流类
155	深圳市环球思埠电子商务有限公司	商户类、平台类
156	深圳市环球思埠物流有限公司	物流类、仓储类、报关类
157	深圳市汇惠通电子商务有限公司	商户类、平台类、代理类
158	深圳市机场国际快件海关监管中心有限公司	仓储类
159	深圳市积分通科技开发有限公司	商户类
160	深圳市嘉宏裕盛进出口有限公司	商户类、平台类
161	深圳市嘉盈报关有限公司	报关类
162	深圳市捷利通达国际物流有限公司	物流类、仓储类、报关类
163	深圳市捷荣通盛供应链有限公司	物流类、仓储类、报关类
164	深圳市金婴宝贝母婴用品有限公司	商户类、平台类
165	深圳市锦堂电子商务有限公司	商户类、平台类

表2-26 续6

序号	企业名称	备案类型
166	深圳市久美博学科技有限公司	商户类、物流类
167	深圳市聚宝通科技有限公司	商户类、平台类
168	深圳市巨航国际供应链有限公司	商户类、平台类、物流类、仓储类、报关类
169	深圳市君美瑞信息科技有限公司	商户类
170	深圳市康鑫伟业供应链有限公司	商户类、平台类
171	深圳市跨境易国际贸易有限公司	商户类、平台类、报关类
172	深圳市快付通金融网络科技服务有限公司	支付类
173	深圳市拉冬电子商务有限责任公司	商户类
174	深圳市莱斯购电子商务有限公司	商户类
175	深圳市乐天天食品有限公司	商户类、平台类
176	深圳市乐之家电子商务有限公司	商户类、平台类
177	深圳市立航物流服务有限公司	物流类、仓储类、报关类
178	深圳市力华国际货运有限公司	物流类
179	深圳市联银供应链有限公司	商户类、平台类
180	深圳市邻家小铺有限公司	商户类
181	深圳市邻友通科技发展有限公司	商户类
182	深圳市龙飞祥供应链有限公司	商户类、平台类、代理类
183	深圳市龙和国际互联网科技有限公司	商户类、平台类、物流类、支付类、仓储类、报关类
184	深圳市龙顺达物流有限公司	商户类、平台类、物流类
185	深圳市绿膳谷农业创新发展有限公司	商户类、平台类
186	深圳市美丽控电子商务有限公司	商户类
187	深圳市米够电子商务有限公司	商户类、平台类
188	深圳市勉顺贸易有限公司	商户类、平台类
189	深圳市妙尊美代供应链管理有限公司	商户类
190	深圳市民声资讯有限公司	商户类、平台类
191	深圳市明易科技有限公司	商户类、平台类
192	深圳市欧乐通国际电子商务有限公司	商户类、平台类
193	深圳市欧美优品国际供应链管理有限公司	商户类、平台类
194	深圳市品尚汇电子商务股份有限公司	商户类
195	深圳市品质宝供应链管理有限公司	商户类、平台类

表2-26 续7

序号	企业名称	备案类型
196	深圳市普天智亮科技有限公司	商户类
197	深圳市启明星电子商务有限公司	商户类、平台类
198	深圳市钱宝科技服务有限公司	支付类
199	深圳市前海媄妍实业股份有限公司	商户类
200	深圳市前海八达供应链管理有限公司	商户类、平台类、物流类、仓储类
201	深圳市前海八达通供应链有限公司	商户类、平台类
202	深圳市前海宝创利供应链有限公司	物流类、仓储类
203	深圳市前海超盟国际供应链有限公司	物流类、仓储类、报关类
204	深圳市前海承和润供应链管理有限公司	物流类、仓储类、报关类
205	深圳市前海国金金融服务有限公司	商户类、平台类
206	深圳市前海海易物流有限公司	物流类、仓储类
207	深圳市前海乐贝尔电子商务有限公司	商户类、平台类
208	深圳市前海龙和国际电子商务有限公司	商户类、平台类、物流类、支付类、仓储类
209	深圳市前海全球易供电子商务有限公司	商户类
210	深圳市前海荣欣电子商务有限公司	商户类、平台类
211	深圳市前海天行者跨境电商科技有限公司	商户类、平台类
212	深圳市前海万国电商有限公司	商户类、平台类
213	深圳市前海万物海淘电子商务有限公司	商户类、平台类
214	深圳市前海祥林供应链管理有限公司	商户类、平台类、物流类、仓储类、报关类
215	深圳市前海新融顺供应链管理有限公司	物流类、仓储类、报关类
216	深圳市前海新世纪电子商务有限公司	商户类
217	深圳市前海易德信科技有限公司	商户类、平台类
218	深圳市前海永洲网跨境电子商务有限公司	商户类、平台类
219	深圳市前海云达物流网络有限公司	物流类、仓储类、报关类
220	深圳市前海展宇电子商务服务有限公司	商户类、平台类
221	深圳市趣味猴有限公司	商户类、代理类
222	深圳市全通达申通快递有限公司	物流类
223	深圳市荣昇供应链有限公司	物流类、仓储类、报关类
224	深圳市瑞通速递有限公司	平台类
225	深圳市森美供应链管理有限公司	商户类、平台类、物流类、支付类、仓储类、报关类

表2-26 续8

序号	企业名称	备案类型
226	深圳市深国际西部物流有限公司	商户类、仓储类、报关类
227	深圳市深辉佳速贸易有限公司	商户类、平台类、物流类、支付类、仓储类
228	深圳市世纪仁源国际贸易有限公司	商户类、平台类、物流类、报关类
229	深圳市顺捷丰达速运有限公司	物流类
230	深圳市斯里兰商业发展有限公司	商户类、物流类、报关类
231	深圳市思萨美康电子商务有限公司	商户类、平台类
232	深圳市腾锐商贸有限公司	商户类、平台类
233	深圳市天成食品有限公司	商户类、平台类
234	深圳市天行云供应链有限公司	商户类
235	深圳市通拓科技有限公司	商户类
236	深圳市通运达供应链服务有限公司	商户类、平台类、代理类
237	深圳市外代仓储有限公司	物流类、仓储类、报关类、物业管理
238	深圳市万国荟贸易有限公司	商户类、平台类
239	深圳市万业恒通商贸有限公司	商户类、平台类
240	深圳市网通电子商务有限公司	商户类、平台类、物流类、支付类、仓储类
241	深圳市维康氏电子商务有限公司	商户类、平台类
242	深圳市文荣电商有限公司	物流类、仓储类、报关类
243	深圳市文源贸易有限公司	商户类、平台类
244	深圳市握手传媒有限公司	商户类、平台类
245	深圳市无国界贸易有限公司	商户类、平台类
246	深圳市西洋菜物流有限公司	仓储类、报关类
247	深圳市信捷网科技有限公司	商户类、平台类、代理类、物流类、仓储类、报关类
248	深圳市星商网络科技有限公司	商户类、报关类
249	深圳市洋货栈电子商务有限公司	商户类、平台类
250	深圳市壹佰悦电子商务有限公司	商户类、平台类
251	深圳市易思购电子商务有限公司	商户类、平台类
252	深圳市易通寰宇供应链服务有限公司	商户类、平台类、物流类、仓储类、报关类
253	深圳市易想达科技有限公司	商户类、平台类
254	深圳市易智通贸易有限公司	商户类
255	深圳市亿万航贸易有限公司	商户类、平台类、支付类

表2-26 续9

序号	企业名称	备案类型
256	深圳市樱桃优品网络科技有限公司	商户类、平台类
257	深圳市永邦富昌供应链有限公司	物流类、仓储类、报关类
258	深圳市邮政速递有限公司	物流类、报关类
259	深圳市油松快捷货运有限公司	物流类
260	深圳市有棵树科技有限公司	商户类、平台类
261	深圳市圆融科技有限公司	商户类、平台类
262	深圳市越海全球电商供应链有限公司	物流类、仓储类、报关类
263	深圳市云开九天科技有限公司	商户类、平台类
264	深圳市韵达速递有限公司	物流类
265	深圳市在凡贸易有限公司	商户类
266	深圳市赞的易通供应链服务有限公司	商户类、平台类
267	深圳市宅急送快运有限公司	物流类
268	深圳市甄选壹品电子商务有限公司	商户类
269	深圳市中兴供应链有限公司	商户类、平台类
270	深圳市卓鼎汇通供应链服务有限公司	物流类、仓储类、报关类
271	深圳市卓业供应链管理有限公司	物流类、仓储类、报关类
272	深圳市综保电子商务服务有限公司	商户类、平台类
273	深圳市嗨购天下科技有限公司	商户类
274	深圳市嗨库跨境电商有限公司	商户类、平台类、物流类、仓储类、报关类
275	深圳市汶洱文化传播有限公司	商户类、平台类
276	深圳市灏德美康电子商务有限公司	商户类、平台类
277	深圳顺美供应链服务有限公司	商户类、平台类
278	深圳思萨投资有限公司	商户类、平台类
279	深圳腾泽科技有限公司	商户类、平台类
280	深圳五州海康国际供应链有限公司	物流类、仓储类、报关类
281	深圳五洲四海供应链有限公司	物流类、仓储类、报关类
282	深圳欣利亚科技有限公司	商户类
283	深圳心头好贸易有限公司	商户类、代理类
284	深圳宜和股份有限公司	商户类、平台类
285	深圳易硕电子商务服务有限公司	物流类、仓储类

表2-26 续10

序号	企业名称	备案类型
286	深圳益达供应链管理有限公司	物流类
287	深圳银基品汇壹号销售管理有限公司	商户类、平台类
288	深圳越洋供应链管理有限公司	物流类、仓储类、报关类
289	深圳再来买科技有限公司	商户类、平台类
290	深圳中理外轮理货有限公司	商户类、代理类
291	深圳转运邦电子商务有限公司	商户类、平台类、物流类、仓储类、报关类
292	舒美健康科技（深圳）有限责任公司	商户类
293	顺丰速运有限公司前海营业部	物流类
294	顺丰速运有限公司天安营业部	物流类
295	苏州科贝尔实业有限公司	商户类、平台类
296	天虹商场股份有限公司	商户类
297	万国国际商品交易中心有限公司	商户类、平台类
298	万国荟国际电商科技股份有限公司	商户类、平台类
299	维本国际贸易（上海）有限公司	商户类、平台类
300	沃尔玛（深圳）百货有限公司	商户类、平台类
301	武汉市美利购进出口贸易有限公司	商户类、平台类
302	西安桑硕网络科技有限公司	商户类、平台类
303	厦门华帆科技有限公司	商户类、平台类
304	厦门挚宠商贸有限公司	商户类
305	行吟信息科技（上海）有限公司	商户类、平台类
306	雅娜购（北京）电子商务有限公司	商户类、平台类
307	一一百电子商务服务（深圳）有限公司	商户类、平台类
308	易联支付有限公司	支付类
309	樱桃宝贝（深圳）跨境电子商务有限公司	商户类
310	优购科技有限公司	商户类、平台类
311	优吉尔（深圳）电商供应链服务有限公司	平台类
312	招商局保税物流有限公司	商户类、平台类、物流类、仓储类、物业管理
313	郑州万国优品保税进出口有限公司	商户类、平台类

表2-26 续11

序号	企业名称	备案类型
314	郑州维纳斯信息科技有限公司	商户类、平台类
315	郑州新势力电子商务有限公司	商户类、平台类
316	智付电子支付有限公司	支付类
317	中国工商银行股份有限公司前海分行	商户类、平台类、支付类
318	中国邮政集团公司深圳市龙华局	物流类
319	中国邮政集团公司深圳市南油支局	物流类
320	中国邮政速递物流股份有限公司深圳市分公司	商户类、平台类、物流类
321	重庆火蚁供应链管理有限公司	商户类、平台类
322	重庆拓扬供应链管理有限公司	商户类、平台类
323	重庆易极淘科技有限公司	商户类、平台类
324	珠海唯美网络科技有限公司	商户类、平台类
325	佐佑（深圳）国际贸易有限公司	商户类、平台类、物流类

统计数据

一、深圳跨境电商服务试点出口业务报表

深圳跨境电商服务试点出口业务报表（如表2-27所示）。

表2-27 深圳跨境电商服务试点出口业务报表

业务模式	时间（年）	试点企业（个）	报关单（单）	货值（万美元）	环比增长率（%）	主要商品	主要出口国
B2C	2014	11	45	518.38		手机、汽车检测仪、鞋子、LED灯、平板电脑	美国、法国、英国
	2015	28	243	1830.26	253.07%	锂电池、电路板组件、大疆无人机、WIFI插座	西班牙、意大利、德国

二、深圳跨境电商服务试点进口业务报表

深圳跨境电商服务试点进口业务报表（如表 2-28 所示）。

表 2-28 深圳跨境电商服务试点进口业务报表

区域	时间（年）	验放清单（万票）	消费者（人）	货值（万元）	增长率（%）	上线商品种类（个）	商品种类（进口量前五位）	备案电商企业（个）	上线企业（个）
前海湾保税港区	试点以来至2015. 12. 31	981. 8800		14048. 90万美元		46944	2106909090 其他编号未列明的食品；3304990010 护肤品；1901101000 配方奶粉；1901900000 米粉等其他配方食品；9619001000 纸尿裤	217	

三、前海湾保税港区跨境电商出口项目业务情况统计表

前海湾保税港区跨境电商出口项目业务情况统计表（如表 2-29 所示）。

四、前海湾保税港区跨境电商进口试点业务统计表

前海湾保税港区跨境电商进口试点业务统计表（如表 2-30 所示）。

表 2-29 前海湾保税港区跨境电商出口项目业务情况统计表

项目	单位	2014 年累计	2015 年 7 月	2015 年 8 月	2015 年 9 月	2015 年 10 月	2015 年 11 月	2015 年 12 月	2015 年累计	历史累计
备案商品	个	7018	295	828	2176	1308	860	1447	27933	37382
暂存入区	票	740	167	173	211	208	215	211	1719	2472
出境出区	票	1160	194	246	315	375	519	891	3245	4414
	货值（美元）	5599983	3318256. 26	1711559. 56	3358402. 07	3317786. 35	4197934. 91	5708075. 42	28501130. 57	34127079. 57
	包裹（个）	101590	8995	8660	10943	18624	25528	35924	166640	268357
集中报关	票	45	22	17	24	17	36	30	243	293
	货值（美元）	5183814	2400160	1898937	1749541. 973	1817907	2515678. 47	2493033. 01	18302650. 45	23512430. 45
退税情况	票	5	0	0	0	0	0	0	4	9
包裹目的国	美国、法国、英国、意大利、西班牙、德国、澳大利亚、奥地利、加拿大、瑞士									
货物品种	LED 灯、汽车检测仪、锂电池、电路板组件、平板电脑 、WIFI 插座、婴儿监护报警器、手机、家庭日用品、大疆无人机等									
参与电商	实际走货电商	广州市贝法易商贸有限公司、兰亭集势贸易（深圳）有限公司、深圳华强沃光科技有限公司、深圳市炽昂信息技术有限公司、深圳市丹宏昊天电子商务有限公司、深圳市汉威视讯技术有限公司、深圳市浩方电子商务有限公司、深圳市环球易购电子商务有限公司、深圳市欧瑞博电子有限公司、深圳市瑞宝电子有限公司、深圳市上佳汽车维修工具有限公司、深圳市深海诺科技有限公司、深圳市韬溥国际贸易有限公司、深圳市腾威视科技有限公司、深圳市万方网络信息有限公司、深圳市纵腾贸易有限公司、深圳矽递科技有限公司、浙江执御信息技术有限公司、深圳市骏联三峰供应链管理有限公司、深圳市嘉泽供应链管理有限公司、广州晶东贸易有限公司、深圳市邻友通贸易有限公司、深圳市傲基电子商务有限公司、富骏精密电子（重庆）有限公司、深圳市英唐数码电器有限公司								
补充说明	1. 2014 年 4 月 2 日期出境出区业务开始正常操作； 2. 2014 年 6 月 10 日起取得第一票退税款项，报关单号 534920130495687423；9/18 日沃光 9610 第一票退税完成； 3. 当年累计从 2014 年 4 月起算，历史累计从 2013 年 10 月起算； 4. 周一至周六均有货物进出，6 月 9 日开始，每天出区共 2 车（转香港和深关邮办）； 5. 退税情况统计已退妥的报关单数量； 6. 参与电商统计的为在前海有实际走货的电商。									

表 2-30　前海湾保税港区跨境电商进口试点业务统计表

业务类型	项目	2014 年累计	2015 年 7 月	2015 年 8 月	2015 年 9 月	2015 年 10 月	2015 年 11 月	2015 年 12 月	2015 年累计	历史累计
进境入区	单量	32	98	64	95	122	160	264	1164	1196
	货值（CNY）	16280098	105219817. 6	45397783. 38	74491691. 88	101005607. 9	127128056. 2	216146820. 8	1052200545	1068480643
物品清单（出区包裹）	单量	50346	1199803	859102	695050	828985	1370527	2305657	9667005	9717351
	货值（CNY）	8539850	56485412. 22	57001320. 86	64653142. 42	72335715. 82	120570992. 7	218035289. 7	799445948. 7	807985798. 7
备案电商	数量	11	8	1	0	9	2	4	39	50
备案商品	数量	264	2200	3955	2824	1337	3729	7013	29217	29481
主要商品	纸尿裤、保健品、化妆品、休闲食品等									

大事记

2013 年 11 月 23 日，海关总署批复《深圳市跨境电商服务试点工作方案》同意深圳市开展跨境电商零售出口业务。

2014 年 5 月 20 日，深圳市跨境电子商务协会正式挂牌成立，是全国第一家跨境电商行业协会。协会的成立有助于营造统一、开放、竞争、有序的跨境电子商务市场环境。

2014 年 6 月 10 日，深圳实现全国首单全程在海关 9610 监管代码下操作的跨境电子商务出口退税，标志着国内跨境电商零售出口业务的“阳光通道”在深圳前海湾保税港区正式打通。

2014 年 7 月 17 日，百圆裤业宣布以 10 亿元收购深圳跨境电商企业环球易购，旨在打造上市公司线上线下资源联动、数字营销与供应链优化相结合、内销跨境协同的服装立体零售生态圈。

2014 年 9 月 4 日，经国务院同意海关总署批复同意在深圳开展跨境电商进口试点。

2014 年 9 月 9 日，深圳市跨境电商进口试点在前海湾保税港区正式启动，标志着我市全流程开通跨境电子商务进出口双向通道。

2014 年 10 月 6 日，深圳市人民政府办公厅印发《实施方案》，《实施方案》结合电子商务重构传统贸易方式的特点，研究制定了适合深圳特点的跨境电商配套政策、管理制度及标准规范，创新全流程管理模式，建立高效的跨境电商服务体系和出口信用体系。

2015 年 3 月 11 日，深圳检验检疫局在深圳跨境电商监管部门中率先出台了《深圳地区跨境电子商务检验检疫监督管理办法（试行）》，建立了“事前备案评估、入区（境）检疫、区内监管、出区核查、事后溯源”的监管模式。

2015 年 3 月 30 日，深圳首家进口保税实体店腾邦前海国际跨境保税购物展示中心在前海万科企业公馆试业。同时，该免税店开通了微信公众号海淘商城-海捣网。

2015 年 6 月 19 日，深圳市市场与质量监管委员会制定并发布了《关于促进跨境电商市场健康快速发展的若干意见》，对标准建设、系统建设、市场监管、权益保障等方面进行了大胆创新。该意见的实施，将形成深圳跨境交易监管的新模式，维护企业和消费者的合法权益，进一步促进深圳跨境电子商务的健康快速发展。

2015 年 7 月 31 日，深圳市跨境电商联席会议办公室印发《深圳市开展跨境电商通关服务试点指导意见》。该《指导意见》旨在提高通关服务效率，优化操作流程，指导相关部门在操作层面如何各司其职、相互协作，指导企业如何参与试点运作，明确通关服务平台的功能定位、运营规则等事项。

2015 年 9 月 28 日，我国首个跨境电商检验认证联盟在深圳前海举行揭牌仪式。该联盟由深圳市检验检疫局倡议，深圳市检验检疫协会连同国内外 10 多家知名检验认证机构共同发起，以打造“便捷通关、品质电商”的深圳跨境电商品牌。

2015年10月13日，继财付通和钱宝科技获得第三方支付机构跨境支付业务试点批复后，深圳智付、平安付两家支付机构也取得跨境支付试点资格，扩展了深圳市的跨境试点业务类型和覆盖地区。

2015年11月6日，深圳市跨境电商通关服务平台正式上线试运行，标志着深圳市跨境电子商务的信息化高速公路建成“通车”，对实现跨境电子商务“单一窗口”管理具有重大意义。

2015年11月20日，深圳市申报中国（深圳）跨境电子商务综合试验区，以主动应对“互联网+”时代国际贸易新格局，探索构建开行型网络经济新体制。

2015年11月25日，深圳市跨境电商服务试点顺利通过海关总署专家组验收。

2015年11月26日，傲基电商举行新三板上市暨战略新闻发布会，正式宣告挂牌上市，成为目前新三板规模最大的跨境电商企业，同时也是首家在国内直接上市的跨境电商公司。

福州地区

2015年，福州市、平潭综合实验区被批准成为跨境电商进口试点城市。

福州市政府联合福州海关等口岸部门研发了“融达通”跨境电商通关服务平台。该平台实现了与电商企业、物流企业、支付企业以及海关、检验检疫等监管部门通关申报全信息化对接，为从事一般出口、保税出口、直购进口和保税进口四类业务模式的跨境电商企业提供一站式服务。

发展历程

一、试点工作推进

福州外贸企业云集，口岸单位配套完善，外贸产业氛围良好，具备推进跨境电商业务的天然优势和良好基础。为加快发展跨境电子商务业务，福州于2015年初就积极推进跨境电商基础设施建设。

（一）成立跨境电子商务产业园

福州经济技术开发区跨境电商园区。福州目前正在马尾高新园区（快安）建设电商产业运营中心及跨境电商产品展示中心，在福州出口加工区内建设保税仓，利用其海关特殊监管区的功能为电商企业提供保税仓储及物流配套服务。跨境电子商务产业园位于风景秀丽、交通便利的东江滨5A级写字楼世创大厦内，毗邻自贸区办事服务大厅，周边设有海关、国检、外管、银行等机构，软硬件配套设施完善。园区内设有电商企业商务办公区、020线下展示体验区、银行、餐厅等功能区。目前，园区已吸引48家跨境电商企业及相关服务类企业入驻，商品涵盖台湾、北美、日韩、澳大利亚、欧洲等多个国家和地区，商品种类包含奶粉、化妆品、酒类、保健品、牛羊肉等各类快消品及进口汽车、西服定制服务等。

福州保税区跨境电商园区。在福州保税区（马尾）开展跨境电商保税展示、线下体验等业务，利用福州保税区江阴保税港区特殊监管区的政策功能，建设“海运快件监管中心”，配备自动化分拣系统，为跨境电商提供物流支撑。

利嘉跨境电子商务园区。仓山区利嘉跨境电子商务园区将依托利嘉国际商业城采用线上线下、前店后仓的模式开展跨境电商业务。园区将集聚品牌电商、代运营、电商培训、信息软件、物联网等电子商务及相关产业，构建良好的电子商务产业发展生态圈。目前，园区已基本完成招商任务，纵腾网络、福和乐、海淘乐、你他购商城，沁源电器、福建百度、胡萝卜村、麦秀等多家垂直电商平台和众多淘宝卖家入驻利嘉跨境电商产业园；利嘉江阴保税港区海关监管中心目前已按相关监管场所建设标准完成10000平方米监管仓库和周边硬件设施改造，监管中心分拣线、查验设备及关检办公用房配备齐整，各项信息管理系统已经开发完成，可以对接政府跨境电商公共服务平台，具备了开展配套跨境电商业务监管中心的基本条件。

（二）设立跨境电子商务园区保税物流中心

跨境电子商务园区保税物流中心位于福州出口加工区片区内。为有效整合跨境电商管理服务，福州在出口加工区设立集跨境电商监管中心、保税仓储、执法机构等设施于一体的跨境电商综合保税仓。现有保税仓面积5万多平方米，另有7.2万平方米的保税仓正在动工建设中。

与之相配套的保税物流中心：设立集跨境电商监管中心、保税仓储、执法机构等设施于一体的跨境电商综合保税仓，已有保税仓面积5万多平方米，可立即使用，另外拟再建保税仓三座总建筑面积约7.2万平方米。目前，项目已开始动工建设。

（三）建设跨境电商公共服务平台

福州跨境电商公共服务平台通过建设跨境电商服务系统、跨境电商海关通关系统及跨境电商数据交换系统，提供有关电商、物流、支付等企业信息系统与口岸管理部门系统实现互联互通，海关实现跨境电商有效监管，方便企业解决快速通关，办理出口结汇、退税的迫切需求。该平台于2015年8月11日申请采用政府采购方式确定项目供应商，根据综合评分法最终确定东方物通科技（北京）有限公司与联通系统集成有限公司福建省分公司联合体为中标人。

11月3日，福州跨境电商公共服务平台正式上线运营。该平台主要包括跨境电商服务系统、跨境电商通关通检监管系统以及跨境电商数据交换系统3个部分，通过互联网和专网接入和处理消费者、电商、物流商、支付商、监管部门等多方的信息，是实现跨境电子商务业务目标的重要载体。

（四）建设福州跨境电商监管中心

福州跨境电商监管中心：位于出口加工区6号保税仓，建有仓储物流配送体系、架设两条监管流水线，实现海关、国检快速监管和验放。项目总投资400万元，于2015年9月开工，11月2日竣工，11月3日顺利完成保税进口第一单测试。福州跨境电商监管中心的经营单位是福建融达通供应链管理有限公司。

（五）加快跨境电商海关监管点建设

福州市在充分征求福州海关意见的基础上，以长乐空港为依托发展邮政小包，并在江阴港和经济开发区出口加工区设立跨境电商特殊监管点。目前，长乐空港跨境电商监管点硬件设施已经到位，经济开发区出口加工区监管点已于2014年11月3日正式启动运营，江阴港监管点在2015年2月初走首票。

二、试点成绩展望

困难与希望同在，机遇与挑战并存。习总书记曾在《2016年新年贺词》中指出“只要坚持，梦想总是可以实现的”。福州将按照“市场运作、政策推动、创新发展”的总体思路，围绕“千”、“万”、“亿”工作目标，力争实现：入驻自贸区电子商务企业达到1000家，园区海关国检备案品类超10000个，全区进出口交易额达到100亿美元。做大做强跨境电商产业链，使之成为自贸区扩大消费、推动外贸转型的新动力，成为海西最具竞争力的跨境电子商务园区。

配套文件

福建省人民政府关于进一步加快电子商务发展的若干意见

（闽政文〔2014〕157）

各市、县（区）人民政府，平潭综合实验区管委会，省人民政府各部门、各直属机构，中央驻闽各机构，各大企业：

为进一步加快我省电子商务发展，经省政府研究同意，现提出以下意见。

一、目标任务

2018年全省电子商务年交易额力争突破2万亿元，网络零售额占当年全省社会消费品零售总额20%以上；围绕我省重点行业和优势领域，建成在全国具有领先和示范作用的电子商务平台10个以上；培育和引进年交易额超100亿元的电子商务龙头企业5家以上，全省规模以上企业电子商务应用率达95%以上，力争将我省打造为竞争优势突出、市场辐射广阔、产业集聚明显、支撑保障有力、应用广泛深入、创新创业活跃的电子商务强省。

二、主要措施

（一）构建多层次示范体系

推进电子商务“示范城市—示范基地（园区）—示范企业（平台）”多层次示范体系建设，发挥示范体系引导、辐射和带动作用，实现全省电子商务产业的大集聚、大繁荣、大发展。推动福州、厦门、泉州、莆田等国家电子商务示范城市建设，创建一批电子商务发展成效突出的省级电子商务示范县（市、区），打造一批产业集聚效应明显的省级电子商务基地（园区），培育一批鞋服、茶叶、陶瓷、水暖、电子、食品、工艺品等我省行业特点突出、垂直整合能力强、产业链带动作用明显的省级电子商务示范企业（平台）。省商务厅对省级示范基地（园区）和省级电子商务示范企业（平台）分别给予最高不超过200万元的奖励。

（二）加快引进行业龙头

对新进入我省投资的世界前100强和国内前50强电子商务企业，以及新入驻的电子商务总部企业或区域性、功能性总部，实际到位注册资本金在1000万元以上和3000万元以上的，省商务厅按5%和6%分别给予落户奖励，每户企业累计奖励最高不超过500万元。同时，企业所在县（市，区）对实际到位注册资本金在5000万元以上的上述企业，按该企业地方税收贡献额，前2年每年给予60%～80%奖励，后3年每年给予30%～40%奖励，其应缴纳的行政事业性收费属于地方级收入部分，前2年可全部免收或返还，后3年减半征收或返还。

（三）培育壮大企业规模

企业所在县（市、区）对电子商务年营业收入首次超过 3 亿元、5 亿元、10 亿元的我省电子商务企业，以上年度为基数，分别按其所缴纳地方级“三税”（增值税、营业税、企业所得税）新增部分 20%、25%、30% 的比率给予奖励，用于企业拓展市场或产品研发。我省电子商务企业成功并购省外高新技术企业的，并购后 3 年内新增税收地方留成部分，企业所在县（市、区）给予全额返还。电子商务企业用水、用电、用气等享受工业企业政策。电子商务项目纳入全省“三维”项目库的视同省级重点项目管理。

（四）支持“闽货”上网拓展市场

支持我省老字号、著名商标、“三品一标”（无公害农产品、绿色食品、有机农产品和农产品地理标志）和特色工艺美术品以及传统商贸流通企业等运用电子商务方式拓展市场，并根据网络营销特点积极改造自身产品，创新互联网“闽货”品牌，对网上年销售额首次突破 1 亿元的上述企业（通过网上支付工具结算金额），省商务厅给予一次性最高不超过 100 万元的奖励。支持我省企业在淘宝、京东等知名电子商务平台建设“福建（区域、产品）专区”、参加由省商务厅组织的国内外知名电子商务展览会和网商网货大会以及电子商务宣传推介等活动，对专区的运营、宣传推广和让利促销等活动及参展参会所产生的公共费用，由省商务厅择优给予一定补助。支持以市场化运作方式在我省举办电子商务经贸活动，省商务厅根据活动成效择优给予一定补助。鼓励依托实体展会举办网上展会，支持展会型电子商务平台建设。

（五）推动创新发展

发展创新型电子商务模式，支持“网店一体”电子商务模式创新，支持 B2B2C（供应商到电商到顾客）、O2O（线上与线下互动）以及 C2M（顾客到工厂）等电子商务模式发展，支持电子商务企业利用搜索引擎、网址导航、微信平台、分销系统等创新方式开展网络营销。支持电子商务创新平台建设，加快电子商务大数据应用与平台建设，推动高校科研院所与地方政府、企业开展联合创新。省科技厅运用科技创新与成果转化专项资金对上述符合条件的电子商务创新工作予以支持。

（六）统筹推进跨境电子商务

推动闽台电子商务合作，加强两岸电子商务跨区域、跨部门、跨业务合作交流，支持在我省台商投资区、台湾农民创业园等对台合作区域拓展电子商务业务；支持我省口岸通关监管模式创新，努力实现闽台口岸关检互认，引导对台贸易货物和资金向我省口岸集聚。推进“单一窗口”模式的跨境电子商务公共服务平台、集中监管场所和相关设施建设，省商务厅对相关项目给予一定补助。推动跨境电子商务交易、结算、物流和通关等信息共享和交换，对跨境电子商务进出口商品实行集中申报、集中口岸验放等便利措施。支持跨境电子商务企业在境外设立仓储，对建仓面积在 1 万平方米以上的，省商务厅一次性给予最高不超过 100 万元的补助。对跨境电子商务应税网上年销售额首次超过 500 万美元的我省跨境电子商务企业和电子商务平台，省商务厅给予分档奖励。

三、支撑保障

（一）加强人才引进和培养

加快引进电子商务急需的高层次人才，对符合《福建省引进高层次创业创新人才暂行办法》、《海西产业人才高地建设实施办法》、《海西创业英才培养实施办法》相关条件的，优先享受相关政策措施。对电子商务企业引进年薪在15万元以上（含15万元）且聘用时间超过1年（含1年）的高级管理人才、高端营运人才、核心技术人才，各设区市、平潭综合实验区管委会可按其当年在本地缴纳的个人所得税地方留成部分给予一定奖励，并按照国家和我省人才引进的相关规定，享受居留、落户、出入境、社保医疗、家属随迁、子女入学等方面的优惠政策。

加快推进电子商务职业技能鉴定、职业资格认证工作，支持行业协会、电子商务服务机构等开展电子商务人才培训。省人社厅牵头会同省商务厅、财政厅根据电子商务行业特点，研究支持电子商务培训的措施，符合我省就业专项资金管理办法规定的，纳入福建省就业专项资金管理。

支持举办电子商务大讲堂、电子商务创新大赛等，定期组织我省电子商务企业开展大型招聘活动，建立电子商务专家智库，推进闽台电子商务人才交流与合作，鼓励和支持各地加强人才公寓等公共租赁住房建设。

（二）加大用地政策支持

各地应统筹安排用地指标，优先保障国家和省重点电子商务项目用地。鼓励利用存量土地和厂房发展电子商务产业，按照“三旧改造”政策在土地盘活、资金补偿、项目用地以及基础设施配套等方面给予重点支持。在不改变用地主体、不重新开发建设等前提下，利用工业厂房、仓储用房等存量房产、土地兴办电子商务的，可以不办理土地用途变更手续；将存量土地或厂房通过协商方式收储或转让的企业，在厂房或土地收储、转让过程中产生的相关税费按税法有关规定予以减免；对于利用旧厂房改造使用的，其改造费用从新增地方留成税收中予以全额补助。

（三）加大金融支持力度

鼓励金融机构进入电子商务领域，与电子商务平台合作运用“大数据”开展电子商务企业贷款评审，拓展信用贷款业务，积极探索无形资产和动产质押、仓单质押等融资方式，扩大电子商务企业贷款抵质押品范围。引导发展“网上申请、在线审批、网上放贷”等符合电商企业需求的贷款受理和审批模式，有效推广网络联贷联保业务、“大买家”供应商网络银行融资，扩大电子商务企业供应链融资模式应用。支持区域性电子商务协会通过设立行业互助基金或成立投资公司等形式，与金融机构合作开展电子商务企业小额担保贷款。省级财政建立贷款风险补偿金，由省商务厅、财政厅与银行合作建立省级电子商务企业贷款信用风险损失分担合作机制。省财政与海峡股权交易中心共同建立的“小微企业发债增信资金池”优先为电子商务企业利用债务工具融资提供增信。鼓励电子商务企业到海峡股权交易中心挂牌交易，优先办理相关手续。支持商业银行为其创新开展股权质押贷款业务，积极引导符合条件的电商企业发行区域集优债、中小企业集合票据、私募债等债务融资工具。省级中小企业融资担保机构风险补助专项资金对为小型电子商务企业提供融资担保的担保机构按年度担保额1%的比率予以风险补偿，对为微型电子商务企业提供融资担保的担保机构按年度担保额1.6%的比率予以风险补偿。对国家和省重点电子商务项目贷款，最高按银行同期基准利率的50%给予贷款贴息，贴息的贷款额度不超过200万元，期限不超过2年。

（四）加强物流配套

公安机关交通管理部门对经当地物流牵头管理部门核定的城区小型配送车辆和由设区市以上邮政管理部门核定的城区快递运输车辆，应及时办理相关登记手续，并给予城区通行权和停靠权便利，在城区行驶路线、停靠地点等方面实行绿色通道，允许临时停靠城区公用停车位和地下停车场预留专用停车位。加强社区（学校、机关单位）网络配送设施建设，将社区（学校、机关单位）、商务楼便民投送场所（设施）纳入城市商业网点规划，并为建设自助投递终端提供场地便利，解决电子商务“最后一公里”终端服务瓶颈。对符合物流配送体系规划的货运站场、快件集散中心、配送中心、信息平台、调度呼叫中心等物流功能区项目建设，免征城市基础设施配套费。支持电子商务企业建设配送中心，鼓励大型物流企业投资建设标准化仓储设施和电子分拨中心，从事城区配送的第三方物流企业和规模以上快递企业自建、租用仓储设施进行电子商务配送的，符合条件的分别享受省经济和信息化管理部门和省邮政管理部门有关奖励。

（五）完善支付体系

对获得第三方互联网支付牌照和获准开展跨境电子商务外汇支付业务试点的我省企业，省商务厅给予最高不超过300万元的奖励（分三年兑付）。我省电子商务交易支付、公共事业缴费及其他互联网创新支付业务优先支持应用我省第三方支付平台。鼓励银行加强与电子商务企业合作，强化在线支付功能，发展电子票据、移动支付等新型电子支付业务，推出适合电子商务特点的支付产品和服务。

（六）加强专业服务机构建设

不断丰富电子商务服务内容，提高服务水平，创新服务模式，逐步建成公共服务和商业服务有机结合，各种服务资源有效整合的电子商务服务体系，为全省电子商务产业发展和应用推广提供强有力的支撑服务。培育一批从事电子商务平台开发、策划设计、代运营、分销应用、拍摄服务等电子商务专业服务企业，帮助传统企业和中小微电子商务企业加快发展电子商务，对服务成效突出的专业服务企业。根据其年服务收入和年服务企业数，省商务厅给予一定奖励。

（七）改革登记注册模式

方便电子商务证照办理，改革电子商务企业登记注册模式。电子商务企业登记注册、办理电信增值业务，除法律、行政法规和国家已有规定外，一律不得设置前置性审批事项，简化审批程序，缩短审批时间；支持电子商务企业资产重组、地址搬迁、技术转让等，有条件的地方可实行并联审批；在符合条件的同一办公场所内允许多家电子商务企业注册；允许电子商务企业依法将其自有或租用的住宅作为住所（经营场所）进行登记；允许电子商务企业使用“网上经营××”或“网上提供×

×服务”作为经营范围申请注册（如属于外商投资电子商务企业，需标注“不含禁止类外商投资项目”）；在符合名称登记管理相关规定的前提下，允许使用包括自有网站中文域名在内的个性化词语作为电子商务企业名称的字号；推动数字证书、电子签名、电子发票和电子印章等应用。

（八）推进信用体系建设

重点围绕消费者权益保护、商业秘密保护、网络信用管理、特殊电子商务业态的市场准入等问题，强化政府监管、行业自律以及部门间的协调联系，强化企业守信意识和诚信自律。严厉打击依托网络的制售假冒伪劣商品、侵犯知识产权、传销、诈骗等行为。

（九）发挥行业中介作用

加强电子商务行业中介组织建设，充分发挥行业中介组织在统计监测、技术推广、交流合作等方面的作用。通过政府购买服务及项目委托等形式，支持行业中介组织制订行业规章、行业标准，加强行业自律；支持行业中介组织引导我省电子商务企业抱团发展，组织集中广告投放、联合市场促销、举办论坛沙龙等活动；支持行业中介组织针对我省电子商务发展中的关键问题开展软课题研究；支持行业中介组织设立驻外机构，协助我省企业对接知名电子商务平台，推广我省名优特新产品和电子商务企业。

（十）加大财政支持力度

省级财政安排电子商务专项资金，重点支持电子商务示范体系建设、项目引进、企业培育、网络销售、创新发展和支撑保障等，并根据产业发展情况保持适当增长，具体条件由省直有关部门会同省财政厅联合印发项目申报指南予以明确。前述条款中，涉及税收的奖励按属地原则由企业所在县（市、区）财政负责兑付，涉及省级、设区市级集中一定比例的，按奖励金额同比例返还给县（市、区）。涉及奖励、补助给企业的资金，其对象为在闽工商注册且具有独立法人资格的企业单位。

（十一）提升管理服务水平

省商务厅负责牵头建立省电子商务厅际联席会议制度，负责协调解决我省电子商务发展中的重大问题，督促检查联席会议议定事项落实。省统计局负责抓紧研究制订电子商务统计指标体系，建立电子商务运行监测系统，将网络零售额纳入社会消费品零售总额，研究测算全社会电子商务总规模，适时通报全省及各设区市、平潭综合实验区年度电子商务发展情况，提升电子商务统计监测、分析的科学化水平。各部门要结合自身职能，各司其职，分工协作，形成电子商务发展合力。各级政府要健全促进电子商务发展的组织保障体系和工作机制，完善部门间协调配合机制，研究制定支持和鼓励电子商务发展的具体政策措施，推动我省电子商务健康、快速发展。

各级各有关部门要按照本意见要求，提高加快电子商务发展的认识，切实加强组织领导和协调配合，落实工作责任，扎实做好相关工作，确保取得实效。

福建省人民政府办公厅关于印发进一步推进跨境电子商务发展行动方案的通知

（闽政办〔2015〕4号）

一、总体思路

以市场运作为主导、以机制创新为重点、以特色发展为核心、以政策支持为保障，按照“完善管理方式、提升服务质效，汇聚闽台资源、打造海西优势，优化支撑环境、铸强福建品牌”的总体思路，坚持“进出口并重、便捷高效、重点突破、多策并举”原则，着力打造我省跨境电子商务贸易生态圈，不断培育我省跨境电子商务竞争优势，有效提升外贸可持续发展能力。

二、主要任务

（一）完善支持政策

1. 建立完善电子商务通关服务管理方式。加快研究制定适应我省实际的跨境电子商务海关监管办法和实施细则，完善流程控制、信息共享和数据统计等管理规范。支持有条件的地区应用海关跨境电子商务统一版通关系统，实现与电子商务、物流、支付企业高效对接；通过“清单核放、汇总申报”等方式，深化通关模式创新，科学设计跨境电子商务操作流程，实现便捷通关和有效监管，便利电子商务企业办理出口退税、结汇手续，提高通关效率。

2. 建立完善电子商务检验检疫监管模式。推行企业全备案、商品全申报制度，探索建立高风险产品准入机制。对出境电子商务产品建立基于风险分析的质量安全监督抽查机制，以检疫监管为主，探索利用第三方检验鉴定机构进行产品质量安全的合格评定。对以航空直邮和海运快件等方式入境的“个人合理自用”物品，经检验检疫机构对物品实施“个人合理自用”数量核准后免于检验；对整批入境、集中存放的进口产品，实施基于风险评估的质量安全抽查监管。

3. 支持跨境电子商务经营主体正常收结汇。支持跨境电子商务经营主体正常汇兑，加快推行我省个人贸易外汇管理便利化政策，探索真实贸易背景下方便、快捷的结售汇模式。对通过海关集中监管、清单核放、汇总申报的正常经营主体，凭贸易进出口交易单证及其与贸易外汇收支的一致性办理货物进口购汇或出口收汇业务。对采取行邮、包裹直接寄送出口商品的中小经营主体，凭运输单证或代理进出口合同等有效凭证办理贸易结售汇，且不受个人年度结售汇总额限制。鼓励银行和依法取得“互联支付”业务许可的支付机构办理电子商务外汇资金或人民币资金跨境支付业务。

4. 落实跨境电子商务的税收政策。探索创新适应我省跨境电子商务发展的出口退税管理机制，落实外贸综合服务企业税收政策，发挥外贸综合服务企业提供出口服务的优势，支持中小跨境电子商务企业有效开拓国际市场。对符合条件的电子商务出口 货物实行增值税和消费税退（免）税政策，具体办法按照财政部和国家税务总局有关规定执行。

（二）构建发展环境

5. 加快推进跨境电子商务服务试点。支持平潭、福州、厦门、莆田、泉州等地开展跨境电商服务试点，积极向海关总署申请保税进口模式试点；积极探索并逐步推行在跨境电子商务模式下海关、检验检疫、国税、外汇和商务等部门协同机制，实现跨境电子商务“快通关、快报检、快汇兑、快退税”全流程业务。

6. 协同进行跨境电子商务公共平台建设。加快全省统一电子口岸平台建设，推动口岸查验部门应用电子文件证照，推广无纸化报关报检和网络协同查验模式。统筹推进福建省跨境电子商务公共信息平台建设，依托电子口岸平台，逐步覆盖我省跨境电子商务监管区（含具备条件的跨境电子商务园区），实现海关、检验检疫、国税、外汇等政府管理部门和电子商务企业、物流快递、第三方支付机构之间系统互联互通和标准化数据共享，实现企业（货物）申报、监管以及物流状态的全业务流程动态跟踪，将交易数据纳入海关统计。

7. 支持跨境仓储物流拓展建设。支持福建跨境电子商务企业在境外主流市场建设境外仓储和服务网点；支持跨境电子商务企业建设境外闽货交易公共服务平台，为我省其他中小跨境电子商务企业提供贸易、仓储、配送和售后等服务。支持我省跨境电子商务平台与国家交通运输物流公共信息平台对接，为跨境电子商务企业提供物流信息一体化服务。积极引进并培育一批知名国际物流快递企业，支持经海关监管资质认证的物流快递企业入驻跨境电子商务园区，提供“仓配一体化”业务。鼓励传统货代、物流快递等企业拓展跨境电子商务服务业务，为本省中小跨境电子商务企业提供统一采购、仓储和配送等服务，逐步形成与跨境电子商务相适应的国际物流体系。

8. 着力提升跨境电子商务网上支付能力。鼓励我省企业申办跨境电子商务外汇支付业务许可证；鼓励银行、支付机构为跨境电子商务提供支付服务；争取在平潭等地设立境外人民币清算中心，鼓励银行为跨境电子商务企业提供跨境人民币结算服务，推动银行、支付机构加快产品创新，提高跨境支付效率。鼓励符合条件的银行、支付机构试行通过入驻跨境电子商务园区（仓储物流中心）等方式，为我省跨境电子商务经营主体提供支付服务。

（三）培育优势品牌

9. 支持服务企业拓展业务。支持我省专业性、综合性跨境电子商务服务平台建设，支持服务创新和应用推广；培育与发展提供代运营、网络推广、数据分析、多语种翻译、交易支持、物流仓储、资质认证、信用安全等专项服务和提供通关、报检、退税等综合服务的跨境电子商务第三方平台或服务企业。支持跨境电子商务服务企业通过技术支持、代运营、交易服务等专业服务，帮助外贸企业提升电子商务应用水平。支持跨境电子商务服务企业在跨境电子商务园区、集聚地设立专业化服务网点，为企业提供一站式、全流程服务。支持有条件的跨境电子商务服务企业参与或承接跨境电子商务园区运营管理。支持拥有一定品牌影响力的跨境电子商务服务企业以自身现有业务为核心，吸纳不同环节的服务商加盟，形成品牌服务体系，努力培育一批在国内有影响力的跨境电子商务服务品牌企业。加大对跨境电子商务公共服务的支持力度，有条件的地区可由政府购买服务，免费为当地企业提供基础跨境电子商务服务。

10. 培育龙头企业做大做强。积极引进国内外知名跨境电子商务企业，大力培育本土跨境电子商务龙头企业，带动区域跨境电子商务及相关产业发展。支持电子商务安全技术、产品和服务的项目研发；支持移动商务技术研发和应用；支持本省跨境电子商务企业利用移动通信、物联网、云计算、大数据等技术创新发展，不断提升企业核心竞争力，支持企业利用自建平台和第三方平台开展跨境电子商务业务。扶持一批业务基础良好、组织体系健全、枢纽辐射作用强、诚实守信的跨境电子商务企业（平台）做大做强，培育我省跨境电子商务示范企业（平台）。支持名优“福建制造”产品开拓海外市场，打造跨境电子商务“闽货品牌”。

11. 促进中小企业发展壮大。支持建设跨境电子商务创业、培训（孵化）基地，支持行业中介组织、企业与高等院校合作，创新跨境电子商务专业培训模式，提升电子商务、外语、供应链、物流、营销等业务水平；支持行业中介组织举办创业、创新培训、大赛和业务对接等活动，支持为中小微外贸企业提供物流运输、快捷通关、结算汇兑、出口退税、贸易融资、咨询培训与国际营销等专业服务，解决中小微外贸企业发展遇到的成本、融资、订单等核心问题，协助中小微企业专注于增进制造环节的核心竞争力，助推中小微企业群体向市场营销环节拓展。支持和鼓励有条件的企业进驻海关集中监管区，通过正式报关等环节开展业务。

12. 引导传统企业触网升级。支持有条件的市（区、县）牵头建立促进外贸转型升级的跨境电子商务支持服务中心，优先集聚公共资源和机构，为传统外贸企业提供电子商务团队组建、平台开发建设、品牌创建、网络营销、技术咨询服务、融资创投和人才培训等服务；支持传统外贸企业依托固有品牌优势建设电子商务垂直平台，通过网络直销（M2C）、社交网推广、网络团购、物联网应用等电子商务新模式，扩大产业规模，拓展国际市场，推动传统外贸企业利用跨境电子商务转型升级，打造福建跨境电子商务知名品牌。

（四）打造产业优势

13. 拓展两岸跨境电子商务合作领域。积极推动服务贸易协议早日生效，鼓励两岸跨境电子商务行业组织加强交流，支持两岸跨境电子商务在创业育成、技术创新、人才交流、政策法规等方面开展合作；探索建立两岸跨境电商货物通关监管办法和两岸电子商务商品检验检测认证结果互认机制；推动两岸电子商务企业资质认定与信用评估等方面研究，探索制定两岸跨境电商基础信息标准、数据交换等管理标准和制度规范；推进两岸数字证书、原产地证书、商业法规、金融信用等互认互通；推动福州、平潭、厦门两岸电子商务物流配送中心和清算中心建设，逐步构建覆盖福建全省、服务周边省份的海峡西岸跨境电子商务贸易、物流和金融中枢，支持海峡两岸电子商务经济合作实验区建设。

14. 建立两岸跨境电子商务集散中心。支持有关部门和国际物流公司与台湾开展多方合作，充分利用台湾机场与港口的物流优势，打通大陆经由台湾进出口的国际物流快件新通路，降低国际物流成本和转运周期，共同开拓国际市场。支持福建邮政速递和顺丰快递等已在台湾设立快递网络的规模以上快递企业加强与台湾企业合作，在平潭、福州、厦门等地设立台湾货物仓储，建设台企在大陆的采购、仓储、配送集货中心；支持我省物流快递企业与阿里巴巴等知名电子商务平台合作，在平潭、福州、厦门等地设立集货仓储，建设全国各地电子商务卖家发运台湾货物的集货中心，将我省打造成两岸跨境电子商务企业的聚集区，台湾商品进入大陆的最佳通道。

15. 支持跨境电子商务园区建设。支持平潭、福州 、厦门等海、空港区建设我省跨境电子商务监管中心；支持在现有海关特殊监管区或具备海关与检验检疫监管条件的区域按照“相对集中、有效利用资源、合理布局”的原则统筹规划跨境电子商务园区建设。探索建立跨境电子商务“公共服务平台+集中监管区”监管新模式，推行监管前置、清单核放、集中报关、检验检疫等便利化措施，在有条件的园区为跨境电子商务经营主体提供出入区即仓储、配送、分拣、加工、邮递、孵化等服务。支持各地创建省级电子商务示范园区。

16. 打造特色行业跨境电子商务优势。支持各地依托产业资源和区位优势，整合优化服装、鞋帽、茶叶、陶瓷、电机、工艺品等当地特色产业供应链；通过提供仓储物流、技术支持、报关报检、融资服务、法律和知识产权咨询等综合服务和配套政策支持，引导我省特色产业垂直平台创新营销方式、创立行业标准、创建区域典范，进一步打造特色产业在跨境电子商务领域的新优势，不断增强我省特色产业的竞争力和影响力，集聚并带动相关产业快速发展。

三、保障措施

（一）建立工作协同机制

加强相关部门协同，定期组织我省电子商务联席会议相关成员单位召开跨境电子商务专项工作会议，通报各部门相关情况，协调解决出现的问题，各成员 单位要按照职责分工做好相关工作。省商务厅会同发改委、财政厅、国税局、外汇管理局、海关、检验检疫局等部门，组织实施全省跨境电子商务工作，重点推进我省跨境电子商务公共服务平台建设，加强对跨境电子商务园区和仓储物流中心建设的指导。各地区也要因地制宜建立相应的工作机制，加快推进当地跨境电子商务工作。

（二）加大配套支持力度

要逐步完善贸易便利化措施，增强跨境电子商务企业的国际市场开拓能力；各级财政要加大对跨境电子商务发展的支持力度，重点支持示范企业（基地）培育、公共服务平台建设、仓储物流布局、闽台合作交流等项目。将我省跨境电子商务境外服务机构、服务平台和服务网点建设纳入境外投资的支持领域，落实相应支持政策。

（三）加强业务指导和服务保障

各有关部门要根据自身职责制订跨境电子商务服务监管工作流程，加强对各地工作的指导；抓紧我省跨境电子商务协会组建，充分发挥商协会等中介组织的桥梁和纽带作用，为我省跨境电子商务企业做好业务培训 等服务保障，提升企业核心竞争力，推动我省跨境电子商务健康持续发展。

（四）加大宣传推广和人才培养力度

各有关部门要提高对 推进跨境电子商务发展重要性的认识，认真做好跨境电子商 务管理政策和操作规范汇编，及时总结推广跨境电子商务新模式、新举措和新经验 ；要做好政策宣传和业务培训，培养掌握电子商务、外贸业务和市场营销等知识的复合型人才。

（五）建立跨境电子商务的统计机制

完善海关统计工作，将通过海关集中监管、清单核放、汇总申报的进出口商品相关指 标纳入贸易统计范畴。同时，省商务厅和省统计局会同海关、外汇等部门对各类经营主体的各种跨境电子商务业务方式进行全口径统计，真实反映我省跨境电子商务发展状况。

（六）加强交易信用和安全保障

探索建立我省跨境电子商务企业信用体系，对依法诚信经营的跨境电子商务企业定期予以表彰，保障买家合法权益；对不法经营行为坚决予以打击，切实维护国家利益；对经备案的跨境电子商务经营主体，业务主管部门根据其业务需要分别予以办理对外贸易经营、报关、检验检疫、退税和跨境汇兑主体资格的相关手续。

福建省人民政府关于支持快递业加快发展七条措施的通知

（闽政〔2015〕62 号）

各市、县（区）人民政府，平潭综合实验区管委会，省人民政府各部门、各直属机构，各大企业，各高等院校：

为进一步落实《国务院关于促进快递业发展的若干意见》（国发〔2015〕61号）和《福建省促进快递行业发展办法》（省政府令第 151 号），充分发挥快递业对电子商务发展的重要支撑作用，推进电子商务与快递业协同发展，结合我省实际，提出以下支持措施：

一、落实用地保障和实施用地优惠政策

加强用地规划。各级政府、各有关部门要将快递业发展纳入国民经济和社会发展规划，并与城乡规划、土地利用总体规划以及综合交通运输体系规划相衔接；将快递园区、快递服务网点、智能快件箱、综合服务网点等作为城市重要的公共基础设施纳入城乡规划；同时在用地审批、土地登记等方面予以优先保障，提高审批效率。2018年前，各设区市、平潭综合实验区应根据本地区经济社会发展需要和区位特点至少建设一个电商快递园区。福州、厦门、泉州作为省内主要快递节点城市和电子商务示范城市应加快建设电商快递园区，园区规模、功能等应充分考虑城市定位和行业发展需求，其中福州、厦门应立足自贸试验区的政策优势，建设满足服务跨境（对台）业务需求的电商快递园区；泉州应依托制造业优势，集仓配一体化等功能于一体，建设提供供应链式服务的电商快递园区。

降低用地成本。对快递业建设项目符合法定划拨范围的，可以划拨方式供地，入驻符合现代物流业发展规划的物流园区、物流配送中心等快递企业的物流项目用地、为生产配套的快递仓储物流用地，享受工业用地政策。对入驻或租用海关特殊监管区或经所在地政府认定的物流园区、快递园区、工业园区、电商园区等的快递企业营业、处理及仓储用房，由所在地政府按不超过30元/平方米的标准给予快递企业月租补贴，单家企业每年最高100万元，连续补贴3年。

保障用地供给。对符合土地利用总体规划和国家产业政策的快递项目，用地指标予以倾斜。其中，对列入省级及以上的重点快递项目，用地指标由省里统筹保障；其他快递项目由地市统筹安排。鼓励利用存量土地和现有厂房发展快递业，对利用现有工业厂房、仓储用房发展快递业的，土地用途和土地使用权人可暂不变更。快递项目用地出让年限可在法定最高年限范围内按需设定，出让金按设定的出让年限计收。对一次性缴纳土地出让金确有困难的快递企业，在合同签订后1个月内必须缴纳出让价款50%的首付款，余款要按合同约定及时缴纳，最迟付款时间不得超过1年。允许快递企业通过租赁方式使用国有土地。

二、完善快递服务网络

推进快递公共服务。鼓励各设区市、平潭综合实验区在市区建设一定数量的公共配送仓，以缓解城市配送压力。新建工业、商业项目和居住小区应预留物流用地和配送末端网点用地，新建写字楼、住宅小区和旧城改造应当将快递服务网点纳入社区服务基础设施，同步规划、同步建设。大力推进快递服务进机关、进园区、进商场、进学校、进企业、进社区的“六进”工程，在校学生数量超过1万人的高等院校和已建成建筑面积5万平方米以上的住宅小区，鼓励在校区和有条件的小区内提供面积适合的快件用房，以满足快递服务需要，保障快件安全。支持平潭对台邮件处理中心和海运快件中心建设，支持建设国际互换局和交换站，推动福建跨境电商发展。

加大快递综合服务站点建设。支持整合利用机关、院校、企事业单位传达室或服务中心，社区物业、超市、便利店、连锁店或现有农村服务中心、农家店、农资店、供销社、客（货）运站、村邮站、邮政便民服务网点以及“万村千乡”“美丽乡村”等平台搭载快递服务，建设快递综合服务站点（含“网订店取”等合作建设站点）。对与3个以上快递品牌企业签订合作协议、在我省运营满6个月以上且快递综合服务站点达到100个以上的企业，省商务厅给予一次性最高100万元补助。

加大投递终端建设。大力推广应用智能快件箱等自助设施，简化快递企业投递服务终端设置备案手续，对建设并投入运营快件箱格口超过1万个、供3个以上快递品牌企业使用的企业，省商务厅给予一次性50万元补助。

推动快递下乡。鼓励快递企业主动服务农村电子商务发展，在乡镇开辟或延伸快递物流运输线路，新建快递物流营业网点，完善面向农村的综合物流信息服务和物流仓储配送体系，省商务厅视成效对其投入农村、带有统一标识的货运车辆等固定资产新增投资额给予最高10%的补助，单个企业最高100万元。

三、优化行业管理服务

方便工商登记。设立快递企业及其非法人分支机构，向工商行政管理部门申请注册登记免于提交快递业务经营许可证。对不对外营业、不揽件的快递企业配送站点，可免于办理工商注册登记。

提供通行便利。公安交通管理部门为快递城市投递作业提供便利，对按邮政管理部门的规范要求喷涂统一专用标识的城区快递运输车辆需通过禁行路段的，在确保安全的前提下可以通行。除早晚高峰时段，需在禁止停车路段停车的，在驾驶员不离开驾驶室的前提下，可以临时停车15分钟以内，但在处理完收取、派送工作后，应立即驶离该禁行或禁停路段。举行大型展会、重大活动期间，交通运输部门和公安交通管理部门在确保安全的前提下为从事快递服务的车辆提供通行便利。在节假日期间，从事快递服务的车辆不受单、双号限制。支持快递企业依法使用符合国家标准且已办理注册登记的非机动车收投快件，各设区市、平潭综合实验区结合实际制定快递专用电动三轮车通行管理办法，解决“最后一公里”通行难问题。对快递企业选择使用新能源汽车和清洁能源汽车作为城市快件运输和收投服务工具的，邮政管理部门和公安交通管理部门要尽量放宽投放数量限制。鼓励民航、铁路、公路等运输部门为快件运输开设绿色通道，提供优先服务。机场、车站、口岸等单位应当支持快递企业建设快件集中处理场所，提供快速配载、装卸、交接等服务。

构建行业信用体系。推动建设快递业信用信息平台并实现与省公共信用信息平台、企业信用信息公示系统的互联共享，实现行业信用管理，加强行业自律，完善企业信用体系；鼓励征信机构开展专业化征信服务，逐步建立快递企业及从业人员“黑名单”制度，把实施恶意欠费、恶意寄递违禁物品等行为的用户纳入到“黑名单”中，建立健全失信联合惩戒和守信奖励机制。

四、大力引进和培育龙头企业

引进龙头企业。鼓励国际、国内大型快递企业的总部、区域总部、全国或全国区域性服务功能设施（如航空快递基地、快件处理中心、电子商务和快递配送一体化仓储中心、呼叫中心）落户福建，符合条件的享受我省总部经济的相关政策，并优先列入省重点项目，优先保障用地指标。上述项目实际到位注册资本金在1000万元以上的，省商务厅按5%给予落户奖励，单家企业累计奖励最高500万元。

推动做大做强。快递企业实施兼并重组所发生的评估、审计、法律顾问等前期费用及并购贷款利息等费用，省商务厅对单个项目给予最高100万元补助。对总部在我省的快递企业在省外设立5个以上分支机构，业务范围覆盖3个以上省市的，省商务厅给予一次性最高100万元补助。对年快递业务量首次突破1000万件、2000万件、5000万件和1亿件的快递企业，省商务厅分别给予10万元、20万元、50万元、100万元分档奖励。对通过我省口岸经台湾年收发海运或空运快件10万件以上或年收发邮件2000吨以上的我省跨境快递企业，省商务厅给予最高100万元奖励。快递企业可按现行规定申请执行省（区、市）内跨地区经营总分支机构增值税汇总缴纳政策，依法享受企业所得税优惠政策。

五、推动产业集聚发展

加强园区配套建设。各级政府在规划建设电子商务园区时，应在园区内或周边安排快递、仓配用地，并能够满足3个以上品牌快递企业仓储及处理需求，未具备配套场地的不纳入省级电子商务示范基地（园区）评选，快递企业入驻园区与电商企业享有同等优惠政策。

支持配送中心建设。对新增投资3000万元以上（不含土地价款）、快递运营占地面积占项目总用地面积60%以上且已运营的快件仓储配送中心，由省经信委按项目投资额的5%给予最高100万元补助。对新建1万平方米以上且为3家以上我省电子商务企业进行电子商务配送的标准化仓储设施、快件处理中心，省经信委按项目投资额的5%给予最高100万元补助。

推进仓配一体化。对为5家以上我省电子商务企业提供仓配一体化服务、日均发件量超过1万件且建仓面积1万平方米以上的快递企业，省商务厅给予一次性最高100万元奖励。支持我省快递企业在境外设立公共仓储，对建仓总面积在1万平方米以上、为3家以上我省电子商务企业服务的，省商务厅给予一次性最高100万元补助。

六、推进企业技术创新和升级改造

加强基础平台建设和共享。加强位置服务、物联网、安全监控、仓储管理、分拣配送、数据集中管控等服务快递发展的基础平台建设，对企业新增投资超过1000万元以上的重点公共平台，经省发改委、数字办认定后给予一次性最高300万元补助。推进相关基础平台向快递企业开放，实现基础平台与相关业务系统的互联互通。鼓励大型企业、社会资本搭建物流信息服务平台。支持快递企业开放快递信息资源，推进大数据开放、共享与创新应用，引导社会资源参与快递配送等服务，降低物流成本。

提高信息化水平。对获评国家3A级及以上物流企业的快递企业新增投资150万元以上的信息化建设项目，由省经信委按项目投资额的10%给予最高100万元补助；对快递企业新增投资500万元以上建设的快递公共信息平台，由省经信委按平台投资额的20%给予最高300万元补助。

支持设施投入和技术改造。鼓励快递园区、快递企业购置或升级改造主要用于电商业务仓储及快递操作的设备，对于投资额200万元以上、日处理快件量设计能力4万件以上的新建项目和改造升级项目，省商务厅按新增投资额的5%择优给予最高200万元补助。鼓励金融机构为快递企业购置自动（半自动）快件分拣机、快件安检机、重型汽车等大型设备和智能设备提供融资租赁服务。企业通过融资租赁引进智能装备的，承租企业所在地政府对承租企业按租赁标的物总额的 2% 给予一次性补助，单家企业补助额最高 100 万元（已获技改资金补助的不再享受）。

实施技术标准战略。对主导制订国际标准、国家标准、行业标准和地方标准的快递企业，省质监局从省标准化专项资金分别给予每项最高 50 万元、30 万元、20 万元和 10 万元的奖励。对参与我省电子商务标准化试点、示范的快递企业，省商务厅给予最高 50 万元的补助。

七、加大财政扶持力度

省级服务业发展引导资金每年安排 2000 万元，重点支持企业做大做强、提供仓配一体化服务、完善快递服务网络等。上述奖励和补助具体条件由省直有关部门会同省财政厅联合印发项目申报指南予以明确。各设区市人民政府和平潭综合实验区管委会也要安排一定资金，将快递业列为重点扶持发展行业给予政策支持。涉及奖励、补助给企业的资金，其对象为在闽工商注册且具有独立法人资格的企业单位，或在闽纳税的法人企业分支机构。对省级扶贫开发工作重点县的申请对象有关申请条件减按 75%执行。

各责任单位要认真制定执行计划并推进落实。省商务厅要做好组织协调、指导推进、督促检查，有关实施情况应定期汇总报告。

福建省人民政府办公厅关于加快电子商务发展九条措施的通知

（闽政办〔2015〕89 号）

各市、县（区）人民政府，平潭综合实验区管委会，省人民政府各部门、各直属机构，各大企业，各高等院校：

为贯彻落实《国务院关于大力发展电子商务加快培育经济新动力的意见》（国发〔2015〕24 号）和《福建省人民政府关于进一步加快电子商务发展的若干意见》（闽政文〔2014〕157 号）精神，促进我省电子商务加快发展，现提出以下九条措施：

一、打造闽货自营电子商务平台

支持我省行业商协会、龙头企业、专业市场和第三方服务机构发展覆盖产业链上下游的行业垂直自营电子商务平台，对网上年销售额首次超过 1 亿元的平台或网上年销售额居所在行业全国排名前三名的平台，给予最高不超过 100 万元的奖励。对与我省自营电子商务平台签订服务协议并支付服务费用，且 B2B（企业对企业）网上年销售额超过3000 万元，或 B2C（企业对消费者）网上年销售额超过 500 万元的企业，单个企业给予不超过 5 万元的平台服务费补助。

二、推动闽货网上专业市场建设

围绕我省鞋服、茶叶、石材等优势产业，支持我省行业商协会、龙头企业、专业市场和第三方服务机构在阿里巴巴、京东等知名第三方电子商务平台建设闽货网上专业市场，增强福建优质产品在全国的市场占有率和影响力。对入驻实体企业50家以上、网上年销售额超过1亿元的网上专业市场，给予运营方最高100万元的奖励。对于与省外电子商务知名第三方平台已签订服务协议并支付服务费用，且B2B网上年销售额超过3000万元，或B2C网上年销售额超过500万元的企业，给予不超过平台服务费50%的补助，单个企业年累计不超过3万元。

三、加快商贸服务业线上线下深度融合

支持品牌企业连锁店、百货、批发市场、大型连锁超市，依托实体网点、货源、配送体系等线下优势，发展线上线下协同联动、网店一体的电子商务营销模式，积极开展“网上看样、实体网点提货”“网上下单、实店消费”等O2O商业模式应用。鼓励家政、婚庆、家电维修、健康、养老等生活服务行业提高电子商务应用水平。对网上年销售额达5000万元以上且在总销售额中占比30%以上的上述企业，给予最高不超过100万元的奖励。

四、促进农村电子商务发展

支持开展国家级电子商务进农村综合示范工作，对符合条件的原中央苏区县，争取中央财政资金给予支持。对开展农村电子商务工作成绩突出、初步建成农产品进城和网货下乡双向流通体系的县给予省级农村电子商务示范县称号，并予以最高不超过500万的奖励。以上资金用于重点支持建立完善县乡村三级物流配送体系、电子商务公共服务中心和服务站点、品牌培育和质量保障体系、农村电子商务培训等公共服务体系工作。

对通过自营或第三方平台销售我省农产品，网上年销售额分别超过5000万元的B2C企业和1亿元的B2B企业，给予最高不超过100万元的奖励。

鼓励邮政、供销社以及骨干流通企业、商贸物流企业、快递物流企业、电子商务企业等各类企业，主动服务于农村电子商务发展需要，在乡镇开辟或延伸快递物流运输线路，新建快递物流营业网点，完善面向农村的综合物流信息服务和物流仓储配送体系，视成效对其投入农村带有统一标识的货运车辆等固定资产新增投资额给予最高10%的补助，单个企业最高不超过100万元。

五、支持跨境电子商务快速发展

对在海关特殊监管区或具备海关与检验检疫监管条件的区域设立跨境电子商务集散配送中心和展示交易中心，且场地面积超过3000平方米的跨境电子商务企业，按购买或租用场所（土地）费用30%给予补助，单个企业最高不超过100万元。

对年支付EMS、邮政小包、UPS等国际物流费用达200万元以上的我省跨境电子商务企业，按其国际物流费用的10%给予补助，最高不超过50万元。支持拓建经由台湾进出口的跨境电子商务通路，对通过我省口岸经台年收发海运或空运快件10万件以上，或年收发邮件2000吨以上的我省跨境电商或物流企业，给予最高不超过100万元的奖励。

对经海关跨境电商监管平台统计的年进出口交易额超过500万元的电子商务交

易平台（企业），按交易额5%给予奖励，最高不超过100万元。

六、助力自贸试验区建设

积极吸引省外电子商务龙头企业（营业收入超过1亿元）落户我省自贸试验区，按其实际到位注册资本金的5%给予最高不超过500万元的奖励。对线上线下融合，服务于进口汽车整车销售的电子商务平台建设、改造项目，经省商务厅评定，择优予以奖励。支持海峡两岸电子商务经济合作，支持面向“海丝”沿线国家开展营销推广、资源对接、招商引资、多边交流等活动，拓展国际市场渠道，推介我省名优产品。

七、推进电子商务育才工程

支持企业引进高端电子商务人才（从事电子商务及互联网领域相关工作满3年，年薪在20万元人民币以上，在国外或省外知名或高成长性电子商务企业担任高级管理、高端运营及高端技术人才），对与我省电子商务企业签订三年（含）以上劳动合同的电子商务高级人才，经省商务厅认定，每人发放一次性安家补助10万元；对企业成功引进高级人才产生的猎聘费用，按30%予以补助。单个企业引进高端人才补助总额每年不超过100万元，对纳入省、市重点项目的龙头企业予以重点倾斜。

认定一批电子商务实训基地（人才继续教育基地），并予以每家最高不超过100万元的补助。支持院校、行业协会、商会和社会培训服务机构开展国家电子商务师职业技能培训，对2015年以来，根据新颁《福建省职业技能鉴定电子商务师考试（评）大纲》开展电子商务专才培训且通过国家电子商务师职业技能鉴定考试（评）人数在1000人以上的培训机构，择优给予最高不超过50万元奖励；鼓励电商企业组织员工参加根据新颁《福建省职业技能鉴定电子商务师考试（评）大纲》开展的考核，对企业学员通过社会化考试取得国家电子商务师职业资格的，省财政厅、省人社厅按照《福建省就业专项资金管理办法》（闽财社〔2015〕4号）文件规定，依相应等级给予每人500元至2000元的培训补贴。对初次获得证书的，可给予不超过150元的鉴定补贴。

支持学校、企业及社会组织合作办学，探索实训式电子商务人才培养与培训机制。鼓励有条件的职业院校、社会培训机构和电子商务企业开展网络创业培训。

八、支持企业做大做强

从市级以上的电子商务重点项目中甄选项目，充实省电子商务重点项目库，并实行动态跟踪、管理。每年择优对50个省电子商务重点项目给予贷款贴息等资金支持。各地商务主管部门对重点项目库中企业实行“一对一”跟踪服务，简化审批审核手续，强化要素保障。支持我省电子商务企业并购海外或省外高新技术企业，对成功并购的，核定后分别按照并购金额的10%和5%给予并购企业最高不超过300万元的补助。

九、进一步加强融资支持

将电子商务企业纳入助保贷企业资金池，为企业申请融资贷款提供增信服务和风险补偿。推广邮E贷等适应电子商务发展的信贷产品，支持区域性电子商务协会通过设立行业互助基金或成立投资公司等形式，与金融机构开展合作，为电子商务企业提供多元化融资服务。支持商业银行、担保存货管理机构与我省电子商务企业开展无形资产和动产质押等多种形式的融资服务。支持符合条件的我省电子商务企业上市、改制、引资。鼓励银行业金融机构、商业保理机构、电子商务企业开展供应链金融、商业保理服务。鼓励我省第三方支付企业增资增项，申请网络支付牌照，为电子商务发展提供支付保障。

以上政策申请对象为在闽（不含厦门）工商注册且具有独立法人资格的企事业单位和机构，对省级扶贫开发工作重点县的申请对象有关申请条件减按75%执行。省商务厅要牵头组织实施，各级各有关部门要通力协作，抓好落实。

福建省商务厅关于支持福州、平潭开展跨境电子商务保税进口试点十二条措施的通知

（闽商务电商〔2015〕10号）

福州市商务局、平潭综合实验区经发局、各有关单位：

为支持福州、平潭开展跨境电子商务保税进口试点业务，结合我省实际，现提出以下十二条措施：

一、加大政策宣传推介

协同福州、平潭和福州海关，福建检验检疫局、省食品药品监管局等相关部门，利用跨境电子商务大会、培训、沙龙、座谈等方式，并通过主流媒体、新媒体等多种方式通报福州、平潭保税进口政策落地情况，介绍我省相关支持政策及便利举措，鼓励企业加快开展跨境电子商务保税进口业务。

二、推动试点业务开展

深化我省与阿里巴巴战略合作，推动天猫国际、支付宝、菜鸟物流等平台与平潭跨境通等平台对接，争取尽快实现我省企业在第三方平台上的交易、支付、物流数据落地；支持我省企业参与进口试点，积极开展直购进口和保税进口等业务，扩大进口规模。

三、支持公共平台建设

依托省电子口岸平台建设成果，加快推进我省跨境电子商务公共服务平台建设，统一省内各跨境电子商务监管平台接入标准与数据规范，逐步达成与关、检、汇、税等监管平台对接，实现省内跨境电子商务及相关企业、商品在“单一窗口”注册备案和数据统计查询。支持平潭试点公共平台完善、支持福州试点监管平台建设，推进试点城市“单一窗口”模式的跨境电子商务公共服务平台、集中监管场所和相关设施建设，对相关项目给予一定补助。对经海关跨境电商监管平台统计的年进出口交易额超过500万元的电子商务交易平台（企业），按交易额5%给予奖励，

最高不超过100万元。

四、扶持配套设施完善

对在海关特殊监管区或具备海关与检验检疫监管条件的区域设立跨境电子商务集散配送中心和展示交易中心，且场地面积超过3000平方米的跨境电子商务企业，按购买或租用场所（土地）费用30%给予补助，单个企业最高不超过100万元。

五、补助国际物流费用

对年支付EMS、邮政小包、UPS等国际物流费用达200万元以上的我省跨境电子商务企业，按其国际物流费用的10%给予补助，最高不超过50万元。

六、奖励国际通道拓建

支持拓建经由台湾进出口的跨境电子商务通路，对通过我省口岸经台年收发海运或空运快件10万件以上，或年收发邮件2000吨以上的我省跨境电商或物流企业，给予最高不超过100万元的奖励。

七、鼓励龙头企业引进

积极吸引省外电子商务龙头企业（营业收入超过1亿元）落户我省自贸试验区，实际到资在1000万元以上的，按其实际到位注册资本金的5%给予奖励，最高不超过500万元。

八、培育本地龙头企业

对跨境电子商务应税网上年销售额首次超过500万美元的我省跨境电子商务企业和电子商务平台，省商务厅给予分档奖励。

九、促进闽台电商合作

推动闽台电子商务合作，加强两岸电子商务跨区域、跨部门、跨业务合作和人才交流，支持在我省台商投资区、台湾农民创业园等对台合作区域拓展电子商务业务。

十、加强人才队伍建设

支持举办跨境电子商务大讲堂、沙龙、创新大赛、人才招聘等活动；支持院校、行业协会、商会和社会培训服务机构开展国家电子商务师职业技能培训；鼓励电子商务企业组织员工参加社会化考试，对取得国家电子商务师职业资格的，依据相应等级给予每人500元至2000元的培训补贴。支持企业引进高端电子商务人才，对与我省电子商务企业签订三年（含）以上劳动合同的电子商务高级人才，经省商务厅认定，每人发放一次性安家补助10万元；对企业成功引进高级人才产生的猎聘费用，按30%予以补助。

十一、给予支付平台奖励

对获得第三方互联网支付牌照和获准开展跨境电子商务外汇支付业务试点的我省企业，省商务厅给予最高不超过300万元的奖励（分三年兑付）。

十二、支持行业中介组织发展

加强跨境电子商务行业中介组织建设，支持成立福建省跨境电子商务协会，实现我省跨境电子商务及物流、支付等相关企业抱团发展，促进人才培训交流，推动产业链资源优化整合，增强本省企业国际市场拓展能力，扩大跨境电子商务进出口。

关于印发《关于支持福建自贸试验区跨境电商、保税展示交易、转口贸易、商业保理等重点业态发展的若干措施》的通知

（闽自贸办〔2015〕11号）

为吸引更多企业到自贸试验区投资，促进跨境电子商务、保税展示交易、转口贸易、商业保理等重点业态加快发展，现提出以下措施：

一、支持发展跨境电子商务

（一）集聚跨境电商经营主体

自贸试验区要加快完善跨境电商仓储物流中心和集中监管场所布局，建设完善贸易、仓储、配送、售后等综合服务体系，吸引跨境电商企业入驻开展相关领域业务。对省外、境外电子商务龙头企业（营业收入超过1亿元）落户自贸试验区，实际到资在1000万元以上的，按其实际到位注册资本金的5%给予奖励，最高不超过500万元。奖励资金由省商务厅安排。

（二）拓展经营方式

支持电商企业依托国际贸易“单一窗口”平台，开展跨境电商进出口业务，为进出口电商和支付、物流、仓储等企业，以及海关、检验检疫、税务、外管等部门提供数据交换服务，解决其通关、支付、结汇、退税（免税）、仓储和售后服务等问题，支持国内企业更好地利用电子商务开展对外贸易。推广实施进出境邮件“移动式”通关模式，试点海运快件进出境业务，加快邮件、快件查验场所建设，支持通过邮路、快递发展跨境零售业务。对年支付EMS、邮政小包、UPS等国际物流费用达200万元以上的我省跨境电子商务企业，按其国际物流费用的10%给予补助，最高不超过50万元，补助资金由省商务厅安排。

（三）简化通关手续

海关在推广联网监管、清单核放、汇总申报等作业模式的基础上，进一步实施“全年无休、24小时办结通关手续”的服务承诺，加快实施进口环节行邮税电子计征模式，优化零售出口通关系统功能。检验检疫部门对出境电商商品，除必要的检疫处理外不实施品质检验；对直邮进口电商商品，在个人自用合理数量内，免予实施品质检验和验证管理；对网购保税进口电商商品实行入境检疫、入区集中检验监管、出区分批核销放行等便利措施。

（四）提升收结汇服务

对邮路渠道直接寄送出口商品的中小经营主体，可通过银行或有资质的第三方支付机构办理收结汇。对通过海关集中监管、清单核放、汇总申报的经营主体，银行或有资质的第三方支付机构凭海关电子报关信息由银行办理货物出口收结汇业务。在确保交易真实性的前提下，跨境电

子商务企业外汇收支实行总量核查管理，资金进出与货物进出无需一一对应。

二、支持发展保税展示交易

（五）合理规划布局

支持企业在提供有效担保和监管证件的前提下，在自贸试验区内或实施范围之外设立保税展示交易平台，通过“区内仓库”和“区外店铺”联动，逐步形成进口商品订货中心、品牌托管中心，扩大进口份额。保税展示交易平台建设要统筹规划，错位发展，避免同质竞争、一哄而上。对在自贸试验区内设立的跨境电子商务集散配送中心和展示交易中心，且场地面积超过3000平方米的，按购买或租用场所（仓库）费用30%给予补助，单个企业最高不超过100万元。补助资金由省商务厅安排。

（六）创新监管模式

各片区在2015年底前建成符合保税展示交易需求的通关信息化平台，落实海关对出区展示交易的货物实施批次进出、集中申报等通关便利措施。对出区展示交易的货物实施先销售，并在规定的时间内集中汇总征税，不断扩大保税展示交易内销货物电子化“分段担保”模式的范围，提高企业资金使用效率。检验检疫部门对已常态化进口的法检商品，试行“快检快放”机制，缩短商品检验周期。

（七）创新业务模式

支持保税展示交易与跨境电商相结合，开展区外展示平台体验、现场线上下单邮购、保税区物流配送，以满足不同消费者的购物需求。支持企业在特殊监管区域规划面积以内、围网以外综合办公区开展保税展示交易业务，允许消费者在展示场所看货下单，经营企业配送出区，或在海关特殊监管区域外设置统一的提货点，消费者在提货点提货。支持在福建自贸试验区内设立文化保税展示交易中心，开展文化创意研发和文化艺术品（产品）展示、拍卖、交易等业务。利用保税延展政策，探索博物馆、艺术馆等扩大进口文化艺术品展示、交易业务。

三、支持发展转口贸易

（八）拓展中转货源

加快落实中资非五星红旗沿海捎带业务和启运港退税试点政策，支持与中资船公司合作，拓展内支线货源新市场和内支线中转业务。加快实施货物状态分类监管模式，推出拼箱业务监管新模式，吸引更多货物到自贸试验区开展出口集拼、进口分拨、转口集拼等业务。争取设立海铁联运监管中心，加强铁路、公路、空港与港口航运对接，提高疏港和货运效率，吸引中西部地区和周边地区的货物选择我省港口转运出境。发挥自贸试验区功能优势，吸引跨国企业设立商品跨国采购中心、出口集运中心、进口分拨中心、转运配送中心。筹建中国（厦门）酒类进口基地。

（九）降低转口成本

推广国际贸易“单一窗口”功能，海关、检验检疫、海事、边防对船舶进出境申报在一个平台上实施一次申报、一次办结，并由纸质报备改为电子报备。检验检疫部门对国际航行船舶实施即时查验、即时放行。试点集装箱分拨货物卫生检疫前置，对卫生检疫合格的货物实施即报即放。创新中转货物原产地证管理制度，解决企业转口贸易原产地证签证难问题。海关对开展转口贸易的仓储企业和物流企业，推广联网监管模式，实现对货物进、出、转、存的高效运作。放宽海运货物直接运输判定标准，优惠贸易项下海运货物经第三方中转的，无法提供中转证明文件时，海关可通过查验集装箱封志的方式判定货物是否符合直接运输要求。取消出口货物纸质进场章，开展查验作业微信预约模式，建设通关移动综合服务平台，实施企业随时申报、自助缴税、实时查询。对诚信企业现场接单环节不审核归类、价格，实行信任接单。

（十）深化两岸合作

开展两岸标准、法规等效性评估和合格评定信息系统建设工作，推进两岸信息互换、监管互认、执法互助。扩大采信台湾第三方检验机构的检测结果和认证结果试点。扩大对台湾输大陆“源头管理、口岸验放”的商品范围。积极争取国家认监委授权驻闽检验检疫机构承担台湾输大陆食品生产企业进口注册的技术审核工作。简化 ECFA、CEPA 原产地证书提交需求，海关已收到出口方传输的原产地证书电子数据的货物，进口企业进口申报时免于提交纸质原产地证书。发挥自贸试验区政策溢出效应，吸引台湾企业生产的半成品到我省自贸试验区加工增值复出口或内销到大陆各地。

四、支持商业保理发展

（十一）拓宽融资渠道

积极探索商业保理公司与商业银行等金融机构的合作，开展再保理、应收账款的资产证券化等融资产品和模式的创新。支持商业保理公司通过银行贷款、境内外发债，以及借用短期外债和中长期外债等进行融资，通过设立保理行业发展基金等融资方式，解决商业保理企业融资难、成本高的问题。推动建立风险分担机制，防范商业保理经营风险。

（十二）培育龙头企业

对在自贸试验区注册的外资商业保理公司，在 2016 年 3 月前缴清注册资本金的，按实缴注册资本金的 2%给予到资奖励，在 2016 年 3 月后至 2018 年 3 月底前缴清注册资本金的，按实缴注册资本金的 1%给予到资奖励，单个企业奖励最高不超过 100 万元。奖励资金由省商务厅安排。

（十三）拓展国际保理业务

引导自贸试验区保理企业与国际保理机构建立联系，建立国际保理业务模版，规范国际保理业务流程，培养国际保理专业人才。支持金融机构做好自贸试验区保理企业拓展国际保理业务中的跨境本外币资金结算、跨境担保服务，适度简化程序。

本措施自 2015 年 11 月起实施。福建自贸试验区厦门片区范围的项目奖励补助资金由厦门市财政安排。

福州开发区跨境电商园区入驻条件及扶持政策

（榕开政办〔2015〕10号）

为贯彻落实国家、省、市推进电子商务发展的政策，鼓励传统外贸企业向跨境电商转型，推进跨境电子商务产业发展，在《福建省人民政府关于进一步加快电子商务发展的若干意见》（闽政文〔2014〕157号）、《福建省人民政府关于加快互联网经济发展十条措施的通知》（闽政〔2015〕2号）等基础上，依托自贸区政策优势，结合我区实际，制定本扶持政策。

一、入驻条件

1. 企业类型：从事跨境电商的企业、跨境电子商务平台企业、快件运营企业、第三方跨境服务企业等。

2. 企业注册地及税收关系必须在自贸区福州开发区片区内。

3. 企业需取得自营进出口权。

4. 企业交易数据需与福州开发区跨境电商园区平台对接。

5. 从事跨境电商服务的企业需通过福州口岸相关监管部门审核并签订相关协议，其企业信息与销售商品均需通过备案，经过认定方可进行跨境电商业务。

二、扶持政策

（一）租金及装修补贴

对入驻企业给予办公场地租金补贴，以园区为标准，第1年按租金100%补贴，第2、3年均按50%进行补贴。

入驻企业自行进行装修的，给予一定的装修补贴，补贴标准为100元/平方米（补贴面积最高不超过1000平方米）。

（二）仓储补贴

入驻企业租用我区仓库的，第一年按租金100%、第二年按50%、第三年按20%进行补贴。

（三）财税补贴

对入驻企业，第一年按其企业增值税、营业税、企业所得税（以下简称纳税总额）区级留成部分的90%给予补贴；第二年按其纳税总额区级留成增量部分的80%给予补贴；第三年按其纳税总额区级留成增量部分的60%给予补贴。

（四）配套设施服务扶持政策

1. 对入驻企业日常经营活动所发生的网络通讯费用、服务器托管费用等给予补贴，其中未超过5万元部分按20%进行补贴，超过5万元部分按30%进行补贴，产生费用以电信账单为准。每家企业每年最高不超过5万元，补贴期限为3年。

2. 园区将引进一家专业秘书公司，协助入驻企业提供公司设立、报税、报关、报检等“拎包入驻式”服务。

3. 园区将搭建科技金融服务平台，解决企业融资难题。一是在条件许可的情况下，设立创投引导基金，吸引社会资本及国外创投机构参与，并由区财政资金给予适当扶持，以鼓励创投机构加大对入驻企业的投入；二是鼓励区内担保公司、小额贷款公司以及银团资源，优先向入驻企业倾斜，加大对入驻企业的增信增贷扶持；三是积极培育有条件的入驻企业作为区重点上市后备企业，推动其上市融资。

（五）公共服务平台建设扶持政策

1. 入驻企业建设跨境电商服务平台（已投入实际使用一年以上），且平台入网企业数达30家（含30家）以上，网上交易额超过1000万元（含1000万元）的，给予平台建设方硬件投资额一次性补贴，单个企业最高不超过20万元。

2. 鼓励入驻企业积极拓展自有第三方跨境电商平台建设。对于园区内第三方跨境电商平台注册收费用户首次突破2000个（含2000个）以上的，给予一次性平台拓展奖励5万元。

3. 对入驻企业加入园区内第三方跨境电商平台并成为其付费会员，同时开展网上交易、结算并实现税收的，一次性给予3万元入网费用补助。

（六）海外仓储和海外服务网点扶持政策

入驻企业通过境外投资方式设立的海外仓储和海外服务网点（已投入实际使用一年以上），根据企业上一年度实际对外投资额的10%连续给予三年扶持，单个企业扶持总额不超过100万元。

（七）跨境电商人才培训扶持政策

1. 对于入驻的具备国家相关资质的培训机构，培训我区从事跨境电商业务人才的，依据其培训的学员数，给予培训机构每人每年不超过3000元的定额培训支持，单个企业每年度扶持额不超过10万元。

2. 鼓励高等院校、民办教育机构、国内外知名专业培训机构在区内建设跨境电子商务人才培训基地，开展人才教育培训业务。毕业学员在入驻的跨境电子商务企业签订一年以上劳动合同或自行创业（限跨境电商相关行业），经认定核准，给予培训基地一定补贴。

3. 鼓励高等院校、跨国公司、国内外知名专业培训机构等在区内举办跨境电商高端论坛，并给予举办方一定补贴。

（八）跨境电商创新人才扶持政策

对引进园区的海内外跨境电子商务知名专家、行业领军人才、高级技术人才，参照《福州经济技术开发区引进高层次优秀人才暂行办法》（榕开委〔2013〕22号）执行。

（九）龙头企业扶持政策

致力引进培育龙头跨境电商企业，并对引进培育的龙头企业采取"一事一议"方式确定入驻条件和享受扶持政策。

（十）其他政策

入驻企业除享受本扶持政策之外，还可享受其他各级政府已出台的有关产业、科技创新、人才、上市等方面的扶持政策，但对于以上扶持政策中与现有政策有重叠的，企业不重复但可就高享受。

以上每年度补贴和奖励均于下一年度

兑现，企业经营未满一年的，不享受以上政策。

企业享受本扶持政策后，在三年内迁出福州开发区跨境电商园区内的，应退还各类奖励金和房租优惠。

三、扶持政策申报

（一）审批程序

每年 4 月份为各项扶持奖励的申报时间。符合奖励条件的企业，持规定的相关材料和证明文件向跨境电商领导小组办公室申报，办公室初审后汇总，报区跨境电商领导小组。领导小组组织审核形成意见和奖励方案，经区管政常务会议研究审定后实施。

（二）申报材料

1.《开发区跨境电商发展奖励政策申请表》。

2. 企业营业执照、申请年度及上一年度完税证明及相关证明材料。

四、本扶持政策自印发之日起实施，有效期为三年。

五、扶持政策执行期间，如因国家政策要求需相应调整的，本扶持政策也作相应调整。

六、本扶持政策由福州开发区管委会负责解释。

企业名录

截至 2015 年 12 月 31 日，在福州跨境电商综合服务平台上注册，并实际开展业务的企业（如表 2-31 所示）。

表 2-31　福州跨境电商企业名录

序号	名称	企业类型
1	福建省佳博斯国际贸易有限公司	第三方平台类
2	福建方阵贸易有限公司	第三方平台类
3	福建易物传奇网络科技有限公司	第三方平台类
4	福建海邑通信息科技有限公司	第三方平台类
5	福州五洲联合贸易有限公司	第三方平台类
6	福建洲源贸易有限公司	第三方平台类
7	福建金镒利贸易有限公司	第三方平台类、自营类、服务类
8	福州金掌柜电子商务有限公司	第三方服务类
9	福州东今贸易有限公司	自营平台类
10	福州云鹤电子商务有限公司	自营平台类
11	福建优购电子商务有限公司	自营平台类

表2-31 续

序号	名称	企业类型
12	福建健润跨境电子商务有限公司	自营平台类
13	灏景（厦门）文化传媒股份有限公司福州分公司	自营平台类
14	福州千万鑫进出口贸易有限公司	自营平台类
15	福建聚易国际贸易有限公司	自营平台类
16	福州番客电子商务有限公司	自营平台类

大事记

2015 年 4 月，国家发改委等国家 12 部委来榕调研，推进海峡两岸电子商务合作实验区的设立，对福州市上报的两岸电商实验区总体方案提出了修改意见。

2015 年 6 月 16 日，国务院办公厅发布了《关于促进跨境电子商务健康快速发展的指导意见》（国发办〔2015〕46 号文），文中明确：国务院相关部门将全力推动海峡两岸经济合作实验区的跨境电子商务建设。

2015 年 9 月 16 日，福州市向海关总署上报了《推进福州跨境电子商务保税进口试点的实施方案》。

2015 年 10 月 19 日，国家发改委、国务院台办、商务部、工信部、财政部等 12 部委联合发文《关于同意设立福州和平潭海峡两岸电子商务经济合作实验区的函》（发改高技〔2015〕2381 号），批复同意设立福州、平潭海峡两岸电子商务经济合作实验区，进一步支持海峡两岸电子商务合作发展。

2015 年 11 月 3 日，福州市跨境电商政府公共服务平台及海关监管中心正式上线运营，3 个托盘德国进口奶粉通过福州海关监管后核放入境，福州片区顺利完成跨境贸易首单进口货物线上测试，标志着福建自贸试验区福州片区进口跨境电子商务业务正式开启，电子商务成为福州发展进出口贸易的新通道，为开放型经济提供了新的贸易形态和更广阔的发展空间。

2015 年 12 月 31 日，海关总署办公厅正式下发《关于福州、平潭跨境电商保税进口试点项目方案实施的复函》（署办科函〔2015〕30 号），同意福州、平潭在海关特殊监管区域或保税物流中心（B 型）开展保税进口试点，同意《福州、平潭跨境电商保税进口试点项目实施方案》（以下简称《实施方案》）中的保税进口业务流程及技术方案，进一步支持福州市开展跨境电子商务试点。

平潭地区

平潭综合实验区主要突出“先行先试”功能，发挥在两岸交流合作和对外开放中的先行作用，其具体定位为：两岸交流合作的先行区、体制机制改革创新的示范区、两岸同胞共同生活的宜居区和海峡西岸科学发展的先导区。2011 年获批的《平潭综合实验区总体发展规划》赋予平潭 28 条优惠政策，先行先试贸易投资、贸易及人员往来、金融服务、旅游购物和就业生活等便利化政策。自贸区平潭片区于 2015 年 4 月正式挂牌，其发展建设的总体目标是建设两岸共同家园和国际旅游岛，探索推行更加自由便利的运行模式。为实现这一目标，平潭大力推进体制机制创新，着力推动深化行政管理体制改革和投资管理体制改革，拓展新型贸易业态，推动通关便利化、航运自由化和服务贸易自由化，推进金融领域开放创新以及建设国际旅游岛等 8 个方面的重点任务。当前，各项优惠政策逐步落实，平潭综合实验区暨自贸区基础建设和招商引资工作快速推进，对台战略地位逐步凸显。2015 年 7 月，自国家发展改革委、财政部、商务部、税务总局、台办等 6 部委正式批复海峡两岸电子商务经济合作实验区开展跨境电商保税进口试点业务以来，平潭积极探索及学习，取得一定的进展。

发展历程

一、试点目标及初步成效

（一）试点目标

通过开展跨境电商试点项目（以下简称“跨境试点”），充分发挥互联网成就梦想的宣传作用，打造“自由流动、信息分享”的商业环境，有效增强对台湾企业和台湾青年创业的吸引力，推动现代服务业、对外开放合作、体制机制创新，最终推动两岸共同家园的建设。同时结合海峡两岸电子商务经济合作实验区建设，经过3~5年的改革试验，力争把两岸电商合作实验区建成以“线上集成+两岸贸易+综合服务”为主要特征，以“物流通关渠道+‘单一窗口’信息系统+金融增值服务+电商创业孵化”为核心竞争力，“关”“税”“汇”“检”“商”“物”“融”一体化，线上“单一窗口”平台和线下“综合园区”平台相结合，投资创新突出、服务体系健全、营商环境规范且最具活力的海峡两岸电子商务交易中心、互联网金融运作中心和电子商务物流枢纽中心。

海峡两岸电子商务交易中心：完善平潭跨境电商通关公共服务平台（以下简称“跨境电商公共服务平台”），不断推进部门信息共享，探索提升线上服务水平，加快推行信息公开透明，率先实现两岸互联互通；积极推进贸易方式创新和政府管理创新，优化两岸电子商务发展环境，鼓励台企拓展大陆市场，推动在闽台企转型升级；探索建立两岸可信交易环境，构建两岸安全交易平台，完善消费者权益保护机制；推动吸引两岸电子商务企业和个人到实验区创业创新、集聚发展，成为“互联网+”发展的新示范和大众创业、万众创新的新渠道。

海峡两岸电子商务互联网金融运作中心：加快构建电子商务创投体系，推动政府扶持体制改革，促进政策性引导资金与两岸金融资本的有机互补和良性发展；推进两岸跨境电商结算试点，建立完善的供应链综合服务体系，为跨境电商企业提供便捷高效的金融、物流、信用、人才、数据等综合服务，构建良好的跨境电子商务发展生态环境。

海峡两岸电子商务物流枢纽中心：推行便利化通关模式，推动两岸口岸监管单位“信息互换、监管互认、执法互助”，加快两岸电商物流枢纽仓储配套设施建设，提高两岸跨境物流信息化水平，构建两岸海空联运及台湾—平潭—欧洲多式联运等多样化物流方式，打造两岸电商物流重要通道。

（二）初步成效

1. 组织架构不断完善

先后成立跨境电商试点及海峡两岸电子商务经济合作实验区建设工作领导小组，小组下设跨境办，作为常设机构，统筹推动各项重点政策创新和项目设施

2. 平台运营管理主体运营水平不断提升

福建跨境通电子商务有限公司作为试

点承担单位成立于2015年3月，注册资本5000万元，是结合平潭综合实验区交通投资集团有限公司等多家国有企业与台资（台湾关贸网）共同创办的公司，其主要承担跨境电子商务试点平台的建设和运营工作。国有企业的身份有利于将试点平台建设成为一个非盈利性的第三方的公共服务平台，确保电商、物流、支付企业获得便捷、低成本的跨境电商综合服务。

3. 物流通道不断成熟

先后完成跨境一般出口、保税进口、直购进口等业务模式测试，长乐机场转关、江阴港转关以及海峡号直航等跨境电商进口物流通道已基本通畅，与长乐空港、长乐快件中心、厦门空港及厦门航空等单位的对接更加深入。经台北桃园机场中转（海空联运通道）。

4. 产业链条逐步完整

在试点推进过程中，电商、仓储物流、支付、营销推广、报关报检、货代、电商综合服务商等产业链条各个环节的企业参与度不断提升，产业链条初步形成。

截至2015年12月31日，平潭跨境电商试点平台已对接企业49家，其中实际运作25家（电商14家，物流企业4家，支付企业7家），进口货值2157万元，出区金额为1600万元。配送票数36988票，海关审批通过保税品项238项，直购品项总计884项。

二、试点配套政策及建议

（一）配套政策出台情况

试点开展以来，地方政府及关检单位都出台了相应的配套产业扶持及通关便利化措施。如《福建省商务厅关于支持福州、平潭开展跨境电子商务保税进口试点十二条措施的通知》、《关于支持福建自贸试验区跨境电商、保税展示交易、转口贸易、商业保理等重点业态发展的若干措施》、《福建检验检疫局关于做好跨境电子商务进口试点工作的通知》、《平潭综合实验区跨境电子商务专项扶持资金暂行管理办法的通知》等。

（二）相关建议

在产业政策内容上，应该更加系统化，从推进跨境电商产业链发展的角度上出发制定扶持政策；在通关便利化政策上，各地区应有个相对统一的执行标准，避免各种“政策洼地”出现。

三、试点公共服务平台情况介绍

1. 思路：以“政府主导、企业运作”模式搭建的新型跨境电商公共平台，鉴于当时平潭地方电子口岸尚未建立，前期由政府下属企业投资2000多万元建设平潭跨境电商公共服务平台及通关服务平台。2014年底平台建设基本完成后，推动组建福建跨境通电子商务有限负责运营，跨境通公司保持相对独立性，不以盈利为目的。该平台与宁波、杭州等地建设的公共服务平台性质、目标一致，以实现企业、海关以及相关管理部门之间数据交换与信息共享为目的，适用于一般进出口、保税进出口四种业务模式。

2. 现状：平台子系统海关通关服务平台基本能够满足业务需求，但平台的公共性、兼容性有待于进一步提高，与检验检疫、国税、外汇等管理系统尚未完成对接。

3. 目标：以杭州等跨境电商综合试验区为模板，建立跨境电商“单一窗口”服务平台。

（1）不断推进部门信息共享。打通“关”“检”“税”“汇”“商”“物”“融”之间的信息壁垒，建立信息交换共享机制，实现监管部门、地方政府、金融机构、电子商务企业、物流企业之间信息互联互通。建立数据信息传输、开放、共享和使用的规则规范，保障系统及数据安全，依法保护各接入方的合法权益。

（2）探索提升线上服务水平。实行两岸电商企业线上“一表申报、一口受理”的服务模式，建立备案企业信息共享库，统一备案要求，实现企业“一次备案、多主体共享、全流程使用”。

（3）加快推行信息公开透明。建立商品溯源数据库，汇聚生产、交易、通关、物流、支付、结算及评价等综合信息，实现商品进出口全流程可视化跟踪和交易商品的“源头可溯、去向可查、风险可控、责任可究”。

（4）率先实现两岸互联互通。推动“单一窗口”与台湾关贸网、台北海运快件中心等平台和场所的信息互换，率先实现两岸电商通关数据互联互通。

四、试点工作社会效益及经济效益分析

1. 发展海峡两岸跨境电商零售，通过电商零售进一步增进两岸人民的日常交往，满足海峡两岸消费者多样化的生活消费需求。

2. 统筹平潭综合实验区对台小商品市场的资源及发展规划，借助跨境电商手段推动对台小商品市场繁荣发展。

3. 通过建立包括在线支付、快速通关、通检、退税、物流信息查询追踪、资信认证、产品安全追索等综合服务的跨境贸易平台体系，解决电商平台、网民、物流企业、代理企业等在跨境电商服务平台中所遇到的通关问题，外汇结算、退税、配送成本降低及假冒伪劣等一系列问题，为中小微型企业开辟国际化市场提供有力支持。

4. 有效带动两岸青年电商就业创业，深化了两岸青年交流。

配套文件

《福建省人民政府关于进一步加快电子商务发展的若干意见》（具体政策详见福州地区相关文件）。

《福建省人民政府办公厅关于印发进一步推进跨境电子商务发展行动方案的通知》（具体政策详见福州地区相关文件）。

《福建省人民政府关于支持快递业加快发展七条措施的通知》（具体政策详见福州地区相关文件）。

《福建省人民政府办公厅关于加快电子商务发展九条措施的通知》（具体政策详见福州地区相关文件）。

《福建省商务厅关于支持福州、平潭开展 跨境电子商务保税进口试点十二条措

施的通知》（具体政策详见福州地区相关文件）。

《关于印发《关于支持福建自贸试验区跨境电商、保税展示交易、转口贸易、商业保理等重点业态发展的若干措施》的通知》（具体政策详见福州地区相关文件）。

平潭综合实验区管委会办公室印发平潭综合实验区跨境电子商务产业专项扶持资金暂行管理办法的通知

（岚综管办〔2015〕189号）

区直各单位、各片区开发管理局、各乡镇人民政府、各区属公司：

《平潭综合实验区跨境电子商务产业专项扶持资金暂行管理办法》已经区党工委、管委会审议通过，现将印发给你们，请认真执行。

平潭综合实验区管委会办公室

2015年9月30日

平潭综合实验区跨境电子商务产业专项扶持资金暂行管理办法

第一章　总　则

第一条　为促进平潭综合实验区跨境电子商务发展，加快海峡两岸电子商务经济合作试验区建设，鼓励区内企业开展跨境电子商务相关业务，同时有效规范跨境电子商务专项扶持资金（以下简称专项资金）使用管理，制定本办法。

第二条　专项资金由区级跨境电子商务专项资金和上级下达的相关专项资金组成。2015年度由区财政安排下达专项资金2000万元，以后年度根据专项资金绩效评价结果、区专项资金规模及上级下达的相关专项资金规模等因素确定。

第三条　专项资金由区跨境办、区财政金融局根据职责分工进行管理和监督检查。

第四条　专项资金的使用应当遵循透明规范、突出重点、择优扶持、注重绩效原则，确保资金使用规范、安全和高效。

第五条　享受专项资金的企业应当符合以下条件：

（一）区内依法注册的独立法人企业；

（二）开展跨境电子商务相关业务；

（三）统计数据纳入区电子商务统计体系。

第二章　扶持措施

第六条　凡入驻海峡跨境电商园区并开展跨境电子商务相关业务的企业按照园区租金标准先缴纳租金，在3年内于每年度终了可依据入驻考核条件申请减免。

第七条　支持企业自建B2B、B2B2C、O2O、C2M等跨境类型平台，对经评审认定具有公共性、示范性和带动性的跨境电子商务平台，且年成交额超过500万元的，按其上年度平台投入费用（含建设改造、宣传推广、软件购置及开发），给予不超过30%的补助，每家企业每年上限100万元，期限为3年。

第八条 对跨境电子商务企业申报年度交易额达到500万元以上的，对超出部分按2%的比率给予交易奖励，每家企业最高不超过100万。

对获得“国家级电子商务示范企业”和“省级电子商务示范企业”荣誉称号的企业，分别一次性给予30万元和20万元的奖励。

企业年度申报交易额以平潭综合实验区管委会指定的平潭跨境电子商务公共服务平台提供的数据为准。

第九条 经平潭综合实验区管委会认定的跨境电商公共服务平台运营企业，在公共服务平台免费服务期间，年度申报交易额超过5000万元的，给予100万元运营补贴。转入收费服务后3年内每年给予50万元运营补贴。

第十条 对上年度帮助5家以上本地企业实现单家年跨境网络零售额500万元以上，或帮助单家本地企业实现年跨境网络零售额5000万元以上的电子商务代理运营企业，经认定后一次性给予50万元奖励。

第十一条 支持拓建经平潭口岸进出的跨境电子商务物流通道，对经台北桃园机场中转、平潭口岸进出的跨境电商商品，按照每公斤1元的标准对跨境电子商务企业给予补助，每家企业最高不超过50万。

对跨境电商国内配送企业，按照年度已实现的物流订单量给予每单0.5元的补贴，最高不超过100万元。

第十二条 支持设立跨境电商集货监管仓、进口保税仓等仓储设施。对被确定为我区重点跨境电商企业上年度租用或新建、改、拓建以上场地面积超过3000平方米以上的（已投入实际使用1年以上），经评审认定后，按照年租金费用或仓库建设投入费用的30%给予补助，每家企业最高不超过200万元。

第十三条 对被确定为我区重点跨境电商企业上年度新建境外仓单一设施在1000平方米以上的（已投入实际使用1年以上），按照每平方米100元给予一次性补助，单家企业补助上限为200万元。对被确定为我区重点跨境电商相关企业上年度租用境外仓面积超过1000平方米以上的（合同1年以上），按照合同实际使用面积给予年租金费用30%的补助，单家企业补助上限为100万元。在台湾地区或“海丝”沿线重点国家设仓的，追加50%补助。

第十四条 支持设立跨境商品O2O展示交易中心，对租用O2O展示交易中心面积超过300平方米的企业，给予二次装修实际装修经费适当补助。

第十五条 对参加阿里巴巴等全国知名电商平台促销活动的跨境电商企业给予奖励，单次销售金额满500万的给予5万元奖励，全年总奖励金额不超过50万元。

第十六条 对建筑面积3万平方米以上的电商园区，入驻有跨境电子商务实绩的企业20家以上的，按照每万平方米10万元的标准给予园区管理方奖励，单一园区奖励上限为100万元，补助期限为3年。被认定为国家级示范基地的，一次性给予200万元奖励。

第十七条 鼓励商协会、跨境电商培训机构举办与跨境电商相关的电商大讲堂、电商论坛、电商创新大赛等活动，对参加人数在200人以上并取得较好效果的公共性活动，按每人500元的标准对主办方给予补助，最高不超过20万元，每年不超过5次。

第十八条 创新跨境电子商务专业培训模式，培养符合市场需求的跨境电商专业人才，对通过高校或者经认定的跨境电商培训机构培训员工的企业，按照每人每年1500元的标准给予培训补助，单家企业年度补助总额不超过5万元，补助期限3年。

第十九条 引导各类股权投资企业对平潭综合实验区开展跨境电子商务的企业开展投资，鼓励社会股权投资机构与政府合作建立面向跨境电子商务企业的投资基金，推动各类政府性产业基金投资跨境电子商务领域。加大金融机构对跨境电子商务的投融资力度，支持跨境电子商务企业上市融资。

第二十条 从专项资金中列支工作经费50万元，用于保障区跨境电子商务统计、调研、宣传推广以及项目评定、引入第三方审计等工作。

第二十一条 凡符合平潭综合实验区产业导向和入区条件的电子商务、仓储配送、第三方支付以及电商综合服务等企业，在享受上述扶持政策优惠政策的同时，还可享受《平潭综合实验区鼓励扶持产业发展的若干措施》、《平潭综合实验区促进总部经济发展的暂行规定》、《平潭综合实验区促进金融业发展的具体实施办法》、《平潭综合实验区关于鼓励扶持台湾高校毕业生来岚创业的实施办法》、《平潭综合实验区关于加强中高层次人才引进工作的若干规定（试行）》、《平潭综合实验区管委会关于鼓励和支持两岸青年入驻台湾创业园创业就业的实施意见》等所规定的优惠政策，但其中如有相同或重复条款，企业可以择优申报，不得重复享受。

第三章 申报、审核及公示

第二十二条 区跨境办于每季度初组织开展专项资金申报工作。

第二十三条 平潭综合实验区跨境公共服务平台运营方在企业申报截止日之后的10个工作日内汇总相关企业的申报材料并报送区跨境办。

第二十四条 区跨境办对申报材料进行复核，于3个工作日内确定扶持企业、扶持项目以及扶持金额，并按有关程序向社会公示。

第二十五条 对于公示无异议或者经调查核实无问题的企业，由区跨境办下达专项资金。

第四章 监督检查和绩效评价

第二十六条 专项资金申请单位应当对申报材料的真实性、合法性、有效性负责。对弄虚作假、骗取专项资金的企业，应当追回专项资金、取消申请资格，并依法给予相应处置。

第二十七条 专项资金应当专账管理，并专项用于跨境电商业务发展相关支出。任何单位和个人不得以任何理由截留、挤占、挪用。

第二十八条 区财政金融局、区跨境办应当加强对专项资金使用情况的监督检查和绩效评价工作，确保专项资金符合规定用途。有关企业应当配合相关部门做好监督检查以及专项资金绩效自评等工作。

第五章 附 则

第三十条 本办法由区跨境办负责解释。

第三十一条 本办法自颁布之日起实施。

福建检验检疫局关于做好跨境电子商务零售出口检验检疫试点工作的通知

（福建检验检疫局，2014 年 12 月 02 日）

根据《国务院办公厅转发商务部等部门关于实施支持跨境电子商务零售出口有关政策意见的通知》（国办发〔2013〕89号），以及质检总局、福建省政府有关文件精神，为规范辖区跨境电子商务零售出口的检验检疫监管工作，服务福建省电子商务发展，现将福建检验检疫局跨境电子商务零售出口检验检疫试点工作有关要求通知如下：

一、管理原则

对跨境电子商务经营企业（含电子商务平台企业、使用电子商务平台零售出口的企业和为跨境电子商务提供服务的物流仓储企业）实施备案管理。对跨境电子商务零售出口商品实施全申报管理，跨境电子商务经营企业应建立与检验检疫机构或者政府公共服务平台对接的信息化申报系统；建立分类管理的检验检疫监管模式，对电子商务出口商品以检疫监管为主，利用第三方检验检测机构资源进行合格评定；实施集中申报、集中办理相关检验检疫手续等便利措施。

二、工作程序

（一）企业备案管理

1. 企业范围

（1）为电子商务出口企业提供交易服务的跨境电子商务第三方平台企业。

（2）自建跨境电子商务销售平台的电子商务出口企业。

（3）利用第三方跨境电子商务平台开展电子商务出口的企业。

（4）为电子商务出口企业提供服务的物流、仓储企业。

2. 备案程序

（1）首次开展跨境电子商务的企业应向检验检疫机构办理企业基础信息备案手续。

（2）办理备案登记时应当提供以下资料：跨境电子商务经营企业备案登记表、加盖企业公章的《企业法人营业执照》复印件（同时交验原件）、加盖企业公章的《组织机构代码证》复印件（同时交验原件）、企业基本情况、经电子商务经营企业合格评定的出口商品供应商名单（自建平台企业无需提供）、质量管理制度（物流、仓储企业无需提供）、质量诚信经营承诺书与消费者告知书（仅要求电子商务出口企业提供）、检验检疫机构要求的其他相关材料。

企业基本情况应包括办公场所、仓储场所、检验场所等的相关情况说明，质量管理制度应包括产品抽检制度、缺陷产品召回处置制度、不合格产品处置制度、消费者投诉处理制度等。

（3）检验检疫机构负责受理企业申请，并对企业提交的材料进行审核。企业提交的材料齐备真实的，检验检疫机构应当及时予以备案。

（4）企业备案信息发生变更的，应及时办理信息变更手续。

（二）产品备案管理

1. 跨境电子商务经营企业应向检验检疫机构办理跨境电子商务出口产品备案手续，提供商品名称、HS 编码、规格型号、主要销往国家/地区、产品标准、质量安全评估报告与符合性申明等信息。

2. 列入福建检验检疫局禁止实施跨境电子商务零售出口的商品范围的（见附件），不实施跨境电子商务零售出口模式，不予办理备案手续。福建检验检疫局根据实际情况对禁止实施跨境电子商务零售出口的商品范围实施动态调整。

（三）产品申报管理

1. 检验检疫机构对跨境电子商务出口商品实施全申报管理。

2. 跨境电子商务经营企业根据自愿原则，可采取自主申报或代理申报方式，向检验检疫机构及时提交产品信息、运单信息、交易信息、订单信息等，并确保相关信息的准确、真实。

3. 出口企业或其代理人在出口商品进入跨境电子商务园区（以下简称入区）前，应向检验检疫机构进行入区申报；在货物实际出境前，应向检验检疫机构进行出境申报。

4. 列入法定检验检疫范围内的产品，出口企业应通过检验检疫系统的企业端报检软件向检验检疫机构报检。

（四）检验检疫

1. 对应当实施卫生及动植物检疫的跨境电子商务出口商品，检验检疫机构依法实施检疫或检疫处理。

2. 申报出口批次货值高于 2000 美元的法定检验工业品，经营企业应在申报时提交生产企业出具的合格证明，或经 CNAS 认可且获得质检总局进出口商品检验鉴定机构资质许可的第三方检验检测机构（以下简称第三方检验检测机构）出具的检验报告，检验检疫机构实施验证评定；对无法提供生产企业出具的合格证明或第三方检验检测机构出具的检验报告的批次，由检验检疫机构实施检验。对其余工业品，不实施检验。

3. 依法应实施检验的动植物及其产品、食品和化妆品，经营企业应在申报时提交本辖区注册登记/备案企业的自检自控报告或第三方检验检测机构出具的检验报告或产地检验检疫机构出具的检验检疫合格证明，检验检疫机构实施验证评定；无法提供上述报告或证明的，由检验检疫机构实施检验。拟销往多个国家或地区的动植物及其产品、食品和化妆品，所提供的第三方检验检测机构检验报告项目应满足要求最严的输入国家或地区的法规标准要求。

4. 检验检疫机构对入区商品出境时使

用 X 光机筛查，必要时进行抽样查验。

（五）放行管理

1. 检验检疫机构对跨境电子商务出口商品建立检验检疫闸口放行机制。出口列入法定检验检疫范围内的商品，经检验检疫合格后核销放行。对其他商品，经入区申报后，出境时直接实施核销放行。

2. 海关需要通关证明的，检验检疫机构签发通关证明供企业向海关办理报关手续。企业要求出具检验检疫证书的，检验检疫机构实施必要检查、检测后出具证书。

三、监管场所检验检疫设施要求

（一）跨境电子商务集中监管场所应当提供符合检验检疫监管要求的网络环境和计算机等硬件设施，满足检验检疫业务监管需求；计算机机房应符合有关技术要求。

（二）跨境电子商务集中监管场所应当建立供检验检疫和进出口企业及其他相关部门进行电子数据交换、信息共享、监管放行的公共电子信息平台，能接受申报数据、查验放行指令等。

（三）跨境电子商务经营主体应当根据业务需要配备供检验检疫使用的监管场所和验货场所，以及 X 光机、核辐射等检测设备。

（四）跨境电子商务集中监管场所应当根据业务需要建设符合检验检疫需求的现场业务用房，主要包括报检、办公、会议、值班、档案存放、样品采集、样品前处理、样品存储、现场检验、检疫及抽样、快速检测等用房。

（五）跨境电子商务集中监管场所应当根据业务需要配套消毒、除害和销毁处理场所，符合安全要求，有警示标志，并配有相应的办公用房、药品器械库和必要的消毒器具以及存放待处理用品的防疫库。

（六）跨境电子商务集中监管场所应当设置检验检疫视频监控系统，对监管仓库、验收场所、卡口、检疫处理设施等场所设置适当的视频监控点，保证检验检疫机构实施监控。

（七）检验检疫监管仓库、验货场所、检疫处理等设施的标识标志按规定尺寸、字样设置。

（八）跨境电子商务集中监管场所配套建设的检验检疫设施应经验收通过后方可投入使用。

四、监督管理

（一）跨境电子商务经营企业应建立仓储管理制度并对入区商品实施台账管理，检验检疫机构可对已入区商品质量安全实施查验。

（二）检验检疫机构实施追溯调查和质量安全责任追究，跨境电子商务经营企业应对检验检疫机构调查工作给予配合。

（三）经追溯调查确认相关商品为输入国/地区禁止以邮寄、快件方式入境或有特殊准入要求的，福建检验检疫局将动态调整禁止实施跨境电子商务零售出口的商品范围。

（四）对经追溯调查确认经营企业存在出口假冒伪劣商品行为或质量安全责任的，检验检疫机构应按照相关法律法规的规定予以处置，并对经营企业后续同类商品连续 5 批实施检验。

（五）检验检疫机构应结合辖区主要电子商务出口商品种类及输入国等信息，汇总相关国内外技术性贸易措施要求，定期向有关跨境电子商务经营企业开展技术法规培训宣贯活动，指导企业加强出口商品质量安全监控。

特此通知。

附件

禁止实施跨境电子商务零售出口的商品范围

一、活动物；

二、动物遗传物质（哺乳动物胚胎、精液、卵细胞），生的禽蛋；

三、野生植物及其繁殖材料；

四、列入《危险化学品名录》（2002）、《剧毒化学品名录》、《易制毒化学品的分类和品种名录》和《中国严格限制进出口的有毒化学品目录》、联合国《关于危险货物运输的建议书》中“危险货物一览表”、中国《危险货物品名表》（GB12268-2012）的；

五、旧机电产品、旧轻工产品、固体废物；

六、法律法规禁止出境的其他商品。

福建检验检疫局关于做好跨境电子商务进口检验检疫试点工作的通知

（闽检通函〔2015〕89号）

各分支局、办事处：

为规范辖区跨境电子商务进口检验检疫监管工作，现将福建检验检疫局跨境电子商务进口检验检疫试点工作有关要求通知如下：

一、企业备案管理

（一）跨境电子商务经营主体包括跨境电子商务经营企业、跨境电子商务平台企业和跨境电子商务商品物流仓储企业。

（二）跨境电子商务经营主体应向检验检疫机构办理备案手续。

（三）办理备案手续时应当提供以下材料：备案登记表、《企业法人营业执照》复印件、《组织机构代码证》复印件、企业基本情况、质量管理制度（物流、仓储企业无需提供）。材料应当加盖企业公章，提交复印件的同时交验原件。

企业基本情况应包括办公场所、仓储场所、查验场所等相关情况说明。质量管理制度应包括质量安全管理制度、商品流向溯源管理制度、商品召回和主动报告制度、不合格商品处置制度、消费者投诉处理制度等。

（四）跨境电子商务经营主体备案信息发生变更的，应及时办理信息变更手续。

二、商品备案管理

（一）跨境电子商务经营企业应向检验检疫机构办理跨境电子商务进口商品备案手续。

（二）办理商品备案，应提供企业备案号、商品名称、HS编码、品牌、规格型号、原产国别/地区、生产厂家或境外出口商、商品的主要成分、商品适用标准等信息。

（三）列入福建检验检疫局禁止实施跨境电子商务进口商品范围的（见附件），不允许以跨境电子商务业务模式入境，不予办理备案手续。福建检验检疫局根据质检总局相关规定对禁止实施跨境电子商务进口商品范围实施动态调整。

三、检验检疫监管

（一）商品通过邮寄方式入境，或者通过国际快递入境，收货人为个人消费者的，按照邮寄物和快件相关检验检疫监管办法管理。

（二）商品整批入境、集中存放，跨境电子商务经营企业按订单向国内个人消费者销售的，实行入区集中监管、出区分批核销放行。

1. 入区申报。

对跨境电子商务进口商品实施全申报管理；列入法定检验检疫范围内的商品，跨境电子商务经营企业应办理报检手续。

2. 区内监管。

（1）对跨境电子商务进口商品，属于卫生检疫或动植物检疫范围的，应当符合我国卫生、动植物检疫法律法规的要求，检验检疫机构依法严格实施检疫。检疫不合格且无有效处理方法，或检疫处理后仍不合格的，由检验检疫机构责令作退货或销毁处理。

（2）列入法定检验范围内的跨境电子商务进口商品，能提供具有资质的第三方检验机构出具的检验证书或检验报告的（安全卫生项目检测结果应符合我国强制性国家标准，有效期原则上不超过一年），验证合格后予以放行；不能提供的，对其实施抽查检验。

除法律、行政法规另有规定外，列入法定检验范围内的跨境电子商务进口商品经检验，涉及人身财产安全、健康、环境保护项目不合格的，由检验检疫机构责令作退货或销毁处理；其他项目不合格的，可以在检验检疫机构的监督下进行技术处理，经重新检验合格的，方可销售。

（3）对其他跨境电子商务进口商品，经入区申报后，出区时直接实施核销放行。

3. 出区核销放行。

（1）在商品出区前，跨境电子商务经营企业应向检验检疫机构进行出区申报，提交订单信息、支付信息和物流信息等。

（2）检验检疫机构采取 X 光机筛查等手段对出区商品进行核查比对，主要核查出区商品货单是否相符等，并做好核查记录。现场核查符合要求的，实施闸口核销放行；现场核查不符合要求的，要求企业整改，整改完成后经再次核查符合要求的，予以核销放行。

四、监管场所检验检疫设施要求

（一）跨境电子商务集中监管场所应当提供符合检验检疫监管要求的网络环境和计算机等硬件设施，满足检验检疫业务监管需求；计算机机房应符合有关技术要求。

（二）跨境电子商务集中监管场所应当建立供检验检疫和跨境电子商务经营主体及其他相关部门进行电子数据交换、信息共享、监管放行的公共电子信息平台，能接受申报数据、查验放行指令等。

（三）跨境电子商务集中监管场所应当配备供检验检疫使用的监管、验货场所，以及 X 光机、核辐射检测等设备。

（四）跨境电子商务集中监管场所应当根据业务需要建设符合检验检疫需求的现场业务用房，主要包括报检、办公、会议、值班、档案存放、样品采集、样品前处理、样品存储、现场检验、检疫及抽样、快速检测等用房。

（五）跨境电子商务集中监管场所应当根据业务需要配套消毒、除害和销毁处理场所，符合安全要求，有警示标志，并配有相应的办公用房、药品器械库和必要的消毒器具以及存放待处理用品的防疫库。

（六）跨境电子商务集中监管场所应当设置检验检疫视频监控系统，对监管仓库、验货场所、卡口、检疫处理设施等场所设置适当的视频监控点，保证检验检疫机构实施监控。

（七）检验检疫监管仓库、验货场所、检疫处理等设施的标识标志按规定尺寸、字样设置。

（八）跨境电子商务集中监管场所配套建设的检验检疫设施应经验收通过后方可投入使用。

五、监督管理

（一）跨境电子商务经营企业应当履行质量安全主体责任，向消费者全面、准确提供所经营商品的各项信息。

（二）跨境电子商务经营企业应对入区、出区商品实施台账管理。

（三）跨境电子商务经营企业应当履行进口商品质量安全风险消减的义务，当获知其经营的商品存在质量安全风险时，应当在规定时间内向检验检疫机构报告进口商品质量安全风险概况、风险消减措施、预期效果评价等。

（四）检验检疫机构通过现场查验、抽样检测和监督抽查等措施，实施跨境电子商务商品质量安全监管。对多发性质量安全问题和严重质量安全事故进行调查，分别采取风险通报、强制召回、退运或销毁、停止销售等措施。

特此通知。

附件　禁止实施跨境电子商务进口商品范围

福建检验检疫局

附件

禁止实施跨境电子商务进口商品范围

一、《中华人民共和国进出境动植物检疫法》规定的禁止进境物；

二、未获得检验检疫准入的动植物及其产品；

三、列入《危险化学品名录》《剧毒化学品目录》《易制毒化学品的分类和品种名录》和《中国严格限制进出口的有毒化学品目录》的；

四、微生物、人体组织、血液及其制品等特殊物品；

五、可能危及公共安全的核生化等涉恐及放射性等产品；

六、废旧物品；

七、以邮寄方式入境，或以国际快递方式入境，收货人为个人消费者的电商商品，还应符合《中华人民共和国禁止携带、邮寄进境的动植物及其产品名录》的要求；

八、法律法规禁止进境的其他产品和质检总局公告禁止进境的产品。

中国（福建）自由贸易试验区跨境电子商务检验检疫管理规定

（福建检验检疫局，2015年8月30日）

第一章　总　则

第一条　为规范中国（福建）自由贸易试验区（以下简称福建自贸试验区）跨境电子商务检验检疫监管工作，适应新型贸易业态发展，根据《保税区检验检疫监督管理办法》、《出入境快件检验检疫管理办法》等规定，制定本规定。

第二条　本规定适用于在福建自贸试验区内跨境电子商务经营企业（以下简称电商经营企业）、跨境电子商务产品（以下简称电商产品）的备案和申报、检验检疫、放行。

电商经营企业是指电商平台企业、电商企业、仓储企业等。

电商产品有出境与入境两种贸易方式，其中入境分为网购保税模式和直邮模式。

网购保税模式是指电商产品集中入境，暂存于保税区内，并以快递邮包方式发往境内消费者的跨境电子商务贸易方式。

直邮模式是指以国际邮包或快件从国外集中发往福建自贸试验区内，再由福建自贸试验区以快递邮件方式发往境内消费者的跨境电子贸易方式。

第三条　福建自贸试验区出入境检验检疫部门（以下简称检验检疫部门）负责辖区内跨境电子商务检验检疫及监督管理。按照贸易便利、科学管理的原则做好电商经营企业、电商产品的备案、申报、检验检疫和放行工作。

第二章　电商经营企业和电商产品备案

第四条　检验检疫部门对电商经营企业及电商产品实施备案管理。未按要求备案的电商经营企业和电商产品不按照电商产品贸易方式办理出入境检验检疫相关手续。

第五条　电商经营企业备案时应当提交企业资质文件、证明性材料，并对其备案材料的真实性负责。

没有自建平台的电商经营企业可以委托第三方电子商务平台代理备案。

第六条　电商产品备案时应当提供产品清单、生产国家等相关信息、文件和证明性材料，并对其提交材料的真实性负责。

电商产品备案实施负面清单制度，以下电商产品不受理备案：

（一）《农业部国家质检总局第1712号公告》所列明的；

（二）列入《禁止从动物疫病流行国家/地区输入的动物及其电商产品一览表》的；

（三）微生物、人体组织、血液及其制品和高风险生物制品；

（四）列入《危险化学品目录》《剧毒化学品目录》《易制毒化学品的分类和品种目录》和《中国严格限制进出口的有毒化学品目录》的；

（五）法律法规禁止进出口的其他电

商产品。

虽列入《中华人民共和国禁止携带、邮寄进境的动物、动物电商产品和其他检疫物名录》，但能够提供输出国或地区官方检疫证书、进境动植物检疫许可证和原产地证书的，允许备案。

检验检疫部门根据质检总局相关规定对负面清单实施动态调整。

第七条 备案可以采用电子或纸质的方式并通过跨境电子商务公共信息服务平台向检验检疫部门申请。

第三章 电商产品申报

第八条 检验检疫部门对电商产品实施全申报管理。列入《出入境检验检疫部门实施检验检疫的进出境商品目录》的商品，电商企业应当办理报检手续。

第九条 电商企业根据自愿原则，可以采取自主申报或者代理申报方式，向检验检疫部门及时提交产品信息、运单信息、交易信息、订单信息等，并确保相关信息的准确、真实。

第四章 电商产品检验检疫

第十条 对于出境电商产品，除必要的检疫处理外，检验检疫部门不实施品质检验。

第十一条 跨境电子商务入境食品、化妆品应当符合我国法律法规和国家标准的要求。

第十二条 属于网购保税模式入境电商产品，检验检疫部门实施入境检疫和预检验工作。属于直邮模式的入境电商产品，在自用合理数量内，除必要的检疫外，检验检疫部门不实施品质检验和验证管理。

第五章 电商产品放行

第十三条 检验检疫部门对符合检验检疫监督管理要求的电商产品予以放行。

第十四条 对检疫不合格的电商产品，检验检疫部门可以进行检疫处理后放行。经检疫处理后仍未能满足检疫要求的，予以退运或者销毁。

第十五条 对经现场核查不合格的电商产品，检验检疫部门应当责令电商企业进行技术处理，经重新检验合格后予以放行。无法进行技术处理或者技术处理后重新检验仍不合格的，予以退运或者销毁。

第六章 监督管理

第十六条 检验检疫部门建立电商产品质量安全风险监测机制。通过对跨境电商平台信息数据和电商产品检测结果的分析，实施重点敏感商品的风险监测。对存在严重质量安全问题的，进行追溯、通报、预警和处置。

电商产品检测结果包括：

（一）检验检疫部门对电商企业提供相关样品实施检测的结果；

（二）第三方检验鉴定机构对电商企业提供的相关样品实施检测的结果；

（三）检验检疫部门组织在网上采购相关产品并实施检测的结果。

第十七条 检验检疫部门建立电商产品质量安全追溯机制。对于受到国外通报或造成重大影响的质量事件，开展质量追溯调查。

检验检疫部门根据调查结果，可以采取加严检验、风险预警、暂扣货物以及责令质量责任主体召回商品等措施。

第七章 附 则

第十八条 本规定自发布之日起施行。

企业名录

截至2015年12月31日，在平潭跨境电商综合服务平台上注册，并实际开展业务的企业（如表2-32所示）。

表2-32 平潭跨境电商企业名录

序号	企业名称	企业类型
1	通联支付网络服务股份有限公司福建分公司	支付类
2	上海富友支付服务有限公司	支付类
3	北京银盈通管理咨询有限公司	支付类
4	易宝支付有限公司	支付类
5	平潭恒通电子商务有限公司	电商类
6	福州保利国际物流有限公司	电商类
7	平潭综合实验区喜旺生物科技有限公司	电商类
8	平潭综合实验区利嘉进出口有限公司	电商类
9	平潭综合实验区一零一电子商务有限公司	电商类
10	福建省东南飞整合营销管理有限公司	电商类
11	福建贸鸿电子商务有限公司	电商类
12	佰商（平潭）跨境电子商务有限公司	电商类
13	福建海丝路科技有限公司	电商类
14	平潭汉腾跨境电子商务有限公司	电商类
15	平潭航鹏跨境电子商务有限公司	电商类
16	平潭立熏电子商务有限公司	电商类
17	平潭环宇万购电子商务有限公司	电商类
18	福建纵腾网络有限公司	电商类
19	杭州百世网络技术有限公司	物流类
20	中国邮政EMS全球邮政特快专递平潭县营业部	物流类

统计数据

平潭跨境电商服务试点进口业务报表

平潭跨境电商服务试点进口业务报表（如表2-33所示）。

表2-33　平潭跨境电商服务试点进口业务报表

区域	时间（年）	验放清单（万票）	消费者（人）	货值（万元）	增长率（%）	进口报关单数	上线商品种类（个）	商品种类（进口量前五位）	备案电商企业（个）	上线企业（个）
平潭	2015	3.827	3.827	1597.801976		40	1131	奶粉、纸尿裤、麦片、咖啡、坚果	33	14

大事记

1月份，规划局重新出具平潭对台邮件处理中心划选址意见书，片区、乡镇立即组成工作组正式入村开展征迁工作，农转用报批工作正持续推进。预计2015年上半年，完成前期手续办理，动工建设，2017年底项目建成使用。

1月28日，台湾“立法委员”林德福与高雄市中华跨境电子商务协会理事长林辉铎一行一同来岚。区党工委委员、管委会副主任林江铃参加座谈会。

2月11日，福建省常务副省长张志南、平潭综合实验区管委会主任李德金、福建省交通运输集团董事长李兴湖等一行莅临福建跨境通电子商务有限公司，视察该司跨境电子商务的业务开展情况。福建跨境通电子商务有限公司总经理冯敏就近期开展的工作以及面临的问题做了详细汇报，得到了张志南副省长极大肯定，同时也对跨境通公司提出要求：边等政策边建设，半年大变化，年终一突破。对大陆电商、台湾电商代表所提出的筑巢引凤的新思路给予肯定，最后张志南副省长对平潭电子商务的发展寄予厚望，希望将平潭的电子商务做大做强，更好地促进平潭经济的发展。

3月4日，区党工委委员、管委会副主任林江铃，区跨境办林信禄再次赴国家发改委汇报关于对《福州市（平潭）建设海峡两岸电子商务经济合作实验区总体方案》的意见和建议。

3月11日，由区党工委委员、管委会副主任林江铃主持召开福建跨境通电子商务有限公司首届股东会，会上一致通过陈江滔为首届董事长，冯敏为总经理，选取台湾关贸网路贺士郡、福州迅腾信息技术有限公司冯敏为副董事长。各股东在各自领域提供便利，促进平潭跨境电子商务有序发展。

3月17日，首票从台湾到平潭的快件物流业务试运营成功，关检部门办结传统的口岸检疫和船舶手续后，集装箱便被直接运送至客运码头附近的平潭国际快件处理中心，关检部门通过海运快件系统和X光机对重67.5千克的112件货物进行快速审单、查验、清关放行。作为两岸物流建设的载体，这项业务的开展将极大推动平潭走向两岸集散地的目标，也将进一步推动两岸跨境电商在岚发展。

4月8日，阿里巴巴集团战略发展部总监李然来岚调研，区党工委委员、管委会副主任林江铃组织召开座谈会，就平潭综合实验区与阿里巴巴集团下一步合作范围进行探讨。

4月13日上午，中小企业在线国际总裁吴明暄博士一行来岚调研。同日下午，永辉超市总裁李建波一行来岚了解跨境电商相关事宜，区党工委委员、管委会副主任林江铃组织召开座谈会。

4月16日，省发改委在福州组织召开福州（平潭）海峡两岸电子商务合作实验区工作方案研讨会，国家发改委、国台办、商务部等12个国家部委对口单位相关人员到会指导，听取福州市政府、平潭综合实验区管委会、专家介绍两岸电商实验区总体方案及建设情况，并进行交流研讨。省发改委副主任林文斌主持会议，区跨境办林信禄、福建跨境通有限公司冯敏、黄圣等参加研讨会。会议通过：要抓紧修改完善《福州（平潭）海峡两岸电子商务经济合作实验区总体方案》，争取6月中旬正式下发。福建省人民政府要着手制定实施方案，福州市人民政府和平潭综合实验区管委会要切实加强组织领导，健全工作机构，尽快出台相关配套政策，积极探索两岸电子商务合作发展新思路、建设两岸电子商务投资合作新规则。

5月2日，首批跨境电子商务入境货物——来自德国的288罐奶粉，日前在平潭综合实验区核放通关，标志着福建自贸试验区进口跨境电子商务业务正式开启。

7月10日，国家发改委、财政部、商务部、海关总署、国台办等6部委已正式同意福建省福州、平潭成立海峡电子商务合作试验区，开展跨境电子商务保税进口业务。

7月16日，从平潭综合实验区管委会举办的平潭封关运作一周年总结推进暨政策说明会上了解到，福州海关即日起推出22条新举措，支持平潭综合实验区建设发展。这22项措施包含推进建立入关货物快速通关模式、支持跨境电子商务发展、便利台车入闽、支持平潭发展两岸合作服务业、简化企业核销管理等方面的举措。

7月31日，福建平潭综合实验区正式启动跨境电子商务直购进口首票试点工作。由福建贸鸿电子商务有限公司申报的一批包括保健品、化妆品、休闲食品等货值近2.7万元的货物顺利办结海关通关手续。此次通过福建跨境通电子商务有限公司、台湾关贸网路集团与华冈物流的合作，标志着平潭跨境电子商务直购进口政策正式落地实施。

8月14日，平潭检验检疫局销毁上千件跨境电商进口的不合格食品。该局重视对台合作，在做好进口食品安全把关的基础上促进通关便利化，又保障广大人民群众的食品安全。

8月17日，位于平潭金井湾片区的台湾创业园开园，目前已有378个创业项目登记入驻。台湾创业园占地面积130亩，总建筑面积约22.3万平方米，有四大功能区，即两岸青年创业基地、高新技术产业区、跨境电商园区、企业总部，重点引进两岸青年众创空间、两岸青年创意创业工作坊、两岸高校产学研平台等项目，将为两岸青年搭建低成本、便利化、全要素创业平台，将发展成省级乃至国家级以创新创意为特色的两岸青年创业园区。

8月27日，福建平潭首家口岸免税店正式营业。该免税店由中国免税品集团责任有限公司（简称中免集团）投资设立，司投资部总经理齐琤表示，下一步中免集团将在平潭开展免税品展示交易和跨境电商O2O体验馆项目，并争取离岛免税政策，促进平潭国际旅游岛建设。

10月3日，省商务厅出台12条措施，支持福州、平潭开展跨境电子商务保税进口试点业务。依托省电子口岸平台建设成果，措施提出，加快推进福建省跨境电子商务公共服务平台建设，统一省内各跨境电子商务监管平台接入标准与数据规范，逐步达成与关、检、汇、税等监管平台对接，实现省内跨境电子商务及相关企业、商品在“单一窗口”注册备案和数据统计查询。支持平潭试点公共平台完善、支持福州试点监管平台建设，推进试点城市“单一窗口”模式的跨境电子商务公共服务平台、集中监管场所和相关设施建设，对相关项目给予一定补助。

10月以来，平潭已完成了跨境电商8000票货物进出口，货值700万元人民币，验放订单数量为7905个，入区货物近667万元（包含出区和未出区金额）。现已有近60家电商企业、物流企业、支付企业完成备案，正在与阿里、京东、国美等知名电商企业对接。

11月4日上午，一辆印着“福州跨境电子商务保税进口第一票”的EMS邮政快递车驶出福建自贸试验区海关监管卡口，车上装着的是由福建省跨境电商企业售出的德国进口婴儿奶粉，它们将被发送到省内乃至全国消费者手中。

11月10日，全国重点网络媒体记者团走进平潭，平潭台湾创业园是“清新福建海丝行”第二站。平潭台湾创业园规划有四大功能区，即两岸青年创业基地、高新技术产业区、跨境电商园区和企业总部。平潭台湾创业园的目标是为两岸青年搭建低成本、便利化、全要素创业平台，发展成为省级乃至国家级以创新创意为特色的两岸青年业者的共同家园。

11月14日，为响应“大众创业、万众创新”的号召，平潭因地制宜打造了“台湾创业园”，服务台湾创客们。据了解，位于平潭自由贸易区金井湾片区的“台湾创业园”，2012年开工建设，于2015年8月竣工，占地面积8.6万平方米，共有36幢创业大楼，总建筑面积约22.3万平方米。截止到2015年10月，已登记入驻的机构共432个，其中创业孵化器和众创空间类项目10个，技术研发及技术成果转化类260个，跨境电商类22个，企业总部及社团类140个。

11月19日，平潭建立跨境电商保税

仓储配套仓库。跨境电商的发展，仓储物流是关键。在金井港区，一座用于跨境电商保税仓储的配套仓库拔地而起。目前，仓库钢结构主体已全部完工，地面铺设也进入收尾阶段。该仓库占地4752平方米，包括420平方米的恒温室，建成后可用于水果、巧克力等特殊产品的存储。

12月23日，雨果沙龙NO.3约见平潭，站在最前沿的地方看跨境电商。踩着2015年的尾巴，本次沙龙时间指向12月29日，地点福建平潭。平潭相对于其他口岸来说具备鲜明的特色。它具备了丰富的海运、空运以及海空联运资源。无论是直购进口还是保税进口，平潭目前无论在政策上还是实际的业务操作上都已经非常成熟。

天津地区

跨境电商是当前电子商务领域的“热点”，也是当前国际贸易发展的新趋势。天津市委、市政府高度重视发展跨境电商，经过积极努力争取，得到了国务院及海关总署、商务部等国家部门的大力支持。2015 年 10 月 10 日，海关总署会同 8 部委正式批复天津市列为跨境电商服务试点城市。

发展历程

一、试点基础条件

天津作为国际港口城市和北方经济中心，有基础、有优势，有需求、有潜力，大力发展跨境电商可谓适逢其时。一是能够更好服务国家战略。目前天津承担了实施京津冀协同发展、自贸区、“一带一路”、自创区和滨海新区开发开放战略等多个国家战略，天津自贸区总体方案明确提出“要积极发展跨境电子商务，并完善与之相适应的海关监管、检验检疫、退税、跨境支付、物流等支撑系统”。二是对促进外贸转型升级意义重大。在当前外贸严峻形势下，大力培育跨境电子商务这种新的增长点，推动优势传统企业尽快适应新形势下的国际竞争，有效促进传统贸易电商化，已经成为外贸转型升级的新途径、新动力。三是能够促进天津市电子商务产业进一步发展。天津电子商务经过近几年的加速发展，集聚效应逐步显现。发展跨境电子商务，除了能够加速跨境电商企业在天津的聚集外，还将带动物流、快递、运营、客服、研发等相关产业在我市的发展，逐步形成一条完整的跨境电子商务产业链。

天津得天独厚的优势为跨境电商的发展奠定了良好的基础。一是跨境电商产业链基本健全。从电商企业来看，天津 50%以上的生产企业、进出口企业都开展了电子商务。从电商平台来看，不仅有阿里巴巴、eBay、亚马逊等一批跨境电商第三方平台在津落户，还有蜜芽、麦乐购、蒲尚科技、优众网、易客满、一帆海购网等 100 余家各类跨境电商企业。并涌现出“津贸通”、“北贸通”、“自贸通”等一批为跨境电商企业提供报关报检、仓配物流、电商代运营等一揽子服务的专业平台。从物流、支付等配套来看，UPS、DHL 等四大国际快递企业均在天津设立了分公司，顺丰、圆通等国内主要快递企业也在天津设立了独立的分拨中心；通过与支付宝等企业合作，可以提供多种便捷、安全的支付方式。二是区位优越交通非常便利。天津海空两港的服务功能和区域辐射能力比较强，硬件设施完备，航线资源丰富。天津作为北方最大的沿海开放口岸，同时拥有海空两港资源，腹地辽阔，具有发展跨境电子商务产业巨大的市场潜力。三是综合配套条件优势明显。天津在贸易自由、投资便利、金融服务、高端产业聚集、辐射带动效应等方面具有突出的优势。同时，天津拥有符合跨境电商试点要求的多种特殊监管区域或场所，为跨境电子商务的发展提供了更为有力的支撑。四是产业发展基础雄厚。天津是一个老工业城市，是我国重要制造业基地，拥有丰富的适合开展跨境电子商务的产品。天津高端自行车及配件、地毯、乐器、汽车零配件、手表、绿色食品等优势行业都非常适合开展跨境电商业务。同时，天津所处的京津冀地区，产业特色明显，专业化市场发达，随着一体化进程的加快，也将为天津发展跨境电子商务提供丰富的网货网商资源。五是综合成本优势明显。天津和北京相比，企业用于经营、办公的房租相对较低，创业成本、生活成本要比北京低，加上京津冀协同发展的国家战略，对国内外知名跨境电商具有很强的吸引力。天津的教育资源丰富，可以为跨境电商企业提供宝贵的人才支撑。

二、试点目标任务

试点紧紧围绕国家创新驱动发展战略，贯彻落实《国务院关于大力发展电子商务加快培育经济新动力的意见》（国发〔2015〕24号）和《国务院关于加快培育外贸竞争新优势的若干意见》（国发〔2015〕9号），更好地为“一带一路”、自由贸易试验区和京津冀协同发展等重大国家战略服务，更好地发挥中国（天津）自由贸易试验区制度创新的综合优势，适应跨境电商新型商业模式发展的要求，通过制度创新、管理创新、服务创新和协同发展，破解跨境电商发展中深层次矛盾和体制性难题，逐步形成一套适应和引领跨境电商发展的管理制度和规则，打造跨境电商完整的生态链和产业链，促进产业要素快速聚集。为全国跨境电商健康发展和促进传统外贸转型升级提供可复制、可推广的经验。

（一）建立跨境电商信息化综合服务平台

依托天津电子口岸，制定跨境贸易电商信息化综合服务平台上线标准、技术规范、管理制度等。建设支持跨境电商全业务模式的跨境电商信息化综合服务平台（包括海关通关管理平台、检验检疫通检管理平台以及跨境电商综合服务平台），实现海关、检验检疫、邮政、国税、外汇、市场监管、公安等政府管理部门及电商、物流、仓储、金融、支付等企业主体之间进行数据对接和互联互通。建立线上“单一窗口”平台，进一步优化业务流程，提高通关通检监管服务水平。

（二）规范跨境电商监管

海关、检验检疫、外汇、国税、口岸等部门结合自身职能，研究出台配套措施，实现保安全、快通关、能结汇、可退税的目标。制定跨境电商通关监管办法，完善直邮进口、保税进口、跨境B2B等监管办法。实施跨境电子商务清单管理制度，强化事中事后监管。实施跨境电商备案管理，落实跨境电商经营主体商品质量安全责任。建立跨境电子商务风险监控和质量追溯体系，实施有针对性的监管措施，建立追溯、通报、预警和处置机制。

（三）培育跨境电商创新试验区

规划建设跨境电商创新试验区。通过集聚电商平台企业、外贸综合服务企业、电商专业人才、电商专业服务等，提供通关、物流、金融、人才等“一站式”综合服务，有效对接信息化综合服务平台功能，促进跨境电商线上平台和线下园区的联动发展，打造跨境电商完整的产业链和生态链。

（四）发展壮大跨境电商经营主体

鼓励跨境电子商务企业通过自建平台或利用第三方平台大力拓展B2B、B2C、O2O、C2B等外贸新业态。引导出口优势行业的各类企业积极开展跨境电商业务，从传统的线下业务逐步向线下、线上业务相结合的模式发展。

（五）完善跨境电商仓储物流体系

发挥天津海空两港物流优势，以及知名电商、物流、快递企业集聚对京津冀及北方地区的辐射带动作用，建设跨境电商仓储物流集散中心。

（六）创新跨境电商金融服务体系

鼓励银行和跨境第三方支付机构为跨境电商业务提供高效便捷的支付服务。推动银行、支付机构加快产品创新，改进跨境支付服务，提高跨境支付效率。

（七）加强跨境电商人才支撑

大力开展跨境电商人才培训工程，支持校企合作创新电商人才培养机制。加大跨境电商人才引进力度，完善跨境电商人才激励措施，拓宽人才引进渠道。

三、发展现状

（一）政府支持力度不断加大

建立天津市跨境电商工作推动机制，市政府分管副市长总牵头，市商务委、天津海关、天津检验检疫局、国家外汇管理局天津市分局、人民银行天津分行、市国税局、市口岸办、市邮政局、市财政局、市交通运输委、市市场监管委、市金融局等为成员，全面推进天津市跨境电商发展工作。对开展试点工作涉及的人员、经费等给予充分支持。

（二）跨境电商综合服务平台初步建成

按照“统一组织、统一设计、分头开发”的原则，搭建由政府主导的跨境电子商务“单一窗口”平台，可实现企业备案、商品备案、负面清单管理、个人身份备案、个人购买金额管理、订单管理、支付信息管理、物流信息追踪等服务功能。市口岸办、市商务委、天津海关、天津检验检疫局、天津港集团、各功能区管委会等单位齐心协力，协同配合，日夜兼程，全力推动跨境电商平台建设工作。2015 年 12 月 29 日，东疆保税港区、天津港保税区、开发区的 3 票跨境电商保税进口货物，在平台模拟环境成功通过测试运行。2 月 29 日，平台正式部署上线运行，天津保税进口商品首单实票测试通过放行。

（三）跨境电商企业集聚加速

结合天津整体功能布局及跨境电商发展现状，形成了空港经济区、东疆保税港区、中心商务区、武清区、南开区等多个跨境电子商务集聚区。目前，有天猫国际、网易考拉、亚马逊美国、纵腾网络、聚美优品、唯品会、苏宁易购、1 号店、威时沛运、信联通等 20 余家跨境电商第三方平台，以及蜜芽、麦乐购、蒲尚科技、优众网、易客满、一帆海购网等 100 余家各类跨境电商企业在津落户。全市通过阿里巴巴国际站、敦煌网、中国制造、环球资源等第三方跨境电子商务平台开展业务的外贸企业近 3500 家，占全市外贸企业（当年有实绩业务）总数的 43.7%，其中活跃企业 1500 余家。空港经济区欧贸中心、中心商务区天猫国际跨境 O2O 体验中心、威时沛运跨境商品体验店、武清区达伦多（天津）跨境商品直购体验中心、南开区天佑城“洋盒子”跨境直购体验中心等一批跨境 O2O 体验中心相继开业。

总的看，天津跨境电商发展环境日趋完善，下一步随着我们跨境电商服务试点城市建设的不断推进，天津发展跨境电商的环境将更趋完善，进而将带动天津跨境电商乃至整个电子商务及其相关产业的加速发展，并为推动京津冀乃至全国跨境电商的健康发展提供新的途径，积累新的经验，增添新的动力。

企业名录

截至2015年12月31日，在天津跨境电商综合服务平台上注册，并实际开展业务的企业（如表2-34所示）。

表2-34 天津跨境电商企业名录

序号	企业名称	业务模式
1	天津空港华宇航空货运站	仓储类
2	天津易客满国际物流有限公司	物流服务类
3	天津网聚优众网络科技有限公司	电商类
4	好特数码技术（天津）有限公司	电商类
5	天津蒲尚科技有限公司	电商类
6	天津利和进出口集团有限公司	物流服务类
7	达特福服务外包（天津）有限公司	电商服务类
8	京东国际	电商类
9	天津天保国际物流集团有限公司	仓储类
10	网银在线（北京）科技有限公司	支付类
11	杭州百世网络技术有限公司天津分公司	物流服务类
12	北京京邦达贸易有限公司	物流服务类
13	网易考拉	电商类
14	苏宁	电商类
15	华润e万家	电商类
16	支付宝	支付类
17	网易宝	支付类
18	易付宝	支付类
19	易极付	支付类
20	邮政速递	物流服务类

表2-34 续

序号	企业名称	业务模式
21	顺丰	物流服务类
22	圆通	物流服务类
23	东疆航运交易市场	仓储类
24	易销云盟科技服务有限公司	电商类
25	中商三农（天津）农业发展有限公司	电商类
26	汇力源公司	仓储类
27	天津普泰仓储设施有限公司	仓储类

大事记

2015 年 10 月 10 日，《海关总署关于天津市开展跨境电商服务试点工作的函》（署科函字〔2015〕88 号）正式批复。天津市列入跨境电商试点城市。

2016 年 1 月 26 日，《天津市跨境电商试点业务实施方案的复函》（署科函字〔2016〕1 号）正式通过海关总署审批，天津跨境电子商务进出口业务实施方案正式获得批准。

2016 年 2 月 29 日，跨境电子商务信息化综合服务平台（包括海关通关管理平台、检验检疫通检管理平台以及跨境电子商务综合服务平台）正式部署上线运行，天津首单保税进口商品通关放行，天津跨境电子商务试点业务正式开展。

典型案例展示篇

上海地区案例

沪上跨境电商拓荒之路

——上海跨境通国际贸易有限公司

一、业务背景

自2012年12月起，我国陆续在上海等十个城市启动跨境试点工作。作为上海跨境电商的拓荒者，跨境通以打造“沪上第一跨境电商平台”为己任，立志为国内消费者提供“足不出户，放心买全球”的卓越购物体验，历经近3年的探索实践，取得了丰硕的成果。

（一）课题调研，蓄势待发探索者

2009年金融危机以来，不同于传统国际贸易的疲软之态，我国跨境电商呈现出爆炸式的增长势头。凭借敏锐的商业嗅觉和专业的电商知识，适时地与国家相关部委合作开展跨境电商课题研究，针对跨境电商存在的发展不成熟、政策不明朗、法律缺失、信用体系不健全、支付结汇困难，以及仿冒假货等诸多问题，在理论层面对跨境电商业务模式进行了准确严密的论证，参与发布了《跨境电子商务推进策略和政策研究工作报告》，全面阐释了推动跨境电商产业化、跨越式发展的理论支撑体系和政策创新建议。

（二）模式初成，锐意进取创新者

《跨境电子商务推进策略和政策研究工作报告》为跨境电商的产业化发展提供了坚实的理论基础，实践层面的探索创新已万事具备，只欠东风，而这场令人欣喜的东风很快就来了。

2012年5月8日，国家发展改革委员会联合8部委发布《关于组织开展国家电子商务示范城市电子商务试点专项的通知》，跨境电商的试点工作正式启动。跨境通筹备组积极配合东方支付，以“跨境电商综合服务平台”、“跨境电商交易中心”和“跨境电商产业园”3个核心内容为抓手，多方沟通，协调海关、国检、外管等监管部门推动政策创新，终于在2013年5月20日走通直邮进口模式；同年8月30日走通了网购保税进口模式。两种模式的走通使跨境电子商务零售进口业务由理论走向实践。

二、公司组建

随着跨境电商直购进口和网购保税进口模式的走通，跨境通的规模进一步壮大。2013年9月10日，以中国（上海）自由贸易试验区的成立为契机，跨境通完成公司组建，并成为首批入驻的25家企业之一。10月7日，作为上海首家跨境电子商务导购平台，跨境通完成线上平台功能测试。

经过实践发现，以导购方式推进跨境电商并不是最优选择：一方面大型企业鉴于其传统贸易优势，对涉足新兴的跨境电商领域持观望态度；另一方面愿意尝试改变的中小型贸易企业由于缺少跨境电商方面的技术支撑而转型迟缓。面对困难跨境通并没有选择放弃，而是选择了坚持，承担起先驱者的责任，不断探索新的商业发展模式，积极配合监管部门创新政策的落地实施，为上海跨境电商服务试点工作积

累了大量宝贵的实践经验。

三、业务模式

经过艰苦研究和大胆摸索，跨境通终于踏上正确的发展道路。2015 年 1 月 23 日，跨境通同时推出线上商城平台和线下仓储物流中心，以便帮助更多的境内外中小企业发展跨境电子商务。作为从事跨境电商 B2C 业务的第三方平台，跨境通付出了巨大的经济、人力和时间成本来降低行业准入门槛，努力找寻市场需求与政府监管、跨境电商与传统国际贸易的“黄金分割点”，取得了可喜的成果：兑现了“正品保证、税费透明、售后保障、价格适中、物流便捷、支付方便”的承诺，跨境通也由此一跃成为上海跨境电子商务的领航者。

目前，跨境通凭借其优势，为入驻平台的400 家商家提供企业备案、商品备案、跨境仓储、跨境支付、通关便捷等一站式服务：在仓储方面，跨境通在机场、外高桥、洋山、嘉定、松江等区域建立了仓储物流体系，运用先进的 WMS 管理与专业的仓储运营团队，可使拣选、海关放行达到流水线作业水准；在海关便利政策方面，除了 2～26 小时通关时效保证之外，跨境通还结合业务发展需要提出了“跨关区开展业务”、“境内外企业一对多”和“洋山模式”等优化需求，并且最终争取到上海海关的支持，使跨境电商零售进口业务的市场化运作更为灵活和便利，为开展跨境电商零售进口业务提供坚实的基础保障。

四、成绩评价

在 2015 年度“双十一”购物节期间，跨境通的订单数历史性地突破了 8 万单，销售额突破了 1200 万元。线下服务团队配合海关和国检为天猫国际在上海口岸放行了数十万计的包裹，在上海跨境电商企业中首屈一指。

历时 3 年，从调研探索到模式初成，从规模壮大到小有成效，跨境通成绩斐然。回首往昔，有起步维艰之境，有肩负重责之任，有众志成城之心，有硕果累累之喜。展望未来，路漫漫其修远，跨境通以打造沪上第一跨境电商平台为己任，风雨兼程，矢志不渝。

2014 年底，跨境通获得了资本市场青睐：泰国正大集团、中国移动、上海信投、中信集团、日本伊藤忠商社签订合作协议，共同发起成立“见见面”公司，以跨境通平台为基础，整合各自优势资源，立足国际视野，打造具有国际供应链优势的、基于移动互联网的、线上线下相结合的社交购物 Face 2 Face 平台。预计 3 年后新平台的用户量可达 60 万，日交易量 6 万单，年交易额约 60 亿元。

五、跨境通帮助传统贸易企业转型升级案例

（一）阿布才电子商务有限公司

阿布才电子商务有限公司，前身为大连粤龙国际物流有限公司，是一家长期专业从事国际物流及国际贸易的民营企业。在国家出台鼓励跨境电商发展的政策之后，该公司与上海跨境通国际贸易有限公司合作，成为最早一批入驻“跨境通”平台的商家，经过在跨境电商领域近一年的发展，该公司已经成功从传统贸易公司转

型为跨境电子商务零售进口企业，成为“跨境通”平台产品种类最广、销售额最大的商家。

（二）转型跨境电商的过程介绍

在传统贸易的经营中，该公司逐渐遇到行业竞争加剧、利润空间下滑和与终端市场脱节等发展瓶颈，面对这一情况，该公司进行了深入的调研，总结出跨境电子商务对比传统贸易具有的五点优势：

第一，直接接触终端消费市场，可以有效减少大量中间环节，可以大幅提升利润空间。

第二，企业的税负成本显著降低，为国内消费者提供了更大的优惠空间。以婴幼儿配方奶粉为例，通过传统贸易进口的平均税率约为25%，而通过跨境电商进口的平均税率为10%（如图3-1所示）。

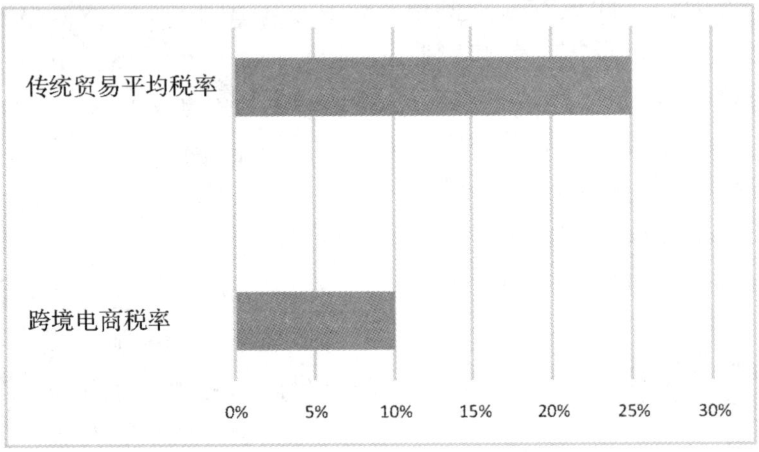

图3-1　传统贸易平均税率与跨境电商效率对比图

第三，跨境电子商务使得传统B2B贸易商有机会切入产业链，通过集中采购大幅降低商品的采购成本和物流成本，使商品的成本更低、利润空间更大、竞争优势更强。

第四，国内对进口商品需求旺盛、市场广阔，传统贸易企业基于原有规模体量的优势，在转型后将具有很大的竞争优势和生存空间。

第五，商品的进口、检验检疫、网上销售、征税等流程阳光可控，一方面保障了商品的品质，另一方面通过监管得到市场认可，也能降低假货和次货所带来的危害。

因此，该公司积极寻求转变，利用自身长期传统业务所积累的资源优势，努力从传统贸易企业转型为跨境电商企业。该公司与上海跨境通国际贸易有限公司开展合作，利用传统业务优势，以日本进口商品为主尝试开展跨境电商保税进口模式，将商品通过集装箱海运的国际物流方式运送到上海自贸区保税仓库。同时，借助“跨境通”平台的大数据分析服务，了解消费者购买习惯及需求，将过去品种单一、缺乏关联性的产品结构调整为涵盖母婴用品、个护彩妆、进口食品、营养保健、生活家居等全方位、综合性的产品线，备案商品从初期的几十个迅速发展到上千个，成为“跨境通”平台备案商品数量最多的商家。

（三）转型跨境电商的阶段性成果

经过近一年的发展，该公司成为“跨境通”平台商品备案数量最多、销售额最高的商家。跨境电商业务在该公司整体业务份额占比已超过60%，通过跨境电商进口的商品品类超过1300种，占该公司整体业务全部商品品类比率达到80%以上，已完成海关备案商品数量超过1500种，预计备案商品超过3000种。

转型升级后，该公司整体业务量扩大了近1.5倍，产品线不断优化，已经形成稳定、丰富的产品线，库存周转时间长期保持在60天以内，公司发展更加健康和快速。同时，通过在跨境电商领域的快速发展和“跨境通”平台接触到了大量合作企业，从而也拓展了传统贸易的销售渠道，初步测算通过跨境电商渠道接触的合作企业所带来的传统贸易业务量占公司传统贸易业务全年业务量的30%以上。

通过在跨境电商领域的探索和实践，该公司从传统贸易企业转型为具有鲜活生命力和创造力的跨境电商企业，不仅在国际贸易业务焕发出新的活力、拓展出更广阔的生存空间，而且在此基础之上成为一家具有“互联网+”基因的电子商务公司，未来拥有无穷的发展空间。

打造专业道路上的优质服务
——上海东方电子支付有限公司

跨境电商是近年来兴起的一种新型业态，其发展势头较为迅猛，作为跨境试点的城市之一，上海市跨境电商有着巨大的发展潜力。东方支付作为上海跨境电商试点项目的承建单位，除了全力打造上海跨境电商公共服务平台以外，在通关、结汇、退税等方面都进行了有效的探索，尤其是在跨境支付方面推出了覆盖进出口两个方向，包含跨境支付、外币服务、行邮税支付等一套符合实际的解决方案，为上海跨境电商的发展做出了一定贡献。

一、业务开展背景

根据海关方面数据统计，上海海关进出口总额约占全国海关进出口总额的40%以上，而由于上海地区国际贸易和信息化水平相对其他地区更为发达，因此上海跨境电商进出口总额比例更高；此外，鉴于上海地区较高的消费能力和进口需求，根据业内专家估计，上海进口电子商务总额（含长三角从上海海关入关的数据）在全国进口电子商务总额占比较大。

跨境小额贸易电商进口目前以跨境代购为主，跨境直购也开始萌芽。目前这两部分基本上都是基于消费者个人行为的B2C。据中国电子商务研究中心的数据，2010年我国代购规模达到120亿元人民币，2011年突破240亿元，增长率达到100%。

跨境贸易电商商品进境的渠道主要有三种：快件、邮件和个人行李，以邮件为主。跨境贸易电商进境商品存在比较严重的伪报商品种类、低报或瞒报商品价格的行为，其中尤以邮件最为常见。

跨境电商发展主要存在无法结汇退税问题。对于订单式交易和个人物品方式出境的外贸电商货物，速度虽然提高，但没有正规的报关手续，导致无法开展结汇退税，无法享受国家税收政策，收汇风险也明显增加。

东方支付作为国家跨境试点项目的具体承建单位，利用承建该项目的契机，逐步探索解决上述问题的相关措施，例如在行邮税的征缴方面，创建了一种具有特色化的行邮税征缴方式，为行邮税的阳光征缴奠定了基础。

二、业务发展情况

随着跨境贸易电商和国际快递的迅猛增长，上海跨境电商规模也不断扩大。2015 年是业务爆发式增长的一年，交易额已达上亿元级别。在跨境电商的急速扩张中，跨境金融服务成为保障产业发展的重要支撑条件。东方支付公司依托前期全国关税 B2G 的良好业务基础和技术能力，快速拓展了货款支付、行邮税缴纳、外汇支付等新型业务，获得较好效果。

自上海跨境电商公共服务平台于 2013 年 12 月 28 日正式启动，东方支付也同时启动了跨境支付业务。到目前为止，跨境电商公共服务平台接入的跨境电商企业 440 余家，其中使用东方支付公司的外汇支付业务的企业将近 200 家，体量较大的有 50 余家（博瀚、淘玺、纽海、天贵通、中海、古旺、现代家有、心海、保正国际、易统、丹中、鸿翼、外高桥、可益生物、玥玛国际，东方生活馆、尚臣、爱投、嘉歆、中服、瀚优、近铁、跨鲜、鼎隆、万航旅业、汉茂、德代、东方明珠、路培、樱通、远品、悠适、纽贸、榕淑、楚玥、爱壹盒、澳集、澳骏、顶捷、海丰、禾壹道、唐姿、尧赫、挚捷行、爱谊、恩禄、放肆购、建达蓝德、库珂、里辉、尚臣、台承等）。

东方支付公司跨境金融服务的跨境电商商户基本状况良好，经工商行政管理机关（或主管机关）核准登记，均依法经营，有着良好的商业信誉，财务制度健全，财务状况稳定。这些企业是货物贸易的跨境电商，分为直邮进口和保税进口两种模式，具备正品保证、价格优势、税费透明、物流便捷、售后保障等特点，拥有较高品质的用户体验。各商户备案商品不尽相同，共计上线进口箱包服饰、食品、母婴用品和化妆品等四大类千余种商品。

东方支付产业确保符合央行和外汇管理等相关规定。其主要金融服务产品主要依托跨境真实交易信息，东方支付公司接受商户传输过来的订单、支付、备案等一系列数据，与东方支付获取的海关、物流数据进行结合比对后，提供包括外汇结算等一系列跨境电商综合服务，保证所有交易真实有效、所有环节安全可靠，完全满足监管要求。

东方支付跨境金融业务具有良好的技术支撑体系。东方支付公司通过与商户、物流企业、合作银行的系统对接，形成“三层架构”业务运营方案。即前端网络购物交易处理，中端信息匹配数据处理，后端支付委托合作银行处理的运营模式。全力打造“安全”、“便捷”、“本外币一站式服务”的支付渠道，满足客户和市场需求。

三、跨境支付相关业务

（一）跨境支付业务

根据跨境通等跨境电商交易需求，东方支付公司积极开发了 B2C 支付业务，并迅速上线，成为首家参与上海跨境电商试点的第三方支付机构，推动上海跨境电商发展。跨境电商 B2C 业务也使东方支付公司成功实现业务创新，在传统 B2G 业务之外形成了新型发展方向。

随着跨境电商产业快速发展，东方支付跨境支付业务规模不断扩大。经统计，2015 年 1 月 1 日至 12 月 31 日，东方支付 B2C 支付业务累计支付 72911 笔，累计支付金额 19288401. 29 元。

（二）跨境购付汇业务

2013 年，东方支付公司成为首批获跨境支付牌 17 家第三方支付机构之一，积极开展跨境进出口外汇业务，为跨境电商资金国际化流动提供支撑。其中，最先开展成功的是跨境电商进口购付汇业务。

跨境购付汇产品的业务逻辑是：东方支付平台与上海海关跨境贸易电商通关管理系统直接对接，获取海关反馈的通关回执（回执信息包含：订单号、申报单号、通关状态和时间等要素）后，向合作银行发起购付汇申请，完成购付汇业务。该项产品完全符合外汇管理相关规定，确保了交易真实性，有效降低了跨境支付成本，有效防止了骗汇的风险。

从 2015 年 1 月 1 日至 12 月 31 日为止，累计购汇总笔数 1737 笔，金额为 174129180. 41 元人民币，累计跨境支出 440 笔，总金额为 162588002. 68 元人民币。

（三）跨境收结汇业务

跨境出口已成为国际贸易的新方式和新手段，随着跨境电子商务零售出口企业的规模不断壮大，资金的回流成为促进出口的关键。

根据国家外汇管理局发布的《国家外汇管理局关于开展支付机构跨境外汇支付业务试点的通知》（汇发〔2015〕7 号，以下简称《7 号文》）文件精神，东方支付公司准备开展一般贸易外币结汇平台业务试点。

东方支付公司联合上海跨境电商公共平台承建跨境出口企业结汇平台，代理出口企业网上办理收汇、结汇业务，提供互联网支付服务。该平台将切实帮助跨境电商中国卖家解决销售货款回流、结汇、申报等难题，为目前灰色方式出口结汇资金提供规范化、常态化的业务通道。

目前该产品已完成系统建设，即将启动商业运作。

（四）税款在线支付与担保支付业务

跨境电商缴税，是跨境电商试点规范和引导跨境网购业务的重要工作。东方支付公司推出税款电子支付方案，不改变现有税收流程，由东方支付平台实现税收计算、海关作审核、东方支付核扣，并实现东方支付平台与海关交换税单信息、支付完毕信息等。该业务流程基本是对目前一般贸易货物税费电子支付方式的沿用和拓展，充分利用了税费电子支付的安全性、合理性、合规性等成功经验。

为了进一步提升跨境电商缴税的效率和用户体验，东方支付公司在税款在线支付基本产品基础上，开发了税款担保支付业务。即跨境电商在东方支付开立税款担保金账户，并确保相应存款额度。跨境电商网站销售跨境商品时，系统将自动计算应付税金。消费者在购买该商品时，将一次性将货款和税款总额支付给跨境电商。跨境电商生成包裹后，通过公共平台报关查验成功时，东方支付公司自动在商家税款担保金账户中扣除相应税款金额，海关获得扣款成功信息后自动放行，税款由东方支付公司缴纳给国库。这种模式，无需消费者直接向国库支付税款，避免了消费者一次购买、两次支付（货款支付、税款支付）的麻烦，确保了跨境包裹能够快速通关，提升了跨境电商处理效率，优化了消费者购物体验。得到广大跨境电商企业欢迎。

（五）退货退税服务

跨境电商的退换货问题，核心是退还已交行邮税。目前用户购买的涉税商品发生退换货问题，都是由跨境商户自己承担已缴纳的税费，这是影响商家盈利的重要因素。调研结果表明，单品价值较高的时装服饰、鞋靴箱包和 3C 电子产品的退货率相对较高，平均在 30%以上，服装类产品的退货率甚至高达 40%，并且退货率的上升趋势仍在继续。而上述商品品类的另一个共同点是单品较低的重复销售比率，这就意味着一旦发生退换货问题，已缴税金如果无法退还，商户将不得不面临较大的运营成本压力，这必然会影响到商户在跨境电商平台上的产品类别设置和经营模式选择。随着上海跨境试点参与商户越来越多，商户在解决退换货问题上的需求也越来越大。

为有效解决跨境电商中的商品退换货问题，同时满足国内用户 7 天无理由退换货的法律条款，东方支付在综合考虑用户收货和退货时间（10 天）、商户集中退货时间（5 天），以及海关审核时间（5 天）等因素后，预估整个退换货过程的最长时间不超过 30 天。经过抽样调研，结合其他地区试点的实践经验，东方支付在海关等监管部门的大力支持下，在上海跨境试点中设置行邮税保证金担保放行周期为 30 天。在此期间，如果发生退换货问题，则将该税款退还给商家。若无问题，则上缴给国库。此举较好地解决了跨境电商零售进口业务在上海口岸快速发展的障碍。

四、后续展望

东方支付本着专业服务客户的原则，将在跨境电商金融服务方面进行专业深耕，有效防范风险，提高服务质量，打造专业化的跨境金融服务公司。

杭州地区案例

靠独特的产品设计赢得千万美元新订单

——临安市贝贝家纺织品有限公司

这是一家专业出口家纺成品的生产型外贸企业，虽只上线经营一年多时间，但对公司“基因”的互联网化改造非常成功——推广、生产线、设计互联网化、电商化，国际标准化验厂。

公司有专业的设计部门和样品中心，负责开发出适合欧美市场需求的新品；开通海外服务器网站，把公司新品上线，方便海外买家在线搜索新产品；与阿里巴巴速卖通、敦煌网、Lightinthebox. com 等知名第三方跨境电商平台合作，B2B、B2C 模式同时运作上线。

上线 4 月收获 80 万美元订单

——杭州同富日用品有限公司

杭州同富日用品有限公司成立于 2000 年，15 年来致力于饮具系列产品的研发、生产、销售的一条龙服务。目前已拥有自己的专业研发团队、技术团队和销售团队。公司从创立之初 2 人团队发展到今天的 160 多人。

公司从 2015 年 4 月份正式成立跨境电商部门，到 8 月底，成立了狼牙队和威锋队，成功发展了 20 多个来自世界各地的客户，截止到 8 月底接单金额超过 80 万美元，其中品牌客户占比 50%、亚马逊买家占比 30%、其他买家占比 20%，而且跟线下平台几乎不冲突，基本实现线上线下全覆盖。

宁波地区案例

宁波空港“一般进口”试点工作开局喜人
——宁波空港跨境电商

宁波空港跨境电商“一般进口”试点模式（即直邮模式），2015年7月31日试运行，8月18日正式开展业务。截止到2015年12月31日，已有30家电商企业、5家物流商企业完成系统对接，20家电商企业开展业务，累计验放跨境商品286373票，合计包裹数310150个，已在系统备案32832件商品（sku）。宁波空港跨境试点业务主要呈现以下特点：

一、业务量上升势头迅猛

2015年8月份日均通关量仅为200单，9月份达到400单，10月份日均通关量大幅提升至2500单，11月份进一步增至4000单，12月份达到6000单。下一步随着更多企业完成商品备案和测试，半年内日均通关量有望突破8000票（如下图3-2所示）。

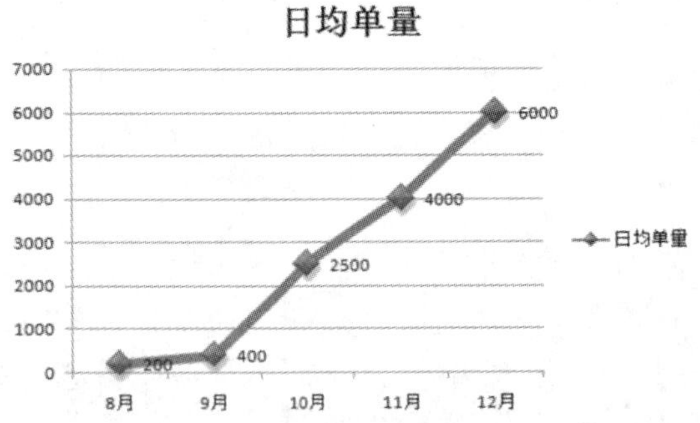

图3-2　通关日均单量示意图

二、通关商品种类丰富

“一般进口”模式相比较于“备货”模式，其中一个最大的特点就是商品种类多，个性化强，用户体验好。截至目前，已有近万个单品（即单品，当品牌、规格、颜色、款式、容量、价格、产地等不同于其他商品时，称为一个单品）。以台湾地区著名传统零食凤梨酥为例，根据不同的品牌和口味（核桃味、红枣味、奶油味、南瓜味等），就有40多个品种可供选择；面膜根据不同品牌、功效、成分、使用部位，就有290多个品种在系统备案；爽肤水、柔肤水类备案370多种；保温杯类600多种，琳琅满目的产品可满足不同年龄不同层次的顾客需求。截至目前，已有3万多个产品品类在系统备案

三、产品更新速度快

“直邮”模式下，一个新产品在国外上市后，电商可第一时间做出反应，将图片挂在网站，国内消费者即可下单购买，两地新产品的上市时间差不超过24小时。快速的反应机制大大地提升了网站产品的更新速度，满足年轻时尚人士对于服装、潮品、电子类产品的需求。而“备货模式”下，从国外备货、订舱、海运、入区，往往需要一个月左右的时间。以保温杯电商为例，从试点开始到现在，商家已推出近百种新款保温杯，最多一天推出5~6款。

四、场地作业集约程度高

宁波机场跨境仓库共约2000平方米，设有一条流水线。海关在货物到库且数据申报齐全无误的前提下，货到即可通关放行。快进快出的模式使得仓库货物积压率

低，周转量大，仓库的使用效率高，符合集约化作业的要求，也大大降低企业物流仓储成本。根据目前仓库的运营情况，现有场地可顺利保障每日超过1万票的通关作业量。

线上线下新模式直销中心新体验

——宁波保税区进口市场直销中心

宁波保税区进口商品市场包括12万平方米展示面积和8万平方米食品仓库，其中2.8万平方米为国内先进的恒温食品坡道层库。交易商品以进口葡萄酒为主，汇集了来自世界27个国家，3000多款性价比极高的第一手原瓶装进口葡萄酒，是中国最大的实体葡萄酒市场之一。近年来进口奶粉、进口橄榄油、进口肉类、进口水产品、进口水果等进口食品也增长迅猛。

市场拥有进口葡萄酒、进口食品企业400多家。永裕、优传、凌轩、汇立、盟德、卡聂高、鼎陆等国内知名的进口葡萄酒运营商、酒庄，宝乐贝尔、港龙食品、大洋世家等进口食品企业皆已入驻市场（如图3-3所示）。

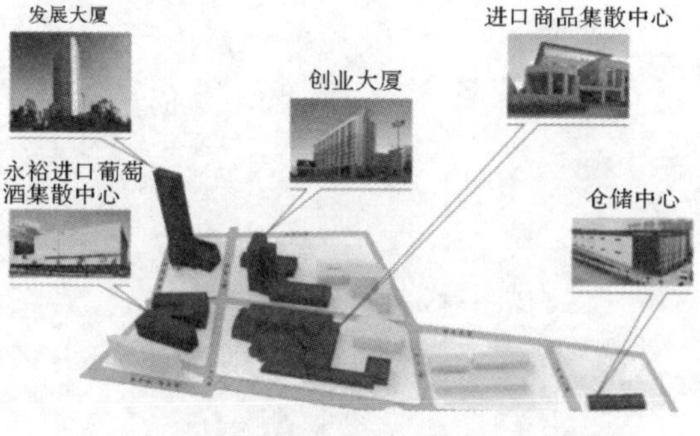

图3-3　宁波保税区进口商品市场示意图

宁波保税区进口商品直销中心是整合了保税区进口企业和全国各地运营商资源共同打造的进口商品批发、零售终端平台。产品均由保税区进口商品市场直供，包括阿根廷红虾、智利车厘子、澳大利亚奶粉、法国红酒、德国黑啤等数千种国外原装产品。

自2014年1月3日第一家直销中心开设以来，就取得了消费者热烈的反响；进入2015年后，宁波保税区结合跨境电商优势，推广线上线下消费新模式，与直销中心相结合，将跨境O2O体验中心融入ICTM进口商品直销店中，丰富一般贸易商品缺漏，提高客户体验，联合推广线上线下进口商品。目前，已在ICTM舟山普陀店、天一亿彩店、镇海店、余姚亿彩店等四家直销中心设立跨境体验区，其中亿彩店体量最大，位置最佳，处宁波城市最中心天一广场商圈，由宁波保税区市场发展有限公司与宁波银亿集团合作共建，项目总面积3552.51平方米，实用面积3000平方米，其中一层1800平方米，为跨境电商O2O体验区；二层1200平方米为进口商品零售区，包含300平方米中东欧特色商品销售专区。该项目的设立促进了跨境电商的宣传和保税区进口商品推广，为其他直销中心及各跨境企业自营体验店提供了经营经验，同时为宁波及周边地区的消费者和经销商提供体验。

郑州地区案例

中国跨境电商的引领者
——聚美优品

2012年，国家开展跨境电商试点，探索通关监管体制改革，聚美优品看到了开发新型商业模式的巨大机会。2014年3月，聚美优品落户河南郑州保税物流中心，开始首次尝试“网购保税进口模式(海关监管代码1210）”的跨境电商新模式。

一、打破传统海淘的瓶颈，转型为国内最大的跨境电商

在正式开展跨境业务之前，聚美优品通过大数据分析和深入的市场调研发现：制约中国跨境电商发展的消费瓶颈主要是速度和价格。此前，境外商品从国外直邮到国内消费者一般需要15天，价格也比国外高三成左右。2014年6月，聚美优品海外购网站正式上线。同年9月，聚美在首页开通独立频道，以“极速免税店”作为聚美海外购的主打模式，主推三大概念：极速、好货、价优。要带动国内消费者形成对跨境商品的消费热潮，必须打破这两大瓶颈。

极速：打通海外运营中心与国内保税区仓库的物流流程，建立中国最领先的海外购物流体系。聚美将在国外采购的货品先备至保税区，再发往消费者手中。保税区仓库是聚美海外购物流链上总动员的起点站。在郑州保税区的支撑下，目前聚美已能基本做到在用户下单24小时内发货，并于2~3天内到达。

好货：聚美发展海外购初期，包括创始人兼CEO陈欧在内的高管频繁出击日韩与品牌商磋商，两周就拿下100余家日韩知名品牌的独家授权，其中包括伊思（It's skin)、九朵云（cloud9)、丽得姿（Leaders）等炙手可热的品牌，近期又拿下了资生堂、高丝两家日本最具影响力的大品牌。除了日韩最新最潮爆款，聚美也在开拓欧美线。

价优：极速免税店能做到价优主要是因为切掉了传统代购流程的中间环节。具体来说，与品牌方谈判，聚美的品牌效应掌握着强势的议价权。其次产品均由品牌直供，切掉中间经销商、代理商等的三四层价格加码的运作环节，省出的利润聚美用来投入物流布局，并且完全承担行邮税，消费者可享受免税价格。

二、2015年，聚美跨境电商在郑州创造的佳绩

2015年1月，聚美极速免税店单月累计发货93万单，郑州实现全国跨境电商单量第一。

2015年3月，聚美极速免税店实现日均订单超过10万单。在聚美3月1日五周年店庆期间，聚美郑州保税区单日订单量突破100万单，带动全国试点城市跨境电商业务的整体推进。

2015年第1季度，郑州保税区进口业务达470万票，比2014年同期业务量增长602倍，其中90%的单量由聚美完成。

2015年5月，聚美“520大促”订单量再次突破100万，销售额近5亿元，成为全国跨境电商订单量和销售量双料第一。

2015 年 8 月，聚美“801 大促”，跨境业务总单量约 210 万单。

2015 年 11 月，聚美”11·11”，跨境业务总单量突破 250 万单，全品类拓展带动平台销量猛增。

2015 年，聚美跨境业务订单量占国内所有跨境电商业务的 51.2%。

2015 年全年，聚美在郑州保税物流中心一共入区申报 2055 次，涉及商品种类 8380 个，入区商品金额达到 23.7802 亿，突飞猛进，稳步上升。

三、各级政府及海关、国检的全力支持

在各级领导的精心培育下，郑州搭建起了联通国际品牌和国内消费者的强大平台，为跨境电商企业提供了最优质的服务。同样，海关、国检等国家监管部门以敢为人先的担当精神和锐意改革的创新精神，全力支持，才能在郑州孵化出“聚美极速免税店”这样一个在目前看来被证明是最成功的跨境电子商务模式。

（一）海关

优化监管方案：积极推行关检合作“三个一”，实现电子化监控，将企业生产流程和海关监管流程无缝对接。

开启先清点后报关先河：因跨境进口业务特殊性，供货商无法保证理货数量准确性。该政策的实施既节省了聚美在海外建仓进行理货的成本，又降低了改单的费用和对企业的信誉影响，使得聚美可以放开对采购地的限制，扩充商品品类进展的更快速，从而有利地抢占了市场先机。

通关作业“无纸化”：创新海关监管手段，实现跨境电商“无纸化”通关，提高通关速度。

24 小时通关：实现 24 小时预约通关和节假日加班制度，保障订单当日申报，当日出区。

通关一体化：积极推进通关一体化作业，实现货物从青岛到郑州的高效对接，进入企业通关“秒读”时代。

（二）检验检疫

建立绿色通道：创立快速抽检方案，合理优化抽样流程，实现科学合理化抽样，最大限度降低企业送检成本。价格是电商生存的根本，降低成本就是电商企业能够壮大的关键。国检的贴心举措，也是聚美在与其他保税区的企业进行竞争时的优势之一。

监控信息化：完成系统对接，开放库存监控，查验抽检，全面提高国检监管效率。

服务创新：24 小时值班，快速响应。

权威监管标准：探讨企业产品质量监管的国际合作，以产品授权书和国际权威质量鉴定来提升监管效率。

在郑州海关国检的大力支持下，聚美极速免税店真正实现跨境商品国内“极速”发货的概念，物流速度从传统海淘的 15 天压缩至 3 天，与国内一般贸易的网购物流速度同步，刷新了用户购物体验。郑州模式的成功，吸引了更多跨境电商的进驻，河南物流保税中心更是出现了一仓难求的火爆局面。

四、聚美极速免税店带来了什么？

（一）把海外消费拽回来

据统计，2014 年中国出境游人数突破

1亿人次，境外消费规模突破1万亿元。如何把万亿元的外流资金拉回国内，是国内所有商家都想解决的问题。

聚美找到一条路子。在跨境电商业务第一阶段，聚美以韩国化妆品作为突破口，实现了跨境业务韩国化妆品销售大幅增长，对韩国化妆品免税店及非正规渠道形成冲击。韩国乐天集团的财报显示，2015年第一季度，韩国乐天百货的营业额环比下降7%。明洞批发商则透露，大量面向中国消费者的明洞化妆品一条街，批发销售额下降了10%~15%。可以说，极速免税店的崛起，将部分海外消费搬回了国内。

2015年，聚美优品仅韩国化妆品采购金额就已突破20亿元人民币。以中国游客到韩国旅游平均每人消费化妆品2000元计，这相当于把100万中国居民到韩国旅游的消费搬回了国内。

（二）做“合规纳税的跨境电商”

如何以海关监管的“合规纳税的跨境电商”替代传统海淘和灰色代购渠道，净化跨境贸易环境，是跨境电商改革试点的重要目标。

聚美始终坚持监管自律与创新，坚持源头可溯、风险可控、在监管前提下良性发展的方针，因此聚美在2015年经过不断钻研实践，开发上线了国内领先的防蚂蚁搬家系统、实现了一单一支付，实现了支付单与海关系统的直接对接，实现了系统自动对库存数据等，从而更方便地配合监管和自查。聚美探索的这种进口方式对跨境监管从无序到有序的良性变革起到了促进作用，对跨境电商行业的健康发展具有重要意义。

聚美跨境电商业务的快速发展，也对稳定外贸增长发挥了积极作用。2015年第一季度，全国进出口贸易增速同比下降6%，而郑州外贸进出口逆势上扬，总值同比增长29.8%，其中进口增长41.5%。

（三）从聚美数据看双创动能

44亿：2015年，聚美优品大概一共销售了44个亿的商品，据统计我国每个出境的游客在国外平均消费是5000元，就等于把国人在境外88万人的消费搬到了国内。

300亿：聚美1块钱的订单，将带动8块钱的相关产业，44个亿相当于在过去一年，在郑州带动了一个300亿的产业集群，带动相关产业的企业所得税等地方税收超过了5个亿。上下游用工超过9万人。

10万：真正的极客是带动更多的创客。2015年4月份聚美微店推出，凡是购买化妆品满意，并愿意把商品链接地址分享在朋友圈，一旦实现销售，可以取得七三分账。有一个大学生，一个月最高分到5000多块钱。现在注册的微店创客已经超过10万人。

50%：2015年，大牌化妆品连续两次降价，CUCCI最高降幅50%，雅诗兰黛也降价30%，很大程度上是因为以日韩商品为主的跨境电商起来以后，欧美化妆品不好卖。而沃尔玛、家乐福等国际零售巨头正在全球收缩自己的营业网点。跨境电子商务不仅吃掉原有的份额，也在改变着贸易格局。

优服务　赢信赖　强保障　赢未来

——中通快递

一、企业简介

中通快递创建于2002年5月8日，是一家集快递、物流、电商、印务于一体的大型集团公司，注册商标“中通©”、“zto©”。中通现有员工25万多名，转运中心72个，服务网点1万多家，运输派送车辆4万多辆。中通目前已开通全国97%的区县和超过70%的乡镇网点，开通了欧盟、美国、澳大利亚、新西兰、日韩、东盟等国家的专线包裹寄递业务，至“十三五”末，中通将开通国内所有区县和80%的乡镇网点，通达全球100多个国家和地区。

中通在行业内率先开通跨省际网络班车，率先实施并完善有偿派送机制，率先优化二级中转费结算体系，率先推出全国网络股份制，率先成立网络互助会、成立中通大家园并实施“亲情1+1”福利政策。

中通的发展就是中国快递发展的一个缩影，也见证着21世纪中国经济的发展与腾飞。在赖梅松董事长“创业、创新”精神的带动下，13年多的中通，其发展的模式在行业内已经独树一帜且跃居“3.0版本”，是“结构治理最健康、企业氛围最优秀、成本控制最好、发展最稳健、潜力爆发最大”的、符合国家治理结构体系并适应“互联网+”的一种全新经济模式。

中通发展模式就是“大众创业、万众创新”的典型，不仅具备“帮助更多人就业、创业并实现美好新生活，用我们的产品造就更多人的幸福”的“利他主义”特征，还具有“众创、众包、众筹、众扶”的鲜明特征：能 最大限度爆发创业者的激情，有无限的想象力和创造力；最具区域运作的灵活性，一条街道、一栋楼、一个行政村都能实现就业创业梦；能把乡情、亲情、友情串联起来，大家相互帮助、相互扶持，实现共同发展、共同致富的目标；能整合全网和社会资源，用最小的成本去博取最快、最好的发展。

二、中通快递在郑州试点的发展

2014年8月，中国垂直美妆第一大B2C平台——聚美优品“相中”河南保税物流中心，并开建上万平方米自理仓，将其作为在国内唯一的跨境电子商务分拨仓，主要服务于“聚美国际”（分支进口品销售平台）。

2015年3月，全球最大的购物社区——小红书与河南保税物流中心签订合作协议，作为第一家移动互联网公司入驻保税区。

中通快递河南郑州公司通过自身服务建设，赢得了聚美优品和小红书两大跨境电商的亲睐。

（一）大投入赢机会

在河南保税物流中心聚美优品仓库内，聚美的员工正有条不紊地将物品打包、封装、贴单，而一旁的中通快递员也不闲着，不等包裹落地，已经眼疾手快地往笼车上装。一眨眼的工夫，一辆 9.6 米的中通班车已是满满当当，而不远处另一辆中通班车正迎面驶来，准备下一班次的快件操作……

为了抓住郑州跨境业务发展的良好机遇，中通快递在河南公司第一时间组建了一个专业营销团队，在河南保税物流中心业务发展之初就为快递业务资质四处奔波。在拿到发展跨境业务的“入场券”后，如何保障快件时效，确保良好的服务体验才是制胜的根本。

为此，中通快递一次性投入千余万元，购入了 50 辆 9.6 米的班车，并对车体形象进行统一规划。除此之外，为了提升河南省内快件时效，2014 年 10 月份，占地面积达 30 亩、总投资近 2000 万元的中通河南漯河转运中心正式投入运营。漯河中心投入使用后，尤其是在聚美、小红书等跨境电商大促期间，对快件的分流起到了极其重要的作用。

与此同时，为了提升中通在河南地区的信息化程度，确保用户信息安全，2015 年 3 月份，中通又一次性购入两台加密机、两台服务器，并将其安置在保税物流中心的机房内。如此一来，中通的系统和保税区、海关的系统几乎是在一个地方运作，信息传输速度提升了不止一倍。除此之外，为了应对突发系统问题，中通还安排专职 IT 人员 24 小时值班，尤其是业务高峰期，只要出现任何问题，立马就能予以解决。

2015 年 3 月 1 日，聚美优品 5 周年店庆活动轰动上演，尤其是其中的海外正品低价爆款更是迅速引爆消费者热情，引起空前反响。与 2014 年的聚美 4 周年店庆相比，销售额增长近 100%，聚美更是在 5 天的时间内产生了超过 70 万的包裹。由于对市场发展态势预期不足，聚美及中通都没能做好充足准备，面对持续增长的订单量和不断积压的包裹，中通河南公司负责人张要仁当机立断，并第一时间写申请到总部，要求增派车辆支援，“当时我放话说，不管付出多大的代价，不管是要花 500 万还是 1000 万，一定要保证活动期间用车”。最终，在中通、聚美、保税区等的携手合作下，聚美优品顺利度过了“301”大促高峰，所有发出的包裹都得到了及时有效的转运。

（二）优服务　赢信赖

为了确保良好的服务体验，中通快递采用一对一售后跟踪的模式，光对接聚美优品的客服人数就达到了 60 余人。其中，负责物流跟单的客服 30 余人，负责推送妥投信息的客服 10 余人，负责问题件处理的客服 20 余人。目前，在河南保税物流中心，中通每天为聚美优品承运着近 70%（5 万单左右）的快件，而小红书每天的出件量在 2 万单左右，全部由中通提供服务。

与传统电商相比，跨境电商对售后服务的要求更高、更严苛。发出的每一票快件都需要进行售后跟踪，快件到哪了？有没有正常派送？是否妥投？如果没有，原因是什么？物流信息和问题件产生原因都需要第一时间向聚美的售后服务团队进行反馈。尤其是对于问题件的处理，聚美更是高标准、严要求。

与传统电商不同，所有保税区发出的快件都是经过清关出来的，所有退件也需要经过审批退回保税区。快件发出时，需要三单比对（即将消费者下单信息自动生成用于海关核查备案的订单、运单及支付单）；快件退回时，也需要海关、快递企业以及商家三方对接。除此之外，对于退回的快件，根据破损程度以及是否伤及物品实际价值，跨境电商还需收取一定的折旧费，比如包装盒变形、瓶子受损都需要快递公司承担责任，聚美按照出厂价的60%进行回收。

小红书在河南保税区刚建仓时，中通快递就给予大力支持和帮助，包括前期仓库的装修、布线，货物的清点、入仓以及耗材的搬运等，即使当时小红书每天的量并不多，中通员工也始终给予最贴心的服务。

（三）强保障　赢未来

2015 年，聚美先后举行了“301”、“520”、“801”等 3 次大促活动，每次活动产生的包裹数量都在 100 万件左右，其中“801”聚美 5.5 周年大促更是在 3 天的时间内产生了超过 170 万单的包裹。中通在 4 天的时间内共发出聚美包裹 110 余万个，出动了超过 500 人的团队为此次活动服务。

事实上，为了有效应对聚美大促所带来的业务高峰，中通所做的工作远不止如此。为了配合聚美，中通实行 24 小时不停班分拣，并分为白班和晚班两个班次进行提货操作。正常而言，白班和晚班提货人数控制在 20 人左右，车辆配备在 20 辆左右即可。但大促期间，光聚美仓内的提货人员数量就得增加到 100 人，需 5 辆车同时操作，每辆车需配备 10 个操作员。

大促期间，聚美仓库内自己的工作人员配备就达到 1000 余人，其中 600 多人负责打包、封装和贴单，其他 300 余人负责理货。中通的操作只要有 10~20 分钟的停顿，出货口就几乎陷入瘫痪，因此各个操作流程的衔接必须流畅。

除此之外，鉴于聚美发出的包裹 90%以上为重量在 1 公斤以下快件，所有发出快件几乎都需要建包。为了减轻郑州中心操作负担，提高快件操作效率，中通河南公司又在离郑州转运中心不远的地方租赁了一个面积达 3000 平方米的场地，并单独安装流水线分拣设备，配备了一个多达 200 余人的团队，专门负责聚美和小红书等跨境电商的快件分拣操作工作。包括快件的收件扫描、装包、建包、发件扫描、装车、发车等全部在新场地进行，而不需要通过郑州转运中心进行二次分拨。

下阶段中通郑州公司计划在保税区内设立一个小分拨中心，用做保税区内跨境电商的分拣操作，并将聚美仓和我们的分拨仓用流水线连接起来，聚美的快件只要打包完毕就可以直接分流到中通分拨中心内进行发货操作。

三、中通国际业务介绍

中通国际全称为“上海中通国际物流有限公司”，由中通快递控股投资，成立于 2014 年 8 月。相比国内其他物流企业，中通国际的市场定位上仍以跨境电子商务件为核心，兼顾传统商务件，专注于提供一流的国际物流解决方案。

（一）中通国际业务

中通国际业务（如图 3-4 所示）。

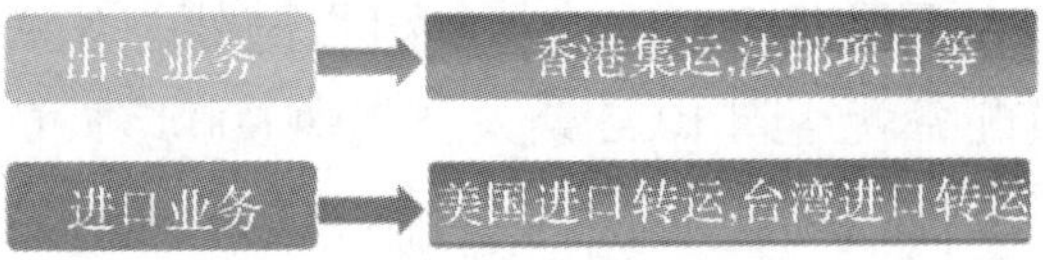

图 3-4　中通国际业务示意图

（二）出口业务

1. 出口模式流程

出口模式流程（如图 3-5 所示）。

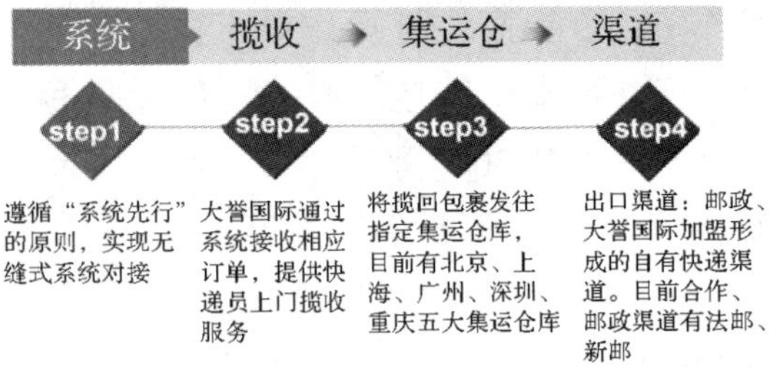

图 3-5　出口模式流程示意图

2. 香港集运

2012 年下半年，配合阿里巴巴开始铺设跨境物流的工作，通过参与淘宝“双十一”和“双十二”大促活动，初步尝试了港台集运和港台转运模式，为之后开展的香港集运打下了坚实的基础。

2013 年年初，与淘宝网合作，在深圳设立仓库，正式启动了淘宝香港集运项目。目前此项目用户满意度高，日平均单量较刚启动时的 400 单有大幅提升，2014 年入库小包平均日单量维持在 3000 单左右。2014 年全年累积发运集包后大包裹 18 万件，营业总额 760 万元。

3. 台湾地区出口

2014 年 7 月，中通国际与淘宝网和台湾公司合作推出了台湾件揽收配送项目，中通国际提供九省市的揽收配送服务。主要服务于对台湾订单发货时通过“在线下单”或“自己联系物流”选择“中通快递”的卖家，为卖家提供上门揽收、配送至台湾的物流服务。

4. “法邮”

2014 年年末，在双方多次谈判、沟通，操作和 IT 以及关务、客服成功对接的基础上，与法邮的合作协议已经签订，“法邮”项目正式投入运营。这是一个连接中国到欧洲，通过巴黎戴高乐机场进口清关的新型国际快递服务，法邮负责中通发往欧洲快递包裹的派送。

5. 出口业务规划

未来会引进更多优质线路，如日本、新邮，美邮，马来西亚邮政、韩国趣天等，目前都已洽谈确立了合作意向，大洋洲，中东，东亚等地区的合作伙伴进一步接洽。

通过中通在线下单系统，与菜鸟平台合作，提供更完善的服务，开拓更广阔的国际市场，赢得更高的客户满意度。

（三）进口业务

中通国际作为天猫国际的物流服务供应商，为天猫国际商家及支付宝用户提供个人物品跨境清关配送物流服务，包括境外仓储、国际干线运输、大陆境内配送，同时提供客户的在线咨询、查询、投诉等服务。

为保证仓储容量，美国进口项目，在美国设立了波特兰、洛杉矶、特拉华 3 处中转仓；台湾进口项目，在台湾设立了 7 个中转仓，都配备了齐全的硬件及软件设施。目前，又增加了德国、法国、日韩、新西兰等地中转仓，海外仓资源日渐完备。

进口业务对接四步曲（如图 3-6 所示）。

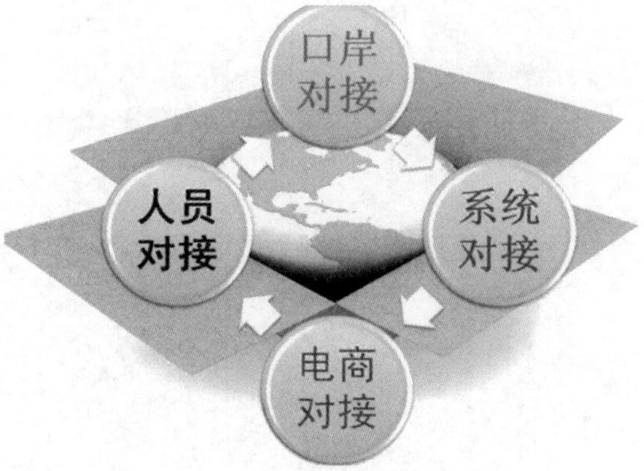

图 3-6　进口业务对接示意图

1. 电商对接

（1）已完成天猫、聚美优品等平台及电商企业的对接工作，并开始进行实际业务操作；

（2）技术配合数据推送及异常处理；

（3）客服跟进备案信息提供与清关资料完善工作。

2. 人员对接

（1）仓库操作人员、技术人员、清关人员及客服人员的沟通配合工作开展；

（2）技术人员远程指导培训；

（3）中通与综保区，国检及海关部门的配合工作，收集备案与收货人身份证信息等资料，完成进口清关；

（4）设专门针对国内配送跟踪的客服，每日更新订单状态反馈表，并处理和反馈异常订单原因给客户。

3. 口岸对接

目前中通已与郑州、杭州、宁波、重庆、广州，天津完成对接。

4. 系统对接

（1）目前已完成与美国海外仓波特兰、洛杉矶及特拉华仓库的对接，与台湾台北仓库的对接；

（2）郑州、杭州、宁波、重庆、广州，天津跨境电子口岸系统的对接；

（3）天猫、淘海、海米等电商企业的系统对接。

5. 美国进口业务

与菜鸟签订天猫国际美国进口转运协议，已在美国设立了波特兰、洛杉矶、特拉华三大中转仓，目前与菜鸟已完成系统调试及实物测试。已完成与淘海科技等平台及电商企业的对接工作，并开始海外仓的实际业务操作，预期单量将逐步上升，市场拓展空间大。

6. 台湾地区进口业务

与菜鸟签订台湾地区进口转运协议，与菜鸟已完成系统调试及实物测试。中通台湾合作伙伴是 ACS 国际快递物流集团，该公司业务触及中国大陆及台湾地区、香港地区，印度、越南等多个国家。快递物流业务提供，空运、海运、陆运、报关、物流、仓储、电子商务 B2C 配送等多项服务。

7. 进口业务规划：

（1）主要以和跨境电商平台如天猫国际等合作为主，并积极与跨境电商平台及电商企业直接对接，如韩国趣天、日本西浓等。加深、扩大跨境进口试点口岸的合作，确保清关渠道稳定，高效。

（2）利用中通自有海外仓资源及配备的干线运输的优势，与国内多个口岸的清关资源及国内段中通配送形成进口全链路。可通过中通平台的在线下单方式，将海外产品转运至国内。

重庆地区案例

跨境电商 O2O 领域的先行者

——爱购保税

爱购保税是重庆保税港区全权负责规划和运营的跨境电商平台，爱购保税于2014年6月18日正式上线，是重庆市第一家专业跨境电商网站，也是重庆目前唯一一家平台化的本土跨境电商平台。上线以来，爱购保税充分发挥了开放平台的作用。截至目前，爱购保税总成交额已突破1.5亿元，累计成交超过50万笔，开展了包含保税备货、海外直邮以及完税交易在内的全部跨境电子商务运作模式，销售类目涵盖了来自全球40多个国家的母婴、化妆品、食品、保健品、鞋包配饰、日用百货等上万种进口商品，爱购保税目前服务的客户超过100家，其中不乏知名的企业与机构。结合保税港区优势资源，目前爱购保税是全国唯一一家能够提供包含物流、仓储、通关、实体店、线上销售等在内的跨境电商全产业链服务的电子商务平台。

一、经历跨境电商试点的兴起

爱购保税网站从2013年中开始筹备，时值全国首批试点城市正式批复，重庆保税港区高度重视这一政策新兴领域，投入大量人力物力支持平台建设。两个月内完成了网站基础架构搭建，并参与了首期“公共服务平台”的测试工作，实地走访了当时的其余4个试点城市，与相关企业和监管部门进行了广泛的交流与沟通。作为当时重庆唯一一家参与试点测试的电商企业，从2013年底到2014年初爱购保税全程参与了重庆试点平台全部设计调试工作，并且从企业经营的角度为重庆跨境电商试点方案提供了大量建议和意见，大多数的建议和意见在后来正式发布的“公共服务平台”得以体现。2014年6月17日，随着重庆跨境电商公共服务平台的正式上线，爱购保税作为演示企业诞生了重庆跨境电子商务“第一单”。

当时进入跨境电商行业的企业并不算多，大多数企业都处在观望状态。尽管当时的海淘已经成为了消费热点，但绝大多数企业对跨境电商的前景及政策稳定性仍持保守态度，大家对于跨境电商的操作流程也非常不熟悉。当时的爱购保税作为全国少数正式开展跨境电商业务的企业，每天要接待企业的咨询和拜访。大多数咨询者的问题都集中在“什么是跨境电商”、“跨境电商应该如何操作”、“相比于传统的外贸跨境电商到底有什么优势”。在今天看来，或许这些问题都是非常基础的常识，但在当时确实有不少企业持怀疑或保留态度。在爱购保税看来，跨境电商试点的出现恰恰是符合消费升级大背景下应运而生的改革措施。第一，跨境电商试点的出现极大地活跃了进口市场，相对便捷的通关环境为大量有口碑但从未大规模进入中国市场的国外商品提供了展示的舞台。第二，较低的税率保障了企业能以较低的成本介入，也促使大量传统代购渠道向跨境电商转移。第三，政策层面的高度重视，让跨境电商的发展赢得了更多的关注，各方面资源加速聚集。

二、2015 年度跨境电子商务高速发展

2014 年是跨境电商的孕育期，而 2015 年则是跨境电商元年。整个 2015 年跨境电商业务一直成井喷趋势发展。原本持观望态度的企业纷纷投入这个行业。行业内出现了一大批跨境电商的网站，电商行业的各大巨头也纷纷入局，虽然大家发展策略点有所不同，但都不约而同地选择了 2015 年作为发展的起点。行业的快速发展在爱购保税的发展中也得到了明显的体现，上线之初的爱购保税日均订单不过几十单，月销售额仅仅十几万元。然而，伴随着跨境电商概念慢慢被消费者熟知，网站迎来了高速发展。几个月的时间，从平台刚上线月均十几万元的销售到 2014 年底已经达到了近 400 万元，再到 2015 年底月均销售已经突破 1200 万元，日均单量超过 3000。短短一年多的时间，销售额翻了几十番，而且该发展速度还在不断增速。

2015 年跨境电商有几个明显的特点：第一，消费者开始接纳和理解跨境电商试点。随着各个网站都采用保税区发货或者阳光直邮，消费者在购买海外商品时都实实在在地接触到了跨境电商的相关政策，开始慢慢理解和接受通过跨境电商的方式来购买海外商品。举例来说，跨境电商通关需要实名认证，在网站刚上线的时候消费者都不太理解这样的做法，不愿意用实名注册。网站的客服咨询中有 43.7%都是咨询为什么要提交身份证或者身份信息不对无法通关的。到 2015 年末，客服咨询电话中只有不到 5%是关于这方面的咨询。

第二，进口品类极大丰富。在试点之初，只有极少的商品通过跨境电商方式进入市场。大部分集中于母婴用品和保健品。而现在，在消费者日常消费的商品当中，除了数码电子类商品以外，其余绝大多数商品在跨境电商网站上都有销售，消费者的选择余地大大的增加。

第三，产业链快速深入。试点之初，大多是一些集货商或者小卖家进入，而目前，品牌方和大型供应商已经快速跟进。一些不具备货源优势的平台受到了非常强烈的冲击，在 2016 年，由货源渠道所带来的行业洗牌将进一步加剧。

三、跨境电商线上与线下的结合

爱购保税是跨境电商 O2O 领域的先行者，早在 2014 年 7 月 31 日，爱购保税就在解放碑环球金融中心 4 楼开设全国第一家跨境电商实体体验店。消费者可以在体验店里接触和尝试有意向的跨境电商商品，选好以后再到线上进行下单，由保税区直接发货到顾客的家中。由于跨境电商商品都来自海外，不少消费者对于商品本身还缺乏了解，甚至有些商品普通消费者之前根本没有听说过。客观上，跨境商品的实体展示需求要强于普通的国内商品。有许多消费者来到现场时都会对朋友说“这就是我在××国家用过的这个商品，特别好用”或者“××在国外就是用的这个牌子”。跨境商品的天然属性让线上与线下的融合寻找到了结合点，线上的商品有强烈的需求在线下与消费者实际接触，而线下的实体也需要跨境的概念来吸引客流。利用线下店来拉近消费者的距离同时建立分销渠道，这是大部分跨境电商建立线下实体体验店的初衷，所以 2015 年下半年涌现出大量实体体验店，其体量也逐步变大。

在体验店热潮不断袭来时，作为先行

者的爱购保税却放缓了开设实体店的脚步，其原因在于在O2O进程中，跨境电商必须解决几个关键问题才能使O2O顺畅。首先，是体验模式，在消费者逐步认知和了解海外商品的情况下，体验店仍旧以商品展示为主的模式不足以带给消费者足够的吸引。其次，是盈利模式，由于跨境商品无法实现即看即买即带走，线下体验店仅仅用于为线上引流成本过高。再其次，在政策层面尚未有跨境体验的明确政策保障，未来的政策动向可能会对体验店的发展造成障碍。

经过2015年度的跨越式发展，2016年度跨境电商依然将维持一个比较高的发展速度，但相对于2015年度，新一年的发展爱购保税认为会呈现出至少两个特点：一是行业洗牌加剧。随着行业的不断成熟，一些体量较小的平台将被淘汰出市场。二是行业细分更加明确。对于拥有长产业链条的跨境电商领域，每一个环节的专业要求将进一步升高。各个电商平台将根据自身的资源优势慢慢形成差异化发展。爱购保税在一年多的时间里着力打造了自身的供应链体系，2016年将继续实施跨境进口平台化战略，在完成了基础性打造之后，将迎来爆发式的增长。未来爱购保税将在移动端、金融领域、供应链方面集中发力，成为最大的专业跨境平台。

构建跨境电商产业生态圈　助推“网上丝绸之路”快速发展
——重庆西部现代物流园

一、园区简介

重庆西部现代物流园规划面积约35.3平方千米，是国家“一带一路”战略节点、渝新欧国际铁路联运大通道起始站、内陆一类铁路口岸和国家汽车整车进口口岸所在地、国家发展改革委员会批复重庆设立“三基地四港区”中的铁路物流基地和首批市级重点物流园区，预计总投资1117亿元，全面建成后将形成一座30万人口的现代物流新城。

（一）渝新欧国际物流大通道起点站

“渝新欧”国际贸易大通道，从重庆团结村铁路集装箱站出发，通过横跨欧亚大陆的铁路联运，到达德国杜伊斯堡，全程11172公里，途经6个国家，即重庆至兰州，再到新疆边境口岸阿拉山口，进入哈萨克斯坦，再经俄罗斯、白俄罗斯、波兰至德国。采取定线路、定站点、定国次、定时间、定价格的“五定模式”，成功解决了沿途各国通过问题，实现了一次报关、一次查验、全线放行，班列运行全程监控。

（二）重庆铁路口岸

2013年12月25日，国家口岸办批准重庆铁路口岸对外开放，这是重庆继寸滩水港、江北国际机场之后，第三个获得国家批准对外开放的一类口岸，标志着重庆已经形成水、空、铁全面开放的口岸格局。2014年7月1日，国务院批准重庆铁路口岸为汽车整车进口口岸，这将极大增强“渝新欧”回程揽货能力，优化中欧国际贸易通道。重庆汽车整车进口口岸建设用地约7.74万平方米，总建筑面积约14763.89平方米。

（三）铁路保税物流中心（B型）

2014年10月13日，海关总署、财政部、税务总局、外汇局批复同意在重庆西部现代物流园内设立重庆铁路保税物流中心（B型）。重庆铁路保税物流中心总体规划面积约125万平方米，采用总体规划、分期申报、分期实施模式。铁路保税物流中心（B型）一期，建筑总用地面积5.77万平方米，一期工程项目总建筑面积约5.79万平方米。该项目于2015年11月18日通过海关总署等四部委组成的联合验收小组验收。

二、重庆铁路口岸跨境电商产业的发展情况介绍

依托重庆铁路口岸及保税物流中心（B型），重庆西部物流园正在从单纯的铁路物流枢纽向具有贸易支撑功能的跨境服务平台转型，重点发展跨境电商生态圈、推动跨境电商集群集聚。

（一）软硬环境建设情况

一是园区内铁路保税物流中心（B型）已通过国家验收，取得“8016”关区代码，已经具备发展跨境电商产业的基本条件；二是园区跨境电商智能公共监管仓（一期1.5平方米）已完成建设，进入试运营阶段；三是海关、国检综合智能查验线已完成设备安装及调试，同时还部署跨境商品防伪溯源系统；四是园区针对为供货商、中小微商服务而搭建的“四海汇”电商平台，将助推中小电商快速发展；五是园区搭建的铁路口岸大数据平台服务体系，还可为跨境电商企业提供数据金融服务。

（二）跨境电商入驻情况

重庆铁路口岸跨境电商产业以建成“重庆跨境电商综合试验区”的示范项目为目标，从跨境进口及跨境出口两方面入手，利用铁路口岸及B保的优势，将跨境直邮（直购）、保税备货与“渝新欧”铁路相结合，大力发展跨境电商产业聚合。

目前已有四大电商平台入驻园区：

京东跨境购电商平台：仓库约1.1万平方米，含京东自营仓及京东第三方公共仓，预计2016年业务量达200万单，营业额预计6亿~8亿元。目前拟入驻京东第三方公共仓的电商企业有23家。

沃尔德跨境电商公共服务平台：建设跨境电商公共仓库面积约1.5平方米，仓库设计日处理能力为10万单/日，峰值处理能力为12万单/日，将为入驻跨境电商企业提供理货、仓储、分拣、包装、报关报检等跨境电商综合服务。目前，已完成洽谈入驻公共仓的跨境电商近20家。

大龙网跨境出口平台：大龙网投资并已建成“跨境电商出口公共仓”，打造从智能大数据物流、公共仓、跨境通关的综合性服务平台，为入仓企业提供关、检、汇、税及物流运输等综合服务，该平台于2015年9月通过“渝新欧”实现跨境电商出口首单。

敦煌网跨境出口平台：敦煌网公司总部及结算中心已落户园区，2016年计划实现本地外贸额5亿~9亿元。其中，项目将利用敦煌网丰富的跨境出口运营经验及成熟的平台，同时结合重庆口岸开放高地及本地的进出口贸易服务平台，共同来打造中国与土耳其的线上交易平台。

其他方面：园区还引入报关报检服务企业，供应链服务企业及口岸作业劳务外包企业，落地配企业，已经初步实现重庆铁路口岸跨境电商产业链的构建。园区还出台了相关跨境电商扶持政策，快速吸引一批跨境电商企业入驻园区，打造跨境电商产业集聚区，形成跨境电商孵化服务功能。

三、未来跨境电商发展思路及具体举措

未来物流园将从口岸核心枢纽功能建设、国际物流通道拓展优化及跨境电商产业生态圈完善这 3 个方面推动跨境电商产业快速发展，进而推动“网上丝绸之路”。

（一）加快铁路口岸核心枢纽功能建设

一是加快推动铁路口岸业务的完善，将跨境电商、一般贸易进出口、区港联动、海关监管下多式联运等业务全面集成，积极发挥铁路在重庆口岸开放高地中的重要作用；二是加快启动肉类、水果进口商品查验设施建设工作，拓展铁路口岸进口商品品类，充分发挥口岸进出口贸易功能；三是加快推动口岸一体化运营，与空港、水港的多式联运组织，优化口岸基础设施服务系统建设。

（二）实施“渝新欧+”战略拓展优化国际物流通道

一是推动“渝新欧”与其他有意向或正在开行中欧班列的城市联动，形成“渝新欧+”的中欧班列战略联盟，完善跨境电商国内铁路物流网络的构建；二是谋划推进渝新欧班列+中亚、中土班列的融合发展。实现“渝新欧”、中亚、中土班列国内段融合，国际段各自运营的市场合作机制，扩大跨境电商在国外端铁路网络延伸；三是推动“渝新欧”与跨境电商的进一步融合，根据跨境电商供应链需求将“渝新欧”的功能向欧洲端的集货、分拨、配送、仓储等物流服务延伸。

（三）加快完善跨境电商产业生态圈

一是推进敦煌网、大龙网、沃尔德等已入住跨境电商项目的快速发展，初步形成“网上丝绸之路”的示范效应；二是加快园区物流资源整合，实现电商和物流产业集聚，进一步带动物流产业与跨境电商产业协同发展，进而形成供应链集聚，发挥规模效应，夯实“网上丝绸之路”战略的产业基础；三是根据口岸产业发展需要，在国家“一带一路”战略沿线国家，以自建或企业合作的灵活方式适时参与海外仓布局，打造具有仓储、展示、售卖、维保等多功能于一体的复合仓，完善“网上丝绸之路”战略的海外布局；四是加快引导重庆本地及周边进出口贸易企业及制造出口企业由传统线下出口转向跨境线上出口升级，实现充分挖掘内需支持“网上丝绸之路”战略。

广州地区案例

一站式服务更便捷更专业
——广东卓志供应链服务集团

广东卓志供应链服务集团有限公司（以下简称“卓志集团”）成立于1997年，是一家由港口物流企业成长起来的外贸综合服务企业。主营业务为：通关、境内外仓配、物流、贸易融资、收结汇、退税、港口、运输、市场采购出口和跨境电商专项场站、订舱（海运/空运）和银行信保等一站式全程外贸供应链服务。

一、卓志集团开展跨境电商服务情况

卓志集团在发展跨境电商和市场采购新业态方面进行积极的探索，现拥有跨境电商通关仓配一体化管理系统、市场采购出口管理系统及跨境电商公共服务平台管理系统等软件著作权。

卓志集团开展跨境电商业务，自2014年4月开始与海关进行系统对接，10月份开始上量，12月份达到1000票/天；2015年1月份，5000票/天；3月份10000票/天；5月份峰值达到13000票/天；6月份峰值30000票/天。

卓志客户京东在南沙建立了华南主力仓，是全国第一个跨境电商自营仓；1号店也在南沙建立了华南主力仓。集团在南沙的跨境网仓从初期的5000平方米到目前的40000平方米。

二、卓志集团跨境电商服务业务模式

卓志集团在跨境电商方面可以为客户提供集综合物流解决方案、进出口解决方案和全程外贸供应链金融需求解决方案于一体的全程外贸供应链解决方案。在这个过程中，所有的外贸供应链上下游企业，比如说制造商和采购商，他们一旦达成了买卖双方的交易环节之后，可以将后续的报关报检、出口退税、银行融资、保险办理和国内国际的物流整合服务，称之为全程外贸供应链服务都委托给卓志来做BPO外贸服务流程的外包。

卓志能够为供应链上下游企业提供8大环节的服务，只要是成交之后所需要的全程供应链的解决方案、贸易代理合同的签订、订单的执行、生产跟踪、物流服务及物流控制、通关通检的服务，等等，卓志都可以提供一站式的解决方案。通过服务外包，可以减轻外贸企业压力。通过专业运营，提高供应链效率。通过规模效应，降低企业的成本。卓志的企业公共服务平台已经完成，并且取得了相关技术部门的专利认证。

公司还会进一步与政府相关部门进行渠道的链接，完成之后可以为所有平台上的企业提供一站式、便捷的、外贸环节成交后的全程外贸供应链的解决方案，让所有从事跨境电商的企业可以享受到更高效、更便捷、更专业的外贸服务外包的服务。

“名品+折扣+限时抢购”创新商业模式

——广州唯品会信息科技有限公司

广州唯品会信息科技有限公司成立于2008年8月，总部位于广州市荔湾区醉观公园西门旁，占地9000平方米。公司旗下网站（www. vip. com）于2008年12月8日上线，是一家专门做特卖的网站。2012年3月23日，公司在美国纽交所上市，是华南地区首家在美国上市的电子商务企业，国家及省、市电子商务示范企业。

唯品会网站以“名品+折扣+限时抢购”的创新商业模式，每天10点准时上100个新品牌，以较低折扣及限时限量模式进行抢购，所有产品售完即止。由于其品牌丰富、折扣低、抢购带来的乐趣感，优质的客户服务，深受会员喜欢，客户黏性高。唯品会现有18000多名员工，网站日独立访客超过1200万，注册会员数超1亿，现合作品牌超过13000家，日均订单量50万单。自2012年第四季度以来，已连续十一个季度实现连续盈利，是国内极少数盈利的电子商务企业之一。2014年，唯品会实现净营收37.7亿美元，同比增长122.4%，实现净利润1.373亿美元，同比增长162.4%。市值突破百亿美金，成为全球最大的特卖网站。唯品会在2014年中国B2C购物网站交易规模全国排名第3，居广州电商之首。2015年，跻身《财富》中国500强企业排行榜，中国500强排名第227位。

唯品会跨境电子商务平台，凭借唯品会中国总部的电子商务平台强劲的发展势头，采用较成熟的管理模式进行运营，在资金、技术和人才方面大胆开拓海外市场，寻求业绩上更高的突破。

唯品会跨境B2C电子商务购物平台包括以下几大部分。前端：大型跨境B2C网站。后端：商品管理系统、客服系统、财务系统、物流配送系统、供应链系统。物流配送系统由WMS仓储管理系统、TMS运输管理系统构成了电子商务平台的物流体系，供应链系统由供应商开放平台、VMI供应商管理库存及采购系统构成，财务系统与采购系统、订单管理系统、数据挖掘与分析系统等均有密切关联，统领整个企业的资金流。企业跨境电子商务把重点放在我国港澳台市场的开拓上，从近到远逐步扩大海外电商贸易市场。

深圳地区案例

跨境电商的虚拟集聚区
——深圳市跨境电商通关服务平台

深圳市跨境电商通关服务平台（简称“跨境电商通关服务平台”）是按照国家跨境电商试点要求，适应深圳跨境电商发展，由深圳市政府全额出资，委托深圳市南方电子口岸有限公司开发建设的跨境电商公益性、公共性信息化基础设施。是跨境电商一站式申报的“单一窗口”，是实现关、检、汇、税、市场监管等管理部门与经营企业之间的数据交换枢纽和信息共享平台。

一、建设背景

跨境电商近年来发展迅猛，其发展空间巨大，已成为世界经济新的增长点。深圳毗邻香港，背靠珠三角，拥有全方位的口岸基础设施，物流基础雄厚，深圳跨境电商业务占据全国总额的50%以上，在国内跨境电商领域占有重要地位。

由于传统的政策规制和管理手段与跨境电商这一新型交易方式的发展要求不匹配，造成政策保障相对滞后，贸易真实性无法确认，企业通关周期长、费用高，无法结汇、退税和进行有效的监管统计等问题。为切实解决跨境电商存在的问题，国家于2012年启动跨境电商服务试点，深圳市政府建立了多部门联动机制，大力推进跨境电商通关服务创新模式研究，分别于2013年10月和2014年4月向海关总署上报了深圳市开展跨境电商试点的请示，并获得海关总署批复，成为全国第七个获得跨境电商服务试点资格的城市。

在市经贸信息委的牵头组织下，在海关、检验检疫、外管、国税、市场监管等相关政府管理部门的大力支持下，南方电子口岸全力开展跨境电商通关服务平台的建设，2015年6月，平台启动试运行。

二、平台建设

（一）建设目的

跨境电商从产品展示、交易、支付到物流和售后服务完全基于互联网运作，无纸面凭证，信息化程度高、信息量庞大；其零售配送具有货量小、品类和批次多、运转快速等特征，时效性和服务要求非常高；进出口涉及通关、检验检疫、外汇、税务等多个监管环节，监管单位必须及时准确掌握各业务环节的数据，进行比对分析和风险控制，才可能实现有效监管和高效运作，满足跨境电商的实际运作需要。按照海关总署《关于跨境电商进出境货物、物品有关监管事宜的公告》（总署公告〔2014〕56号）要求，跨境电商通关服务平台是承载跨境电商政策落地和业务运作的重要信息化基础设施和必要条件。

深圳建设跨境电商通关服务平台的主要目的：一是实现各有关企业、海关、检验检疫、外管、国税等相关管理部门之间的数据交换和信息共享，适应跨境电商网络化、信息化和平台化的运作要求；二是实现企业“一次录入、多方申报、数据协同”等全方位一站式服务功能，减少环节，优化流程，提高效率；三是适应深圳跨境电商运作模式多样化、需求本地化、服务个性化的要求，打造符合深圳地区跨境电商行业特点和创新要求、具有深圳特色的服务平台。

（二）平台定位

跨境电商通关服务平台是提供跨境电商通关服务的“公益性”公共信息服务平台，是实现“一次录入、多方申报、数据协同”等一站式服务的“单一窗口”，是跨境电商企业与监管部门之间的数据交换枢纽，是深圳跨境电商通关服务重要的信息化基础设施。

（三）总体框架

总体框架（如图3-7所示）。

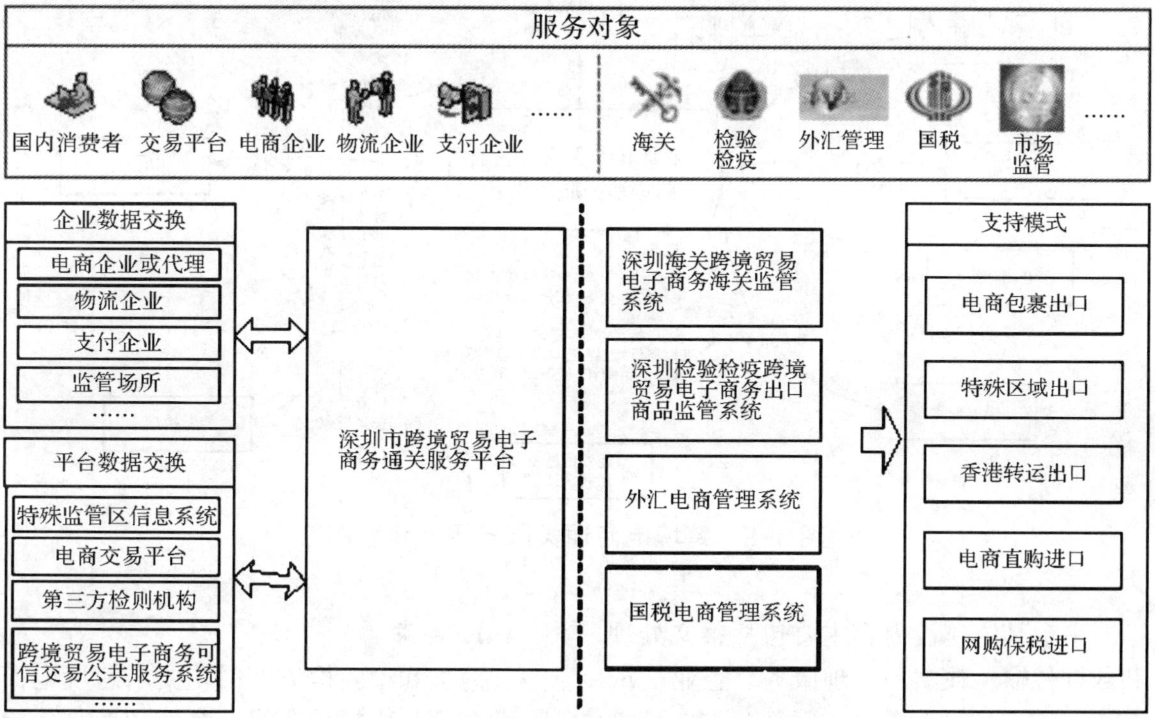

图3-7　总体框架示意图

跨境电商通关服务平台与海关、检验检疫、市场监管等部门的管理系统及电商、物流、支付、仓储等企业的生产系统建立连接。通过与相关各方的数据交换和信息共享，优化跨境电商业务操作流程，达到信息快速互通，业务高效运作，以实现多方共赢，促进深圳跨境电子商务健康快速发展。

在业务模式上支持包括香港转运出口、电商包裹出口、特殊区域出口、电商直购进口、网购保税进口等多种模式。服务对象包括电商商户、电商平台、物流（快件）、支付、特殊监管场所、仓储等企业以及个人消费者。服务政府管理部门包括海关、检验检疫、外管、市场监管、经贸信息委等。覆盖区域包括深圳地区的海、陆、空口岸及保税监管场所等。

（四）建设内容

跨境电商通关服务平台当前主要围绕实现企业、海关、检验检疫、外汇、市场监管等部门之间的数据交换和信息共享，为企业及相关管理部门提供全方位一站式信息服务，以及提升服务保障能力等核心内容开展建设。未来还将不断拓展更多的增值服务功能，构建完善的跨境公共服务体系（如图 3-8 所示）。

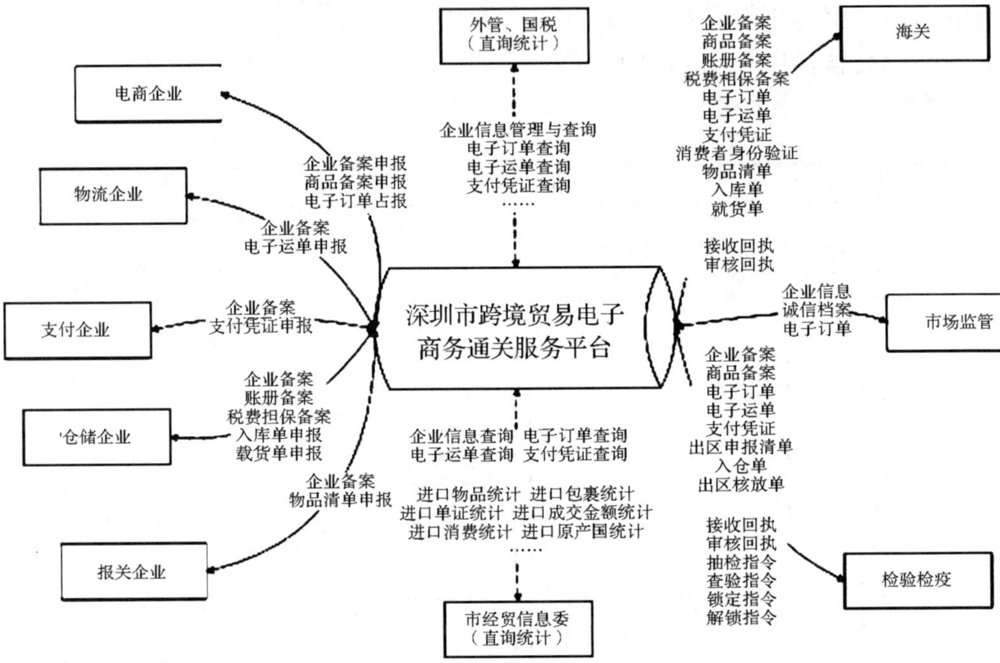

图 3-8 跨境电商通关服务平台示意图

平台具体建设内容主要包括报文处理和数据传输、数据预处理服务、企业（或个人）综合信息服务、监管部门综合信息服务、平台管理与监控五大子系统的建设，以及支撑平台运行相配套的软、硬件设施和网络环境的建设等。

（五）平台功能

平台五大子系统建设主要基于跨境电商监管政策与要求，结合企业实际运作需求，具有备案、申报、数据传输与交换、指令接收与传达、企业信息核查、业务统计六大功能。

1. 备案

海关和检验检疫部门均要求跨境电商企业和商品应提前备案，企业和商品信息通过审核后，才可开展跨境电商业务。平台设置了企业和商品备案功能，企业完成平台开户手续后，即可通过平台向海关和检验检疫部门发送企业和商品备案资料。

2. 申报

跨境电商进出口通关要求电子订单、运单、支付凭证、清单等相关单证向海关、检验检疫等监管部门申报。平台按照“一次录入、多方申报”的原则，综合各监管部门的数据要求，为企业提供单证一次采集申报功能。

3. 数据传输与交换

为保证网上交易数据的真实性，监管部门要求订单、运单、支付凭证应由企业生产系统自动产生，通过系统对接的方式实时发送。平台提供数据传输客户端，接收企业生产数据，并按照各监管部门不同的数据要求，转发至监管系统。

4. 指令接收与传达

海关、检验检疫等监管系统针对企业申报的单证会产生接收、审核或退单等回执，通过风险分析与预判后，可能会产生查验、抽检等指令。平台接收到以上回执或指令，将实时传达给申报企业，让企业了解申报单证状态并及时配合处理。

5. 企业信息核查

平台从跨境电商可信交易保障系统获取工商登记资料，减少企业录入项，提高数据准确度，辅助监管部门对企业信息进行核查，推动企业备案无纸化操作。

6. 业务统计

平台综合了跨境电商进出口通关业务全流程的数据，通过整合并分析各环节数据，为管理部门和企业提供数据统计服务，既可作为管理部门统筹决策的重要依据，也可为企业提高供应链管理水平提供参考。

三、运营情况

跨境电商通关服务平台由南方电子口岸负责运营、维护和提供服务保障。

2015 年 6 月中旬，跨境电商通关服务平台实现了与检验检疫监管系统的对接，进入试运行。11 月初，完成了企业通过平台向海关、检验检疫等监管单位申报的实货测试，采用“边测试、边运行”的策略，逐步推动跨境电商通关服务平台全面上线运行。

截至 11 月 25 日，平台已开户企业达 291 家，其中电商类企业 190 家，物流类企业 59 家，支付企业 4 家，综合类企业 38 家。备案商品超 2 万余种，每天包裹量达 3 万余个，每天的报文量达 130 万。

另外，跨境电商通关服务平台与深圳市跨境电商可信交易保障系统已完成系统连接，通过数据传输与交换，辅助各监管部门验证企业工商信息并建立企业诚信档案。平台通过数据整合，也将为市经信委、外管、国税等管理部门提供数据查询与统计功能，辅助其进行数据分析与管理决策。

四、预期效益

跨境电商通关服务平台是市政府的惠民项目，平台免费为企业提供服务。通过进一步规范业务流程及数据申报采集标准，为监管部门提高效率、防范风险、完善监管提供支撑；同时降低企业成本，为企业开展跨境电商业务开辟阳光通道，引导行业规范经营。

跨境电商通关服务平台是促进深圳市跨境电商行业健康快速发展的重要抓手，对于打破传统物理空间制约、打造全市跨境电商虚拟集聚区，具有重大的战略意义。

充分发挥叠加效应　推动促进社销零发展
——招商局保税物流有限公司

一、公司简介

招商局保税物流有限公司（简称“招商保税”）隶属于驻港央企招商局集团，前身系成立于2003年的深圳招商局海运物流有限公司，注册资本7亿元人民币，是7.2万平方米前海湾保税物流园区的规划建设和管理运营主体，现有员工194人。2014年公司完成营业收入19948.71万元，同比增长5%，利润总额1303.75万元，经营性现金净流量8428万元，当年税收贡献2274万元，同比增长37%，公司资产总额21.65亿元，主要资产为已建成并投入使用的7栋仓库12.22亿元及园区土地使用权5.47亿元。

二、运营模式

集园区服务商、大型报关行、第三方物流公司及物流地产商等多重身份于一体，公司已建成7座面积近40万平方米的保税仓库，以深圳西部港区为基地，以保税仓储为依托，着力搭建保税物流公共服务平台，为客户提供园区公共服务和专业一体化物流服务，一站式服务惠及全球逾50家知名企业。

公司积极探索尝试跨境电商、高端商品进口展示交易、供港配送、供应链金融等创新服务，基本形成了联系深港、融合珠三角、服务全国、辐射亚太、影响全球的商贸物流中心，初步成为现代服务业聚集地。

招商保税全力打造的前海湾跨境电商产业园区，在自贸区、前海合作区、保税港区三重优惠政策叠加支持下，带动了诸如金融、信息、保险、跨境贸易、结算、供应链管理等现代服务业的发展，助推园区产业转型升级，现代服务业成为园区产业主导，未来有望实现千亿级产业规模。

三、特色说明

叠加自贸区、前海合作区、保税港区三重优惠政策，在自贸区内，以前海湾保税港区仓储物流服务为依托，以保税展示交易叠加跨境电商为运作模式，以去中间环节为追求，打造进口消费品直销中心，实现前店后仓的直销服务，商品结构主要为国内居民需求迫切的生活消费品，便利民生，推动促进社会消费品零售兑额发展。

四、跨境电子商务情况

前海湾保税港区跨境电商试点以来，交易增长势态良好，已吸引多家电商客户入驻，目前出口电商企业备案58家，进口电商企业备案64家，货物种类包括母婴用品、化妆品、生活用品、食品、保健品等。2014年6月完成全国首单“跨境电商（9610）”项下的出口退税以来，出口包裹101590个，货值560万美元，2014年包裹平均单价55美元；2015年前10个月，出口包裹105188个，货值1860万美元，包裹平均单价177美元。2014年9月按“保税电商1210”的新型贸易方式启动进口试点以来，截至目前跨境电商进口累计验放包裹604万件，进境货值7.25亿元人民币，征税1680万元，被社会认定为全国跨境电子商务的领跑者。

2015打造的两家进口商品直销中心分别为华润e万家和招商自贸商城。

华润e万家由招商局与华润共同打造，已于7月1日开业。主要商品包括进口奶粉、纸尿裤、婴幼儿产品、生鲜、冰鲜、化妆品等。

招商自贸商城由招商局集团开发建设，选址广东自贸试验区前海蛇口片区（前海蛇口自贸区）海运中心，叠加了前海蛇口自贸区、前海深港合作区和深圳湾保税港区的三区优势，利用招商局集团在供应链上积累的港口、物流、通关、金融、商业、地产等核心节点和资源，设立商业地产、港口物流与互联网的商业创新模式。项目依托招商局长期积累的优质客户资源，以会员服务体系聚合目标客户的市场需求，经营高质价比的进口商品，打造创新商业模式：简化供应链，直接链接品牌与消费者，提供高质价比的进口商品，打造精品O2O的体验式消费。招商自贸商城首期线下运营平台位于前海蛇口自贸区内临海大道海运中心主塔楼内，建筑面积超过10000平方米，以打造博物馆的方式，设计国家馆，引入当地的国家文化、特色商品，营造新式体验环境，把国外优质产品和服务带入中国市场，打造集展示、交易、体验融合的永不落幕的万国博览会。项目陆续于年底前完成开设德国馆、大洋洲集市、新西兰馆、日本馆、韩国馆、中国台湾馆、中国香港城、白俄罗斯馆、葡萄牙馆、北爱尔兰馆等超过10个国家地区馆。项目的创新线下体验平台将不断拓展，2016年在前海蛇口自贸区内的前海自由贸易中心项目及成熟商圈花园城和海上世界项目内落地，未来还将在全国范围如北京、上海、天津、厦门、成都、青岛等城市不断复制、升级和落地。与线下平台不断发展的同时，招商自贸商城也正在打造跨境电子商务平台，并通过搭建线上B2C平台、打造线上线下会员体系、与多方系统实现集成、吸引国外商家入驻，为全国范围内消费者提供下单、支付服务，借助社会快递配送到家，建立起采购、运输、海运、仓储、O2O营销的综合业务组合。在深圳市政府及前海管理局各部门的支持下，招商局集团各相关业务单位全力投入，招商自贸商城自2015年4月开始筹备，目前针对特定顾客（招商局内部客户、政府代表、银行和企业高管等优质目标客户群体）进行了内部试营业。商城货品种类丰富，包括食品类、母婴类、酒类、生活用品类、厨具等，贴近日常消费，采用F2F，即从家庭或者个体（Family）到厂家（Factory）的新型直销模式，省掉了所有中间环节，以最低的价格提供给消费者。招商自贸商城是前海蛇口自贸区内规模最大、最具代表性和社会影响力的进口消费品集散项目，受到来自政府和社会的广泛关注和好评。

五、成功因素

招商局保税物流有限公司位于前海，是国家新一轮改革开放的政策高地，其配套政策与跨境电子商务产业定位高度吻合，具备发展跨境电子商务的独特优势。

1. 叠加自贸区、前海合作区、前海湾保税港区位三重政策优势；

2. 先行先试的先发优势；

3. 海关在前海率先实行电子围网、分

送集报、无纸化通关等通关改革措施，打通了电商通关环节；

4. 国家质检总局2013年出台了支持前海开发开放的22条政策，明确支持前海发展跨境电商；

5. 国税、外管等部门也将前海作为重点试点区域，多项政策在前海先行先试，为前海发展跨境电商提供了强大支持；

6. 打通跨境电商出口业务全流程，形成“关检汇税”工作闭环；

7. 电商企业可以在保税港区提前备货，为消费者节约成本，并可全程追踪物流，也是最适合落户前海的跨境电商。

六、行业地位

1. 2013、2014连续两年列入海关总署统计的“全国外贸企业百强”；

2. 广东省重点示范物流园区；

3. 深圳市跨境电商试点区域；

4. 深圳市重点物流企业。

平潭地区案例

打造区位优势　提供专业服务
——平潭综合实验区一零一电子商务有限公司

一、企业简介

一零一电子商务有限公司设立于2014年6月27日，为闽台合资跨境电子商务企业，主要的运营模块包括O2O、B2C、B2B2C、进出口贸易及小贸城实体营销五大块。公司以“品牌一零一”为发展重心、一站式购物平台为目标，把有品牌、有优势、有服务的商品汇聚到网上，让顾客能够足不出户就能买到全球最方便、实惠和安心的商品，满足顾客对优质进出口商品的更多需求。

一零一电子商务有限公司（简称101电商，以下同）2014年6月拿到全平潭首家跨境电商资质，101电商在市场竞争力与创新服务方面遥遥领先。

（一）业务开展顺利，具体流程通畅

2015年7月平潭保税区系统接通后，公司立即于8月份与日本知名食品企业达成合作意向，8月15日签订合同组织货物，8月17日自日本名古屋装船，藉由福建江阴港转关，9月1日由平潭金井湾作业区顺利清出，完成企业跨境第一票。在首批跨境进口模式下，也经由区自贸办、平潭海关、国检等部门的大力协助下，该司在保税进行邮出之新兴跨境贸易模式下，由2015年9月至2015年12月4个月总货值接近500万人民币。现阶段公司平台主营的货品有日本、中国台湾的休闲食品、母婴类产品，澳大利亚的奶粉、保健品，韩国的化妆品。在仓储配合的前提下，预计2016年将开展高单价的货品销售。

（二）区位优势明显，公司具备实力

一零一电商落户福建自贸区平潭片区，享有保税进行邮出的关税优势；在货物进出口方面，享受自贸区海关、国检提供的诸多贸易便利措施。

公司着力发展跨境电商，平台规划与台湾家乐福合作引进最具特色的台湾食品、日常生活用品，最具台湾特色的水果则与南台湾水果大亨建农合作社配合。高端人才部分则与台湾最大人才网1111人力银行合作，招募跨境电商台籍干部来岚。预计2016年成立韩国、美国、澳大利亚海外分公司，期望能为内地老百姓提供更多更好优惠的生活选择。

（三）组建专业团队，提供专业服务

作为综合平台服务商，一零一电商可以提供专业服务。该司拥有具有国际视野的数位台籍高管，且与台湾最大的人才网1111人力银行合作，汲取专业人才，团队专业性强。

网站采用B2B2C运营模式即为供货商（电商）自行后台将产品上架销售，我司为中间平台运营商，再直接面对消费者销售。网站架构优势如下：

公司作为综合性平台服务商，系统除具备标准电子商务上架销售结账模式外，在保税仓储、公共服务信息对接、海关商品备案、价格审议、商品检验检疫、金流

服务等业务均已通过平潭关检税汇等相关机构验收。在具体业务中，严格执行国家要求的“三单比对”，确保国外正品无误，很大程度上减轻了小型电商开发系统，金流服务等冗长建置与高额开销。

供货商（电商）：供货商最了解商品，可藉由公司平台快速推广给国内消费者，并将产品优势表达淋漓尽致，价格上也避免省市经销商层层加码。

国内消费者：可安心无忧直购获得国外正品，供货商货品直接进海关保税监管仓，避免了假货修假疑虑，且在“三单比对”下，达到合理自用省税的便利性。

金流对接服务：公司在 7 月平台搭建完成后，同年 8 月即完成了企业金流对接服务，目前对接端口有支付宝、通联支付、中国银行等国内知名第三方支付，从而大大地提高了商家与消费者自身权益与资金的安全性。

进出口贸易：公司在海外招商方面有独特优势，在日本、中国台湾、澳大利亚等地拥有多个海外仓。公司将积极协助发展国内，特别是福建省内出口型企业在一零一电商平台上拓展外贸业务，改变传统外贸模式，化整为零直销海外，降低交易成本，提升国际竞争力，共同分享出口退税的政策红利。

国内开设了一零一线下体验店（O2O模式），实现“线下体验，线上消费”的相融合的经营形态，让消费者更加安心。

“互联网+外贸” 打造综合服务新动态
——福建海丝路科技有限公司

福建海丝路科技有限公司是中兴通讯股份有限公司全资子公司，2013 年 11 月成立，落户福建泉州。

公司传承中兴通讯稳健、务实、诚信的经营理念，CGO（Cool、Green、Open）的企业文化，依托中兴通讯全球化营销网络、供应链资源及国际市场运作经验，形成了具有核心竞争力的三大业务：跨境电商业务、产品经营业务、方案经营业务，并成功运营三大平台：跨境进口电商综合服务平台（www. zteup. com）、外贸综合服务平台（www. ztemart. com）、中兴商城（www. ztemall. com）。为国内外跨境电商卖家提供仓储、通关、跨境结算、国际物流、退税等综合服务，市场遍布欧洲、北美、大洋洲、东南亚。

公司核心团队由中兴通讯集团高管、中兴海外事业部营销专家、以及国内外优秀的高端电子商务人才构成，并已初步建成一支 100 余人的团队。

公司具有强大的创新能力，现已建设 40 余人的电商研发中心，为广大政企客户提供跨境电商解决方案、行业电商解决方案，以及电商功能模块产品服务。2015 年 9 月，由公司自主开发的跨境电商平台获国家版权局计算机软件著作权认证。

在不断为国内外商家提供先进服务的同时，公司也获得了政府与社会各界的认可。2015 年，公司被授予福建省“省级外贸综合服务试点企业”，被推选为福建省跨境电商协会副会长，并受邀担任联合国海陆丝绸之路城市联盟工商理事会团体理事。福建省政府、国家商务部福建省商务厅等领导先后到公司视察并给予了充分肯定。

公司致力于打造具有全球影响力的跨境电子商务品牌，成为国际领先的跨境电商综合服务与解决方案。

一、案例一

2015 年 11 月 9 日，加拿大安大略省访华贸易团在上海举行投资洽谈及企业对接会。福建海丝路科技有限公司作为签约的 25 家中国企业之一，与加拿大新永安集团（Wing On New Group）在上海签署战略合作协议，海丝路公司成为新永安集团保税进口综合服务合作伙伴，为其集团旗下产品打开国内市场销售通路提供综合服务。

海丝路公司将提供海外国家——台湾——平潭的直购通道，前期新永安的商品将通过台湾直购通道进入市场，待时机成熟后可大力推进台湾直购通道。

根据战略合作协议，海丝路公司还将为新永安集团旗下的食品、日用品、母婴用品等商品建设中国国内市场销售通道，协议涉及金额达 2. 1 亿加元。

二、案例二

2015 年 12 月 8 日，福建海丝路科技有限公司与飞牛网正式签署合作协议。根据协议，海丝路公司将为飞牛网旗下的飞牛环球购提供跨境电商保税进口综合服务。飞牛环球购的台湾商品将借助海丝路公司的综合服务，以跨境电商的方式，经由福建平潭保税进口试点口岸直达至消费者手中。

这是海丝路首次开启台货入闽的跨境电商保税进口综合服务的阳光通道，也是飞牛网旗下的台湾商品首次经由跨境电商的通道进入大陆市场。

三、案例三

2015 年 12 月 30 日，福建海丝路科技有限公司与福建兴通海运集团旗下福建海之讯网络股份有限公司举行战略合作伙伴协议签约仪式，合力打造“海之讯电商信息服务平台”，携手实现传统航运业的“互联网+”。

福建海之讯网络股份有限公司是一家长期从事国内水上化学品运输的传统航运企业。目前公司拥有 12 艘油/化学品船，总运力 6 万多载重吨，以及拖轮、加油船、交通艇等共 20 多艘，在全国液态化学品运力上排名第四，拥有丰富的传统航运业的线下经营、管理及市场资源。

福建海丝路科技股份有限公司系中兴通讯全资子公司，主要从事跨境电商平台建设及运营。海丝路公司在软件设计、网络服务领域，特别是在跨境电商的平台设计与推广方面拥有丰富的实战经验和线上资源。

两家公司希望通过线上、线下的强强联手，形成战略协作伙伴关系，打造“海之讯电商信息服务平台”，携手实现传统航运业的“互联网+”。这将是福建省内传统航运业与互联网行业的一大盛事。

商业模式：

福建海丝路科技有限公司采用“互联网+外贸”的创新商业模式，积极打造外贸新业态；提供保税集货与备货、供应链金融及专业的国际物流等服务。

1. 海丝路公司通过搭建电商平台，利用电子商务方法实现和完成供货与结算等国际贸易活动，国际贸易市场的潜力借助各种网络手段得到充分挖掘，某些无法及时完成的交易在网上进行交易，随着电子商务的成长和应用有效促进国际贸易流程的变革，在传统和新手段的融合下，逐步形成新的国际贸易的流通方法。

2. 海丝路公司的跨境电商综合服务通过提供保税集货（直购）、保税备货，将海外优质产品经国际物流经由台湾中转或保税仓中转，运至国内，通关后进入国内市场，提供给国内的消费者。其间，海丝路公司可以提供高效的供应链金融服务，减轻资金压力。通过这种模式，以专业的供应链综合服务解决供应商的资金、物流和通关通检等压力，极大地提高了供应链的效率，打通了国内外的产品黄金通道。尤其值得一提的是，海丝路公司借助平潭保税进口试点城市的对台优势，开辟了台湾-平潭黄金通道，从而为台货入闽及海外产品经台湾中转入闽开辟了阳光通道。

天津地区案例

支出去引进来的前沿阵地

——东疆保税港区

一、区域概览

1. 天津东疆保税港区位于天津港东北部，为浅海滩涂人工造陆形成的三面环海半岛式港区。南北长约10千米，东西宽约3千米，总面积30平方千米。

2. 东疆港区是人工吹填造陆形成的半岛式新港区，规划面积30平方千米。分为码头作业区、物流加工区、综合配套服务区。

二、区位优势

1. 依托港口：天津港是中国北方最大的综合性港口，2015年货物吞吐量达到5.4亿吨，在世界港口中排名第四，集装箱吞吐量为1410万标箱。

2. 腹地广阔：位于环渤海经济圈的中心位置，是亚欧大陆桥的最东端，连接亚欧大陆、陆海运输的重要节点。辐射西北、华北、东北12个省市区，拥有广阔的腹地资源。3条亚欧铁路桥分别通向哈萨克斯坦、蒙古国和俄罗斯。

3. 交通便利：距滨海国际机场52千米，距北京146千米，周边京津塘高速公路、京津高速公路、津滨高速公路、津晋高速公路、唐津高速公路及外围的高速公路与港区接驳，构成了四通八达的交通网络。

三、东疆保税港区特点

（一）保税港区与非保税港区互动发展

既有10平方千米的东疆保税港区（海关特殊监管区），又有20平方千米非保税区域，两类区域联动发展、优势互补，辐射带动作用明显，功能实现质的飞跃。东疆作为离岸在岸的结合点，走出去引进来的前沿阵地，将持续为企业增强全球资源配置能力、参与全球化竞争搭建平台。

（二）区港一体化互动发展

码头作业区：已建成6个10万吨级保税集装箱泊位，2个10万吨级、2个4万吨级的散货泊位、4个客轮泊位，装箱中心站（海铁换装中心）正在建设中。

物流加工区：建成79.9万平方米标准厂库房、9万平方米低温冷库、7万平方米恒温恒湿库。

综合配套服务区：建成国际邮轮母港、游艇码头、国际商品展销中心、国家4A级东疆湾沙滩景区及一批写字楼和住宅。

四、主导产业

东疆保税港区新增企业数量保持高速增长态势。从2008年4月东疆第一家企业注册到2015年12月底，东疆保税港区注册企业数量已经达到6968家，融资租赁、国际贸易、航运物流等主导产业达到东疆注册企业总数的70%以上。其中，2015年，东疆全年注册企业数量达3789家，超过2014年全年企业注册数量的2倍，相当于前6年的注册量之和（如图3-9所示）。

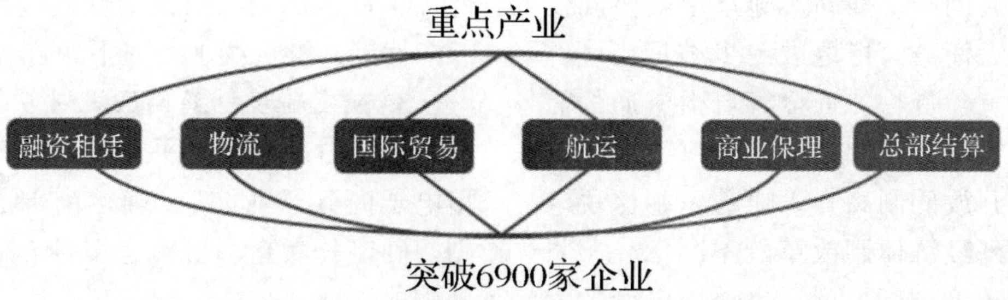

图 3-9　东疆保税港区企业注册量示意图

五、跨境电商

东疆借助自贸区创新政策优势及保税港区独特的功能优势，集聚了目前国内外主流的跨境电商企业，产业招商效果显著。目前，在谈平台类、垂直类跨境电商、物流快递、公共服务商、支付等相关企业超过 110 家，包括阿里巴巴、京东、苏宁易购、网易、唯品会、聚美优品、当当网、蜜芽、贝贝等龙头企业已明确区内投资意向。

（一）跨境电商优势

1. 港口的区位及综合配套优势

东疆保税港区位于天津滨海新区、天津港内。天津港是我国北方重要的对外贸易口岸，也是连接东北亚与中西亚的纽带。天津港在国内建立了 23 个内陆无水港，辐射 11 个省市，腹地面积近 500 万平方千米。同时，与世界上 180 多个国家和地区的 500 多个港口有贸易往来，每月航班近 500 班。东疆保税港区处于京津城市带和环渤海经济圈的交汇点，辐射京津冀以及华北、西北地区，是亚欧大陆桥重要的物流节点。相比空运等方式，以东疆保税港区为节点的综合运输成本较低。此外，区内保税仓库、码头等设施配套完善，适合多批次、多种类、周期短等特点的跨境电商货物进行保税仓储、分拨、配送等业务。

2. 腹地区域消费需求优势

天津处于环渤海经济圈的中心，毗邻首都北京，辐射山西、河北、辽宁、山东、内蒙古等十余个省市，消费市场广阔。利用东疆保税港区独特的区位优势，不断完善跨境电商服务体系，发挥产业聚集效应，使国际市场与国内市场有序对接，降低国际商品消费市场的门槛，充分发挥电子商务跨地域的服务辐射优势，在增强城市经济活力、放大结构性互补和区域协同效应的同时，进一步服务腹地消费市场，促进经济实现跨区域协调发展。

3. 先行先试的政策优势

国务院以及天津市委、市政府高度重视东疆保税港区的发展，要求先行先试对外开放政策。“国函〔2011〕51 号”获批后，东疆又陆续获批了外商投资资本金意愿结汇、物流业“营改增”即征即退、国际船舶登记制度等优惠政策。

2015 年 4 月，天津自由贸易试验区正式挂牌成立，东疆作为天津三个自贸区片区之一，肩负加快政府职能转型、扩大投资领域开放、推动贸易转型升级、深化金融领域开放创新、推动实施京津冀协同发展战略五大任务，将更进一步满足跨境电商对于信息、货物、资金等自由流通的需求，吸引国际贸易和供应链的高端集聚，建立对外开放的制高点。随着东疆保税港区探索涉外经济体制改革的不断深化，将继续加大政策创新力度，为跨境电商的发展构建有利的政策支撑体系。

（二）跨境电商规划

1. 确定发展目标

力争利用3年时间，将东疆建成中国北方最重要的跨境电子商务海港口岸，建立跨境电商产业园区，形成符合市场规律和跨境电商企业发展的监管体系和服务体系。

2. 确定试点业务模式

开展六种业务模式，即保税备货、直购进口、一般出口、集中出口、海运快件、O2O展示交易。稳步促进进出口业务双向发展，推进线上与线下融合。

3. 确定跨境电商园区规划

划定占地面积1平方千米的“东疆跨境电子商务产业园”，确定南部起步区规划。确定公共仓、自营仓多种仓储类型发展模式。

4. 建立完善的通关电子化监管体系

通过公共服务平台，与电商、物流、支付企业及仓储企业数据对接，完成政府、海关、检验检疫、外管、税务等部门有效监管。通过仓储企业实时数据互联，实现可追溯、可防控的电子化监管体系。在有效防控风险的同时，提高通关效率和处理能力。

以突出优势迎接发展新机遇

——中心商务区

一座现代化的国际性城市，通常都会有一个区域代表着这个城市的经济文化。这个区域集中了整个城市的商务、金融、行政等重要功能，以其特有的经济魅力影响甚至改变着城市的未来。在天津，这一区域就是中国（天津）自由贸易试验区中心商务区。在京津冀协同发展的战略背景下，中心商务区正以突出的优势迎来发展新机遇。

一、中心商务区概况

中心商务区是天津滨海新区核心区、中国（天津）自由贸易试验区核心区、全国金融创新运营示范核心区，重点发展跨境贸易与电子商务、金融创新、总部经济、科技与新一代信息技术、文化传媒创意等五大主导产业。截至2015年底企业总数超过12000家，并正以每月500家的速度持续快速增长，其中约40%为国际贸易与跨境电商企业。目前，重点引进国内外知名跨境电商企业，促进总部基地、运营中心、结算中心、供应链金融等业务在商务区聚集发展。

（一）交通优势

中心商务区规划面积 46.8 平方千米，位于京津滨发展轴和沿海经济发展带的交汇节点，地处天津自贸区核心地带，交通四通八达。10 分钟车程可达天津港（世界第四大港口）；30 分钟车程可达天津滨海国际机场（中国北方最大货运空港）；坐落于中心商务区的于家堡高铁站于 2015 年 9 月 20 日正式运营，从中心商务区出发 15 分钟可到达天津市核心区，45 分钟到达北京南站，90 分钟车程可到达首都国际机场。

（二）政策优势

中心商务区是天津市政府未来 3~5 年重点打造的城市核心标志区，同时承载着京津冀协同发展、首都高端服务行业转移的重要功能。中心商务区政策、成本、交通、服务优势明显，发展空间巨大、后发优势显著。

中国（天津）自由贸易试验区自 2015 年 4 月 21 日正式挂牌成立以来，各项事业蓬勃发展，产业投资热情高涨。2015 年 9 月 21 日，天津市创新创业特区在中心商务区揭牌，跨境电商成为双创特区重点发展的产业方向之一。天津市、滨海新区两级政府将共同出资 10 亿元设立“双创”发展基金，在运营支持、上市奖励、人才政策、个税奖励、办公空间等方面全方位支持跨境电商企业发展。2015 年 10 月 10 日，海关总署正式行函，批复天津成为具备保税进口业务资格的跨境电子商务服务试点城市。2016 年 1 月 12 日，国务院批复同意在天津等 12 个城市设立跨境电子商务综合试验区。上述政策落地对中心商务区跨境电商产业发展产生重要影响。

（三）产业优势

滨海新区已经形成以新一代信息技术、装备制造、石油化工、航空航天等八大主导产业为支撑的综合产业环境，2014 年全区实现 GDP 9000 亿元，规模以上工业总产值 17300 亿元，社会消费品零售总额 1227 亿元，实际利用外资 123 亿美元，外贸进出口总额 959 亿美元，各类指标近年来均保持稳定增长。

（四）金融创新优势

中心商务区将充分利用自贸区在金融创新、制度创新等方面的优势，促进跨境投融资便利化和资本项目可兑换方面的先行先试。

鼓励银行、跨境第三方支付机构等金融服务机构为跨境电商业务提供高效便捷的支付服务。推动银行、支付机构加快产品创新，改进跨境支付服务，提高跨境支付效率。利用跨境电子商务信息可查寻、可追溯的特点，为具有真实交易背景的跨境电子商务交易提供在线支付结算、在线融资等完备便捷、风险可控的“一站式”金融服务。

（五）成本优势

针对跨境电商产业链企业发展的实际需求，中心商务区打造工作、生活、商业、娱乐一元化的城市配套，有效降低企业人员成本，结合地方政策支持，相对北上广在提供相同的软硬件服务的同时形成了巨大的成本优势。通过 2014 年度行业协会调研，各类企业平均运营成本（含场地租金、人员成本、行政开支、交通成本、职工住宿等）约为北京同类企业的1/2~1/3。

（六）城市功能配套优势

海河蜿蜒穿越中心商务区，两岸为绿树成荫的带状公园，河面上规划建设了500个游艇泊位，城区中街景花园合理分布，区内绿地面积占比近30%，已被APEC部长级会议确定为国内首个低碳示范城区。滨海新区区委、区政府均坐落于中心商务区，行政、商业、娱乐、休闲、医疗、教育、居住配套完善（如图3-10所示）。

图3-10　示意图

（七）人力资源及教育资源优势

京津冀地区近224所高校和上千所专业职校、技校每年为社会培养各方面专业人才，加之与北京的距离优势和京津成本洼地优势，以及中心商务区为企业提供的人力资源解决方案，协助各类人才解决户籍及子女入学等问题，势必对企业吸引留住人才起到促进作用。

（八）政府服务优势

创新审批体制和流程，国内率先成立行政审批局，实现一颗印章管审批，企业设立一天办结“四证一章”，投资项目、单办事项审批用时分别不超过原来的1/2、1/4，在全国范围内审批速度领先，极大提升政府行政效能。中心商务区始终秉承与世界接轨的服务理念，专注致力于为企业提供高效、优质的服务，助力企业快速成长。

二、发展现状

中心商务区跨境电商产业将重点发展一般贸易、跨境电商进口、跨境电商出口、O2O新型商业四类业务，搭建跨境电商公共服务平台、建立跨境电子商务产业基地以及组建跨境电商产业联盟。

中心商务区初步聚集了一批跨境电商优质企业，产业链基本形成，包括以威时沛运为代表的跨境电商平台，以中钢、渤化为代表的传统贸易企业，以阔世保达为代表的供应链服务企业，以天猫国际、环球购为代表的跨境电商O2O新型商业企业，以韩国馆为代表的进口跨境电子商务实验平台。

（一）跨境电商公共服务平台

中心商务区致力于打造跨境电商公共服务平台，搭建“海关、税务、外汇、检验检疫、电商、物流、金融”等服务一体化跨境电子商务公共服务平台，整合产业链资源，市场化运作，支持跨境电商一般贸易、跨境电商进口、跨境电商出口、O2O新型商业等业务开展。平台将整合试点城市人才、仓储、渠道等优势资源，服务于跨境电商产业发展。

（二）京津冀跨境电商产业联盟

为抢抓跨境电商产业发展的新趋势和新机遇，京津冀跨境电商产业联盟于 12 月 4 日在中心商务区成立。联盟得到天津市滨海新区人民政府、天津海关、天津检验检疫局、天津市商务委、天津市口岸办、中国邮政天津分公司等部门的大力支持。

联盟由 63 家跨境电商上下游企业组成，天津一商集团作为理事长单位，威时沛运作为秘书长单位，京东集团、苏宁易购、小笨鸟、寺库网、黑猫物流、资和信、易支付、中钢集团、五矿电商、荣程集团等 12 家知名企业作为副理事长单位。

联盟成员产业链分布均衡，有利于产业健康发展。成员中自营电商占 50%，电商平台占 15%，服务商占 30%，金融服务机构占 5%。

联盟资源整理能力强，非天津企业占 71%，其中北京企业占 42%，少部分企业来自新加坡、日本和中国上海、广东、福建、山东等区域。

联盟来津布局意愿强，联盟成员中 46%企业有来津投资意向。

联盟下一步将基于行业发展内在需求，进一步促进行业信息、人才、服务、资金等产业要素在中心商务区聚集，通过推动制度创新、管理创新、服务创新，实现跨境电商自由化、规范化、规模化发展，将中心商务区打造成京津冀跨境电商产业发展的中心。

（三）O2O 新型商业

威时沛运跨境店于 2015 年 10 月 30 日开业，是天津首家跨境电商体验店，通过线上模式实现成本大幅降低，突出了跨境电商较其他进口商品销售模式的价格优势。目前跨境店已进驻商户包括蜜淘、欧品客、万国万购、美市库等知名企业。商品共 5 大类别，包括母婴用品、食品、保健品、化妆品、轻奢品等共 2000 种商品（如图 3-11、图 3-12 所示）。

图 3-11　威时沛运跨境店示意图

图 3-12　威时沛运跨境店示意图

于家堡环球购商业街于 2015 年 11 月 11 日正式营业，商业街由南北 700 米、东西 400 米的地下步行街组成，首期呈现面积 2 万平方米。首日客流量突破 2 万人次。环球购地下商街目前已具备多种业态模式，功能齐备，不仅有来自各国的特色商品、主题餐厅、特色水吧，还拥有丰富的配套服务设施，可以为消费者提供旅行订制、会员服务、商旅服务等。2016 年 1 月 10 日，阿里巴巴集团旗下天猫国际 O2O 体验中心在于家堡环球购正式开业，该项目是天猫国际针对北方市场启动的第一个跨境线下体验中心，分为美国馆、日本馆、韩国馆、欧洲馆、澳新馆、港台东南亚地区馆共 6 个进口国家地区体验馆，主推 10 余个热门国家主题。消费者可通过扫描商品二维码直接下单购买，享受货品快递到家的服务（如图 3–13 所示）。

图 3–13　于家堡环球购示意图

上述 O2O 新型商业自开业以来，经营良好，将以其成熟的跨境电商服务体系为平台，吸引更多知名跨境电商企业在中心商务区开展跨境业务，促进中心商务区跨境电商产业的繁荣发展。

三、目标与愿景

中心商务区将建设具有天津特色、满足产业发展需要、市场化运作的跨境电商公共服务体系，将“双创特区”打造成为北方货物和服务贸易的核心枢纽、海外产品展示交易集散地。

到 2018 年，中心商务区将服务 10000 家传统企业转型升级，累计聚集一般贸易类企业 3000 家，吸引跨境电商龙头企业 20 家，快速增长的跨境电商中小企业 300 家，专业服务机构 20 家，跨境电商专业人才 2000 人。